PUNTO DE VISTA
FÜR DIE OBERSTUFE

Dein Buch findest du auch in der **Cornelsen Lernen App**.
Siehst du eines dieser Symbole in deinem Buch, findest du in der App …

- 🔊 Audios
- ▶ Videos
- [APP] Repasar el vocabulario — Wortschatzaufgaben
- [APP] Vocabulario temático — Themenwortschatzlisten
- [APP] Más información — Hinweise und landeskundliche Informationen
- [APP] Soluciones — Losungen
- [APP] Imágenes — Bildmaterial

Cornelsen

PUNTO DE VISTA FÜR DIE OBERSTUFE

Jetzt mit barrierefreiem Farbkonzept
Mehr Informationen auf *cornelsen.de/bf*

Im Auftrag des Verlages erarbeitet von
Carolina Goreczka-Hehl, Sebastian Frese, Manuel Vila Baleato

und der Redaktion Spanisch: Dr. Vicente Bernaschina Schürmann, Grizel Delgado Rodríguez, Matthias Nusser, Soledad Rodríguez, Nadine Stephan; Projektleitung: Cara Gaffrey

Beratende Mitwirkung: Sarah Fischer, Kai Haschberger, PhDr. Barbara Köberle, Dr. Christiane Ostermeier, Henning Peppel, Kathrin Sommerfeldt

Karten: Dr. Volkhard Binder (Umschlagseite vorne, S. 47), Christian Görke (S. 41, Umschlagseite hinten)
Umschlaggestaltung und Layoutkonzept: Ungermeyer, Berlin
Technische Umsetzung: graphitecture book & edition

www.cornelsen.de

Für die Nutzung des kostenlosen Internetangebots zum Buch gelten die allgemeinen Geschäftsbedingungen (AGB) des Internetportals www.cornelsen.de, die jederzeit unter dem entsprechenden Eintrag abgerufen werden können.

Die Cornelsen Lernen App ist eine fakultative Ergänzung zu **Punto de vista** Für die Oberstufe, die die inhaltliche Arbeit begleitet und unterstützt. Als solche unterliegt sie nicht der Genehmigungspflicht.

Die enthaltenen Links verweisen auf digitale Inhalte, die der Verlag bei verlagsseitigen Angeboten in eigener Verantwortung zur Verfügung stellt. Links auf Angebote Dritter wurden nach den gleichen Qualitätskriterien wie die verlagsseitigen Angebote ausgewählt und bei Erstellung des Lernmittels sorgfältig geprüft. Für spätere Änderungen der verknüpften Inhalte kann keine Verantwortung übernommen werden.

Soweit in diesem Lehrwerk Personen fotografisch abgebildet sind und ihnen von der Redaktion fiktive Namen, Berufe, Dialoge und Ähnliches zugeordnet oder diese Personen in bestimmte Kontexte gesetzt werden, dienen diese Zuordnungen und Darstellungen ausschließlich der Veranschaulichung und dem besseren Verständnis des Inhalts.

1. Auflage, 1. Druck 2025

Alle Drucke dieser Auflage sind inhaltlich unverändert und können im Unterricht nebeneinander verwendet werden.

© 2025 Cornelsen Verlag GmbH, Mecklenburgische Str. 53, 14197 Berlin, E-Mail: service@cornelsen.de

Das Werk und seine Teile sind urheberrechtlich geschützt. Jede Nutzung in anderen als den gesetzlich zugelassenen Fällen bedarf der vorherigen schriftlichen Einwilligung des Verlages. Hinweis zu §§ 60 a, 60 b UrhG: Weder das Werk noch seine Teile dürfen ohne eine solche Einwilligung an Schulen oder in Unterrichts- und Lehrmedien (§ 60 b Abs. 3 UrhG) vervielfältigt, insbesondere kopiert oder eingescannt, verbreitet oder in ein Netzwerk eingestellt oder sonst öffentlich zugänglich gemacht oder wiedergegeben werden. Dies gilt auch für Intranets von Schulen und anderen Bildungseinrichtungen.

Der Anbieter behält sich eine Nutzung der Inhalte für Text und Data Mining im Sinne § 44 b UrhG ausdrücklich vor.

Druck: Mohn Media Mohndruck, Gütersloh

ISBN 978-3-06-024812-4 (Schulbuch)

PEFC
PEFC/04-31-1033

PEFC-zertifiziert
Dieses Produkt stammt aus nachhaltig bewirtschafteten Wäldern und kontrollierten Quellen
www.pefc.de

Inhaltsverzeichnis

Temas/Títulos	Materiales	Destrezas e interculturalidad	Página
1 Ser joven hoy			**10**
Palabras en contexto	• Ampliar el vocabulario (Familias de palabras • Mapa mental) • Repasar el vocabulario		12 APP
Generación en acción			
Identidad	Canción, *Francisca Valenzuela*	• Analizar la letra de una canción	14
Participación política	Infografía	• Escribir un *post*	16
El 8M: Mujeres marchan	Vídeo reportaje Fotogramas	• Comprensión audiovisual • Describir fotogramas	17
Cambio de valores	Columna periodística (TEXTO AVANZADO)	• Analizar el punto de vista de la autora • Redactar una carta al director	18
Compromiso social	Entrevista	• Caracterizar a una persona • Comentar una cita	20
El voluntariado	Zeitungsartikel Cartel	• Mediación • Describir un cartel	22
Vínculos			
Sociedad interconectada	Artículo periodístico Citas	• Analizar un texto periodístico • Buscar información en Internet	24
Formas de convivencia	Tráiler (Rara) Película (Rara)	• Analizar recursos audiovisuales • Escribir una sinopsis	26
Amistad y amor	Poemas	• Analizar un poema	28
Foco literario	Novela, *Pedro Ramos*	• Caracterizar a un personaje	29
Enfrentando la crisis			
El desarrollo demográfico joven	Texto informativo Estadísticas	• Resumir información • Interpretar una estadística	32
Precariedad laboral y emancipación	Podcast Caricatura	• Comprensión auditiva • Interpretar una caricatura	33
Taller de competencias	Escritura creativa Novela, *Elia Barceló* (TEXTO AVANZADO)	• Escribir el final de una historia • Cambiar de perspectiva	34
Gramática en contexto	• Expresiones de sentimiento con subjuntivo o infinitivo • Subjuntivo o indicativo • Tiempos verbales • Pronombres dobles • El imperativo negativo		37
Punto final	• Escribir un poema		39

Inhaltsverzeichnis

Temas/Títulos	Materiales	Destrezas e interculturalidad	Página
2 España en el siglo XXI			**40**
Palabras en contexto	• Ampliar el vocabulario (Sufijos) • Repasar el vocabulario		42 APP
De cara a Europa			
Una España europea	Mapa ilustrado Testimonio	• Competencia intercultural • Comprensión auditiva	44
Erasmus	Cartel	• Comprensión audiovisual • Grabar un vídeo	46
Cataluña, comunidad bilingüe			
Las lenguas de España	Mapa Texto legal	• Explicar un mapa • Describir una estadística	47
La política lingüística	Texto informativo Campaña (carteles, vídeo)	• Describir un cartel • Comprensión audiovisual	48
	Novela, *Carles Casajuana* (TEXTO AVANZADO)	• Analizar un texto literario • Grabar un mensaje de voz	49
El movimiento independentista catalán	Encuesta Foto	• Describir una foto • Interpretar estadísticas	51
	Artículo de opinión Caricaturas (TEXTO AVANZADO)	• Analizar la argumentación de un texto • Interpretar una caricatura	52
Líder en turismo			
Turismo, respeto y responsabilidad	Columna periodística	• Analizar la intención del autor • Discutir en grupo	54
El turismo masivo y la gentrificación	Reportaje	• Analizar un texto periodístico	56
Benidorm – ¿un modelo sostenible?	Artículo periodístico (TEXTO AVANZADO)	• Interpretar una cita • Escribir un comentario	58
Desafíos ecológicos			
Sequía y conflictos por el agua	Interview	• Mediación • Hacer una presentación	60
	Reportaje de vídeo	• Comprensión audiovisual • Escribir un comentario para una plataforma	62
Canarias y sus atrapanieblas	Esquema técnico	• Analizar y presentar un esquema	63
Taller de competencias	Comprensión auditiva	• Relacionar información (Erasmus) • Respuestas cortas (bilingüismo) • Selección múltiple (bilingüismo)	64

Inhaltsverzeichnis

Temas/Títulos	Materiales	Destrezas e interculturalidad	Página
Gramática en contexto	• Expresiones adversativas • Pronombres de complemento directo • El presente de subjuntivo • Preposiciones frecuentes • El gerundio		67
Punto final	• Hacer un podcast		69

3 Las caras de Colombia — 70

Temas/Títulos	Materiales	Destrezas e interculturalidad	Página
Palabras en contexto	• Ampliar el vocabulario (Internacionalismos) • Repasar el vocabulario		72 [APP]
Construyendo el futuro			
Apostando por el medioambiente	Entrevista	• Comprensión auditiva • Buscar información en Internet	74
Cacao y comercio	Artículo periodístico	• Analizar la intención de la autora	75
El café colombiano	Infografía	• Examinar la intención del autor • Hacer una infografía	78
Ecoturismo	Artículo periodístico	• Hablar sobre ventajas y desventajas	80
Construyendo la paz			
«La Violencia» (1948–1958)	Cuento, *Hernando Téllez* TEXTO AVANZADO	• Analizar un texto literario (metáfora)	82
El conflicto armado	Novela, *Pilar Lozano* Estadísticas	• Caracterizar a un personaje • Presentar datos estadísticos	83
Recuperando Medellín del narcotráfico	Reportaje de vídeo	• Comprensión audiovisual • Analizar la imagen de un vídeo	86
Proceso de paz	Noticia de radio	• Comprensión audiovisual • Describir e interpretar una caricatura	87
Exilio colombiano	Novela gráfica	• Analizar los diálogos e imágenes • Redactar un monólogo interior	88
Reparación a las víctimas	Artículo de revista	• Presentar un proyecto social	90
Taller de competencias	Mediación (Rede)	• Explicar aspectos culturales e históricos alemanes	92
Gramática en contexto	• Futuro simple • La pasiva refleja • El presente de subjuntivo • Frases condicionales reales		95
Punto final	• Escribir un reportaje sobre Colombia		97

Inhaltsverzeichnis

Temas/Títulos	Materiales	Destrezas e interculturalidad	Página
4 Un mundo para todos			**98**
Palabras en contexto	• Ampliar el vocabulario (Definiciones • Familias de palabras) • Repasar el vocabulario		100 APP
Migración en España			
Inmigración en España	Reportaje	• Analizar un texto periodístico (recursos estilísticos)	102
	Relato, *A. El Fathi* TEXTO AVANZADO	• Analizar el lenguaje de un texto • Escribir un monólogo interior	105
Nuevos españoles	Artículo periodístico	• Discutir sobre temas de actualidad • Escribir una carta a la directora	107
Discriminación	Novela, *Najat El Hachmi*	• Analizar un texto literario • Discutir una cita	109
Voces españolas desde Alemania	Podcast Estadísticas	• Comprensión auditiva • Presentar un tema	111
Diversidad étnica			
La Amazonía es una lucha de todos	Entrevista TEXTO AVANZADO	• Analizar una entrevista • Redactar una respuesta a un comentario	112
Educación y derechos	Cuento, *Edna Iturralde*	• Analizar un cuento (perspectiva narrativa) • Continuar una historia	115
Foco literario	Poema, *Miguel León Portilla*	• Analizar e interpretar un poema • Preparar una mesa redonda	118
Identidad y diversidad lingüística	Infografía Vídeo	• Comprensión audiovisual	119
Juventud indígena	Discurso	• Examinar la estructura de un discurso	120
Lenguas minoritarias en Alemania	Reportage	• Mediación	122
Taller de competencias	Expresión oral	Monólogos • Describir y comentar una imagen • Relacionar imágenes Diálogos • Discutir y llegar a un acuerdo	124
Gramática en contexto	• El imperativo • El subjuntivo • El imperfecto de subjuntivo • El condicional • Las perífrasis verbales		127
Punto final	• Hacer una reseña (en vídeo o por escrito)		129

Inhaltsverzeichnis

Temas/Títulos	Materiales	Destrezas e interculturalidad	Página
5 Desafíos globales			**130**
Palabras en contexto	• Ampliar el vocabulario (Parafrasear términos • Sinónimos • Verbos con preposiciones) • Repasar el vocabulario		**132** APP
Retos tecnológicos y digitales			
Un dron en campos bolivianos	Artículo periodístico	• Analizar un texto periodístico • Evaluar los logros de alguien	134
La brecha digital en Latinoamérica	Infografía	• Escribir un comentario	136
	Texto periodístico	• Competencia intercultural	137
El futuro de las ciudades latinoamericanas	Reportaje	• Analizar la intención de un texto	139
	Vídeorreportaje	• Comprensión audiovisual	141
Retos medioambientales			
Hidrógeno verde en Chile	Gráfico Artículo periodístico	• Explicar un gráfico • Interpretar una cita	142
Una isla caribeña en peligro de hundirse	Vídeo	• Comprensión audiovisual	144
Glaciares del sur	Ensayo, *Luis Sepúlveda* (TEXTO AVANZADO)	• Examinar recursos estilísticos • Escribir un monólogo interior	145
La crisis climática	Caricatura Podcast	• Analizar una caricatura • Comprensión auditiva	147
Retos sociales			
Comercio justo	Artículo periodístico (TEXTO AVANZADO)	• Presentar una organización • Analizar un artículo	148
Trabajo y pobreza infantil	Texto informativo Noticia televisiva	• Analizar una noticia	150
	Cuento, *Jordi Sierra i Fabra*	• Analizar un cuento • Redactar una entrada de diario	152
Bolivia y sus niños trabajadores	Zeitschriftenartikel	• Mediación	154
Taller de competencias	Escritura argumentativa	• Preparar un borrador • Trabajar con un texto modelo	156
Gramática en contexto	• El estilo indirecto en el presente • Anteposición del complemento directo • Conjunciones con indicativo o subjuntivo • Conjunciones causales y finales • Pronombres relativos		159
Punto final	• Elaborar una presentación mediática		161

Inhaltsverzeichnis

Temas/Títulos	Materiales	Destrezas e interculturalidad	Página
6 Memoria histórica			**162**
Palabras en contexto	• Ampliar el vocabulario (Antónimos • Prefijos • Asociogramas) • Repasar el vocabulario		**164** APP
España			
La Segunda República	Cuadro (Alegoría) Entrevista TEXTO AVANZADO	• Describir una imagen • Comprensión auditiva	166
La Guerra Civil	Infografía	• Analizar un texto discontinuo	167
	Novela, *Jaume Cela*	• Analizar un texto literario • Presentar una entrevista ficticia	168
La Posguerra	Novela, *Elvira Sastre*	• Examinar recursos estilísticos • Escribir un comentario	170
El Franquismo	Memorias, *Antonio Muñoz Molina*	• Analizar la imagen del pasado	172
	Novela gráfica, *Teresa Valero*	• Analizar una novela gráfica	174
La Transición	Podcast	• Comprensión auditiva • Competencia intercultural	175
	Cuadro, *Juan Genovés*	• Describir una pintura	176
(Des)memoria	Viñeta	• Explicar una metáfora • Comentar una cita	177
Foco literario	Cuento, *Julio Llamazares*	• Analizar la perspectiva narrativa • Examinar los recursos estilísticos	**178**
Chile			
El golpe	Novela, *Isabel Allende* TEXTO AVANZADO	• Analizar un personaje literario • Evaluar una visita virtual a un museo	181
Recordar a las víctimas	Obra de teatro, *Daniela Contreras Bocic*	• Analizar una obra teatral	183
	Vídeo	• Comprensión audiovisual • Competencia intercultural	186
	Radio-Podcast	• Mediación	186
Gramática en contexto	• Pronombres relativos • Verbos para describir • Preposiciones de lugar • Conjunciones adversativas, causales y consecutivas • El indicativo y el subjuntivo		**187**
Punto final	• Presentar e interpretar una viñeta		**189**

Inhaltsverzeichnis

Temas/Títulos	Materiales	Destrezas e interculturalidad	Página
7 Historia y cultura			**190**
Palabras en contexto	• Ampliar el vocabulario (Familias de palabras • Usar un diccionario) • Repasar el vocabulario		192 [APP]
Al-Ándalus y la Reconquista			
Huellas de Al-Ándalus	Artículo de revista	• Analizar la postura del autor • Competencia intercultural	194
La Reconquista	Mapas históricos	• Buscar información	196
	Cuadro, *F. Pradilla*	• Examinar un cuadro histórico	196
El Siglo de Oro	(TEXTO AVANZADO)		
Poesía del Siglo de Oro	Poema, *Lope de Vega*	• Presentar un poema	197
Las Meninas	Cuadro, *Diego Velázquez* Audioguía	• Describir un cuadro • Comprensión auditiva	198
	Ensayo, *Carlos Fuentes* Cuadro, *Pablo Picasso*	• Comparar cuadros • Preparar una audioguía	198
Don Quijote	Novela, *M. de Cervantes*	• Resumir un fragmento de novela • Caracterizar a personajes literarios	200
América: Conquista y colonización			
La conquista de Tenochtitlán	Novela, *Laura Esquivel*	• Analizar una novela histórica	206
La colonización de Mesoamérica	Mural, *Diego Rivera* Texto informativo	• Describir un mural • Redactar una entrada de blog	207
Independencias			
Procesos de independencia	Mapa histórico	• Describir y comparar mapas	206
	Documentos históricos	• Presentar hechos históricos	207
Construyendo una nación	Autobiografía, *Benito Juárez* (TEXTO AVANZADO)	• Examinar opiniones sobre historia • Discutir sobre los ideales de la independencia	208
Taller de competencias	Análisis de textos argumentativos	• Examinar la intención de un texto • Estructurar un análisis	210
Gramática en contexto	• Construcciones con infinitivo, participio y gerundio • Frase condicional irreal en el pasado • Pretérito indefinido, imperfecto y pluscuamperfecto • La voz pasiva y la pasiva refleja («se»)		213
Punto final	• Discutir en una mesa redonda		215

ANEXO

Diferenciación y trabajo en parejas	216	Historia de España	257
Destrezas	228	Panorama político y mediático de España	259

1 Ser joven hoy

1
«La juventud tiene derecho a equivocarse impunemente».
José Ortega y Gasset

equivocarse cometer errores
impunemente sin ser castigado/-a
el espíritu Geist

1 a Piensa: ¿qué significa para ti «ser joven hoy»? Apunta algunas palabras clave.

b Discute: mira las fotos, lee las citas y explica a otra persona si tus ideas de «ser joven hoy» están representadas en ellas.

c Comparte: ¿qué puntos de vista y temas sobre la juventud presentan las fotos y las citas?

Temas
Identidad • p. 14
Participación política • p. 16
Cambio de valores • p. 18
Compromiso social • p. 20
Sociedad interconectada • p. 24
Formas de convivencia • p. 26
Amistad y amor • p. 28
El desarrollo demográfico joven • p. 32
Precariedad laboral y emancipación • p. 33

Foco literario
Caracterizar a un personaje • p. 29

Taller de competencias
Escritura creativa • p. 34

⊙ Punto final
Escribir un poema • p. 39

2
«No puedes vivir tu vida mirándote a ti mismo desde el punto de vista de otra persona».
Penélope Cruz

3
«Los jóvenes son los arquitectos de la futura sociedad».
Rigoberta Menchú

2 Basándote en tus palabras del ejercicio 1a, cuenta qué aspectos no aparecen en las fotos o en las citas.

3 (Competencia intercultural) Formula hipótesis. ¿Qué significa «ser joven hoy» en España o un país de América Latina? ¿En qué aspectos será parecido o diferente a ser joven en Alemania y de qué factores puede depender?

1 Palabras en contexto

Vocabulario temático

¿Qué desean los jóvenes?

Felicidad personal
España
29 %
Mundo
24 %

Estabilidad en la vida
España
22 %
Mundo
6 %

Ser joven hoy

Según un reciente informe de *Youth Talks*, publicado en el periódico *La Vanguardia*, los deseos y preocupaciones de la juventud española y del mundo son principalmente la felicidad personal, la vida social, la carrera profesional y la salud. En la
5 encuesta llama la atención que, en España, la estabilidad en la vida es casi cuatro veces más importante que para los demás jóvenes.
Este dato se podría interpretar como consecuencia de la precariedad, las malas condiciones laborales, la dificultad para emanciparse por el difícil acceso a la vivienda o los problemas económicos que han afectado a la sociedad española en
10 las últimas décadas.

Las nuevas generaciones

Los jóvenes de hoy pertenecen a la generación Z, formada por las personas nacidas entre 1996 y 2010, o a la generación Alfa, para aquellos que han nacido a partir de 2011. Sea cual sea su generación, ellos comparten una cosa: son las primeras
15 generaciones compuestas por «nativos digitales», ya que crecieron en un mundo con acceso casi universal a Internet, teléfonos inteligentes y otras tecnologías digitales.
A pesar de contar con un alto grado de formación, estos jóvenes buscan oportunidades en un mercado laboral muy competitivo y que en muchos casos obliga a la gente joven española y latinoamericana a emigrar lejos de los vínculos familiares que
20 tanto valora.
Mientras tanto, no faltan voces en la sociedad que critican su supuesta fragilidad y poca tolerancia a la frustración después de haber disfrutado de unas condiciones de vida mucho mejores que las generaciones de sus padres o abuelos.
A decir verdad, estamos ante una generación especialmente tolerante en lo que
25 respecta a temas como la orientación sexual o las formas de expresión personales. Además, está en contra del racismo y la discriminación por motivos de nacionalidad o sexo, con notables avances sobre todo del movimiento feminista.
Las personas jóvenes se han abierto a una gran variedad de modelos familiares y muestran un gran interés por temas como el medio ambiente o un futuro sostenible,
30 con una mayor conciencia ecológica que también considera, por ejemplo, el cambio climático, el veganismo o la lucha contra el maltrato animal.

Compromiso social y perspectivas futuras

Según un informe del Instituto Nacional de la Juventud (INJUVE), casi un 80 % de los jóvenes españoles no se siente considerado por la clase gobernante y casi la
35 mitad no tiene interés por la política. Sin embargo, más de un 40 % sí cree que es posible cambiar la sociedad comprometiéndose políticamente.
En muchos países se abre el debate sobre el derecho al voto a partir de los 16 años para combatir ese desinterés general por la política entre la gente joven. En algunos países de América Latina como Nicaragua, Ecuador y Brasil, sí pueden votar a partir
40 de esta edad.
En el informe de *Youth talks* también observamos el compromiso social de los jóvenes, que se preocupan por el bienestar general o la salud mental, además del deseo general de lograr un mundo mejor. Para las nuevas generaciones, el futuro se presenta como un abanico diverso, aunque muy lejano. La juventud española se
45 preocupa más por el futuro inmediato que por los desafíos globales. Sus prioridades en la educación para la vida son valores como el respeto, la solidaridad y la empatía. Y para la sociedad, creen que es indispensable aprender y enseñar sobre la igualdad, la diversidad y los derechos humanos.

Fuentes:
1. La Vanguardia: ¿Qué inquieta a la actual generación de jóvenes? 2023
2. Youth Talks / EADA Business School: Informe 2023

Palabras en contexto

AMPLIAR EL VOCABULARIO

▸ Repasar el vocabulario

▸ Soluciones

Palabras y más palabras

1 Busca en el texto las palabras marcadas que corresponden a las siguientes definiciones.
1. la violencia contra los animales
2. la falta de estabilidad o duración, p. ej. en la situación económica y laboral
3. las relaciones que una persona mantiene con otras
4. los factores que afectan a los trabajadores
5. las convicciones morales que guían el comportamiento de una persona
6. el derecho que tienen los ciudadanos en una democracia para participar en la elección de sus representantes
7. una amplia variedad de opciones
8. tomar responsabilidad y participar activamente

Organizar las palabras

2 Completa la tabla deduciendo los infinitivos de estos participios. Si no hay un sustantivo correspondiente, agrégalo. Puedes utilizar un diccionario monolingüe.

▸ Deducir vocabulario, p. 254
▸ Utilizar un diccionario, p. 255

publicado · formada · nacidas · emancipados · compuestas · considerado · valoradas · llamado · frustrada · comprometidos · respetado · observada

participio	infinitivo	sustantivo
conocidas	conocer	conocimiento
[...]	[...]	[...]

Formar expresiones

3 a Completa las expresiones con las palabras del texto.
1. La juventud española muestra un fuerte <u>compromiso</u> ●.
2. La aceptación de la ● <u>sexual</u> diversa se ha consolidado en los jóvenes.
3. La gente joven española tiene una creciente ● <u>ecológica</u>.
4. Son considerados <u>nativos</u> ● por su manejo de la tecnología.
5. Los ● <u>familiares</u> siguen siendo importantes para ellos.
6. La ● <u>mental</u> y la <u>felicidad</u> ● son prioridades de los jóvenes.
7. Muchos están enfocados en desarrollar una <u>carrera</u> ● exitosa.
8. Buscan un <u>futuro</u> ● para las próximas generaciones.
9. El <u>grado de</u> ● es cada vez más alto entre las personas jóvenes.
10. Pero el ● <u>a la vivienda</u> es una preocupación constante.

b Elige tres de las expresiones marcadas del ejercicio 3a y escribe una definición para cada una. Después intercambiad vuestras definiciones.

Mapa mental

4 a Ordena el vocabulario del texto en un mapa mental.

b Añade tus propias ideas sobre el tema «ser joven hoy» al mapa mental.

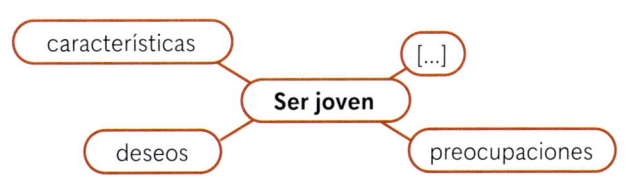

- Ser joven
  - características
  - [...]
  - deseos
  - preocupaciones

13

Ser joven hoy • Generación en acción

Identidad

1 Escucha la canción «Fortaleza» de Francisca Valenzuela en Internet sin leer la letra y describe las emociones que despierta en ti. Te puedes referir al estilo, al ritmo, a la melodía, a la voz de la cantante, etc.

La fortaleza

Todo lo que ha pasado me ha llevado hasta hoy
Miro adelante por el horizonte y la culpa la entierro y me voy
Empaco maleta, respiro profundo y no miro hacia atrás
5 Sol que se pone, sol que sale me acompañará
Y creí lo que dijeron, los quería escuchar
Un grito vivía esperando salida, rogaba por su libertad
Toda una vida en la fantasía sin poderme a mí ni mirar
Y ahora veo cómo puedo volver a empezar

10 *Voy arrasando con lo que venga*
Con mi pluma y mi poema
Cruzaré la cordillera
Y si estoy en medio de la tormenta
Ser la calma que sostenga
15 *El centro de la Tierra*
Y ser la fortaleza
Ser la fuerza

Y no seguiré viviendo el pasado si no está
Me paro derecha en este momento y la fuerza de adentro saldrá
20 Empaco maleta, respiro profundo y no miro más hacía atrás
Sol que se pone, sol que sale me acompañará

Estribillo

Soy el fuego, soy la espada, soy (soy)
Soy la casa, soy el agua, soy (soy)
25 Hombro y puño, santa y puta soy (soy)
Soy la hija, soy la madre, soy
Soy el fuego, soy la espada, soy (soy)
Soy la casa, soy el agua, soy (soy)
Cuerpo y alma, todo y nada, soy (soy)
30 Soy la fuerza, soy la calma, soy

Voy arrasando con lo que venga
Llegaré hasta donde pueda
Y que nada me detenga
Y si estoy en medio de la tormenta
35 Firme como la madera
Y suave como seda

Estribillo

Yo seré
Ser la fortaleza
40 Yo seré, yo seré

Francisca Valenzuela es una cantante chilena nacida en EE. UU. Su estilo musical es pop-rock con elementos del jazz. Canta en español y en inglés sobre temas como el rol de la mujer, el amor y el desamor. Su mayor éxito es la canción «Peces».

---

1 **la fortaleza** Festung
3 **enterrar** begraben
4 **empacar** *aquí:* hacer
7 **rogar por** pedir
10 **arrasar** destruir
11 **la pluma** Feder
14 **sostener** sujetar
23 **la espada** Schwert
25 **el puño** Faust
36 **la seda** Seide

Ser joven hoy • Generación en acción

Seré la fuerza
Ser la fortaleza
Yo seré
Seré la fuerza
45 Ser la fortaleza
Yo seré
Seré la fuerza

Compositores: Francisca Valenzuela Méndez, Vicente Sanfuentes.

COMPRENSIÓN

2 Lee las líneas 2–9 y presenta la situación en la que se encuentra el «yo lirico» de la canción.

ANÁLISIS

3 a El «yo lirico» de la canción se expresa con muchas imágenes. Analiza tres en las que ilustre su situación. ▶ Punto de apoyo, p. 216

b Resume el mensaje de la canción. ▶ Textos liricos, p. 246

MÁS ALLÁ DEL TEXTO

4 Describe la imagen y comenta la afirmación.

> Pon tu mirada hacia lo que puedes hacer en adelante. No puedes cambiar lo que quedó atrás.

5 (Hablar) Haced suposiciones sobre lo que quiere dejar atrás el yo lírico de la canción.

6 (Para elegir) Haz la tarea **a** o **b**.

a (Hablar) Busca una afirmación en español que te motive y preséntala en clase.

b (Desafío)(Escribir) ¿Qué imágenes te motivan? Escribe una nueva estrofa de la canción considerando esas imágenes.

1 Ser joven hoy • Generación en acción

Participación política

APP Imágenes

Infografía:
la inclusión social gesellschaftliche Teilhabe
el comportamiento cívico Sozialverhalten
el destrozo en la calle vandalismo
tomar en cuenta considerar

Jóvenes españoles ENTRE DOS SIGLOS — Observatorio de la Juventud en Iberoamérica

INCLUSIÓN SOCIAL Y PARTICIPACIÓN POLÍTICA

CONFIANZA EN LAS INSTITUCIONES

(Muchas + bastante) confianza
- Organizaciones voluntariado 66%
- Policía 59%
- Sistemas de enseñanzas 55%
- Fuerzas armadas 53%

De 16 instituciones, solamente 1, las organizaciones de voluntariado, consigue llegar a generar **MUCHA CONFIANZA** en 1 de cada 5 jóvenes.

MUY IMPORTANTE

Los jóvenes – de 15 a 24 años – consideran MUY IMPORTANTE, ante todo, la salud y la familia, seguido de los amigos y conocidos, trabajo, y tiempo de ocio.

- SALUD 83% ★★★★☆
- FAMILIA 81% ★★★★☆
- AMIGOS 62% ★★★☆☆

COMPORTAMIENTOS CÍVICOS Y MORALES

+ aceptados:
- Adopción de hijos por homosexuales
- Tener un hijo sin pareja estable
- Divorcio

– aceptados:
- Terrorismo
- Violencia de Género
- Causar destrozo en la calle

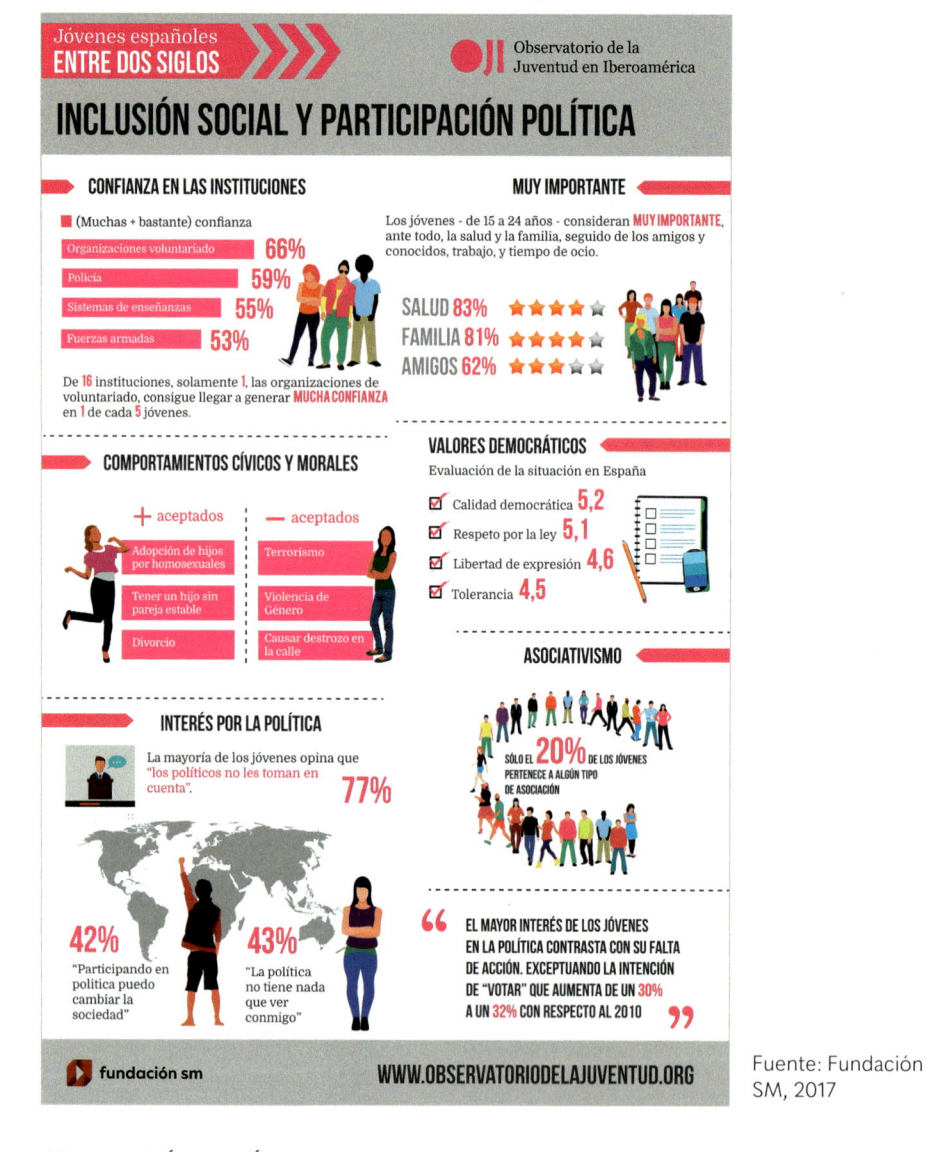

VALORES DEMOCRÁTICOS

Evaluación de la situación en España
- ☑ Calidad democrática 5,2
- ☑ Respeto por la ley 5,1
- ☑ Libertad de expresión 4,6
- ☑ Tolerancia 4,5

INTERÉS POR LA POLÍTICA

La mayoría de los jóvenes opina que "los políticos no les toman en cuenta". **77%**

- 42% "Participando en política puedo cambiar la sociedad"
- 43% "La política no tiene nada que ver conmigo"

ASOCIATIVISMO

SÓLO EL **20%** DE LOS JÓVENES PERTENECE A ALGÚN TIPO DE ASOCIACIÓN

"EL MAYOR INTERÉS DE LOS JÓVENES EN LA POLÍTICA CONTRASTA CON SU FALTA DE ACCIÓN. EXCEPTUANDO LA INTENCIÓN DE "VOTAR" QUE AUMENTA DE UN 30% A UN 32% CON RESPECTO AL 2010"

fundación sm — WWW.OBSERVATORIODELAJUVENTUD.ORG

Fuente: Fundación SM, 2017

COMPRENSIÓN Y ANÁLISIS

▶ Estadísticas y gráficos, p. 251

1 Presenta la infografía sobre «Inclusión social y participación política» publicada por la Fundación SM. Ten en cuenta los siguientes aspectos:
- Expón y explica cada uno de los temas de la infografía.
- Describe los distintos tipos de gráficos utilizados (barras, valoración con estrellas, etc.) y examina la función que tiene cada uno.
- Comenta los colores, los dibujos y el orden de la información: ¿Qué destaca el color magenta? ¿El cartel tiene un mensaje?

2 Elige tres datos que te llamen la atención y explica por qué.

MÁS ALLÁ DEL TEXTO

▶ Escribir un comentario personal, p. 236

3 (Escribir) En algunos países de Europa y Latinoamérica, se puede votar a los 16 años. Expresa tu opinión en un comentario personal.

Ser joven hoy • Generación en acción

El 8M: Mujeres marchan contra el machismo iberoamericano

1 Describe las imágenes de las manifestaciones por el 8M y haz suposiciones sobre los temas que reclaman las mujeres.

San Salvador

Madrid

Manifestantes en Madrid
Fuente: AFP, 2019

Buenos Aires

Imágenes

El 8 de marzo es el Día Internacional de la Mujer. Cada **8M** hay marchas en todo el mundo por los derechos de la mujer, en algunos países incluso es feriado. Para mostrar las desigualdades, las Naciones Unidas eligen cada año un nuevo tema. Un tema recurrente es **el feminicidio o femicidio**, el asesinato de una mujer a manos de un hombre por machismo – una forma extrema de **violencia de género**. Una meta es **tipificar el femicidio**, es decir, legislar sobre este tipo de crimen permitiendo que los culpables sean condenados. Además, se fomentan **los derechos sexuales y reproductivos**, o sea, se informa a las personas sobre su sexualidad y el acceso a métodos anticonceptivos incluyendo servicios de aborto seguro y legal.

COMPRENSIÓN

2 Mira la primera parte (00:00–01:20) del reportaje sin sonido. Describe las secuencias. Ten en cuenta a las manifestantes, el ambiente y los colores.

3 Mira el vídeo completo con sonido y resume las injusticias que denuncian las mujeres en los diferentes países.

ANÁLISIS

4 Analiza cómo el reportaje logra impactar en la audiencia. Piensa en las imágenes, el sonido y las declaraciones de las entrevistadas.

MÁS ALLÁ DEL TEXTO

5 Trabajad en pareja. **A** va a la página 216, **B** describe y comenta el gráfico abajo.

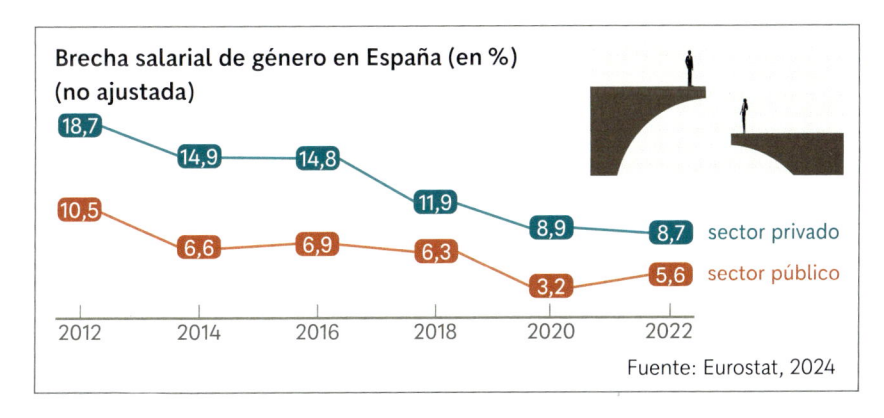

Brecha salarial de género en España (en %) (no ajustada)

Año	sector privado	sector público
2012	18,7	10,5
2014	14,9	6,6
2016	14,8	6,9
2018	11,9	6,3
2020	8,9	3,2
2022	8,7	5,6

Fuente: Eurostat, 2024

morado/-a lila
la huelga Streik
la derogación la anulación
encarcelar meter en la prisión
la despenalización la eliminación de sanciones
la consigna *frase corta que resume una demanda en una protesta*
el acoso callejero Belästigung auf der Straße
el piropo Kompliment
la brecha salarial *la diferencia entre los sueldos (de hombres y mujeres)*

▶ Estadísticas y gráficos p. 251

Estadística:
no ajustada unbereinigt

▶ Ficha de información, p. 216

1 Ser joven hoy • Generación en acción

Cambio de valores

1 La juventud de hoy, «la generación Z», es también conocida como la «generación de cristal». Haz suposiciones sobre por qué se llama así.

TEXTO AVANZADO **Generación de cristal: cómo se vinculan y cuáles son los nuevos mandatos** *Guadalupe Rivero*

La generación de cristal abarca a las personas nacidas a partir del año 2000
5 y su denominación hace referencia a la supuesta fragilidad y poca tolerancia a la frustración que experimentan. Esta caracterización, muchas veces ubicada en el centro de la polémica [...] dio lugar
10 a ciertos interrogantes acerca de lo peyorativo de esta expresión.

Con una mirada introspectiva, profunda y probablemente más [...] positiva, la psicóloga Sofía Calvo describió a este grupo unido que tiene en común mucho más que la edad. En su libro *La generación de cristal. Sociedad, familia y otros*
15 *vínculos del siglo XXI* (Sudestada) la autora explicó: «Somos la generación que entendió que [...] construir una identidad libre, separarse de una pareja, renunciar a un trabajo, hacer lo que amamos e ir a terapia no es un fracaso sino que, en realidad, es nuestra gran conquista».

«A esta generación le toca agarrar la posta de cientos de años de lucha, de miles de
20 personas que defendieron –cuando el mundo era aún un lugar mucho más hostil– la libertad social, sexual e ideológica de cada uno. [...]»

Generación de cristal: seres libres
La generación de cristal «tomó mucha conciencia de aspectos que antes parecían irrelevantes y no lo eran en absoluto», aclaró Calvo. Así se refirió a una suerte de
25 pacto de silencio que experimentaron las generaciones anteriores respecto a la sensibilidad y el dolor.

«Se ocultaba a toda costa la fragilidad. No es que ahora somos más sensibles, sino que ahora nos animamos a mostrarlo más, y en consecuencia, a marcar límites. Lo que ahora se expone de manera explícita antes se ocultaba y tenía sus consecuen-
30 cias internas», aseguró. No expresar las emociones, intentar demostrar una fortaleza invencible, tolerar el maltrato o elegir un modo de vida impuesto –dijo– genera daños gravísimos.

Un estilo de vida más libre funciona aquí como característica principal: «Se empiezan a crear subjetividades diversas, desde la expresión de género hasta la
35 orientación sexual, tener hijos, no tenerlos, hacer una carrera universitaria o un emprendimiento, viajar, emigrar». También aparecen cuestiones vinculadas a la naturaleza, como el interés por la ecología, el maltrato animal o el veganismo, entre otras.

«Hay un cambio muy grande en los valores y en las prioridades y, por suerte, la
40 salud mental se está volviendo en uno de los temas prioritarios de esta generación. Y creo que uno de los puntos fuertes de nuestro presente es que se le está abriendo

---

1 **el cristal** Glas
2 **vinculado/-a** conectado/-a
3 **abarcar** incluir
6 **supuesto/-a** angeblich
9 **la polémica** la controversia
10 **el interrogante** la pregunta
11 **peyorativo/-a** despectivo/-a, ofensivo/-a
19 **agarrar la posta** *hier:* eine Errungenschaft festhalten
24 **una suerte de pacto de silencio** eine Art Schweigepakt
28 **marcar límites** Grenzen setzen
34 **la expresión de género** la forma en que una persona muestra su femineidad o masculinidad, p. ej. en su ropa o en su manera de hablar
35 **hacer un emprendimiento** fundar una empresa

Ser joven hoy • Generación en acción

paso a la diversidad, que es muy necesaria porque es inherente al ser humano», afirmó la psicóloga.

Generación de cristal: vínculos y deseo

45 Superado el mandato de formar pareja como único destino posible, la especialista se preguntó si la imposición de hoy es «saber estar solo». «Hay una fuerte tendencia a creer que estar solo es símbolo de fortaleza, o que estar en pareja es dependencia emocional. Existe un mandato que circula y que refiere a esto de «no necesitás a nadie», «vos podés solo», «el amor propio es todo lo que importa», 50 sostuvo.

Sin embargo, todo esto es una falacia –señaló–, ya que «nadie puede solo y el amor propio se construye también con la mirada externa». La clave, aclaró, está en poder elegir, más allá de las influencias externas y entender que «ni estar en pareja es una cárcel, ni ser soltero es una demostración de empoderamiento».

55 Más allá de esto, a grandes rasgos la generación de cristal se mueve según su deseo. «Antes los mandatos sociales tenían más peso, las formas de vida eran mucho más homogéneas», dijo Calvo.

De todos modos, aunque los avances sean notorios en ese sentido y pese a que «la heterogeneidad presente es un buen indicador, como seres sociales siempre vamos 60 a tender a actuar conforme a lo que la sociedad espera de nosotros, en menor o mayor medida». «Toda generación va a traer consigo ciertos mandatos e imposiciones. Esperemos que sean los más livianos y los menos posibles», reflexionó. [...]

Fuente: Guadalupe Rivero, Clarín, 2023

46 **la imposición** Auferlegung
49 **vos podés** *(arg.)* tú puedes
51 **la falacia** el engaño
54 **el empoderamiento** *aquí:* fuerza
58 **notorio/-a** significativo/-a
62 **liviano/-a** geringfügig

COMPRENSIÓN

2 Lee el primer párrafo del texto y resume a qué se refiere la palabra «cristal» en «generación de cristal».

3 Presenta los valores y las prioridades que tiene «la generación de cristal», según la psicóloga Sofía Calvo.

ANÁLISIS

4 Analiza el punto de vista de la autora examinando cómo presenta a «la generación de cristal».

▶ Punto de apoyo, p. 216
▶ Textos informativos, p. 242

MÁS ALLÁ DEL TEXTO

5 (Para elegir) Haz la tarea a o b.

a (Hablar) Discutid sobre el siguiente mandato: «El amor propio es todo lo que importa» (l. 49).

b (Escribir) Redacta una carta al director de Clarín (aprox. 200 palabras) en la que hagas referencia a este reportaje. Comenta la denominación «generación de cristal» para referirse a los jóvenes de hoy. Apoya tus argumentos con ejemplos del texto y con tu propia experiencia.

Ser joven hoy • Generación en acción

Compromiso social

Esther Pina, premio ‹Joven Avanzadora›: «La industria audiovisual no tiene en cuenta a la gente con discapacidad» *Alberto Palacios*

[...] Esther Pina es una emprendedora apasionada que ha dedicado su carrera a promover la accesibilidad en eventos. Con una visión innovadora y un compromiso firme con la inclusión, Pina fundó Secret Sound. El objetivo de esta empresa es eliminar barreras y hacer que los eventos sean accesibles para todas las personas con discapacidad auditiva. Su trabajo se ha destacado no solo por su impacto práctico, sino también por su capacidad para sensibilizar a la sociedad sobre la importancia de la accesibilidad y la igualdad de oportunidades para todos.

Con una sólida creencia en la necesidad de accesibilidad cultural, su compromiso y dedicación están llevando a su empresa a ser reconocida como un referente, demostrando que la inclusión no solo es posible, sino también esencial para la construcción de una sociedad más justa y equitativa. Por todo ello, Esther Pina ha sido galardonada con **el Premio Joven Avanzadora**, que recogió de manos de la vicerrectora de la Universidad de Nebrija, Cristina Villalonga, donde podrá cursar el máster de su elección.

¿Cómo recibe este reconocimiento?
Con mucha ilusión y agradecimiento. Para mí es todo un honor que se me haya tenido en cuenta para este premio.

Comparte cartel con otras mujeres que trabajan a diario por mejorar la sociedad [...] ¿Qué siente al formar parte de ese listado de nombres?
Muchísimo orgullo. Estas mujeres son un claro ejemplo de lucha y motivación. Son pura inspiración y poder compartir estos premios con ellas es algo absolutamente increíble.

Para conocer mejor su proyecto. ¿Cuál fue el detonante que le inspiró a fundar su empresa?
Comencé Secret Sound como un sello discográfico alternativo. Sin embargo, cuando conocí a ASPANPAL (Asociación de padres y madres de niños con problemas de audición y lenguaje de Murcia) me di cuenta de los problemas a los que se enfrentaba la comunidad sorda a diario. A partir de ahí decidí girar el proyecto y centrarnos en derribar las barreras de acceso al audiovisual para las personas sordas. [...]

¿Podría compartir algunos ejemplos de cómo su empresa ha promovido la accesibilidad en eventos específicos y cuál ha sido el impacto de estas iniciativas?
Desde que salimos al mercado en 2021 hemos conseguido que implementen bucle magnético en algunos teatros [...]. A nivel musical, hemos conseguido que miembros de la comunidad sorda experimenten sus primeros conciertos. Sin duda, no hay nada que nos llene más.

Los Premios Avanzadoras (un concurso organizado por Oxfam Intermon y 20minutos) se otorgan a mujeres que marcan un cambio significativo en la sociedad y así contribuyen a construir un mundo más justo e igualitario para todos.

2 **tener en cuenta** considerar
3 **la discapacidad** *condición física o mental que limita la participación plena en la sociedad*
4 **el/la emprendedor/a** Unternehmer/in
5 **la accesibilidad** Barrierefreiheit
15 **galardonar** premiar
26 **el detonante** hier: Auslöser
28 **el sello discográfico** Plattenlabel
31 **sordo/-a** *una persona que no puede oír*
32 **derribar** destruir
37 **el bucle magnético** *placa magnética que ayuda a personas con audífonos a escuchar los sonidos, transformando la señal de audio en un campo magnético*
40 **llenar** erfüllen

Ser joven hoy • Generación en acción

¿Cuáles son las principales barreras que aún persisten en la promoción de la accesibilidad en eventos, y qué se puede hacer para superarlas?
La principal barrera es la desinformación. Muchos desconocen lo fácil que es incorporar estas medidas. [...] Tenemos que ser conscientes de que hay que cambiar toda la escena audiovisual para volver a plantearla de una manera más accesible e inclusiva. [...]

¿Cuál es su visión para el futuro en términos de inclusión y accesibilidad en eventos, y qué medidas cree que deben tomarse para alcanzar esa visión?
Mi visión [...] es conseguir una industria audiovisual completamente accesible e inclusiva. Creo, sinceramente, que hacen falta medidas legislativas y apoyo económico por parte de los Gobiernos para que podamos llegar a eso. [...]

¿Cuáles han sido los momentos más gratificantes o significativos que ha experimentado en su trabajo en el campo de la accesibilidad?
Sin duda, las caras y palabras de los usuarios de nuestras medidas. Hay veces que, con tanto trabajo, pierdes el foco. En cuanto llegas a un evento y los ves... Ahí recuerdas por qué empezaste y por qué es importante seguir. [...]

¿Hay algún proyecto o iniciativa en particular en el que esté trabajando actualmente y que le gustaría compartir con nuestros lectores?
Actualmente, estamos desarrollando un proyecto piloto de accesibilidad para personas sordociegas. Estamos en una fase muy inicial, pero somos muy optimistas con todo lo que podremos ofrecer en un futuro cercano.

Fuente: Alberto Palacios, 20 minutos, 2024

52 **gratificante** satisfactorio/-a
60 **sordociego/-a** taubblind

COMPRENSIÓN

1 Describe el desarrollo del proyecto de «Secret Sound» y resume su impacto en la sociedad.

ANÁLISIS

2 Caracteriza a Esther Pina y explica su visión para el futuro.

MÁS ALLÁ DEL TEXTO

3 Lee la ficha sobre los Premios Avanzadoras (p. 20) y comenta si te parece justificado que Esther Pina haya ganado el premio Joven Avanzadora.

4 En otra entrevista, Esther Pina contestó una pregunta respecto a su motivación. Explica y comenta la cita:

«Creo sinceramente que las personas que emprendemos en lo social, tenemos ventaja sobre el resto, porque emprender es complicado, la motivación es algo que escasea, y la motivación es muy importante para seguir adelante. [Para] las personas que emprendemos en lo social, la motivación es un motor que siempre está encendido... Yo siempre digo que a los que emprendemos en lo social nos brillan los ojos de una manera diferente.»

1 **emprender algo** etw. (beruflich) unternehmen
3 **escasear** mangeln
6 **brillar** leuchten

Ser joven hoy • Generación en acción

El voluntariado

▶ Mediación, p. 241

1 Quieres hacer un FSJ después del bachillerato. A tu compañera de intercambio tus planes le parecen muy interesantes, ya que en España no existe este concepto. Te pide que le des más información. Basándote en el texto, escríbele un e-mail en el que le presentes las posibilidades de hacer un FSJ o FÖJ en Alemania. Incluye las condiciones generales, el procedimiento de solicitud y menciona las ventajas del voluntariado.

Große Freiheit, um Gutes zu tun: Ein Freiwilligenjahr nach der Schule lohnt sich für viele *Achim Fehrenbach*

Kulturell, ökologisch, sozial oder politisch: Bei Freiwilligendiensten können junge Menschen ein Jahr lang ganz neue Erfahrungen sammeln. Was man beachten
5 *sollte.*

Paula Bonkowski lächelt, wenn sie von ihrer Zeit auf Sylt berichtet. „Ich habe total viel Freiheit gespürt", schwärmt die heute 20-jährige. Von Mitte 2020 bis Mitte 2021 absolvierte Bonkowski ein Freiwilliges Ökologisches Jahr (FÖJ) in der
10 Schutzstation Wattenmeer Rantum. Direkt nach dem Abitur hatte sie sich für «Freiwillig am Meer» beworben, um aus der Komfortzone rauszukommen und mehr über mich selbst zu lernen", wie sie sagt.

[...] Das Gebiet der Schutzstation ist ungefähr sieben Kilometer
15 lang, es umfasst Watt, Dünen, Heide und Salzwiesen. „Dort haben wir wöchentlich kartiert, welche Vögel es gibt, welche Pflanzen wachsen und wie viel Müll anfällt", erzählt Bonkowski. [...] Monatelang war Bonkowski ab fünf Uhr früh mit dem Fernglas unterwegs. Ein Ausflug aus der Komfortzone, der ihr großen Spaß machte.

20 In Deutschland absolvieren jedes Jahr Zehntausende Jugendliche einen sogenannten Freiwilligendienst. Das kann ein Freiwilliges Soziales Jahr (FSJ) in einer gemeinwohlorientierten Einrichtung sein, zum Beispiel in einem Jugendzentrum, in der Altenpflege oder in einer kulturellen Einrichtung (FSJ Kultur).

Für ein Freiwilliges Ökologisches Jahr kommen beispielsweise Umweltschutzverbän-
25 de, Gartenbaubetriebe oder die Lebensmittelforschung infrage. Daneben gibt es noch Angebote wie das FSJ Politik, das FSJ Sport, den Freiwilligen Wehrdienst (FWD) und den Europäischen Freiwilligendienst (EFD) – um nur einige zu nennen.

Ein Freiwilliges Sozialjahr kann absolvieren, wer zwischen 16 und 26 Jahren alt ist und einen Schulabschluss hat. Das FSJ dauert meist zwölf Monate und beginnt im
30 August oder September jedes Jahres. [...]

Die Gründe für ein Freiwilligenjahr können sehr unterschiedlich sein. „Es ist großartig für Menschen, die sich noch ein bisschen unsicher sind, was sie beruflich machen wollen", sagt Dörthe Engelhardt. „In dem Jahr können sie unglaublich an sich wachsen und lernen viel darüber: Wer bin ich? Was will ich? Was kann ich?"

35 Engelhardt ist stellvertretende Vorsitzende im Landeselternausschuss Berlin (LEA). [...] Viele Jugendliche seien nach dem Abitur, vor allem, wenn sie es in zwölf Jahren

Ser joven hoy • Generación en acción

ablegen, noch sehr jung, sagt Engelhard – und nach dem Mittleren Schulabschluss ohnehin. „Einige sagen sich: Ich brauche einfach ein Jahr, um Abstand von der Schule zu bekommen." Das Freiwilligenjahr sei eine großartige Gelegenheit etwas völlig Neues auszuprobieren – und häufig auch ein Schritt zu selbstverantwortlichem Handeln. [...]

Für viele Freiwillige ist das FSJ auch Anreiz, anschließend eine kulturnahe oder pädagogische Ausbildung zu beginnen – laut Hukal tun das derzeit immerhin 85 Prozent. Ab September werden erstmals auch fünf FSJ-Kultur-Plätze für Jugendliche mit Behinderung angeboten, sagt Hukal, zum Beispiel in der Skulpturensammlung des Bodemuseums und im Technikmuseum.

Paula Bonkowski hat nach Sylt ein Lehramtstudium in Dortmund begonnen. Das FÖJ sei eine gute Vorbereitung gewesen, sagt sie: „Meine Einsatzstelle in Rantum befindet sich in einem Schullandheim, man arbeitet also mit vielen Schulklassen." [...]

Wer sich im Freiwilligendienst engagiert, hat natürlich auch Anspruch auf bestimmte Leistungen. Im FSJ Kultur ist es beispielsweise ein Taschengeld von 360 Euro, im FÖJ auf Sylt kommen auch noch Unterkunft, Verpflegung und eine Fahrtkostenerstattung hinzu. Die genauen Rahmenbedingungen sind also je nach Dienst sehr unterschiedlich. [...]

Ein wichtiger Schritt zum Freiwilligenjahr ist die Bewerbung. „Die Jugendlichen begründen in einem Motivationsschreiben, warum sie gerne in einem bestimmten Theater, einer bestimmten Bibliothek oder einem Jugendzentrum mitarbeiten wollen", erläutert Kathrin Hukal. „Das allein ist für die Auswahl der Kandidat:innen ausschlaggebend." Infos zu Geschlecht, Herkunft, Bildungshintergrund und ethnischer Zugehörigkeit würden hingegen bewusst aus dem Vermittlungsverfahren herausgehalten, um Vorurteile zu vermeiden.

Dörthe Engelhardt rät, Kompetenzen und Motivation im Bewerbungsschreiben anschaulich zu schildern. „Daneben gilt natürlich wie in allen Bewerbungen: Man sollte Form und Fristen beachten." [...]

Paula Bonkowski kann den Freiwilligendienst jedenfalls uneingeschränkt empfehlen. „Ergreift die Chance, etwas Neues auszuprobieren", sagt sie. „Da warten sehr viele Möglichkeiten auf euch!"

(603 Wörter)

Fuente: Achim Fehrenbach, Tagesspiegel, 2022

MÁS ALLÁ DEL TEXTO

2 a Describe el cartel de la Plataforma del Voluntariado de España y explica la cita de Fabián León.

b Mira el vídeo. Examina a quién se dirige la campaña y con qué objetivo.

3 (Escribir) Explica y comenta la cita:

«Los sueños parecen al principio imposibles, luego improbables y luego, cuando nos comprometemos, inevitables.» Mahatma Gandhi

Ser joven hoy • Vínculos

Sociedad interconectada

Cómo selecciona sus frases el sitio «La gente anda diciendo» *Matías Zibell*

En La Pampa, una provincia del centro de Argentina, un chico de unos 20 le confiesa a su amigo: «Qué depresión, boludo, volví con mi ex».
5 En Mendoza, un hombre en sus 40 le pide a su pareja: «No me faltés el respeto delante de los perros que me desautorizás».

> «AY, BOLUDA, ¿PODÉS DEJAR DE DIGITALIZAR EL AMOR? QUE NO TE DÉ LIKE NO SIGNIFICA QUE NO TE QUIERA».
> Chica de unos 16 años hablando por teléfono, parada del colectivo 14, San Juan. 17:30 H.

Todas esas frases están recopiladas en uno de los sitios latinoamericanos con más seguidores en redes sociales: «La gente anda diciendo». Un fenómeno que nació el 8 de
10 diciembre de 2011 en Argentina, en un bar que ya no existe del barrio porteño de Palermo.

«Era un día feriado y estábamos con Tatiana Goldman, que es mi amiga y socia en este proyecto, en un barcito de la calle Gurruchaga, y en la mesa de al lado había una parejita que
15 hablaba de celos, sexo e infidelidades, y ahí nació la idea de hacer un libro que registrara la forma de hablar de la sociedad». Así lo recuerda Ezequiel Mandelbaum, uno de los dos creadores del sitio que tiene casi 9 millones de seguidores [...].

Entonces, dedicaron nueve meses a escribir lo que la gente decía. La clave,
20 recuerda Ezequiel, era anotar las frases en el momento, no esperar porque pasados unos minutos tendían a reescribirla, naturalmente, como ellos la hubieran dicho. Otro elemento a tener en cuenta en la selección era capturar los pensamientos que reflejaran las costumbres y los hábitos de una época. Por eso abundan las frases que hablan del uso de las redes sociales, el amor por internet y los nuevos «ofi-
25 cios», como el del niño que quiere ser *youtuber*.

El 22 de agosto de 2012 [...], lanzaron el sitio [en Internet] [...]. Invitaron a sus amigos a que siguieran la página, pero no invirtieron ni un centavo en promoción. Horas después tenían 500 seguidores, al día siguiente 1.000, y luego una viralización que aún hoy los sorprende. [...]

30 «La gente anda diciendo» dejó de ser un proyecto exclusivamente argentino y se convirtió en una idea latinoamericana [...]. «Al abrir la página a Latinoamérica a
35 nosotros nos interesaba mostrar que, si bien hay modismos y expresiones diferentes, existe cierto lenguaje común como la

> «DEBERÍAN DAR DÍAS DE INCAPACIDAD POR TENER EL CORAZÓN ROTO».
> Chica de unos 24 años, llorando, a otra. Centro de Bucaramanga, Colombia. 12:00 H.

Una de las frases provenientes de Bucaramanga, Colombia, ha sido una de las más populares del sitio.

frase sobre el corazón roto, con la que uno se puede identificar», dice. «Eso nos
40 interesaba mostrar: la identificación dentro de lo diverso».

Publicaciones virales

[...] Con los años han podido determinar que hay criterios que contribuyen al éxito de una publicación.

- 4 **boludo/-a** *(arg.)* estúpido/-a
- 5 **faltar el respeto** ser irrespetuoso/-a
- 6 **desautorizar** quitar la autoridad
- 7 **recopilar** reunir, coleccionar
- 15 **el celo** la envidia
- 15 **la infidelidad** el engaño
- 18 **el/la seguidor/a** Follower/in
- 21 **tender** neigen, tendieren
- 22 **capturar** einfangen
- 23 **el hábito** la costumbre
- 23 **abundar** reichlich vorhanden sein
- 24 **el oficio** el trabajo
- 26 **lanzar** starten, ins Leben rufen
- 27 **invertir** gastar
- 36 **el modismo** Redewendung
- 42 **determinar** bestimmen

Ser joven hoy • Vínculos

«Hay frases que tienen que ver con la identificación, una persona dice una frase que muchos hubieran querido decir o la dijeron de alguna forma, y la gente se siente representada; el like (me gusta) o el compartido es una forma de decir que también piensan eso», dice Ezequiel.

Si la frase causa gracia al lector, también es muy posible que este la comparta. El humor es una característica de casi todos los mensajes subidos al sitio, aunque el mensaje pueda reflejar una realidad triste o un contexto dramático.

El éxito

Con los años, el fenómeno de «La gente anda diciendo» llegó a sorprender incluso a […] especialistas en redes sociales.

«Hemos escuchado en ocasiones que el posteo ideal tiene que tener una imagen, poco texto y un interrogante. Nosotros tenemos solo texto. Se habla de que hay que postear mucho, nosotros posteamos muy poco», confiesa Ezequiel.

Este éxito hace que mucha gente les pregunte a Ezequiel y a Tatiana si no son millonarios, ya que con solo un dólar por seguidor tendrían casi 9 millones de dólares.

«No me molestaría para nada tener un dólar por seguidor, pero aclaro que no los tenemos. Pienso que todavía vivimos en sociedades donde el éxito está muy ligado al dinero y tampoco creo que ser exitoso sea tener 10 millones de seguidores. Ambas cosas serían muy superficiales».

Fuente: Matías Zibell, BBC Mundo, 2019

> «JURO QUE TODOS LOS DÍAS ME LEVANTO PENSANDO QUE NO QUIERO CRITICAR MÁS. PERO LA GENTE NO COLABORA».
>
> Chica de unos 28 años a grupo de amigas de la misma edad. Tilisarao, San Luis. Viernes, 01:30 H.

49 **causar gracia** lustig sein
51 **subir** hochladen
56 **el posteo ideal** *aquí: la forma ideal de publicar posts*
57 **el interrogante** la pregunta
63 **ligar** unir

COMPRENSIÓN

1 Resume brevemente la información sobre el proyecto «La gente anda diciendo» (origen, objetivo, desarrollo).

2 Presenta las características que suele tener una frase exitosa de «La gente anda diciendo».

▶ Textos informativos, p. 242

ANÁLISIS

3 Analiza los recursos empleados en el artículo para presentar «La gente anda diciendo» como un proyecto viral y exitoso.

▶ Punto de apoyo, p. 216

4 «Pienso que todavía vivimos en sociedades donde el éxito está muy ligado al dinero y tampoco creo que ser exitoso sea tener 10 millones de seguidores. Ambas cosas serían muy superficiales» (ll. 63–65). Explica la frase en tus palabras.

MÁS ALLÁ DEL TEXTO

5 Elige y comenta una de las tres citas del texto incluyendo tus propias ideas sobre la amistad o el amor.

6 Busca en Internet dos frases de «La gente anda diciendo», preséntalas y explica por qué te han gustado.

1

Ser joven hoy • Vínculos

Formas de convivencia

APP Más información

Rara – el tráiler

COMPRENSIÓN

1 a Mira el tráiler oficial de «Rara» sin sonido y sin subtítulos hasta el minuto 00:36:
- Indica qué personas aparecen en la casa.
- Cuenta cómo es la atmósfera que se presenta.

b Mira el tráiler hasta el final sin sonido:
- Indica qué otras personas aparecen.
- Describe cómo se presenta el estado de ánimo de la chica mayor en la segunda parte del tráiler.

2 a Mira el tráiler con sonido y relaciona a los personajes con sus roles.

> la protagonista • la novia de la madre • la hermana pequeña • la madre

> «Rara» es una película chilena del año 2016, dirigida por Pepa San Martín, que se basa en hechos reales. Obtuvo varios premios internacionales, entre otro en el Festival Internacional de Cine de Berlín (Berlinale).

Sara   Catalina   Lía   Paula

b Haz hipótesis sobre un conflicto que se presenta en la película.

ANÁLISIS

▶ Punto de apoyo, p. 217

3 Analiza qué recursos se utilizan en el tráiler para atraer la atención de los espectadores.

4 Examina la dinámica de la relación entre la protagonista y su madre en comparación con la de su padre. Para ello, fíjate en las escenas de los coches.

▶ Películas, p. 250

5 Analiza cómo se compone el plano en la escena de la conversación entre la abuela y Lía. ¿Por qué la directora muestra la conversación entre ellas al fondo?

MÁS ALLÁ DEL TEXTO

6 Comenta el título de la película.

7 (Hablar) Cuenta si el tráiler te da ganas de ver la película y explica por qué (no).

Ser joven hoy • Vínculos

Rara – la película

1 Mira el cartel de la película y los fotogramas de la página anterior y di qué asocias con las imágenes.

COMPRENSIÓN

2 Mira la película, después resume el argumento a través de las siguientes escenas:
- la comida en el jardín en la casa de la madre
- la visita de la abuela y la imagen que pinta la hermana
- la llamada telefónica del padre
- la fiesta de cumpleaños de Sara en casa del padre
- el recorrido de Sara por la casa al final de la película

3 Indica en qué escenas de la película se tratan los siguientes temas.

adolescencia   modelos familiares   diversidad sexual

efectos de la separación matrimonial en los hijos

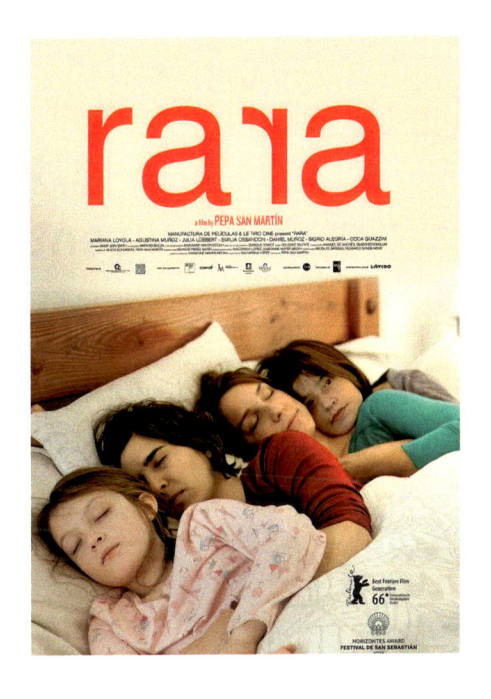

ANÁLISIS

4 Analiza el inicio de la película (min 00:39–02:42). ¿Qué función tiene esta secuencia rodada sin interrupciones mostrando a Sara en un recorrido por su colegio?

5 Explica la función de dejar borrosa y en segundo plano la pelea entre la madre y el padre de Sara (min 37:25–38:27).

6 Examina la función que tienen las escenas con el gato.

▶ Películas, p. 250

MÁS ALLÁ DEL TEXTO

7 (Para elegir) Lee la sinopsis de la película. Después, haz la tarea a o b.

00:37:32

> **Sinopsis** «Que te gusten los chicos, o quizá encontrar que son estúpidos; ser supercercana con tu mejor amiga, y aun así no contarle tus secretos; tener problemas en el colegio y unos padres aburridos. Este es el tipo de problemas a los que se enfrenta una niña de 13 años. Para Sara eso no tiene nada que ver con el hecho de que su mamá viva con otra mujer. Aunque su padre no piense lo mismo.» Fuente: filmaffinity.com

a Comenta si la sinopsis te parece bien lograda. Justifica tu opinión.

b (Escribir) Escribe una sinopsis sobre otra película que hayas visto.

8 (Desafío) (Escribir) Imagina y escribe el argumento para una segunda parte de «Rara», que cuenta como sigue la vida de Sara y Cata.

Ser joven hoy • Vínculos

Amistad y amor

1 a Mira la nube de palabras. Luego busca en los poemas más vocabulario que se pueda asociar con la amistad o el amor.

b Apunta más palabras que tú asocias con los dos temas.

Carlos Castro Saavedra (1924–1989) fue un destacado poeta colombiano.

[APP] Más información

Gloria Fuertes (1917–1998) fue escritora de literatura infantil y poeta española de posguerra.

[APP] Más información

Amistad:
3 **la fatiga** Müdigkeit, Erschöpfung
4 **mitigarse** disminuir
6 **sincero/-a** honesto/-a
7 **la espiga** Ähre
8 **la hormiga** Ameise
13 **la ternura** el cariño
14 **madurar** reifen

Pienso…:
8 **la trilla** Dreschen
9 **el/la mendigo/-a** Bettler/in
9 **el alero** Vordach
11 **soplar** schnaufen
11 **el ruedo** Arena
13 **el ciervo** Hirsch
14 **el rebaño** Herde
16 **el llanto** Weinen

amistad querer sueños apoyar sentimientos comprensión empatía amor sinceridad convivir desamor

Amistad *Carlos Castro Saavedra*

Amistad es lo mismo que una mano
que en otra mano apoya su fatiga
y siente que el cansancio se mitiga
5 y el camino se vuelve más humano.

El amigo sincero es el hermano
claro y elemental como la espiga,
como el pan, como el sol, como la hormiga
que confunde la miel con el verano.

10 Grande riqueza, dulce compañía
es la del ser que llega con el día
y aclara nuestras noches interiores.

Fuente de convivencia, de ternura,
es la amistad que crece y se madura
15 en medio de alegrías y dolores.

(TEXTO AVANZADO)

Pienso mesa y digo silla *Gloria Fuertes*

Pienso mesa y digo silla,
5 Compro pan y me lo dejo,
Lo que aprendo se me olvida,
Lo que pasa es que te quiero.

La trilla lo dice todo;
Y el mendigo en el alero,
10 El pez vuela por la sala
El toro sopla en el ruedo.

Entre Santander y Asturias
Pasa un río, pasa un ciervo,
Pasa un rebaño de santas,
15 Pasa un peso.

Entre mi sangre y el llanto
Hay un puente muy pequeño,
Y por él no pasa nada,
Lo que pasa es que te quiero.

COMPRENSIÓN

2 Elige uno de los dos poemas. Expón lo que piensa el «yo lírico» sobre la amistad o el amor respectivamente.

ANÁLISIS

3 Elige uno de los dos poemas. Analiza cómo se presenta el amor o la amistad, pensando en la estructura, el lenguaje y los recursos poéticos.

MÁS ALLÁ DEL TEXTO

4 (Hablar) Describe el efecto que los poemas han producido en ti.

5 (Desafío) (Escribir) Escribe una o dos estrofas más para uno de los dos poemas. Puedes usar tus palabras del ejercicio **1**, si quieres.

Foco literario • Caracterizar a un personaje

1 Describe la portada de la novela y formula hipótesis sobre el título: ¿quién es y qué hace un «coleccionista de besos»?

El coleccionista de besos *Pedro Ramos*

Tengo 18 años. Soy un extraterrestre. Mis padres no son mis padres. Estoy seguro. Cuando estoy en mi habitación, cuando ellos creen que estoy estudiando, me conecto a Internet. La vida es más real cuando
5 estás enchufado. Los mortales como mis padres no pueden entenderlo: se pasan la vida delante de una pantalla, pero solo para trabajar. Antes de que amanezca, duermo un poco. Puedo mantener el ritmo. Faltan solo dos semanas para selectividad, la PAU, la Prueba de Acceso a la Universidad. Necesito mantener mi media, incluso
10 podría bajarla un poco y tendría nota suficiente. Si se mantiene el corte del año pasado. Dicen que es el momento más importante de mi vida. No estoy de acuerdo. Nada va a cambiar de una forma sustancial. Y mejor así. Mi vida está toda aquí dentro, en mi habitación, en este portátil, mi pequeño Little Boy.

15 –Venga, apaga ya y a dormir.
Es sábado 28 de mayo, son las dos de la mañana y ese es mi padre. Mi padre es demasiado analógico. Se preocupa por cosas como las horas de sueño, la alimentación o la ropa que llevas. No entiende nada de lo que hago. Me imagino que es un rollo de esos generacional y, como él
20 dice, a él le pasaba lo mismo con su padre. No lo sé. En su favor tengo que decir que nunca abre la puerta sin que yo le dé permiso. Ahora ni siquiera ha llamado. Una voz y ya estará en la cama con mi madre. Después de cambiar mil veces de canal, acabarán en el programa de los gemelos que reforman y venden casas. Todavía ven la tele. Analógicos, los dos.

25 La vida y la muerte son algo sobre lo que reflexionar, pero prefiero navegar por Internet. Publicar en mi blog. Tengo la mejor colección de besos. La mayoría son GIF animados, en blanco y negro. Muchos los hago yo mismo. Los saco de películas que me gustan. O no. Me basta con que se besen. [...]

Algunos de mis besos alcanzan las 100.000 notas. Yo nunca he dado ninguno.
30 En el insti paso bastante de la gente. Soy el único repetidor de segundo, tengo un año más que todos mis compañeros y no queda nadie del pasado. Todos están en la universidad. Todos los de mi curso parecen unos niñatos que solo piensan en chicas.

Cuando me conecto, puedo ser más yo y expresarme mejor. Aquí tengo con quién
35 hablar. Actualizo mi blog mientras ponemos verde a TNA, una universitaria italiana que sale con Man0. Está aquí de Erasmus. Por las fotos que nos ha enviado Man0, podría ser actriz. Todos hacemos bromas con que una tía de su edad se enrolle con uno de nosotros. [...]

Domingo. Otra vez. No son ni las 12 cuando mi madre llama a la puerta y me dice
40 que tengo que bajar YA. He conseguido llegar al nivel 2, el de los túneles antiguos, pero no hay manera de pasarlo. Jams23 no puede haberlo conseguido. Le he pedido que me envíe una imagen del nivel 3 y no lo ha hecho. Loser.

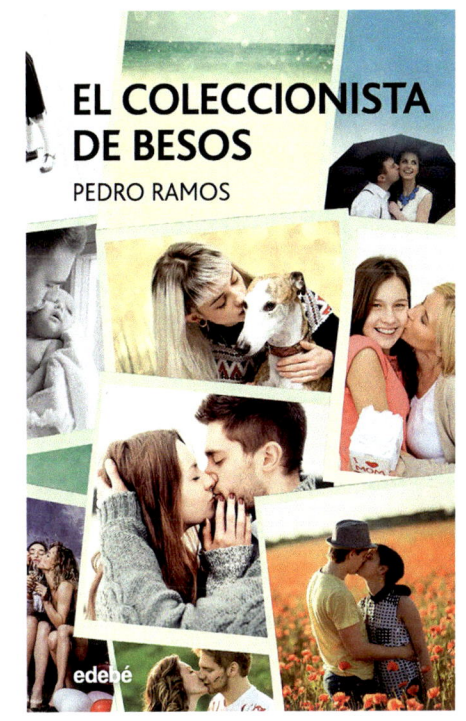

---

5 **estar enchufado/-a** estar online
7 **amanecer** Tag werden
8 **la selectividad** examen para acceder a la universidad
11 **el corte** puntaje mínimo en la selectividad para estudiar una carrera universitaria
29 **la nota** aquí: el comentario
30 **pasar de** no tener interés en
30 **el/la repetidor/a de segundo** Wiederholer/in des zweiten Jahres der Qualifikationsphase
32 **el/la niñato/-a** *(fam.)* Rotznase
38 **enrollarse con alguien** mit jdn. eine Beziehung eingehen
44 **loser** *(ingl.)* perdedor/a

1 Foco literario • Caracterizar a un personaje

44 el regimiento *aquí:* muchas personas
44 la despensa Speiseschrank
45 engullir verschlingen
45 sobrevalorado/-a überbewertet
49 la melena pelo largo
49 el vaquero pitillo Skinny Jeans
61 colgar publicar (en Internet)

El desayuno está sobre la mesa de la cocina. [...] Hay tal cantidad de comida que bien podría alimentar a un regimiento. Voy a por un dónut de la despensa y lo
45 engullo de un bocado. La comida está sobrevalorada. Más del 50 % de la población mundial está sobrealimentada. La otra mitad, a dieta. No saben vivir con su cuerpo. Yo creo que estoy bueno, muy bueno. Me parezco a los chicos que salen en los anuncios. Tengo el pelo liso y largo, oscuro. Soy un espagueti de uno setenta con media melena, vaqueros pitillo y camiseta blanca o negra. Las chicas de mi
50 edad no me miran, pero yo a ellas tampoco.

–¿Estás preparado? Tu padre dijo que salíamos en cinco minutos.
Le digo que sí a mi madre. Estoy preparado, duchado y vuelto a duchar. Tengo la impresión de que sudo demasiado. Y huelo. A los cinco minutos de haberme duchado, huelo. Pero ellos nunca dicen nada. Nadie se entera de nada.

55 En el coche, me mensajeo con Jams23 y Man0, y al final se une XP66. Mi madre se queja de que no levanto la cabeza del móvil con el día tan bonito que hace. Se lo digo a estos y nos reímos. El aparcamiento del Centro (el supermercado también está en el Centro, todo está en el Centro) está lleno de familias como nosotros, de chicos como yo que no levantan la cabeza del teléfono. ¿Para qué? Nuestro mundo
60 es mucho mejor que el suyo, lo podemos configurar como queramos. Está abierto las 24 horas los 7 días de la semana. Y no hay decepciones. Cuelgo un beso en mi blog. Es de una peli que no ha visto nadie. Hoy tendrá sus 15 segundos de fama. Gracias a mí. Sonrío al ver que las frases que puse esta mañana ya superan las 100.000 notas. No sé por qué a la gente le gusta este tipo de cosas. [...]

Fuente: Pedro Ramos, El coleccionista de besos, 2018

Caracterizar a un personaje

> Para comprender mejor un texto literario, es necesario caracterizar a sus personajes, es decir, profundizar en la información que el texto da directa o indirectamente sobre ellos. Así, se podrá entender mejor la actitud, el comportamiento y las motivaciones del personaje y también descifrar sus relaciones con los demás personajes. Normalmente se empieza **describiendo al personaje** (nombre, edad, ...), **sus rasgos físicos** (alto, joven, moreno, de pelo largo, ...), **su situación familiar (1)**. Después **se describe el carácter** (simpático, introvertido, amable, bromista, ...), **el comportamiento y sus relaciones con otros personajes (2)**. Finalmente, **se analizan sus emociones, sus pensamientos y el comportamiento (3)**.

Presentar la información básica

2 Resume brevemente el argumento de este fragmento de la novela «El coleccionista de besos».

3 Presenta la información básica que da el texto sobre el narrador.

    el edad   la ocupación   los rasgos físicos   la ropa y apariencia

    la autopercepción

Foco literario • Caracterizar a un personaje

Describir el comportamiento y las relaciones

4 Describe qué hace el narrador en su tiempo libre y en qué situaciones se siente bien.

5 Presenta, indicando las líneas del texto, qué piensa el narrador de:
- su ordenador,
- sus padres,
- sus compañeros y las chicas.

Analizar el comportamiento y las emociones

> Para el análisis y la interpretación del comportamiento y del carácter de un personaje son relevantes **sus actitudes, sus emociones y sus pensamientos**. Muchas veces esta información hay que deducirla de sus reacciones y su lenguaje. Para ello, se pueden explicar citas del texto y sacar conclusiones resumiendo los resultados más importantes de la caracterización. Nunca se da una opinión propia.

6 Expón y explica la relación que tiene el narrador con sus amigos virtuales y el mundo digital.

7 Examina cómo se siente el narrador y por qué afirma que es «un extraterrestre» (l. 2) y que sus «padres no son [sus] padres» (l. 2).

8 Tomando en cuenta tus apuntes y los ejercicios anteriores, caracteriza al narrador del fragmento del libro «El coleccionista de besos».

▶ Caracterizar a un personaje, p. 240

> Al principio uno se entera de que el narrador [...] • Después/Luego/Finalmente el narrador [...] • El narrador se comporta de una manera [...] • Al narrador le gusta/encanta/interesa [...] • Para él [...] • Eso muestra/significa que [...] • Por eso hay que decir que [...] • Por lo tanto, se puede suponer que [...] • Así que es obvio que [...] • De ello se puede deducir que [...] • Resumiendo, se puede decir que [...]

Más allá del texto

9 Explica y comenta esta afirmación del narrador: «Nuestro mundo es mucho mejor que el suyo, lo podemos configurar como queramos. Está abierto las 24 horas los 7 días de la semana. Y no hay decepciones.» (ll. 59–61).

10 (Desafío) (Escribir) Toma la perspectiva del narrador y redacta una entrada de su blog sobre por qué hay que coleccionar besos.

1 Ser joven hoy • Enfrentando la crisis

El desarrollo demográfico joven

4 **prever** pronosticar
4 **el leve descenso** la pequeña bajada
5 **repuntar** aumentar
8 **la fecundidad** *hier:* Geburtenrate
13 **desligar** separar
13 **la desvertebración** *hier:* Auseinanderdriften
13 **paulatino/-a** continuo/-a, gradual

Desde mediados de la década de los noventa hasta 2020, el número de jóvenes se ha reducido en casi tres millones. Conforme a esta cifra, España es el segundo país con menor porcentaje de toda la Unión Europea, y tiene la misma población joven que tenía en 1960. El Instituto Nacional de Estadística prevé un leve descenso en el número de jóvenes durante los años siguientes para después repuntar en unos 200 000 jóvenes hacia el año 2026, a medida que haya un reemplazo generacional de los *baby boomers*. [...]

En resumen, como resultado de la caída en la fecundidad y del incremento en la esperanza de vida, los jóvenes españoles son numéricamente un colectivo cada vez más pequeño. Además, en general se constata que tienden a concentrarse en mayor medida en las grandes capitales, los polos económicos de España y las regiones del sur. Por lo tanto, esta dinámica de cambio demográfico no puede desligarse de la desvertebración del territorio español y la paulatina despoblación de los territorios del interior de la península.

Fuente: INJUVE, Informe juventud en España

COMPRENSIÓN

1 Trabajad en pareja. A resume la información de la primera parte de la ficha de información para B. B resume la segunda parte para A.

ANÁLISIS

▶ Punto de apoyo, p. 217
▶ Estadísticas y gráficos, p. 251

2 Relacionad cada una de las estadísticas con una parte de la ficha de información y explicadlas.

1 Provincias que perdieron o ganaron población en el último año

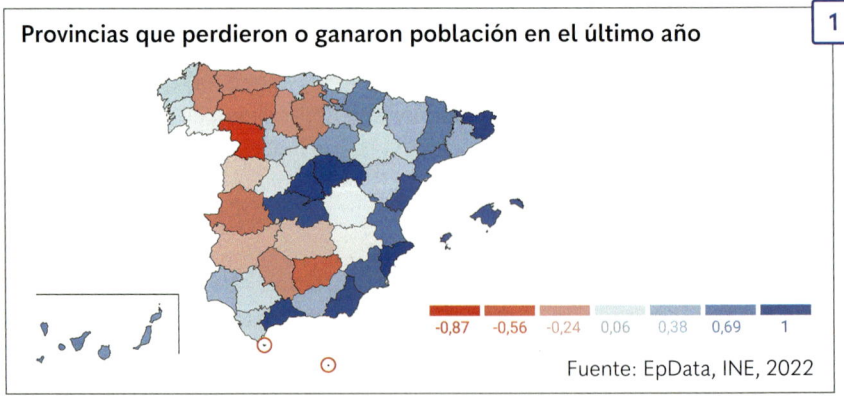

-0,87 -0,56 -0,24 0,06 0,38 0,69 1

Fuente: EpData, INE, 2022

2 España: Población de 1950 a 2022 y pronósticos hasta 2050 (en millones)

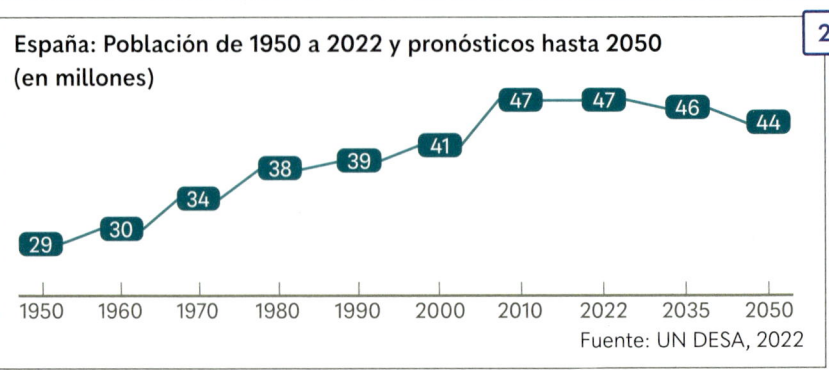

1950: 29
1960: 30
1970: 34
1980: 38
1990: 39
2000: 41
2010: 47
2022: 47
2035: 46
2050: 44

Fuente: UN DESA, 2022

Ser joven hoy • Enfrentando la crisis

Precariedad laboral y emancipación

La crisis de la juventud

En España, solo el 16,3 % de las personas jóvenes entre 16 y 29 años está emancipada, según datos del Observatorio de Emancipación de 2024. La media de edad de emancipación es de 30,3 años, frente a 26,4 años de media europea.

Las causas de la crisis de la juventud en España son múltiples y complejas. El factor más destacado es el precario mercado de trabajo, que afecta especialmente a la gente joven. España lidera el desempleo juvenil en la Unión Europea, con 28,4 % en 2023.

El sistema educativo tampoco refleja las exigencias del mundo laboral actual y no prepara adecuadamente a los jóvenes para sus necesidades específicas. Como consecuencia, muchos jóvenes son sobrecalificados, pero no encuentran empleo estable.

2 **estar emancipado/-a** *aquí: vivir de forma independiente de los padres*
3 **la media** Durchschnitt
6 **destacado/-a** importante

COMPRENSIÓN

1 Escucha la introducción del podcast hasta el minuto 00:39 e indica el tema de que van a hablar.

2 Vas a escuchar a tres jóvenes españoles que hablan de sus experiencias de ser joven en España hoy. Relaciona las frases con las personas. Una frase sobra.
   A se siente como fuera del interés del mercado laboral
   B no se ve lo suficientemente preparado por el sistema educativo
   C tiene estudios y títulos superiores a lo que se requiere normalmente
   D sus ingresos no permiten la adquisición de una vivienda propia

persona	Javier (0:40 y 1:51)	Ana (0:56)	Raúl (1:25)
frase			

Audio:
sin arreglo sin solución
apartado/-a no considerado/-a
sobrecualificado/-a überqualifiziert
la cuarentena Quarantäne (während der COVID-19-Pandemie)

ANÁLISIS

3 Explica cuál es el tono y el estado de ánimo de los entrevistados y cómo se refleja en su lenguaje.

MÁS ALLÁ DEL TEXTO

4 a Describe e interpreta el mensaje de la imagen en base a tus conocimientos del podcast.

b Partiendo de la imagen, cuenta cómo te imaginas vivir en el futuro y comenta si tu idea te parece realista.

Caricatura:
contemplar mirar

Fuente: El Roto, 2023

Taller de competencias • Escritura creativa

Resumen
[...] «Uno es tanto lo que es como lo que parece, lo que elige mostrar al exterior, y cada uno de nosotros va descartando pieles a lo largo de su vida, como las serpientes, y va dejando ecos de sí mismo en todos los que alguna vez lo conocieron».
Fuente: eliabarcelo.com/el-eco-de-la-piel

1 En la página oficial de la autora, Elia Barceló, encontramos un resumen de su novela «El eco de la piel» (ver al lado). Qué piensas, ¿de qué trata la novela?

TEXTO AVANZADO ## El eco de la piel *Elia Barceló*

En mi caso el azar se presentó un día de principios de octubre cuando, sentada en el metro para ir al trabajo, sonó mi móvil de buena mañana. Estuve a punto de no cogerlo porque no suelo estar demasiado dicharachera a las ocho menos cuarto,
5 pero vi que la llamada era del tío Félix y contesté.

–¿Hablo con mi sobrina favorita?
–Con la única, sí, pero gracias, Félix. Siempre anima.
–Dime, ¿sigues trabajando en esa tienda de ropa?
–Ajá. Hasta el sábado que viene, que me echarán, porque ya llevo tres meses.
10 –Pues perfecto.
–¿Y eso? –Tengo que reconocer que me había picado la curiosidad. El tío Félix tiene mucho sentido del humor pero nunca lo usa para humillar a nadie ni hace burlas sobre temas sensibles como lo del trabajo.
–Porque a lo mejor te he conseguido algo que puede gustarte.
15 –¿En el pueblo?
Debió de oír la reticencia en mi voz porque soltó una risa suave.
–Esa es la parte mala, sí.
–Cuéntame la buena, anda.
–Es de lo tuyo, sólo te ocupará un par de meses y te pagarán bien.
20 –¿Qué hay que hacer? –Aquello parecía la proverbial oferta de la que hay que desconfiar, demasiado buena para ser verdad.
–Escribir un libro.
–¿Un libro? ¿Yo? ¿Qué clase de libro?
–Bueno, de hecho un librito. De historia. Es decir... una biografía, una... semblan-
25 za. [...] Sabes de quién te hablo, ¿no? ¿Te acuerdas de don Luis Arráez?
–Pues no.
–¡Hija! Parece que no seas del pueblo.

No contesté. Siempre había tenido la ilusión de, efectivamente, no ser del pueblo, olvidar poco a poco, con los años, que nací en un pueblo vulgar y aburrido,
30 repentinamente enriquecido con la industria en los años sesenta y setenta, lleno de nuevos ricos ignorantes y horteras.
–Don Luis Arráez es el dueño de las fábricas de calzado más importantes de España. No me digas que no te suena la marca *Ofelia Arráez* o las colecciones *Gloria Márquez* o la línea *Ofelia de noche.*
35 Tuve que conceder que sí me sonaba, a pesar de que yo no estoy en posición de gastarme quinientos euros en un par de zapatos.

–Pues de eso hablamos. Don Luis es hijo de doña Ofelia Arráez, que fue quien fundó la empresa y se convirtió en una de las primeras mujeres empresarias de España después de la guerra. Ahora Ofelia iría a cumplir cien años y don Luis, que
40 adoraba a su madre, quiere publicar un librito sobre su vida, su trayectoria y la empresa, bueno... el consorcio de empresas... ya te irás enterando, para regalarlo a sus clientes y amigos.
–Un panegírico, vamos.

---

2 **el azar** el destino
4 **dicharachero/-a** gesprächig
9 **ajá** *aquí*: sí
11 **picar la curiosidad** ponerse curioso/-a
12 **humillar** erniedrigen
12 **hacer burlas sobre algo** sich über etwas lustig machen
16 **la reticencia** Zögern, Zurückhaltung
16 **soltar una risa** loslachen
20 **proverbial** sprichwörtlich
24 **la semblanza** Porträt, Kurzbiographie
30 **repentinamente enriquecido/-a** hacerse rico rápidamente
31 **hortera** vulgär, geschmacklos
32 **el calzado** Schuhe
35 **conceder** zugestehen
40 **la trayectoria** Werdegang
41 **el consorcio** el grupo de empresas
43 **el panegírico** Lobrede

Taller de competencias • Escritura creativa

–Sin exagerar, nena. [...]

–¿Cuánto piensa pagar don Luis por la hagiografía de su madre? –pregunté de golpe, al ver que el cierre de la tienda empezaba a levantarse.

Oí la risa de Félix.

–¡Qué culta se ha hecho mi niña! ¡Hagiografía! [...]

–¿Cuánto? Tengo que irme, Félix.

Puedes ganar seis mil euros si lo haces bien. Tres mil ahora y tres mil cuando entregues.

Estuvo a punto de darme un pasmo. En la tienda me estaban pagando quinientos ochenta. Y el sábado me dirían que teníamos que dejarlo una temporada, estaba segura, para que no pudiera acumular antigüedad y así tener derecho a quedarme más tiempo si me contrataban por otro periodo. ¡Cómo si yo quisiera quedarme allí, en aquella cueva oscura con su perenne música tecno!

–Dile que sí. –Enrique, el segurata, había empezado a hacerme señas perentorias y, por sus muecas, estaba claro que hoy Boris [el dueño de la tienda] estaba de un particular mal humor–. ¿Cuándo tengo que empezar?

–Ay, ay, ay... Lo que se hace por dinero...–bromeó.

–A ti querría yo verte en esta tienda de mierda después de dos másters en Historia.

–Si de verdad te echan el sábado, el lunes podrías venir y el martes vamos a ver a don Luis. [...]

Suspiré. Me clavé la identificación en el jersey negro. Miré el móvil que mostraba la cara redonda y sonriente de Félix con un fondo de libros. Al alzar la vista, Boris, con los brazos cruzados y los labios formando una línea recta, me miraba.

–¿Después de tres meses aún no sabes que los móviles están prohibidos en el trabajo, princesa?– Era increíble que una palabra tan bonita pudiera sonar, dicha por él, como un insulto pringoso.

–Perdona, Boris. Ya voy.

–¿Le digo que aceptas? –oímos Boris y yo de repente. Nuestras miradas se cruzaron. Él, perplejo; yo, triunfante.

–Sí, tío Félix. Dile que acepto –contesté alto y claro, con una sonrisa.

Colgué. Guardé el aparato en el bolso y el bolso en el cajón.

–¿Qué es lo que aceptas? –preguntó Boris cogiéndome del brazo cuando pasé por su lado.

–¿Después de tres meses no sabes aún que no tengo por qué contestar preguntas sobre mi vida privada, príncipe?

Sé que fue una niñería, pero su expresión de furia me calentó el corazón durante toda la mañana. En lo que me equivoqué fue en lo del sábado. Me echaron ese mismo día. [...]

Si alguien me hubiese dicho lo que me esperaba en las próximas semanas, quizá me habría quedado en Madrid y hubiese buscado trabajo de lo que fuera, pero nadie me dijo nada, mi intuición estaba en punto muerto y la verdad era que una parte de mí se alegraba de volver al pueblo una temporada, vivir en casa con mis padres, dejarme mimar un poco, olvidar que a mis casi treinta años aún no tenía nada estable: ni casa, ni trabajo, ni pareja, ni siquiera un sueño que perseguir, como dicen en las películas americanas.

Fuente: Elia Barceló, *El eco de la piel*, 2019

---

45 **la hagiografía** *la biografía de un/a santo/-a*
52 **darle un pasmo a alguien** *sufrir un choque*
56 **perenne** *eterno/-a*
57 **el/la segurata** *el/la empleado/-a de una empresa de seguridad*
57 **perentorio/-a** *urgente*
58 **la mueca** *Grimasse*
64 **suspirar** *seufzen*
64 **clavar** *anstecken*
65 **alzar** *levantar*
69 **el insulto** *la ofensa*
69 **pringoso/-a** *schmierig*
86 **mimar** *verwöhnen*

① Taller de competencias • Escritura creativa

La **escritura creativa** es un método para redactar textos propios basándote, por ejemplo, en un fragmento de un texto literario. Al escribir de forma creativa también demuestras que has **comprendido** el texto literario y que eres capaz de trabajar con él de forma analítica y que sabes **interpretarlo**. Siguiendo los pasos que se indican a continuación, te acostumbrarás rápidamente a esta forma de escribir que permite más autonomía, originalidad y fantasía.

La tarea

2 (Para elegir) Elige una de las siguientes tareas.
Tarea A: Sandra (la protagonista): «Si alguien me hubiese dicho lo que me esperaba en las próximas semanas, quizá me habría quedado en Madrid y hubiese buscado trabajo de lo que fuera, pero nadie me dijo nada» (ll. 82–84).
Escribe un texto imaginando lo que pasa en las próximas semanas.
Tarea B: «[...] me echaron el mismo día» (l. 80). **Relata cómo sigue la historia en la tienda ese día desde la perspectiva de Boris.**

Las estrategias

Examinar la tarea

3 Fíjate en los siguientes aspectos.
En la tarea A...
- asumes el rol de la protagonista Sandra.
- tienes que conservar la perspectiva narrativa.
- intentas imitar el estilo y el lenguaje utilizados en el texto original.

En la tarea B...
- cuentas la historia desde el punto de vista de otro personaje.
- el estilo y el lenguaje pueden cambiar con respecto al texto original.

Examinar el texto y preparar un borrador

Texto, pp. 34–35

4 a Lee el texto y toma apuntes sobre los aspectos relevantes.

el lugar   los acontecimientos   los personajes

la relación entre Sandra y Boris/Félix   las fechas, horarios, etc.

b ¿Hay pistas de...
- cómo podría continuar la historia? (Tarea A)
- cómo es Boris? (Tarea B)

c Para conservar el género del texto...
- analiza el tipo de narrador y la perspectiva narrativa. (Tarea A)
- analiza el estilo: ¿hay diálogos?, ¿es el lenguaje coloquial, formal, etc.?

5 Toma apuntes en cuanto al contenido y al lenguaje de tu nuevo texto.
Tarea A: ¿Qué crees que pasará después? ¿Cómo continuará la historia para Sandra? ¿Qué hará concretamente?
Tarea B: ¿Cómo se sentirá Boris y cómo reaccionará? ¿Cómo se expresará?

6 Escribe el nuevo texto.

Gramática en contexto y punto final

Gramática en contexto

Soluciones

EXPRESAR PREOCUPACIONES • expresiones de sentimiento con subjuntivo o infinitivo

1 a Lee las frases del ejemplo y explica la diferencia con respecto a la estructura gramatical.

Ejemplo: Tengo miedo de no pasar el examen. Tengo miedo de que mi hermano no pase el examen.

b Formula preocupaciones referentes al tema del dosier. Primero habla de ti o de vosotros. Luego refiere las frases a otras personas (como en 1a).

Me/ Nos	preocupa afecta agobia desespera molesta fastidia atormenta estresa inquieta incomoda disgusta repugna	(que)	no *poder* emanciparse de la familia *perder* el trabajo *tener* pocas oportunidades para el futuro no *romper* con normas tradicionales no *tener* estabilidad en la vida no *ser* escuchado/-a en temas juveniles *ser* manipulado/-a por los medios *vivir* en un mundo con desigualdades *tener* que enfrentarse a la discriminación *vivir* sin metas en la vida *necesitar* tantos títulos para encontrar trabajo …
Tengo/Tenemos miedo de			

c ¿Qué más te preocupa o inquieta? Escribe más frases utilizando los verbos de 1b.

FORMULAR EXPECTATIVAS, DESEOS Y OPINIONES • subjuntivo o indicativo

2 a Expresa los deseos, expectativas y opiniones de la gente joven utilizando la forma verbal correspondiente.

▶ Punto de apoyo, p. 217
▶ Estadísticas y gráficos p. 251

1. Creemos que la situación económica (*ser*) muy difícil en España y no pensamos que (*mejorar*) pronto.
2. Esperamos que los políticos (*escuchar*) nuestras preocupaciones sobre el cambio climático.
3. Hay jóvenes que piensan que las redes sociales (*tener*) un impacto negativo en sus vidas.
4. Es triste que algunos jóvenes no (*tener*) acceso al mercado laboral.
5. Entre los jóvenes nadie duda de que el cambio climático (*ser*) uno de los mayores desafíos para su generación.
6. Esperamos que nuestros amigos (*encontrar*) trabajos estables después de la universidad.
7. Es importante que nosotros (*participar*) activamente en la política para cambiar nuestro país.
8. Muchos jóvenes desean que las grandes empresas ya no (*priorizar*) sus beneficios sobre el medio ambiente.

b ¿Cuáles son tus expectativas y deseos? Escribe más frases.

1 Gramática en contexto y punto final

RELATAR LOS CAMBIOS A TRAVÉS DEL TIEMPO • tiempos verbales

3 a Completa el texto sobre el cambio social en España con los tiempos verbales correctos.

En las últimas décadas, una serie de cambios sociales significativos en España (*afectar*) profundamente la vida de sus habitantes hasta hoy. Uno de los cambios más notables se refiere al mundo laboral, con una transformación importante. Tradicionalmente, el sector agrícola (*tener*) una gran importancia,
5   pero con el tiempo (*ser*) desplazado por el sector de servicios y la industria manufacturera. Muchas personas (*migrar*) de áreas rurales a las ciudades en busca de mejores oportunidades de empleo.
En cuanto a las formas de vida, (*observarse*) una pluralización cada vez mayor. Anteriormente, la familia nuclear (*ser*) la norma, pero ahora se (*poder*) encon-
10 trar una variedad de estructuras familiares. También las mujeres en el pasado (*tener*) roles más limitados en la sociedad. Sin embargo, muchas (*luchar*) por sus derechos y (*lograr*) avances significativos en la igualdad de género.
La educación (*ser*) otro factor importante. Durante mucho tiempo, la educación no (*estar*) disponible para todos. Pero en el siglo XX, se (*establecer*) leyes
15 para garantizar la educación obligatoria y gratuita. Hoy en día, sin embargo, (*ser*) muchas las voces que (*reclamar*) reformas del sistema escolar para poder adaptarse mejor a las exigencias del mercado laboral en transformación.
Por otro lado, el cambio demográfico (*ser*) otro aspecto importante. En la actualidad la población española (*envejecer*) debido a una disminución de la
20 tasa de natalidad y un aumento en la esperanza de vida. Esto (*plantear*) desafíos significativos en términos de seguridad social y el cuidado de personas mayores.

b Justifica la elección de los tiempos verbales en cada caso.

REPETIR INFORMACIÓN SIN REDUNDANCIA • pronombres dobles

4 Abrevia las siguientes frases como en el ejemplo. Ten en cuenta los cambios de posición en la frase.
Ejemplo: Votar ofrece una participación política a los jóvenes. → Votar les ofrece una participación política. → Votar se la ofrece.

1 Los manifestantes por el 8M piden al gobierno que cambie las leyes.
2 La «generación de cristal» proporciona a la sociedad un cambio de los valores tradicionales.
3 Las redes sociales posibilitan una influencia política a los jóvenes.
4 Los bucles magnéticos permiten a las personas sordas escuchar sonidos.
5 La empresa Secret Sound posibilita la inclusión de los sordos en los eventos.

Gramática en contexto y punto final

CONVENCER A ALGUIEN DE ALGO • el imperativo negativo

5 a Para convencer a tus compañeras y compañeros de participar en acciones políticas, formula lo que no se debe hacer utilizando el imperativo negativo.

1 El movimiento 8M
   a ¡No (*callar*/tú) ante la violencia machista!
   b ¡No (*permitir*/vosotros) la brecha salarial!
   c ¡No (*ignorar*/ustedes) las denuncias por acoso sexual!
   d ¡No (*tolerar*/usted) la discriminación laboral por razones de género!
2 La desinformación
   a ¡No (*permitir*/tú) que los bulos afecten nuestra toma de decisiones!
   b ¡No (*contribuir*/ustedes) al caos informativo con falsas noticias!
   c ¡No (*creer*/usted) todo lo que se lee en Internet!
   d ¡No (*difundir*/vosotros) rumores o teorías conspirativas sin evidencia!

b Formula más peticiones para los temas «cambios sociales» y «desafíos de la juventud».

⊙ Punto final

Escribir un poema

1 Lee el poema «Entre tiempos» y analiza la estructura.

2 Elige uno de los temas del dosier (identidad, cambio de valores, compromiso social, amistad, emancipación, etc.). Apunta palabras clave para escribir sobre este tema de forma creativa.

3 Partiendo de la estructura del poema «Entre tiempos» y tus resultados de los ejercicios 1 y 2, escribe tu propio poema.

Entre tiempos *Vicente Bernaschina Schürmann*

amé	amo	amaré
amaste	amas	amarás
amó	ama	amará
amamos	amamos	amaremos
fuimos uno	somos uno	seremos uno
dos	dos	dos
incluso tres	incluso tres	incluso tres
fuimos todos	somos todos	seremos todos
y dejamos de amar	y dejamos de amar	y dejaremos de amar
te pregunté por qué	te pregunto por qué	te preguntaré por qué
y respondiste en silencio	y respondes en silencio	y responderás en silencio
pasó y pasamos	pasa y pasamos	pasará y pasaremos
solo así pudiste	solo así puedes	solo así podremos
decir que vivimos	decir que vivimos	soñar que viviremos
¿Fue la vida siempre	¿Es la vida siempre	¿Será la vida siempre
un tiempo pretérito	un tiempo presente	un tiempo futuro
un tiempo indefinido?	un tiempo inaprensible?	un tiempo así de simple?

2 España en el siglo XXI

ELMUNDO.es | Extras

España pisa el acelerador de las energías renovables

Este año está previsto que se convierta en el primer gran país europeo capaz de obtener más de la mitad de su electricidad de fuentes limpias gracias al crecimiento de la eólica y la fotovoltaica.

EL PAÍS
Sociedad

España ocupa por primera vez el cuarto puesto en igualdad de género en Europa

El país sube dos posiciones en la clasificación del Instituto Europeo para la Igualdad de Género y supera a Francia y Finlandia.

elEconomista.es
Transportes y Turismo

El turismo de masas expulsa a la gente de las ciudades

La sostenibilidad del turismo va más lejos de lo medioambiental.

ABCdeSevilla.es *Sociedad*

España entra oficialmente en una sequía de larga duración tras tres años con déficit de lluvias.

LA VANGUARDIA.com | Debates

El futuro del independentismo en Catalunya

Responde a las cinco preguntas clave del tema del día y al final podrás saber qué piensan los otros lectores.

Titulares:
pisar el acelerador *(ugs.)* Gas geben
expulsar hinaustreiben
el independentismo Unabhängigkeitsbewegung
Catalunya *(cat.)* = Cataluña

1 a Relaciona los titulares de los principales periódicos españoles con las imágenes. Justifica tu elección con ayuda de las palabras clave de los titulares.

b Reunid la información que ya tenéis sobre los temas presentados.

Temas
Una España europea • p. 44
Erasmus • p. 46
Las lenguas de España • p. 47
La política lingüística • p. 48
El movimiento independentista catalán • p. 51
Turismo y sostenibilidad • p. 54
Desafíos ecológicos • p. 60

Taller de competencias
Comprensión auditiva • p. 64

⊙ Punto final
Hacer un podcast • p. 69

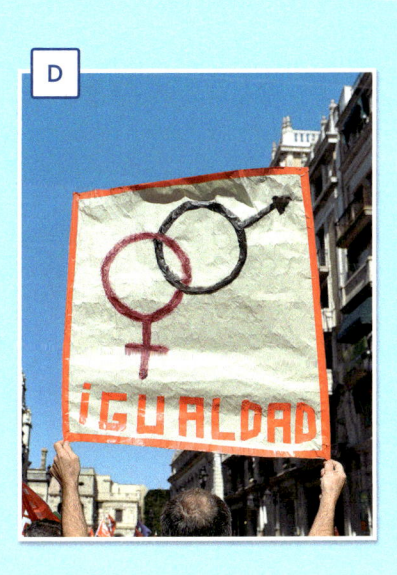

2 a (Competencia intercultural) **Piensa:** ¿qué temas de los titulares son también importantes en Alemania actualmente?

 b Discute: en pareja, reunid más temas actuales para ambos países.

 c Comparte: intercambiad vuestras ideas con otra pareja. Elegid los tres que os parecen más importantes.

2

Palabras en contexto

Vocabulario temático

Situación política y socioeconómica

Después de casi 40 años de dictadura, España se convirtió en 1978 en un país democrático. Desde entonces su forma de gobierno es una monarquía parlamentaria, con un rey como jefe de Estado (cuyo papel es por lo tanto representativo) y un presidente o una presidenta de gobierno elegido por el pueblo español.

España se compone de 17 comunidades y dos ciudades autónomas en la costa norte de África: Ceuta y Melilla. Con una superficie de más de 500 000 km², es el segundo país más grande de la Unión Europea y su población supera los 48 millones de habitantes.

Con gran presencia de empresas multinacionales, la economía española se sitúa entre las 15 más importantes a nivel mundial, pero presenta una de las tasas más altas de paro de toda la eurozona, con importantes desigualdades sociales. Gracias a su clima y a su gran oferta de servicio y ocio, el turismo es la mayor industria nacional.

España es el destino favorito de los estudiantes europeos que solicitan una beca Erasmus. Pero además de ser el país que más estudiantes extranjeros acoge, también es el tercero que más exporta. Alemania es el destino preferido de los estudiantes españoles, sobre todo por las mejores perspectivas que les ofrece el mercado laboral alemán.

Madrid, la capital

Las lenguas de España

Además del castellano, lengua oficial en todo el país, hay varias comunidades autónomas bilingües con una lengua cooficial. Así, en Galicia se habla el gallego, en el País Vasco o Euskadi se habla el vasco o euskera y en Cataluña, Comunidad Valenciana y en las Islas Baleares se usa el catalán.

La integración lingüística y la convivencia de las lenguas en una sociedad bilingüe no siempre es fácil. La cooficialidad de dos lenguas es un gran enriquecimiento, pero también puede provocar tensiones o debates sobre la discriminación de una u otra lengua.

En las comunidades bilingües es obligatorio aprender ambas lenguas en la escuela y el idioma regional tiene gran protagonismo en las instituciones, además de estar muy presente en los medios de comunicación.

Idiomas de España

¿Hablas español?

Falas castelán?

Parles castellà?

Gaztelaniaz badakizu?

La España del siglo XXI

Después de las grandes transformaciones que ha vivido el país en las últimas décadas, con un excelente desarrollo de todas sus infraestructuras, España se ha convertido en un país moderno, abierto al mundo y con una buena imagen internacional.

España fue uno de los primeros países del mundo en aprobar el matrimonio homosexual (2005), cuenta con un buen sistema de salud y es líder internacional en donación de sangre y órganos.

Gracias a la gran cantidad de horas de sol al año, España se ha vuelto una gran fuente de energía solar y también destaca como país productor de otras energías renovables, como por ejemplo, la energía eólica.

En contraposición, y como todos los países del sur de Europa, España sufre un enorme problema por la escasez de agua, algo que ha provocado una mayor sensibilización climática por parte de la sociedad en los últimos años.

De cara al futuro, España se enfrenta a grandes retos: especialmente tiene que afrontar el cambio climático e intentar bajar las tasas de desempleo, y así evitar la emigración de muchos jóvenes que no encuentran trabajo en su propio país.

Palabras en contexto

AMPLIAR EL VOCABULARIO

APP Repasar el vocabulario

APP Soluciones

Palabras y más palabras

1 Reescribe las partes subrayadas de las siguientes frases utilizando expresiones más formales del texto, pero sin cambiar el significado.
1. España <u>tiene</u> 17 comunidades autónomas.
2. Su populación <u>es de más de</u> 48 millones de habitantes.
3. La economía española <u>es una de</u> las economías más importantes mundialmente.
4. Muchos estudiantes europeos <u>piden</u> una beca Erasmus.
5. España <u>recibe</u> muchos estudiantes extranjeros.
6. En las comunidades bilingües <u>todos tienen que</u> aprender <u>las dos</u> lenguas.
7. En las últimas décadas, España ha vivido grandes <u>cambios</u>.
8. España <u>tiene</u> uno de los mejores sistemas de salud.
9. Además de la energía solar, hay mucha energía <u>producida por el viento</u>.
10. Un problema en España es la <u>falta de agua</u>.
11. Los problemas graves del país <u>han tenido como consecuencia</u> una sensibilización de la población.
12. Todos los países tienen que <u>luchar contra</u> el cambio climático.

2 Define con tus propias palabras los siguientes términos.

▶ Parafrasear palabras, p. 254

1. el cambio climático
2. la donación de órganos
3. la integración lingüística
4. las energías renovables
5. la tasa de desempleo
6. la sociedad bilingüe
7. el matrimonio homosexual
8. el sistema de salud

Organizar las palabras

3 a **Sufijos:** Transforma los verbos y adjetivos del recuadro en sustantivos que terminen con los sufijos *-ción*, *-sión*, *-dad* y *-miento*.

> donar · poblar · desigual · integrar · cooficial · discriminar · tenso · transformar · emigrar · sensibilizar · enriquecer

b Añade más sustantivos que terminen en *-ción*, *-sión*, *-dad* y *-miento* a tu lista. Puedes utilizar un diccionario.

▶ Utilizar un diccionario, p. 255

Formar expresiones

4 Combina las palabras de la manera correcta para formar expresiones.

1. la oferta de
2. convertirse en
3. conservar
4. afrontar
5. aprobar
6. de cara
7. la industria
8. un país

> moderno · servicio y ocio · nacional · un país democrático · al futuro · el matrimonio homosexual · las tradiciones · el cambio climático

5 a Trabajad en pareja. **A** prepara un mapa mental con los logros y **B** con los retos de la España moderna.

b Presentad y explicad vuestros mapas mentales.

2 España en el siglo XXI • De cara a Europa

Una España europea

1 a Describe la ilustración. Nombra las imágenes que reconoces.

b (Competencia intercultural) Explica qué imágenes de España transmite la ilustración y en qué contexto se podría utilizar.

c Reunid ideas para una ilustración similar sobre Alemania.

Nos encanta sentirnos europeos *Lito Vila Baleato*

España sufrió casi 40 años de franquismo antes de llegar a la democracia, justo en el año de mi nacimiento, 1978.

Ya en los años 80 soñábamos con ser europeos «de verdad», y así nos sentimos por fin cuando entramos en la Unión Europea en 1986. ¡Pero cómo hemos cambiado desde entonces!

En 1986 yo iba en 4º de EGB (ahora Primaria) y en nuestro colegio solo recuerdo una familia de niños extranjeros. En nuestra clase de 40 alumnos todos teníamos Religión Católica y hacíamos, prácticamente sin excepción, la Primera Comunión. Hoy en día, casi el 18 % de nuestra población ha nacido en el extranjero y tenemos una sociedad muchísimo más plural y diversa.

En la televisión solo había dos canales (todavía no existían las privadas, aunque pronto la TVG empezaría a emitir en gallego) y toda la familia compartía sofá y programación, en lugar de aislarse cada uno en su propio dispositivo.

En verano, las familias españolas que podían permitírselo, iban de vacaciones a la playa, mientras los turistas europeos empezaban a masificar cada vez más una costa donde el cemento de los rascacielos le ganaba la partida a la naturaleza. Pero los españoles no solo queríamos ser la playa de Europa, queríamos ser europeos de verdad, aunque todavía nos quedaba mucho para dejar atrás una sociedad machista y donde el divorcio era ilegal; hasta convertirnos en un país moderno y pionero en Europa en el movimiento feminista o en derechos para el colectivo homosexual.

Muchos pudimos cruzar ya en nuestra juventud aquellas fronteras europeas sin necesidad de pasaporte o grandes complicaciones burocráticas, y se nos ofreció la posibilidad de vivir el sueño de conocer varios países de Europa en pocos días

---

13 **TVG** Televisión de Galicia
13 **emitir** senden
14 **el dispositivo** el aparato
17 **ganarle la partida a algo** die Oberhand über etw. gewinnen
21 **pionero/-a** innovador/a
26 **Interrail** billete de tren que permite viajar por casi toda Europa
27 **pesetas, francos, marcos, liras** unidades monetarias de España, Francia, Alemania e Italia hasta la implantación del euro
29 **la «mili»** Wehrdienst
29 **la prestación social sustitutoria** Zivildienst, Ersatzdienst

España en el siglo XXI • De cara a Europa

gracias al Interrail. Poco después, incluso dejó de ser necesario cambiar nuestras pesetas por francos, marcos o liras, de tal forma que pasamos a hacer las cuentas ya solo en euros.

Al cumplir los 18 años, los chicos teníamos que hacer la «mili» o una prestación
30 social sustitutoria. Este simbólico paso a la vida adulta es hoy, para muchos jóvenes europeos, la estancia en otro país gracias a una beca Erasmus. Este programa universitario ha logrado unir Europa gracias a la convivencia de estudiantes de diferentes nacionalidades, siendo además un éxito rotundo a nivel académico. Y sí, aunque los últimos años han sido convulsos, es evidente que los valores
35 europeos de tolerancia, libertad, democracia o paz han logrado el periodo de estabilidad más largo en la historia de nuestro continente. Quedan pendientes grandes retos para lograr el fin de los conflictos bélicos y las injusticias sociales, además del desafío que supone el cambio climático, la digitalización o la cooperación entre países en temas migratorios o medioambientales, especialmente con
40 respecto al uso de las energías renovables.

Con decenas de miles los jóvenes españoles trabajando en otros países de Europa, podemos afirmar que, además nuestra música, nuestra gastronomía o nuestra cultura, también hemos exportado buena parte de nuestro talento.
Nosotros nos hemos europeizado, sí, pero también hemos españolizado un poco
45 Europa.

La Unión Europea no es una organización perfecta, pero ha logrado que las grandes potencias del continente, tras dos guerras mundiales e incontables conflictos a lo largo de la historia, convivan en colaboración permanente en un marco democrático, favoreciendo el desarrollo de sus 27 miembros.
50 Y sí, seguramente también por eso nos encanta sentirnos europeos.

Fuente: Lito Vila Baleato, El Español, 2024

34 **convulso/-a** intranquilo/-a, agitado/-a
37 **bélico/-a** de guerra

COMPRENSIÓN

2 Presenta los cambios sociales y políticos en España a lo largo del tiempo que describe el autor.

ANÁLISIS

3 Analiza la actitud del autor ante la integración de España en la Unión Europea teniendo en cuenta su manera de presentar los cambios y los recursos estilísticos que utiliza.

▶ Textos informativos, p. 242

MÁS ALLÁ DEL TEXTO

4 Escucha a Carlos, un joven español que vive en Berlín. Puedes volver a escuchar el audio tantas veces como sea necesario para realizar las tareas. **Toma apuntes.**
  a Explica por qué Carlos tuvo la idea de mudarse a Berlín y describe cómo se siente en esta ciudad.
  b Cuenta lo que sabes de su biografía.
  c (Desafío) Presenta las ventajas de la Unión Europea que nombra Carlos y compara sus ideas con las del texto de arriba.

▶ Comprensión selectiva, p. 230

5 Explica qué significa la Unión Europea para ti.

▶ Punto de apoyo, p. 218

2 España en el siglo XXI • De cara a Europa

Más información

Erasmus

1 a ¿Alguna vez has participado en un intercambio? Cuenta tu experiencia.

b Mira el vídeo. Luego explica adónde fue Irene, qué hizo allí y si le gustó esta experiencia.

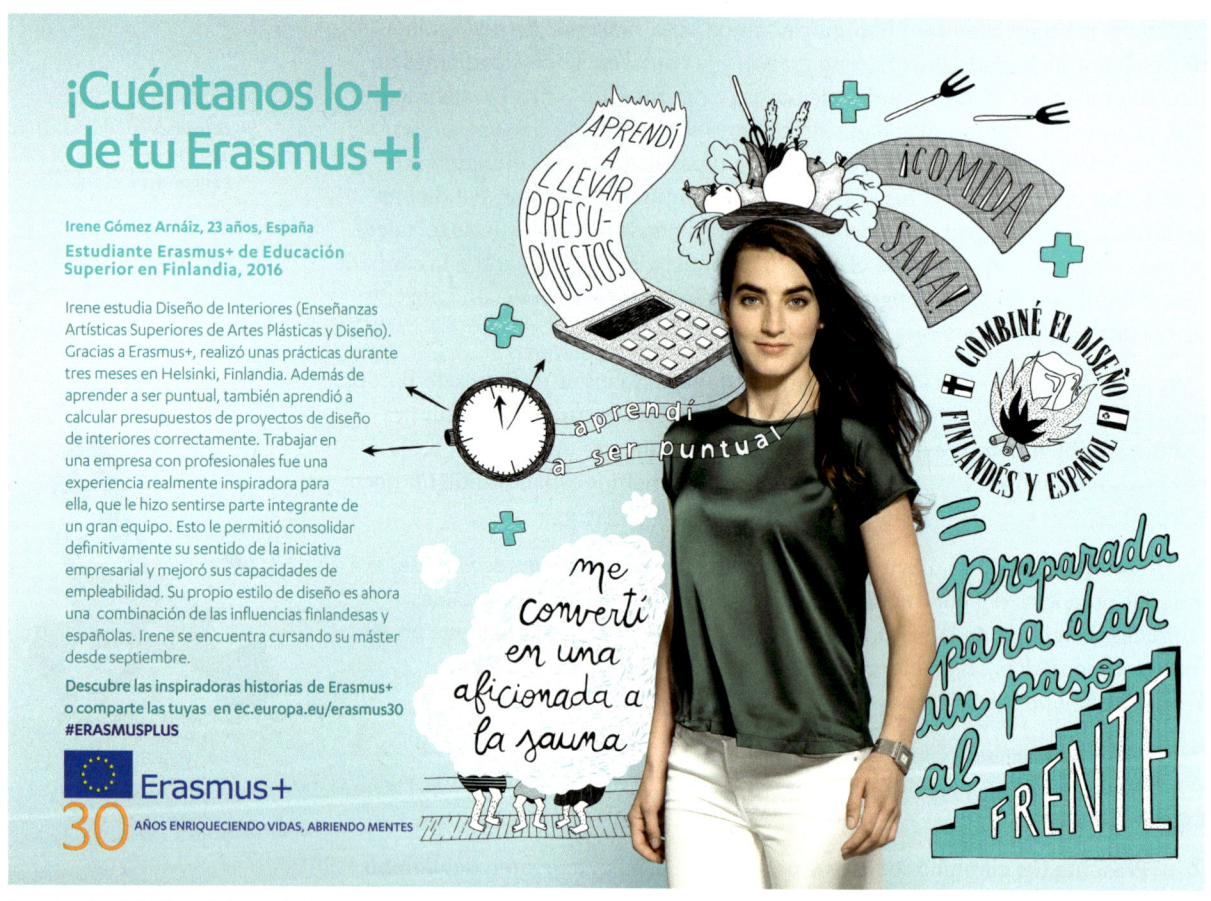

¡Cuéntanos lo+ de tu Erasmus+!

Irene Gómez Arnáiz, 23 años, España
Estudiante Erasmus+ de Educación Superior en Finlandia, 2016

Irene estudia Diseño de Interiores (Enseñanzas Artísticas Superiores de Artes Plásticas y Diseño). Gracias a Erasmus+, realizó unas prácticas durante tres meses en Helsinki, Finlandia. Además de aprender a ser puntual, también aprendió a calcular presupuestos de proyectos de diseño de interiores correctamente. Trabajar en una empresa con profesionales fue una experiencia realmente inspiradora para ella, que le hizo sentirse parte integrante de un gran equipo. Esto le permitió consolidar definitivamente su sentido de la iniciativa empresarial y mejoró sus capacidades de empleabilidad. Su propio estilo de diseño es ahora una combinación de las influencias finlandesas y españolas. Irene se encuentra cursando su máster desde septiembre.

Descubre las inspiradoras historias de Erasmus+ o comparte las tuyas en ec.europa.eu/erasmus30
#ERASMUSPLUS

Erasmus+
30 AÑOS ENRIQUECIENDO VIDAS, ABRIENDO MENTES

Fuente: Servicio Español para la Internacionalización de la Educación (SEPIE)

Imágenes

Texto:
Diseño de Interiores Innenarchitektur (Studiengang)
el presupuesto Budget; Kostenvoranschlag
las capacidades de empleabilidad las competencias profesionales
cursar estudiar

Dibujos:
el bocadillo Sprech-/Denkblase
la calculadora Taschenrechner

▶ Crear un vídeo, p. 252

COMPRENSIÓN

2 Presenta la información biográfica sobre Irene Gómez Arnáiz.

ANÁLISIS

3 a Explica «lo+» del «Erasmus+» de Irene examinando los distintos elementos del cartel (textos, dibujos, emblemas).

b Partiendo de los resultados de **3a**, explica el mensaje del cartel.

MÁS ALLÁ DEL TEXTO

4 Comenta el lema del programa: «Enriqueciendo vidas, abriendo mentes».

5 En pequeños grupos, grabad un vídeo corto para la página web de vuestro colegio, en el que una persona presente «lo+» de un intercambio o un viaje al extranjero. Utilizad diferentes elementos visuales.

46

España en el siglo XXI • Cataluña, comunidad bilingüe

Las lenguas de España

Artículo 3 de la Constitución Española
1. El castellano es la lengua española oficial del Estado. Todos los españoles tienen el deber de conocerla y el derecho a usarla.
2. Las demás lenguas españolas serán también oficiales en las respectivas Comunidades Autónomas […].
3. La riqueza de las distintas modalidades lingüísticas de España es un patrimonio cultural que será objeto de especial respeto y protección.

gallego hablantes: 2,4 mill.
vasco hablantes: 1,1 mill.
castellano (en España) hablantes: 46,7 mill.
catalán hablantes: 10,2 mill.

> Entre 1939 y 1975 el uso de **las lenguas regionales españolas** estaba prohibido. Los medios debían emplear el español. Los documentos oficiales se redactaban exclusivamente en español. La documentación en otro idioma se consideraba nula. En general, toda la imagen exterior del país era en español. Sin embargo, en **las zonas de habla catalana, gallega y vasca**, las lenguas regionales se conservaban en la vida privada. Tras la restauración de las libertades democráticas, la **Constitución de 1978** por fin volvió a reconocer la diversidad lingüística de España.

la lengua oficial Amtssprache
el patrimonio cultural Kulturerbe
ser objeto de ser tratado/-a con

Mapa:
monolingüe con un idioma
bilingüe con dos idiomas

COMPRENSIÓN

1 Describe y explica el mapa.

ANÁLISIS

2 Explica la situación de las lenguas habladas en España. Consulta la información del mapa, de la ficha de información y del Artículo 3 de la Constitución Española.

MÁS ALLÁ DEL TEXTO

3 (Hablar) El uso de las lenguas en Cataluña:

a Trabajad en pareja. A va a la página 218, B describe el gráfico de al lado.

b Discutid los datos más interesantes.

c (Desafío) Informaos en Internet sobre las razones de la fuerte presencia del español en Cataluña.

Lengua materna (en %)

	2003	2008	2013	2018	
Castellano	56,1	55	55,1	52,7	
Catalan	36,2	31,6	31	31,5	
Ambas	2,5	3,8	2,4	2,8	

Fuente: El País, 2019

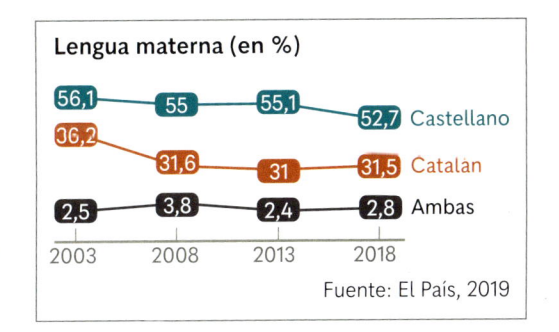

▶ Estadísticas, p. 251

España en el siglo XXI • Cataluña, comunidad bilingüe

La política lingüística

El catalán

Después de la dictadura franquista, los parlamentos autonómicos de Cataluña, Baleares y la Comunidad Valenciana aprobaron **leyes de «normalización lingüística»** para promover la lengua catalana e introducirla en la escuela, la administración y los medios de comunicación públicos. Actualmente el catalán si bien está muy presente en **la radio, la televisión y la prensa**, es abandonado por los catalanoparlantes cuando hablan con castellanohablantes o en las redes sociales. Por tanto, aunque el catalán es hoy una **lengua viva**, hay quienes afirman que sigue **en peligro por el dominio del español**.

Una campaña de la Generalitat de Catalunya

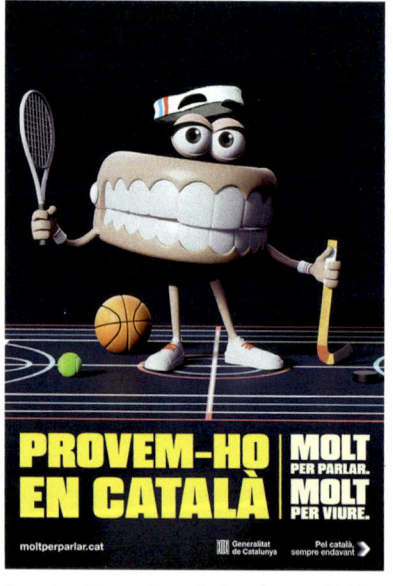

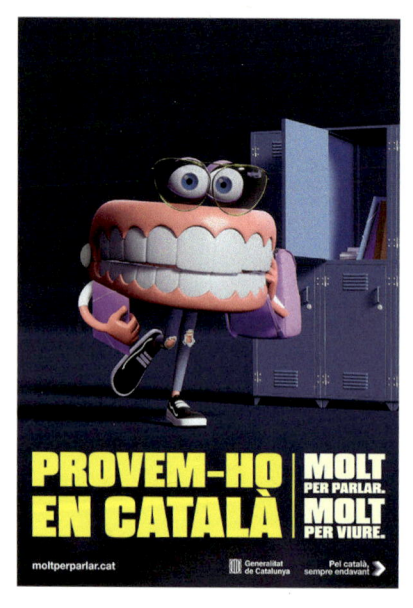

Fuente: Generalitat de Catalunya, 2023

Carteles:
provem-ho en català (*cat.*) Probémoslo en catalán
molt per parlar, molt per viure (*cat.*) mucho por hablar, mucho por vivir
la dentadura Gebiss
la raqueta de tenis Tennisschläger
el palo de hockey Hockeyschläger
la taquilla Spind, Schließfach

Vídeo:
la gastroneta Imbisswagen

COMPRENSIÓN

1. **a** Describe los carteles de la campaña «Provem-ho en català!» de la Generalitat de Catalunya.

   b Formula hipótesis sobre el objetivo de la campaña. Refiérete a la figura protagonista y los objetos y elementos que se pueden observar.

ANÁLISIS

2. Examina el vídeo de la campaña:
   – Enumera las figuras y los lugares que se muestran.
   – Examina cómo se desarrolla el comportamiento de las figuras.
   – Comenta el efecto de la música sobre ti.

3. Partiendo de los carteles y el vídeo, explica los objetivos de la campaña.

España en el siglo XXI • Cataluña, comunidad bilingüe

TEXTO AVANZADO **El último hombre que hablaba catalán**

Carles Casajuana

En este extracto de novela aparecen cinco personajes, todos ellos residentes de Barcelona. Son Eugeni, docente de la Universidad de Barcelona, Ramón Balaguer, un escritor catalán que escribe en castellano, Miquel Rovira, otro escritor catalán pero que escribe en catalán, y Núria y Rosa, amigas.

Caminan hasta las Ramblas y Núria dice que si no hiciera tanto frío podrían sentarse en una terraza, pero Miquel dice que no, por favor, sólo de pensarlo le entra complejo de turista. Se instalan en un café y piden bebidas [...]. Eugeni se indigna al ver que la carta de tapas y bocadillos está en castellano, en inglés y en francés, pero no en catalán: si ni en los bares de las Ramblas las cartas están en catalán, ¿dónde estarán? Miquel le da la razón y dice que el catalán pierde posiciones día a día. [...]

—Cada vez lo veo más claro —dice Eugeni—. Si no se toman medidas pronto para proteger de verdad el catalán con un buen régimen de sanciones, como hacen en Quebec con el francés, ya no llegaremos a tiempo.

Revolviéndose involuntariamente en su silla, Balaguer se pregunta si este tipo de falsas conversaciones dándose la razón uno al otro, como si jugaran una partida de ping-pong de pega, lo tienen cada vez que salen o si el espectáculo sólo tiene lugar en su honor. Leyéndole el pensamiento, Eugeni le pregunta si no está de acuerdo. [...]

—De acuerdo, ¿con qué? —pregunta [Balaguer]—. ¿Que convendría que la carta estuviera en catalán? Pues tal vez sí. No haría ningún daño. ¿Que tendría que ser obligatorio? ¿Que es preciso un régimen de sanciones, para hacer efectiva la norma? Lo siento mucho pero no lo creo —dice, y de inmediato siente el peso inquisidor de ocho ojos sobre su modesta persona. [...] Decidido a interpretar el papel que le piden, Balaguer añade que cada vez hay más normas y más imposiciones para hablar y escribir el catalán, y que a su modo de ver hacen más mal que bien. Las librerías están llenas de novedades en catalán que nadie compra, los quioscos, de diarios subvencionados que nadie lee. Sólo hace falta ahora llenar el paseo de Gràcia de cines vacíos obligados a proyectar películas dobladas al catalán. ¿Qué harán, después? ¿Obligar a cada persona que compre un libro en castellano a llevarse otro en catalán? ¿Imponer a los suscriptores de *La Vanguardia* y de *El País* la suscripción también al *Avui*?

—Alto ahí —le interrumpe Eugeni—, aquí nadie habla de obligar a los ciudadanos a hacer nada. Si quieren leer en castellano, están en su derecho. Pero no es lo mismo un ciudadano que el propietario de un local público. Al ciudadano hay que ofrecerle todas las posibilidades, para que escoja, sin imponerle ninguna obligación. Pero al propietario de un local público se le tiene que obligar a respetar el catalán. En un bar como éste, ¿no hay normas que obligan a despachar alcohol fabricado con unas garantías mínimas y a tener los lavabos limpios? ¿No hay un régimen de inspecciones para asegurar que la mayonesa de la ensaladilla rusa esté en condiciones? Pues también se les tendría que obligar a tener la carta en catalán y a atender en catalán a los clientes que lo deseen. No se trata más que de enderezar la situación creada por cuarenta años de franquismo.

8 **la terraza** aquí: un café al aire libre
10 **indignarse** enfadarse
16 **Quebec** provincia de Canadá donde el francés es lengua oficial
17 **revolverse** moverse
19 **de pega** falso/-a, fingido/-a
24 **preciso/-a** necesario/-a
24 **el régimen de sanciones** Katalog an Strafmaßnahmen
25 **el peso inquisidor** hier: bohrende Blicke
27 **la imposición** la regla
31 **el paseo de Gràcia** avenida representativa de Barcelona
33 **el/la suscriptor/a** Abonnent/in
33 **La Vanguardia, El País** periódicos en castellano
34 **Avui** periódico en catalán
42 **despachar** ofrecer
44 **el régimen de inspecciones** Kontrollverfahren
45 **la ensaladilla rusa** Art Kartoffelsalat mit Mayonnaise
47 **enderezar** reparar, normalizar

Barcelona y Las Ramblas

España en el siglo XXI • Cataluña, comunidad bilingüe

Balaguer sonríe con escepticismo.

50 –Y la manera de enderezar la situación, ¿en qué consiste, en cuarenta años de franquismo del otro lado, para compensar?

–¿Pues qué tenemos que hacer? –replica Eugeni–, ¿dejar que el catalán se muera por falta de uso? A nadie le gusta tomar medicamentos ni pasar por el quirófano, pero a veces cuando uno está enfermo no hay otro remedio.

55 –Depende del diagnóstico –dice Balaguer–. A veces hay que operarse y a veces no, y yo creo que aquí no hace ninguna falta.

–Pues yo creo que sí. –Cruza los brazos Eugeni, como diciendo «digas lo que digas, no me moverás de aquí, chaval».

A Balaguer le gustaría decir que, a él, en realidad, ni le va ni le viene, y que si 60 prefieren pensar que el catalán está agonizando [...], adelante. [...] Harto de discutir, pensando cómo es posible que te hayas enzarzado en una conversación como ésta, a tu edad, Balaguer [...] pregunta a Rosa qué piensa, para abrir la discusión más allá del diálogo de sordos con Eugeni y Miquel. Rosa dice que ella no cree que se precise ninguna intervención *quirúrgica*, y subraya la palabra con 65 un suave deje de ironía, pero sí que hay que defender un poco el catalán, porque de otro modo el castellano se lo acabará comiendo. Eugeni y Miquel sonríen satisfechos, y Balaguer dice que si la cuestión se plantea en esos términos él también está de acuerdo: la clave es «un poco». Defender el catalán, sí, pero con mesura.

Fuente: Carles Casajuana, El último hombre que hablaba catalán, 2009

---

53 **el quirófano** Operationssaal
59 **ni le va ni le viene** no le importa
61 **enzarzarse** sich verwickeln
64 **precisar** hacer falta

COMPRENSIÓN

1 a Presenta el motivo de la discusión.

b Resume los argumentos y las posiciones de Eugeni y Balaguer respecto al uso del catalán en Cataluña.

ANÁLISIS

2 Examina la imagen utilizada por Eugeni para ilustrar el estado actual de la lengua catalana (ll. 52–60).

▶ Textos narrativos, p. 243

3 Analiza cómo se presenta la actitud de Balaguer frente al uso de las lenguas. Ten en cuenta la perspectiva narrativa y los recursos estilísticos.

MÁS ALLÁ DEL TEXTO

4 (Para elegir) Haz la tarea a o b.

a (Escribir) Imagina que eres Balaguer. Expón tus ideas para defender la lengua catalana «con mesura» (ll. 68–70).

b (Hablar) En grupos pequeños, discutid posibles medidas para promover y defender una lengua regional.

▶ Punto de apoyo, p. 218

5 (Hablar) Imagina que pasas el verano en Barcelona. Estás en un café de las Ramblas y escuchas la discusión de la mesa de al lado sobre tener la carta en catalán. Graba un mensaje de voz en tu móvil para María, tu amiga de Madrid. Cuéntale lo que has escuchado y dale tu propia opinión.

España en el siglo XXI • Cataluña, comunidad bilingüe

El movimiento independentista catalán

11 de septiembre: la fiesta nacional de Cataluña. Muchos catalanes se manifiestan a favor de una Cataluña independiente.

Encuesta en Cataluña

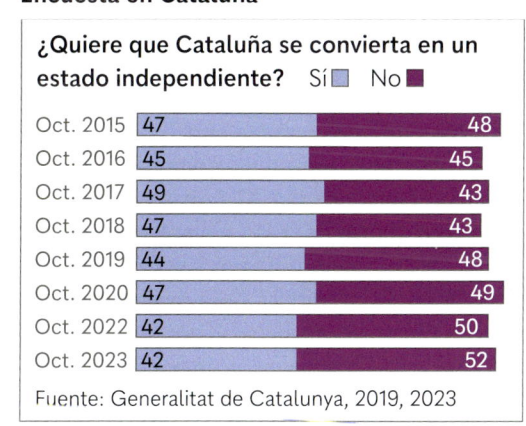

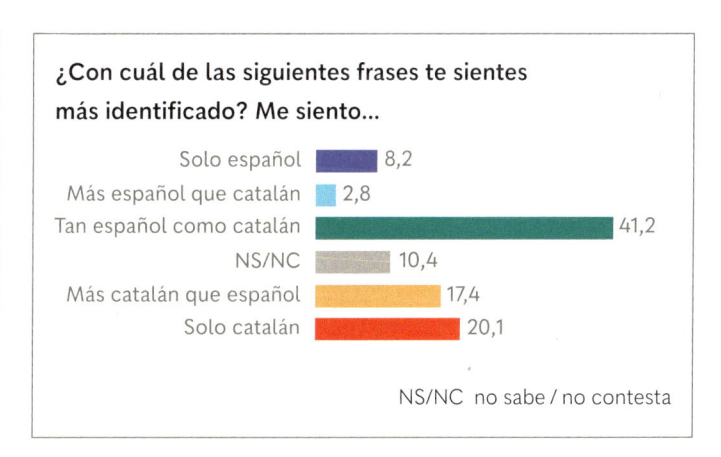

¿Quiere que Cataluña se convierta en un estado independiente?   Sí   No

Fecha	Sí	No
Oct. 2015	47	48
Oct. 2016	45	45
Oct. 2017	49	43
Oct. 2018	47	43
Oct. 2019	44	48
Oct. 2020	47	49
Oct. 2022	42	50
Oct. 2023	42	52

Fuente: Generalitat de Catalunya, 2019, 2023

¿Con cuál de las siguientes frases te sientes más identificado? Me siento...

	%
Solo español	8,2
Más español que catalán	2,8
Tan español como catalán	41,2
NS/NC	10,4
Más catalán que español	17,4
Solo catalán	20,1

NS/NC no sabe / no contesta

COMPRENSIÓN Y ANÁLISIS

1 a Describe e interpreta la foto y el primer gráfico. ▶ Estadísticas, p. 251

   b Comprueba en Internet las cifras más recientes: ¿hay algún cambio relevante?

2 Describe y explica el segundo gráfico. Luego explica cuál es, para ti, la información central de esta encuesta.

MÁS ALLÁ DEL TEXTO

3 a Los resultados de la encuesta van a aparecer en dos periódicos diferentes. Imagina los titulares que podría haber en estos periódicos según su posición política. ▶ Punto de apoyo, p. 218
   - *El Periódico de Cataluña*, un diario contrario a la independencia de Cataluña
   - *Ara*, un diario que entiende Cataluña como una unidad independiente

   b Comparad los titulares. ¿En qué se distinguen y por qué?

España en el siglo XXI • Cataluña, comunidad bilingüe

> **El referéndum de 2017**
>
> El 1 de octubre de 2017, el gobierno catalán, encabezado por su presidente **Carles Puigdemont**, celebró un **referéndum** irregular para decidir si debían separarse de España y convertirse en un **estado independiente**. Previamente, este referéndum había sido declarado **ilegal** por el Tribunal Constitucional español. El día de la votación hubo tensiones y enfrentamientos entre las fuerzas de seguridad y los ciudadanos que querían votar. La mayoría de los votos estuvo a favor de la independencia, aunque la **participación fue extremadamente baja**. Puigdemont y otros líderes catalanistas abandonaron España para evitar ser procesados por «rebelión».

TEXTO AVANZADO   **Un artículo de opinión**

Dejando de lado el éxtasis político-sentimental que causaría en muchos vivir en un estado catalán con asiento en la ONU, ¿en que mejoraría la vida de los ciudadanos obtener esa independencia? ¿Qué derechos y libertades individuales reconocería
5 una república catalana que no estén reconocidos ya en España o que no puedan reconocerse en un futuro mediante el trabajo legislativo? Suponemos que se usaría libremente el catalán en todos los ámbitos públicos, se instauraría un sistema educativo propio y se promovería la cultura en catalán desde las instituciones del nuevo Estado. ¿No existe todo eso desde hace más de cuarenta años? ¿En qué
10 mejoraría la cultura catalana que no haya mejorado ya durante la democracia española? En el plano económico, tampoco se entiende qué diferencias habría entre una república catalana que aspira a vivir dentro de la UE y una España ya integrada en la UE. En un mercado común donde la autoridad monetaria la ejerce el Banco Central Europeo y en el que multitud de cuestiones comerciales, agríco-
15 las, financieras y de consumo dependen de directivas negociadas por todos los socios que se comprometen a armonizar sus leyes nacionales, ¿qué puede ofrecer una Cataluña libre que no tenga ya España?

Si en la lista de pros apenas hay nada que reseñar, la de contras es bien larga. Lo primero, en qué situación legal queda la mitad de la población que rechaza la
20 independencia. ¿Es viable un Estado dispuesto a reconocer como extranjeros a la mitad de sus ciudadanos? ¿En qué medida puede asegurar su reintegración en Europa? De no conseguirlo, ¿cómo afrontaría el empobrecimiento general que ello supone? Si el Reino Unido ya está pagando caro su divorcio, ¿qué le espera a un país pequeño sin peso ni experiencia diplomática? Por no hablar de las durísimas
25 negociaciones que tendría que abrir con España, que dejarían las pelas fiscales y presupuestarias de los últimos años en un chiste, y en las que Cataluña, como parte débil, saldría perdiendo de forma irremediable. Como bien me dijo un escritor catalán, los independentistas sueñan con una Cataluña parecida a Dinamarca, porque las cifras encajan. Dinamarca tiene 42.000 kilómetros cuadrados, y
30 Cataluña, 32.000; Dinamarca tiene casi seis millones de habitantes, y Cataluña, poco más de siete. Sin embargo, sigue este escritor, ¿por qué no piensan mejor en Moldavia, que tiene una extensión idéntica a la de Cataluña (33.000 kilómetros cuadrados), aunque la mitad de la población, pero ocupa el espacio político externo a la UE similar al que ocuparía una Cataluña independiente?

35 Al margen queda lo único grave de verdad: la ruptura de una comunidad política estable que ha alcanzado logros asombrosos en democracia, libertades y progreso. Sabemos cómo se vive en España y deberíamos saber que se puede vivir mucho

---

2 **dejar de lado** ignorar
3 **la ONU** die Vereinten Nationen
7 **instaurar** establecer, crear
11 **el plano** *aquí:* el sector
16 **el socio** *hier:* der Mitgliedsstaat
18 **apenas hay nada que reseñar** *hier:* es gibt kaum Einträge
20 **viable** lebens-, zukunftsfähig
25 **la pela** la discusión
29 **encajar** ser similar
35 **Al margen queda...** *aquí:* No se habla de...

España en el siglo XXI • Cataluña, comunidad bilingüe

peor. Que no es, desde luego, el mejor sitio del mundo, pero, en muchos de los aspectos que importan para la vida en sociedad, sí es de los mejores. Hay demo-
40 cracias más libres y menos corruptas y hay sociedades más prósperas y que protegen mejor el bien común, pero son muchísimas más las democracias menos libres y más corruptas y las sociedades más pobres que no prestan la menor atención al bien común. Construir una comunidad como la española lleva varias generaciones. Deshacerla y degradarla hasta hacer miserable la vida de la mayoría
45 sólo requiere de quince años y un millón de pesetas, que es lo que decía **Julio Camba** que necesitaba para construir un país nuevo. La aventura *indepe* ofrece muy poca ganancia por un riesgo de desastre muy alto. Tres años y medio después de los sucesos de 2017, aún no sé contra qué se rebelaron exactamente los líderes que declararon la independencia.

Fuente: Sergio del Molino, Contra la España vacía, 2021

41 **el bien común** Gemeinwohl
44 **deshacer** destruir
44 **degradar** *hier:* zersetzen
45 **la peseta** antigua moneda española (antes del euro)
45 **Julio Camba Andreu** (1884–1962) periodista, escritor y humorista español

APP Más información

COMPRENSIÓN

1 Enumera los pros y los contras de la independencia de Cataluña, según el autor.

ANÁLISIS

2 Analiza cómo el autor trata la idea de una posible independencia de Cataluña. Considera su argumentación y los recursos estilísticos que utiliza.

▶ Punto de apoyo, p. 219
▶ Textos informativos, p. 242

MÁS ALLÁ DEL TEXTO

3 (Escribir) Comenta la comparación que hace el autor entre Cataluña, Dinamarca y Moldavia (ll. 26–33).

4 (Hablar) Describíos mutuamente las caricaturas. Luego interpretadlas juntos: ¿Qué critican y qué mensaje transmiten?

▶ Caricaturas, p. 249

«Nacen como banderas y acaban como muros.»
Fuente: El Roto, Contra muros y banderas, 2018

«¡Desconexión!»

desconexión *f.* Acción y efecto de desconectar.
desconectar
De *des-* y *conectar*
1. tr. Suprimir la comunicación eléctrica entre un aparato y la línea general.
2. tr. Interrumpir la conexión entre dos o más cosas.
3. [...]
4. tr. *Tecnol.* Interrumpir el enlace entre aparatos, o entre aparatos y personas, para que cese el flujo existente entre ellos.
5. intr. Dejar de tener relación, comunicación, enlace, etc.

Fuente: RAE, 2014

Caricaturas:
partirse en dos in zwei Teile zerbrechen

España en el siglo XXI • Líder en turismo

Turismo, respeto y responsabilidad

1 a Busca en Internet información sobre la ciudad Santiago de Compostela y el Camino de Santiago (origen, evolución, rutas).

b Intercambiad la información en grupos.

Santiago de compóntelas como puedas *Senén Barro Ameneiro*

Santiago de Compostela es, desde hace siglos, un faro de espiritualidad, historia, conocimiento y cultura, que atrae cada año a cientos de miles de personas de todo el mundo, cuando no millones. Los visitantes disfrutan de la ciudad y de su
5 acogedora gente, acostumbrados como estamos a recibirlos y atenderlos bien. Sufro como todos los habitantes de la ciudad los inconvenientes de habernos convertido en un hervidero de personas. Pero al tiempo me gusta ver que la ciudad está tan viva, recorrida por quienes vienen de todo el mundo, y oír hablar docenas de lenguas por sus calles. Asumo con paciencia franciscana el hacer colas para sen-
10 tarme en una terraza, o las dificultades que hay para reservar mesa en los restaurantes. Me resigno a que el turismo aumente constantemente los precios de según qué cosas. Todo sea por el bien de la economía local y de Galicia entera […].

Todavía disfruto más de lo que sufro Compostela. Pero no sé por cuanto tiempo. Llevo mal la falta de respeto que muestran algunos de nuestros visitantes, cada vez
15 más, cada vez con mayor frecuencia. Se da sobre todo entre aquellos que llegan en grupos. Gente que parece olvidar las normas básicas de respeto y civismo que deben imperar en cualquier lugar. En los primeros días de agosto, por ejemplo, tuvimos que soportar a diario los cánticos y los tambores de algunas personas que iban de paso a Portugal, al encuentro con el papa Francisco. […]

20 Este comportamiento no solo desprecia a quienes residimos en Santiago, sino también a los demás visitantes, que lo padecen igualmente. Una ciudad Patrimonio de la Humanidad es patrimonio de todos, ciertamente, pero eso no les da derecho a algunos a hacerla suya, ni siquiera por unas horas. Cada piedra, cada rincón, cada calle y cada parque de Compostela merecen ser tratados con el mayor
25 respeto. Hacer ruido, aunque sea como manifestación de alegría, dejar basura, dañar el patrimonio histórico y perturbar la vida de todos los residentes y visitantes […] son comportamientos inaceptables.

Me temo que ninguna de las personas que no saben comportarse leerá esto –lo he escrito en castellano por si las moscas–, como tampoco leerán los carteles que el
30 ayuntamiento ha puesto por la ciudad, recordándonos a todos un código de buenas prácticas. Pero si lo hacen, ojalá reflexionen sobre su actitud durante su estancia en la ciudad. Santiago no es simplemente un destino, no es un punto en un mapa, ni un mapa de calles y lugares que visitar a tropel. Nuestra ciudad no es un parque de atracciones, ni un merendero, ni un rocódromo, ni un campo de
35 fiestas, ni un sambódromo. Santiago es una ciudad donde se trabaja, se estudia, se duerme, se pasea… se vive. Como todas [las ciudades], como la de cada una de las personas que aquí vienen, dejando temporalmente su lugar de residencia. O acabamos con el creciente descontrol, o no querremos vivir aquí, ni querrán venir quienes nos visitan civilizadamente. […]

40 La educación es fundamental, pero si uno no llega con ella a la ciudad, difícilmente la va a aprender aquí en unos días. Por eso, además de recordar a todos los

---

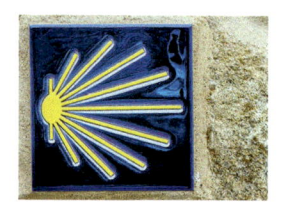

1 **Compóntelas como puedas** *(ugs.)* Sieh zu, wie du klarkommst
2 **el faro** Leuchtturm
5 **acogedor/a** gastfreundlich
7 **el hervidero** *aquí:* una multitud
16 **el civismo** Gemeinsinn
17 **imperar** predominar
18 **los cánticos y los tambores** Gesänge und Trommeln
19 **papa Francisco** Papst Franziskus *(war zum Weltjugendtag 2023 in Portugal)*
20 **despreciar** no respetar
21 **padecer** sufrir
21 **el Patrimonio de la Humanidad** Welterbe
26 **perturbar** molestar
29 **por si las moscas** por si acaso
33 **en/a tropel** massenhaft
34 **el merendero** Picknickplatz
34 **el rocódromo** Kletterhalle

España en el siglo XXI • Líder en turismo

visitantes, y también a los residentes, cómo debemos comportarnos en beneficio de todos, es imprescindible que quienes tienen la responsabilidad y la autoridad, desde el ayuntamiento a la Xunta, las ejerzan y tomen medidas firmes contra aquellos que no respetan unas normas que son, además, de sentido común. […] Un tío mío me decía con frecuencia que yo vivía en «Santiago de compóntelas como puedas». Pues resulta que era un visionario.

Fuente: Senén Barro Ameneiro, El Correo Gallego, 2023

43 **imprescindible** necesario
44 **la Xunta (de Galicia)** el gobierno de la Comunidad Autónoma de Galicia

COMPRENSIÓN

2 «Todavía disfruto más de lo que sufro Compostela» (l. 13). Presenta los aspectos de los que disfruta y de los que sufre el autor en Santiago de Compostela.

▶ Punto de apoyo, p. 218

ANÁLISIS

3 Analiza la intención del autor. Ten en cuenta:
- a quién se dirige
- los ejemplos que utiliza en el texto para afirmar su posición
- los recursos estilísticos que usa

▶ Textos informativos, p. 242

MÁS ALLÁ DEL TEXTO

4 (Hablar) «Cada piedra, cada rincón, cada calle y cada parque de Compostela merecen ser tratados con el mayor respeto» (ll. 23–25).
¿Qué significa viajar con respeto? Discutid en pequeños grupos.

▶ La discusión, p. 232

5 a Describe el cartel sobre un proyecto medioambiental en el Camino de Santiago y explica su mensaje.

▶ Imágenes, p. 248

Fuente: Ecoembes

b Buscad más información sobre el proyecto en Internet. Luego intercambiad opiniones:
1. ¿Tendrá el proyecto un impacto en el camino y en los peregrinos? ¿Por qué (sí o no)?
2. ¿Os imagináis participar en el proyecto? ¿Por qué sí o no?

[APP] Más información

2 España en el siglo XXI • Líder en turismo

El turismo masivo y la gentrificación

▶ Estadísticas, p. 251

1 Describid e interpretad los gráficos.

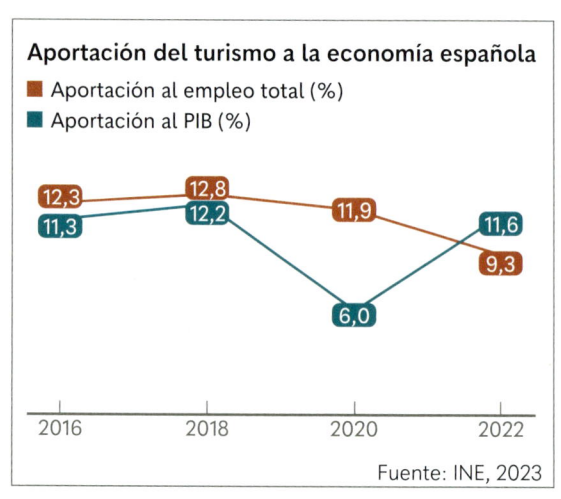

Países más visitados del mundo

País	Llegadas (millones)
Francia	79,40
España	71,66
EE. UU.	50,87
Turquía	50,45
Italia	49,81
México	38,33
Reino Unido	30,74
Alemania	28,46
Grecia	27,87

Fuente: UNWTO, 2023

Aportación del turismo a la economía española

- Aportación al empleo total (%)
- Aportación al PIB (%)

Año	Empleo	PIB
2016	12,3	11,3
2018	12,8	12,2
2020	11,9	6,0
2022	9,3	11,6

Fuente: INE, 2023

Los vecinos en peligro de extinción *Fernando Peinando*

Sevilla: El barrio de Santa Cruz, la Giralda

[APP] Más información

Una estampa de la **Giralda** apenas conocida se ve a diario al amanecer, cuando aún no han aparecido los turistas. Los protagonistas son niños con mochila caminando por la calle Mateos Gago
5 de la mano de sus padres, rumbo al colegio San Isidoro, en el corazón del barrio de Santa Cruz. Es una escena que parece de otro tiempo, cuando aquí solo vivían sevillanos, pero es muy efímera porque en cuestión de minutos esa calle es un río de visitantes. […]

Lo que está sucediendo en este barrio […], es un progresivo reempla-
10 zo de la población local. Santa Cruz ha sido habitado por romanos, visigodos, árabes, judíos, cristianos y ahora el nuevo grupo mayoritario son «los guiris». El 61,2 % de sus 1.015 viviendas eran de uso turístico en noviembre, según un informe publicado por la asociación de empresas turísticas Exceltur. Se trata del barrio con mayor número de estos inmuebles en las
15 seis ciudades con más viviendas turísticas en España (Barcelona, Madrid, Málaga, San Sebastián, Sevilla y Valencia). […]

Los vecinos que quedan en Santa Cruz se ven a sí mismos como la resistencia frente a una fuerza más poderosa, la del dinero. Muchos son propietarios envejecidos con hijos adultos, poco interesados en retornar. El proceso es difícil de parar
20 porque los inversores están ávidos de hacerse con estas casas para ponerlas en las plataformas turísticas y obtener una rentabilidad más alta que la de un alquiler normal. […]

Se detiene un hombre vestido con sombrero de caña […]. Es Rafael Cómez, un catedrático de Historia en la Universidad de Sevilla que tiene 73 años.
25 Se mudó a Santa Cruz hace 12 años cuando heredó una casa familiar donde había pasado parte de su infancia. En aquella época lejana, el barrio era una mezcla de clases populares y personas acaudaladas. Había comercios de todo tipo: lecherías, carbonerías, sastrerías, carnicerías o pescaderías. Hoy no queda nada. Lo que proliferan son bares y tiendas de souvenirs. […]

2 **la estampa** *hier:* Anblick
3 **el amanecer** *cuando sale el sol*
5 **rumbo a** en dirección a
7 **efímero/-a** de poca duración
12 **los «guiris»** *(fam.)* los turistas
14 **los inmuebles** casas y pisos
18 **el/la propietario/-a** Eigentümer/in
20 **el/la inversor/a** Investor/in
20 **ávido/-a de hacerse con** gierig nach
24 **el catedrático** Professor
27 **acaudalado/-a** con dinero
28 **la sastrería** Schneiderei
29 **proliferar** sich ausbreiten

España en el siglo XXI • Líder en turismo

Gómez es muy pesimista sobre el barrio porque [...] ha visto cómo el negocio suele ganar. [...] «Los apartamentos turísticos acabarán con el barrio. Es parte de un proceso sin marcha atrás por el que los vecinos se irán a la periferia», pronostica. La gente como él, dice, son «los Sioux de la reserva», destinados a ser desplazados. [...]

Uno de los que ha decidido irse es Álvaro Martínez, ingeniero de 54 años [...] y padre de dos hijos. Se está construyendo una casa en la costa de Huelva y piensa teletrabajar. Un motivo, dice Martínez, es que se siente incómodo en un lugar sin gente como él. «No te identificas con lo que te rodea y acabas enajenándote».

Santa Cruz es el epicentro de un proceso que afecta a todo el casco histórico de Sevilla, que ha perdido en una década el 5,6 % de su población [...]. Este fenómeno tiene consecuencias para el alma de la ciudad, pero también en los bolsillos. El desvío de las viviendas para el mercado turístico reduce la oferta de alquiler ordinario, encareciendo los arrendamientos. En esa zona céntrica el precio ha crecido de 623 euros para un piso de 70 metros hace una década a los 826 actuales, según el portal inmobiliario Idealista. [...]

Otra queja son los bares que incumplen los límites de mesas en el exterior. Calles como Mateos Gago parecen un enorme comedor al aire libre. El ruido de [...] los cantaores ambulantes de flamenco es insoportable en la casa de Ángeles Romero, una enfermera jubilada de 64 años que ve la tele con subtítulos. Una mañana, abre el ventanal de madera y vidrio de su sala de estar y señala hacia abajo, donde ha comenzado la descarga de mercancía en los restaurantes. Pronto estallará la tormenta. Lo peor vendrá al mediodía cuando comiencen las sevillanas. «Me sé el repertorio de memoria», afirma. Si uno levanta la cabeza puede ver desde su balcón un primer plano hermoso de la Giralda que quizás en un futuro será reservado para el disfrute de un inquilino turista.

Fuente: Fernando Peinado, El País, 2023

38 **enajenarse** sich entfremden
42 **el desvío** *aquí:* el cambio de uso
43 **encarecer** subir de precio
43 **los arrendamientos** las viviendas
46 **incumplir** no cumplir con
48 **los «cantaores»** los cantantes de flamenco
52 **estallar** *aquí:* empezar
52 **las sevillanas** *música y danza típicas de Andalucía*
53 **el repertorio** Repertoire
55 **el/la inquilino/-a** Mieter/in

COMPRENSIÓN

2 Describe cómo ha cambiado el barrio de Santa Cruz de Sevilla en los últimos años.

ANÁLISIS

3 Explica las consecuencias de este desarrollo para los residentes del casco histórico de Sevilla.

4 Analiza el título y el primer párrafo del texto y su efecto en el lector.

MÁS ALLÁ DEL TEXTO

5 (Para elegir) Haz la tarea a o b.

a Discutid las ventajas y desventajas de limitar el número de pisos turísticos para facilitar la vivienda de la gente local.

b Describe la foto y explica la posible motivación detrás de los grafitis.

2 España en el siglo XXI • Líder en turismo

Benidorm – ¿un modelo sostenible?

1 Describe y comenta la foto de Benidorm. ¿Te gustaría pasar las vacaciones allí?

TEXTO AVANZADO — **La pionera urbe que se subestima en España, pero fascina en el extranjero** *Sergio C. Fanjul*

Como una ciudad que surge del suelo en el videojuego SimCity o como gráfico de barras, la ciudad de Benidorm, pequeño Manhattan alicantino, surge del litoral
5 mediterráneo para asombro y fascinación de unos y otros. La leyenda fundacional es bien conocida: el alcalde Pedro Zaragoza, durante el franquismo, tiene la visión de transformar un pequeño pueblo de pescadores en una máquina de exprimir el incipiente turismo en España. Hasta viaja a Madrid en una Vespa para convencer al dictador de su nuevo modelo […].

10 «El modelo de Benidorm es completamente pionero, porque era un modelo para toda la ciudad y con gran visión de futuro, cosa no habitual en la época. Más apreciado, como suele ocurrir, fuera de España que dentro», explica el arquitecto José Manuel Escobedo […].

Para explicar la decisión por el crecimiento en altura, en forma de innumerables
15 rascacielos, Escobedo echa mano de la metáfora del paquete de tabaco: si uno lo pone tumbado sobre su superficie más grande tiene un bloque de viviendas como los que se ven en cualquier ciudad, pero si lo gira para colocarlo sobre su superficie más pequeña le sale un rascacielos que conserva el solar para esponjar la urbe y hasta colocar zonas verdes, aparcamientos y piscinas. «Aunque se le compare con
20 Manhattan, donde allí hay cuatro rascacielos, aquí solo hay uno». Además, es más igualitario. «Antes los más adinerados ocupaban la primera de playa, ahora desde cada edificio se podía ver el mar», explica el arquitecto.

«Cabe preguntarse si el modelo de Benidorm no ha sido uno de los más sostenibles del litoral español por aspectos como el poco territorio consumido, apenas
25 unas pocas hectáreas, o la bajísima utilización del transporte privado ya que cualquier lugar de la población se encuentra a una distancia de la playa no superior a 10 minutos andando», escriben Carlos Ferrater y Xavier Martí,

---

Los principios del turismo
En los años 60, durante la dictadura franquista, España se abrió al turismo. Al principio llegaban sobre todo turistas de Europa del Norte y de Gran Bretaña. **El gobierno de Franco** reconoció el potencial económico del turismo y pronto se realizaron grandes **inversiones en la infraestructura turística**.

---

3 **surgir** aparecer
7 **exprimir** *(fig.)* auspressen
8 **incipiente** beginnend
15 **el rascacielos** Wolkenkratzer
16 **tumbado/-a** liegend
18 **el solar** *aquí:* el espacio
18 **esponjar** auflockern
21 **adinerado/-a** rico/-a

España en el siglo XXI • Líder en turismo

arquitectos galardonados con el Premio Nacional de Arquitectura de 2011 por el Paseo de La Playa de Poniente de Benidorm [...].

30 **¿Una realidad ecosostenible?**
Aunque intuitivamente pueda parecer lo contrario, el cogollo de rascacielos de Benidorm es más ecológico que otros modelos típicos del litoral turístico, como las urbanizaciones extensas con sus campos de golf, que gastan mucho territorio, más energía y requieren más carreteras y medios de transporte. Además, Benidorm ha
35 conseguido atraer al turismo durante todo el año, lo que la hace más eficiente en el aprovechamiento de los recursos y el territorio. Benidorm recibe buena parte del turismo y ocupa solo el 1 % del litoral de la Comunidad Valenciana. [...]

Entre los rascacielos que sujetan el soleado cielo de Benidorm, el más alto es el Intempo, proyectado por Pérez-Guerras Arquitectos & Ingenieros, cuyas obras
40 empezaron en 2006. Tiene el aspecto de una gran letra M de superficies doradas que se alza notoriamente al extremo suroeste de la ciudad, con sus 192 metros de altura y sus 47 pisos. Sin embargo, todavía no está habitado: el pinchazo de **la burbuja inmobiliaria** lo dejó como un enorme recordatorio de la debacle. Por estas fechas, con unos nuevos propietarios, el proyecto se vuelve a poner en
45 marcha y las viviendas se pondrán a la venta, se espera que a precios estratosféricos, hasta de un millón de euros en las plantas más altas y el diamante central que une a las dos torres. [...]

La ciudad de Benidorm pasa por diferentes etapas en las que es alabada por su modelo y su carácter especial o vilipendiada por su masificación y popularidad.
50 [...] «Muchas de las críticas que se hacen a Benidorm no son justas, pero la gente cada vez lo va entendiendo más», dice Alejandro Muñoz, «es justamente lo opuesto a lo que mucha gente cree y a lo que muchos medios de comunicación hacen ver». Ahora, los rascacielos de Benidorm y su intensa y polifacética vida veraniega parecen estar de moda otra vez. [...]

Fuente: Sergio C. Fanjul, El País, 2019

28 **galardonado/-a** quien ha recibido un premio
31 **el cogollo** el centro
38 **sujetar** festhalten
41 **notoriamente** claramente
42 **el pinchazo** Platzen
45 **estratosférico/-a** altísimo/-a
48 **alabar** preisen
49 **vilipendiar** despreciar
53 **veraniego/-a** de verano

APP Más información

COMPRENSIÓN

2 a Describe el desarrollo (turístico) de Benidorm a partir de los años 70.

b Expón las ventajas del modelo urbanístico de Benidorm.

ANÁLISIS

3 Examina las imágenes que usa el autor para presentar Benidorm y el efecto que éstas tienen en el lector.

▶ Punto de apoyo, p. 218

MÁS ALLÁ DEL TEXTO

4 «El modelo de Benidorm es completamente pionero, [...]. Más apreciado, como suele ocurrir, fuera de España que dentro» (ll. 10–12). Interpreta la cita de Escobedo.

5 (Para elegir) Haz la tarea a o b.

a (Escribir) Benidorm: ¿un modelo sostenible? Comenta.

b (Hablar) ¿Existe el turismo sostenible? Discute con tu compañero.

▶ Escribir un comentario personal, p. 236

▶ La discusión, p. 232

España en el siglo XXI • Desafíos ecológicos

▶ Mediación, p. 241

Sequía y conflictos por el agua

1 Tu amiga de intercambio de Huelva tiene que preparar una presentación sobre las consecuencias del cultivo de la fresa en su región y te pregunta si el tema también está presente en los medios alemanes. En el periódico TAZ has encontrado una entrevista. Escríbele un correo y resume los efectos medioambientales del cultivo de la fresa en Doñana y el origen del problema. Menciona qué medidas habría que tomar para hacer más sostenible el cultivo y el consumo de la fresa.

„Eine Katastrophe für ganz Europa"

Die Erdbeerplantagen rund um den Nationalpark Doñana schaden der Umwelt, sagt Juan Romero. Er empfiehlt Bio-Ware.

taz: Herr Romero, essen wir mehr Import-Erdbeeren, als die Umwelt verträgt?

Juan Romero: Ganz sicher. Rund 80 Prozent der Erdbeeren, die in der Provinz Huelva rund um den Nationalpark von Doñana angebaut werden, gehen in den Export. Fast alle Erdbeeren, die von Februar bis April in Europa verkauft werden, kommen von hier. Das sind mehr als eine Million Tonnen Erdbeeren. Der Umsatz beläuft sich auf 1,35 Milliarden Euro. Rund um den Nationalpark werden auf 10.000 Hektar Erdbeeren angebaut. Etwas weiter weg sind es weitere 1.000 Hektar. Hinzu kommen um 1.640 Hektar illegaler Anbauflächen, die jetzt legalisiert werden sollen.

Welche Auswirkungen hat das auf den Nationalpark?

Das beeinträchtigt das Grundwasser und schadet den geschützten Bereichen des Doñana-Feuchtgebietes und natürlich der Tier- und Pflanzenwelt. Die Plantagen unter Folienzelten werden mit Grundwasser aus Brunnen bewässert. Keiner weiß zu sagen – auch die Behörden nicht – wie viele Brunnen es letztendlich sind, aber sicher über 1.000 illegale Brunnen. Viele von ihnen sind irgendwo in den Hügeln versteckt.

Huelva war nicht immer Anbaugebiet für Beeren, oder?

Nein, in Huelva gab es keine Erdbeeren. Hier herrschte die Trockenlandwirtschaft vor – Weinanbau, Oliven und Getreide … Das änderte sich vor rund 30 Jahren, als ein amerikanischer Investor begann, Erdbeeren anzubauen und damit sehr erfolgreich war. Die Folge war ein völlig unkontrollierter Boom an Erdbeerplantagen. Überall wurden private und auch öffentliche Waldgrundstücke mit Fichten und Steineichen gerodet. Diese Wälder waren eigentlich geschützt.

Illegale Rodungen und Brunnen, Besetzung öffentlicher Flächen … niemand schritt ein?

Die Erdbeeren sind ein so lukratives Geschäft, dass die Behörden von ganz oben bis hinunter auf Gemeindeebene einfach wegschauen. Es gibt kaum noch Gemeindeland, das nicht zum Erdbeerfeld wurde. Hier sind alle mit schuld, die einen, weil sie es taten, die anderen, weil sie es duldeten. […]
Der Nationalpark besteht seit 1969 und wird von einem eigenen Gesetz geschützt. Darin ist ausdrücklich vom Grundwasser und Oberflächenwasser die Rede. Doch dieses Gesetz wurde nie respektiert. […]

España en el siglo XXI • Desafíos ecológicos

Wie stark ist der Grundwasserspiegel abgesunken?

Seit 1986 zeigen offizielle Studien, dass der Grundwasserspiegel sinkt. Das Grundwasser ist überall um mehrere Meter zurückgegangen. [...] Fast das gesamte Feuchtgebiet hat seit vier Jahren so gut wie kein Wasser mehr. 3.000 Lagunen sind vollständig ausgetrocknet, darunter auch solche, die immer Wasser hatten. Doñana wird zur Wüste. [...]

Was bedeutet das für die Fauna?

Die allermeisten Zugvögel, die in Nordeuropa den Sommer verbringen und dort brüten, nutzen Doñana auf ihrem Weg gen Süden, nach Afrika. Als Doñana Wasser hatte, versammelten sich hier bis zu eine halbe Million Wasservögel. Dieses Jahr waren es gerade einmal 70.000 bis 80.000. [...]

70 Prozent dessen, was es an Artenvielfalt in Europa gibt, kommt auch in Doñana vor oder besser gesagt, kam vor. Doñana hat allen Schutz, national wie international, den ein Gebiet haben kann, bis hin zum UNESCO-Weltkulturerbe. Und gleichzeitig ist es das Gebiet, wo am meisten gegen Auflagen verstoßen wird. Was in Doñana geschieht, ist eine Katastrophe für ganz Europa.

Wie kann das Feuchtgebiet gerettet werden?

Das wird schwierig. Die Plantagen, die zu nahe am Park sind, müssen umgelegt werden, und das gesamte Gebiet muss auf Bioanbau umgestellt werden. Wir müssen für die Familien, die vom Anbau leben, eine Lösung finden. [...]

Kommen wir zurück zu den europäischen Verbrauchern. Was können wir tun?

Wer Erdbeeren konsumieren will, der soll darauf schauen, dass sie aus Bioanbau kommen. Die Supermärkte müssen dafür sorgen, dass ausgewiesen wird, wo die Erdbeeren herkommen und wie sie angebaut werden, dass die Flächen legal sind.

Aber auch Bioerdbeeren und legale Plantagen brauchen Wasser und sind damit Teil des Problems.

Wenn wir einen generellen Boykott ausrufen, schaden wir auch denen, die verantwortungsvoll mit den Ressourcen umgehen. Die brauchen wir als Verbündete. In Doñana gibt es Grundwasser, das genutzt werden kann. Rund ein Drittel dessen, was derzeit entnommen wird, wäre außer in besonders trockenen Jahren verträglich. Aber es müssen sehr viele Brunnen für immer geschlossen werden. (650 Wörter)

Fuente: Reiner Wandler, TAZ, 2023

Pájaros de Doñana

MÁS ALLÁ DEL TEXTO

2 a El Parque Nacional de Doñana es uno de 16 parques nacionales en España. Busca información sobre uno de estos parques en Internet y ordénala en un mapa mental.

b (Hablar) Haz una presentación de tres minutos con la información de 2a. Puedes incluir fotos, mapas u otros elementos gráficos.

Más información

▶ Presentar un tema, p. 231

España en el siglo XXI • Desafíos ecológicos

España, la huerta de Europa

Texto:
la sequía la falta de agua
la cifra de negocio Umsatz
la hortaliza la verdura
reciente actual
el caudal el volumen de agua

La agricultura intensiva

En España, la agricultura del **Levante** está en peligro por la **sequía** y las altas temperaturas. Con una cifra de negocio de más de 3.000 millones de euros anuales y alrededor de 100 000 empleos, esta zona en el sureste de la península ibérica representa la **mayor región productora de hortalizas y frutas en Europa**. Parte del agua del río Tajo en el centro de la península es transferida para su uso en el Levante. La reciente reducción del caudal del Tajo ha provocado una disputa entre las regiones que se benefician de sus aguas.

1 Mira las dos fotos del vídeo y descríbelas. Teniendo en cuenta la información del texto de arriba, haz hipótesis sobre el contenido del vídeo.

Un agricultor en Murcia
Fuente: AFP, 2023

Un habitante de la cuenca del Tajo.

COMPRENSIÓN

Vídeo:
regar bewässern, gießen
la cuenca (Fluss-) Becken
el trasvase Umleitung
trasladar überführen
la tubería (Rohr-) Leitung
la desertificación Wüstenbildung
fértil fruchtbar

2 En el vídeo se presentan diferentes opiniones sobre el decreto del gobierno. Copia la tabla en tu cuaderno, mira el vídeo y relaciona las frases con las personas.

A Dice que el agua del río Tajo pertenece a todos los españoles.
B Teme una reducción de la superficie de cultivo, una pérdida de empleo y de la competitividad de la agricultura española.
C Opina que el trasvase afecta el ecosistema y solo puede ser una solución temporal.
D Recuerda los tiempos antes del trasvase cuando la región del río Tajo era muy fértil.
E Le preocupa que gran parte de la región se convierta en desierto en pocos años.
F Piensa que la reducción del trasvase es una buena noticia para la zona del río Tajo y sus habitantes.

hablante	frase
Juan Francisco / agricultor	
Alfonso Gálvaz / portavoz del sindicato agrícola	
Domingo Baeza / Profesor de ecología fluvial	
Julio Baréa / Greenpeace	
Carlos Castro / habitante	
Fernando López / Presidente de Murcia	

España en el siglo XXI • Desafíos ecológicos

3 Vuelve a mirar el vídeo y completa la información.
1. Las plantas de brócoli en la plantación de Fernando se riegan [...]
2. Las tuberías y acueductos del trasvase tienen una longitud de [...]
3. El trasvase Tajo-Segura existe desde [...]
4. Para hacer frente a la desertificación el gobierno ha aprobado un decreto que [...]
5. En la región de Murcia se produce [...] de las frutas y hortalizas del país.
6. Ecologistas critican que para la agricultura intensiva se usa [...] del agua dulce del país.

▶ Punto de apoyo, p. 219

ANÁLISIS

4 a Examina la estructura y el tono del reportaje: ¿cómo se presentan los argumentos?

▶ Punto de apoyo, p. 220

b Basándote en 4a, analiza si el reportaje favorece la postura de un grupo.

MÁS ALLÁ DEL TEXTO

5 (Desafío) (Escribir) Escribe un comentario para la plataforma en la que se muestra el vídeo, en el que opinas sobre la situación presentada y luego justificas qué persona del vídeo te ha convencido más.

▶ Escribir un comentario personal, p. 236

Canarias y sus atrapanieblas

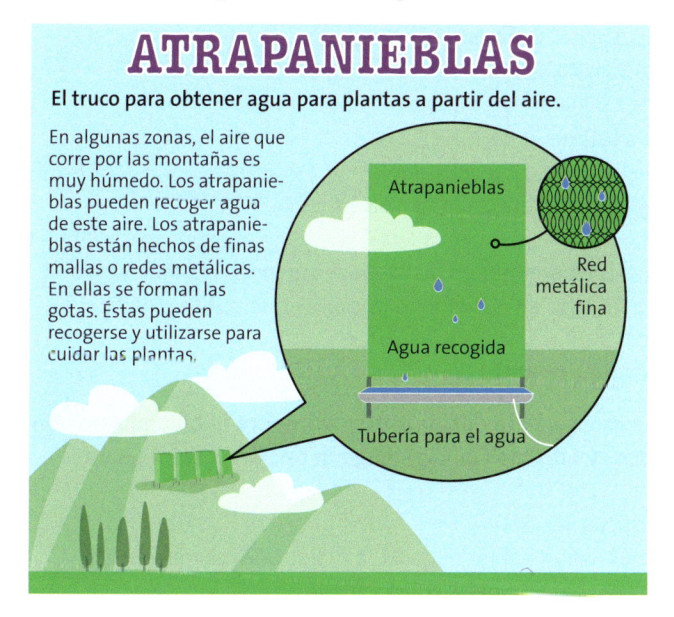

ATRAPANIEBLAS
El truco para obtener agua para plantas a partir del aire.

En algunas zonas, el aire que corre por las montañas es muy húmedo. Los atrapanieblas pueden recoger agua de este aire. Los atrapanieblas están hechos de finas mallas o redes metálicas. En ellas se forman las gotas. Éstas pueden recogerse y utilizarse para cuidar las plantas.

- Atrapanieblas
- Red metálica fina
- Agua recogida
- Tubería para el agua

Fuente: dpa, 2024

> La captación de agua de niebla en Canarias data de la época prehispánica. Los aborígenes canarios usaban la vegetación, p. ej. los árboles para acumular agua. Actualmente y debido a la deforestación y desertificación, las Islas Canarias han puesto en marcha el proyecto «Life Nieblas», en el que recurren a tecnología similar originaria de Chile, los «atrapanieblas» o «captanieblas» para combatir así la escasez de agua. Gracias a los típicos mares de nubes canarios que se forman a 500 o 1500 metros de altitud, los atrapanieblas de la región captan anualmente más de 200.000 litros de agua de niebla.

COMPRENSIÓN

1 Lee la caja de información y mira el esquema. Presenta cómo funciona un «atrapanieblas». Nombra también las limitaciones de esta tecnología.

MÁS ALLÁ DEL TEXTO

2 Busca en Internet otras soluciones sencillas contra la escasez de agua y preséntalas en clase.

APP Más información

Taller de competencias • Comprensión auditiva

Las tareas

Lee las siguientes tareas de comprensión global y comprensión detallada.

Relacionar información (*matching*)

A Vas a escuchar a cuatro personas hablando de sus experiencias como estudiantes de Erasmus. Relaciona las frases con las personas. Hay dos frases que no se usan. Copia la tabla de abajo en tu cuaderno y escribe la letra correspondiente (A–G) en la casilla correcta.

A Opina que todos los jóvenes deberían participar en el programa Erasmus.
B Menciona que fue una experiencia que le ayudó a independizarse.
C La experiencia ha contribuido a romper sus prejuicios.
D Erasmus le enseñó a qué quería dedicarse en el futuro.
E Destaca que con Erasmus se fomentan ciertos valores como la tolerancia.
F Presenta las desventajas de hacer un Erasmus.
G Piensa que el beneficio más importante es que aprendes la lengua del país.

hablante	Casilda	Angela	Iván	Paula
frase				

Respuestas cortas

B Vas a escuchar un extracto de una entrevista con Izaskun sobre el bilingüismo en el País Vasco. Contesta las preguntas.

1 ¿En qué ciudad nació Izaskun?
2 ¿Cuántos habitantes tiene el País Vasco?
3 ¿Qué lenguas habla Izaskun?
4 ¿Qué significa la palabra vasca «euskaldun»?
5 ¿Por qué no se hablaba euskera en la familia de Izaskun?
6 ¿Por qué Izaskun quiso aprender el euskera?
7 ¿Por qué se habla menos euskera en las ciudades grandes del País Vasco?
8 ¿Cuál es la palabra favorita en euskera de Izaskun y qué puede significar?

Selección multiple (*multiple choice*)

C Vas a escuchar otro extracto de la misma entrevista sobre el bilingüismo con Izaskun (del País Vasco) y Lito (de Galicia). Elige la opción correcta para terminar las frases.

1 Según unas estadísticas...
   a) los vascos jóvenes saben hablar el euskera mejor que los mayores.
   b) en Galicia cada vez más jóvenes hablan gallego.
   c) en Cataluña se usa cada vez menos el catalán.

2 En Galicia los jóvenes de hoy...
   a) muchas veces se resisten a aprender el gallego.
   b) suelen hablar gallego en su tiempo libre.
   c) hablan menos gallego que las generaciones anteriores.

Taller de competencias • Comprensión auditiva

3 En las escuelas en Galicia...
   a) el gallego va perdiendo importancia.
   b) se estudia el gallego hasta terminar la escuela.
   c) todas las clases se imparten en gallego.

4 Según Lito, algunos adolescentes deciden conscientemente cambiar al gallego en su día a día...
   a) por razones prácticas.
   b) por motivos profesionales.
   c) por motivos personales o políticos.

5 Según Izaskun, la situación en el País Vasco se debe...
   a) a la política lingüística.
   b) al esfuerzo de los padres.
   c) a la importancia económica.

6 Hoy en el País Vasco la mayoría de la gente joven...
   a) habla vasco en la familia.
   b) va a una escuela donde las clases se dan en euskera.
   c) va a una escuela donde las clases se dan en euskera y español.

Las estrategias

Antes de escuchar

En un examen vas a tener unos minutos para leer las tareas antes de escuchar. También puedes consultar tu diccionario para buscar palabras desconocidas.

1   Examinar la información básica
Lee los textos que introducen las tres tareas y contesta las siguientes preguntas.
   a ¿Qué información se da en ellos?
   b ¿Qué temas y contenidos te esperas? Comparad vuestras ideas en pareja.

2   Examinar las tareas
   a Lee bien cada tarea con sus opciones. Pon atención a las palabras clave.
   b Los hablantes probablemente no usarán las mismas palabras de las tareas. Piensa en sinónimos, antónimos u otras palabras de la misma familia.

Al escuchar

3   Estrategias durante la audición
Vas a escuchar el texto auditivo dos veces. Compara las siguientes dos estrategias y considera las ventajas y desventajas de cada una.
   Estrategia A Al escuchar el texto por la primera vez no escribo nada. Me concentro en lo que se dice e intento entender la información más importante.
   Estrategia B Al escuchar la primera vez apunto toda la información que puedo entender fácilmente. La segunda vez me fijaré en las tareas pendientes.

Taller de competencias • Comprensión auditiva

4 Hacer tareas de relacionar información (*matching*)

Lee los siguientes consejos para hacer tareas de *matching*. Luego piensa en otro consejo e intercambiad vuestras ideas.
- fijarse en palabras clave
- pensar en sinónimos/antónimos/...
- ...

5 Hacer tareas con respuestas cortas

Decide si las siguientes afirmaciones son correctas. En una tarea con respuestas cortas...
1. es importante que la gramática y ortografía sean correctas.
2. hay que escribir frases completas.
3. es recomendable concentrarse en las palabras clave.
4. puedo escribir las respuestas en alemán si no las sé en español.
5. es recomendable hacer suposiciones si no estoy seguro/-a de la respuesta.
6. las respuestas están en el mismo orden como la información en el texto auditivo.

6 Hacer tareas de selección multiple

Corrige las siguientes afirmaciones falsas.
1. Más de una respuesta puede ser correcta.
2. Es mejor no marcar ninguna opción si no sabes la respuesta correcta.
3. No vale la pena identificar respuestas falsas.

Después de escuchar

Después de escuchar la grabación dos veces vas a tener algunos minutos para completar o corregir las tareas. Comprueba si has hecho todas las tareas y que todas las respuestas sean reconocibles.

Resolver las tareas

Ahora escucha los audios y haz las tres tareas (p. 64) de comprensión auditiva.

[APP] Soluciones

Evaluación

Después de corregir tus respuestas, vuelve a escuchar las partes de los textos que te causaron problemas.

a Reflexiona por qué te resultó dificil entender estas partes (falta de vocabulario, la velocidad, fue difícil recordar toda la información, etc.).

b Piensa en más estrategias que te podrían ayudar con las tareas de comprensión auditiva.

Gramática en contexto y punto final

Gramática en contexto

APP Soluciones

CONTRASTAR ASPECTOS DE UN TEMA CONTROVERTIDO • expresiones adversativas

1 a Haz una lista de las ventajas y desventajas del turismo en España. Ten en cuenta aspectos socioeconómicos y ecológicos, así como las perspectivas de la población local y de los viajeros.

b Forma frases con las siguientes expresiones adversativas para contrastar los puntos de 1a.

Hay quienes dicen que [...], pero...	mientras que
Es verdad que [...], pero también es cierto que [...]	en cambio
Por un lado [...], por el otro / por otro lado [...]	sin embargo

Ejemplo: La mayoría de turistas tiene recursos suficientes para alojarse en el centro de las grandes ciudades como Madrid y Barcelona. Muchos residentes, en cambio, ya no pueden permitirse vivir allí.

REPETIR INFORMACIÓN DE MANERA ECONÓMICA • pronombres de complemento directo

2 a Repite la información usando los pronombres de complemento directo **lo, la, los, las**. Ten en cuenta los cambios de posición en la frase.
Ejemplo: Los recursos naturales son limitados. Evitemos desperdiciar los recursos naturales.
→ *Los recursos naturales son limitados. Evitemos desperdiciarlos.*

1 La naturaleza nos brinda belleza y vida. Es importante que cuidemos la naturaleza cuando viajamos a otros países.
2 La basura puede tener una segunda vida. Intentemos reducir la basura tanto como sea posible.
3 El agua es un recurso valioso. En los hoteles, utilicemos el agua de forma consciente y de manera responsable.
4 Las sustancias químicas son dañinas. No utilicemos sustancias químicas.
5 Los productores locales fortalecen la economía. En los destinos de viaje debemos apoyar a los productores locales.
6 El plástico es perjudicial para el medio ambiente, ya que se descompone muy lentamente. Tenemos que evitar el plástico.
7 Reducir nuestra huella ecológica es crucial para preservar el medio ambiente. Es esencial que sigamos intentando reducir nuestra huella ecológica.
8 La educación es la clave de decisiones sostenibles. Informemos e inspiremos a otros para que tomen decisiones sostenibles.

b Formula consejos ecológicos para el uso de los siguientes recursos. Sigue el ejemplo de 2a.

la energía   la biodiversidad   el coche   las bolsas de plástico

la comida local

Gramática en contexto y punto final

EXPRESAR LA OPINIÓN • el presente de subjuntivo

3 a Expresa tu opinión sobre los retos del futuro utilizando **el presente de subjuntivo**.

> Ojalá que [...] • Es necesario que [...] • Me parece esencial que [...] •
> Temo que [...] • Es importantísimo que [...] • Me preocupa que [...] •
> No creo que [...] • Confío en que [...] • Para mí es crucial que [...] •
> Me parece imprescindible que [...] • Espero que [...]

Ejemplo: ¿Será el turismo del futuro más sostenible y digital?
→ *Me parece imprescindible que* el turismo del futuro *sea* más sostenible y digital.

1. ¿Conseguirá la Unión Europea permanecer «unida en la diversidad»?
2. ¿Se superará la escasez de viviendas en las grandes ciudades?
3. ¿Se prohibirá el uso descontrolado del móvil a menores de 16 años?
4. ¿Podremos viajar gratis con el transporte público?
5. ¿Usaremos la inteligencia artificial en vez de aprender lenguas?
6. ¿Conseguiremos renunciar a las energías fósiles?
7. ¿Perderán importancia las lenguas minoritarias como el catalán, el vasco y el gallego?

b Formula tres frases más sobre retos o temas actuales de tu entorno.

EXPLICAR UN TEMA O UN CONCEPTO • preposiciones frecuentes

4 Completa el texto sobre la «idea europea» con las siguientes **preposiciones**.

> a • con • de • dentro de • después de • en • entre • para • por • sin

La «idea europea» se refiere ⬤ la visión ⬤ tener una Europa unida y ⬤ paz. Se originó ⬤ los horrores de la Segunda Guerra Mundial ⬤ el objetivo de evitar futuros conflictos y consiste básicamente ⬤ que los países europeos cooperen y se apoyen mutuamente, ayudándose ⬤ sí y tomando decisiones juntos. ⬤ los ciudadanos, esta cooperación tiene ventajas enormes, por ejemplo les permite desplazarse libremente ⬤ la Unión Europea ⬤ busca ⬤ oportunidades laborales, educativas o simplemente para vivir ⬤ otro país. Este concepto se basa ⬤ valores comunes fundamentales, como la democracia (que significa que las personas pueden elegir ⬤ sus líderes), los derechos humanos (que significa que todas las personas tienen los mismos derechos y deben ser tratadas ⬤ respeto), la igualdad (que significa que todas las personas deben tener las mismas oportunidades) y la diversidad cultural (que significa que todas las culturas deben ser valoradas ⬤ igual).
⬤ hacer realidad y dar vida ⬤ esta idea, los países europeos han creado instituciones como la Comisión Europea y el Parlamento Europeo. También han creado normas y leyes ⬤ las que deben cumplir todos los Estados miembros de la UE ⬤ excepción.

Parlamento europeo, Estrasburgo

Gramática en contexto y punto final

DAR INFORMACIÓN DE MANERA ECONÓMICA • el gerundio

5   Une las frases utilizando **el gerundio**. Ten en cuenta qué elementos desaparecen y cuándo hay que cambiar el orden de las frases.
Ejemplo: Hay turistas que contaminan la ciudad y sus playas. De esta manera, provocan rechazo entre los residentes locales.
→ *Hay turistas que provocan rechazo entre los residentes locales <u>contaminando</u> la ciudad y sus playas.*

1   Después de la dictadura, los gobiernos de las comunidades bilingües regularon el uso de las lenguas minoritarias. Establecieron normas de protección.
2   El gobierno catalán lanza campañas lingüísticas en los medios de comunicación. De esta manera, intenta animar a los ciudadanos a utilizar el catalán en su vida cotidiana.
3   En las escuelas catalanas, los niños de familias castellanohablantes se comunican con sus profesores en catalán. Así aprenden la lengua regional.
4   El turismo impulsa la economía española. Crea empleo e ingresos.
5   Numerosos propietarios de pisos en los destinos turísticos más populares alquilan sus viviendas a turistas en vez de a residentes. Así intentan aumentar sus beneficios.

⊙ Punto final

Hacer un podcast

Con tu clase participáis en el proyecto de eTwinning «Mi país en el siglo XXI». Tenéis que hacer un podcast en el que presentéis temas de actualidad en Alemania.

1   **Fase de preparación**
   - Formad grupos de cuatro o cinco personas.
   - Buscad en Internet temas que actualmente se discuten en los medios de comunicación alemanes.
   - Elegid cuatro o cinco temas que os parezcan importantes.

2   **Producción de texto**
   - Preparad cada uno un texto en el que expliquéis uno de los temas y presentad las diferentes perspectivas.
   - Discutid en qué orden queréis hablar en el podcast.
   - Ensayad el texto varias veces hasta que os salga natural.
   - Preparad todo lo que necesitáis para grabar el podcast y buscad un lugar tranquilo y sin ruidos.

3   **Grabación y presentación**
   - Grabad el podcast «Alemania en el siglo XXI» con una duración de cuatro o cinco minutos.
   - Escuchad vuestro podcast, corregidlo y volved a grabarlo si es necesario.
   - Pensad en un título.
   - Presentad vuestro podcast en clase.

▶ Producir y presentar, p. 252

3 Las caras de Colombia

Más información

1. Mira el vídeo de la canción «La tierra del olvido» (2015). ¿Qué impresiones te da de Colombia?

2. a **Piensa**: relaciona las fotos, los temas del dosier y los datos sobre Colombia.

   b **Discute**: en pareja, comparad vuestros resultados y comentad qué imagen de Colombia se transmite.

   c **Comparte**: ¿qué caras de Colombia te interesan especialmente? ¿Por qué?

Temas

Apostando por el medioambiente • p. 74
Cacao y comercio • p. 75
El café colombiano • p. 78
Ecoturismo • p. 80
«La Violencia» (1948–1958) • p. 82
El conflicto armado • p. 83
Recuperando Medellín del narcotráfico • p. 86
Proceso de paz • p. 87
Exilio colombiano • p. 88
Reparación a las víctimas • p. 90

Taller de competencias
Mediación • p. 92

⊙ Punto final
Escribir un reportaje • p. 97

Algunos datos sobre Colombia

1. El 75 % de la población colombiana es urbana. Vive en ciudades como Bogotá, Medellín y Cali.
2. Colombia es uno de los principales productores de café en el mundo.
3. La selva amazónica ocupa el 42 % del territorio colombiano.
4. En 2016 se firma la paz entre la guerrilla y el gobierno terminando así el conflicto armado colombiano contra las FARC, uno de los grupos guerrilleros más grandes del país.
5. En Colombia viven más de cien pueblos indígenas.
6. La cumbia es un ritmo latino fruto del mestizaje colombiano entre las culturas indígenas, europeas y africanas.
7. El barrio popular «Comuna 13» es el lugar más visitado en Medellín por ser un ejemplo de inclusión social y transformación urbana.
8. Cartagena de Indias, en la costa caribeña, es una de las ciudades más turísticas en Latinoamérica.

3 Palabras en contexto

Vocabulario temático

Situación geográfica y política

Colombia está situada al noroeste de Sudamérica y une al continente con América Central en su frontera con Panamá. Cuenta con una superficie de más de un millón de kilómetros cuadrados (más del triple que Alemania). Al norte tiene costas en el Pacífico y el Atlántico, es atravesada en el centro por la Cordillera de los Andes y en el sur por la línea ecuatorial, además tiene en el sureste selva tropical y en el este sabana.

Políticamente, Colombia es una república presidencialista dividida en treinta y dos departamentos y el Distrito capital de Bogotá, sede del gobierno. Su población supera los 52 millones de habitantes, de los cuales 9 millones viven en Bogotá. Es un país con gran diversidad étnica, se estima que dos millones de personas son de origen indígena y 4,5 millones son afrodescendientes, es decir, descendientes de africanos llegados a América como esclavos.

El conflicto armado y el proceso de paz

Un gran problema de Colombia desde su formación como república fue la división social entre los campesinos sin tierras y los grandes terratenientes. La lucha por la propiedad de la tierra entre ambos grupos provocó desde mediados del siglo XX enfrentamientos violentos. Ante la incapacidad del Estado para solucionar los problemas del campo, a partir de 1960 se fueron formando grupos guerrilleros y paramilitares.

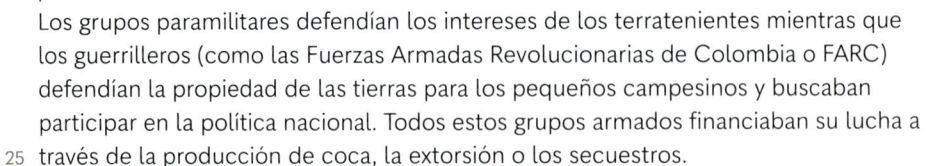

Los grupos paramilitares defendían los intereses de los terratenientes mientras que los guerrilleros (como las Fuerzas Armadas Revolucionarias de Colombia o FARC) defendían la propiedad de las tierras para los pequeños campesinos y buscaban participar en la política nacional. Todos estos grupos armados financiaban su lucha a través de la producción de coca, la extorsión o los secuestros.

Con el auge del narcotráfico en los años ochenta, la violencia del conflicto armado creció sin control. Las luchas afectaron a las zonas rurales y a las grandes ciudades, millones de personas tuvieron que exiliarse o desplazarse dentro de Colombia.

Luego de varios intentos por firmar la paz, en 2016 el gobierno logró un acuerdo de paz, en el que se negoció el desarme de las FARC a cambio de su reincorporación a la vida civil y la participación política. Actualmente otros grupos armados continúan la lucha por el territorio en ciertas regiones del país.

La economía de Colombia

La agricultura ha sido una de las bases de la economía de Colombia, que es mundialmente uno de los productores de café más importantes. Con más de 200 organizaciones certificadas en el país, el comercio justo se ha vuelto un modelo sostenible para los pequeños productores frente a los dominadores del mercado global.

Colombia exporta también plátano, flores y cacao. Un desafío del campo colombiano son las plantaciones de coca, que sirven para la producción ilegal de cocaína de los cárteles, que trafican con esta droga obteniendo enormes beneficios económicos. En cuanto a recursos naturales cuenta con petróleo, carbón, oro y piedras preciosas.

En los últimos años, el turismo, un sector económico importante, ha crecido en ciudades como Cartagena o Cali –conocida como la capital mundial de la salsa. Pero también en regiones verdes que han apostado por el turismo comunitario y sostenible para la conservación del medio ambiente.

Palabras en contexto

AMPLIAR EL VOCABULARIO

[APP] Repasar el vocabulario

[APP] Soluciones

Palabras y más palabras

1 a Completa la línea temporal sobre el conflicto armado y el proceso de paz en Colombia agregando los retos y los logros de las diferentes etapas.

```
   1950      1960         1980            2016
────┼─────────┼─────────────┼────────────────┼────
```

Ejemplo: 1950 – una enorme división social entre...

b Comparad vuestras líneas temporales y completadlas si es necesario.

Organizar las palabras

2 Deduce el significado de los siguientes términos con ayuda de palabras que conoces en alemán, inglés u otro/s idioma/s.

> la frontera • la superficie • estimar • la propiedad • la incapacidad •
> la producción • afectar a • negociar • el desarme • la reincorporación •
> el comercio justo • sostenible • global • la plantación • los beneficios •
> los recursos naturales • el petróleo • el carbón • económico

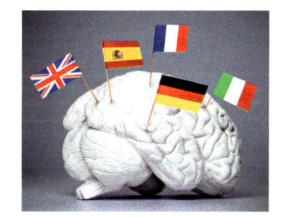

3 Parafrasea los siguientes términos:

1. la sede de gobierno
2. el/la afrodescendiente
3. el/la esclavo/-a
4. el/la terrateniente
5. desplazarse
6. exiliarse
7. el acuerdo de paz
8. el sector económico
9. el turismo comunitario
10. la conservación del medio ambiente

Formar expresiones

4 a Combina las palabras formando expresiones que encuentras en el texto.

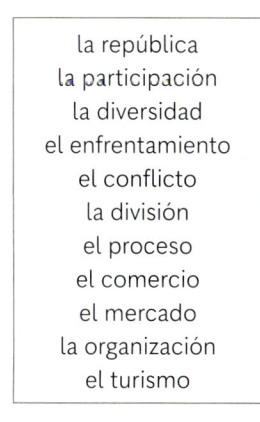

la república		política
la participación		paz
la diversidad		presidencialista
el enfrentamiento		étnica
el conflicto	– de	sostenible
la división		social
el proceso		justo
el comercio		armado
el mercado		global
la organización		violento
el turismo		certificada

b Presenta Colombia en siete frases, utilizando el vocabulario de 4a.

3 Las caras de Colombia • Construyendo el futuro

Apostando por el medioambiente

Entrevista con un experto en temas de sostenibilidad

Ahora vas a escuchar una entrevista con el profesor González Salazar quien habla de los desafíos ambientales y los recursos naturales en la Colombia de hoy. La entrevista está dividida en tres fragmentos. Escucha tantas veces como necesites cada fragmento para resolver las tareas 2 y 3.

▶ Antes de escuchar, p. 229

1 a Actividad de preaudición: ¿Qué son los desafíos ambientales y recursos naturales? Organiza todas tus ideas y posibles palabras clave en un mapa mental.

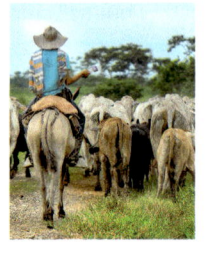

Palabras en contexto → p. 72

b ¿Qué desafíos ambientales enfrenta Colombia actualmente según lo que sabes de este país latinoamericano? Intercambiad ideas.

COMPRENSIÓN

🔊 **2 a** Escucha e indica cuáles son las dos caras de Colombia que se describen.

🔊 **b** En una tabla apunta al menos una característica por cada región presentada: la amazónica, la andina, la insular, la caribeña y la pacífica.

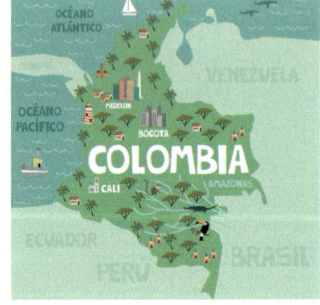

Audio:
la densidad de población Bevölkerungsdichte
la ganadería Viehzucht
la minería Bergbau
el mercurio Quecksilber
extraer oro Gold extrahieren

🔊 **3** Escucha la tercera parte de la entrevista y contesta la pregunta o elige la respuesta correcta.
1 ¿Cuáles son los desafíos ambientales a los que se enfrenta Colombia? Menciona al menos dos.
2 ¿Qué tipo de energía renovable ha usado históricamente Colombia para generar electricidad?

   a energía eólica **b** energía solar (fotovoltaica) **c** energía hidroeléctrica

3 ¿Qué potencial tendría la generación renovable de electricidad en Colombia?
4 ¿Qué problemas ocasiona la minería ilegal? Menciona al menos dos.

ANÁLISIS

4 Partiendo de «las dos caras de Colombia», explica posibles soluciones a los desafíos ambientales que enfrenta Colombia según la entrevista.

Las caras de Colombia • Construyendo el futuro

MÁS ALLÁ DEL TEXTO

5 (Para elegir) Haz la tarea a o b.

a El profesor González menciona que Colombia tiene muchas reservas naturales protegidas. Actualmente el país cuenta con más de cincuenta parques nacionales naturales. Busca información en Internet y presenta uno en tu clase.

b (Desafío) Escucha el final de la entrevista y resume qué ha hecho bien Colombia en materia ambiental.

Cacao y comercio

1 Formula hipótesis sobre el tema del texto, basándote en el título, los subtítulos y las imágenes.

▶ Antes de leer, p. 230

Chocolate con sabor a paz *Belén Hernández*

Así le gana terreno el cultivo de cacao a la coca en Colombia

A sus 30 años, a Dayana Rodríguez Leyton le ha dado tiempo a reinventar su vida en varias ocasiones. Su historia, como la de muchos en Policarpa, un municipio de
5 la zona montañosa de la región colombiana de **Nariño**, con algo más de 8.000 habitantes, se ha fraguado en sus idas y vueltas de la ciudad al campo para estudiar y en la búsqueda de un futuro mejor. Pero también ha estado impregnada por las consecuencias del conflicto armado que en Colombia ha durado 50 años y la siembra de cultivos de uso ilícito, como la coca. «Mi mamá ha querido darnos
10 siempre lo mejor y en ese tiempo lo único que producía dinero y lo que nos daba una estabilidad económica eran las plantaciones de coca», explica Rodríguez, en un día de mayo nublado, sentada bajo un árbol de cacao que pertenece a las tierras de su familia, en la vereda de El Madrigal. Con este cultivo es con el que ahora sus padres, sus hermanos, ella y sus hijas Alison Renata y Gema Anais, de nueve y tres
15 años, se sustentan económicamente. [...]

En 2009, ese ecosistema en el que vivía esta familia y las demás en su vereda cambió. Las fumigaciones que el Gobierno lanzó en la región para acabar con el narcotráfico los dejaron sin cultivos y sin recursos. Y a la joven, que contaba con 17 años, le tocó esperar para poder irse a la ciudad y estudiar en la Universidad.
20 «De nuevo nos tocó empezar de cero, porque volvíamos a quedarnos sin nada», recuerda. [...] «No fui consciente del daño que hacía el cultivo ilícito hasta ir a la ciudad, cuando me tocó ver
25 cómo una persona sana, amable, se fue metiendo en el vicio de la coca y hasta el día de hoy no ha podido salir», lamenta Rodríguez. [...]
«Mi sueño es lograr la paz a través del
30 cacao y poder exportar en un futuro no muy lejano nuestros productos», anhela Rodríguez.

Nariño, departamento situado en el suroeste del país, se encuentra en las regiones andina y pacífica. Su capital es Pasto. La economía del departamento es principalmente agrícola y ganadera. Más de la mitad de su población vive en áreas rurales.

2 **ganar terreno** *hier:* aufholen
7 **impregnado/-a** *aquí:* caracterizado/-a
13 **la vereda** *la sección de administración de un municipio*
17 **la fumigación** *aquí:* destrucción de cultivos de coca
23 **ilícito/-a** no permitido/-a
25 **meterse en el vicio** volverse adicto/-a a una droga

Mujer recolectando cacao

Las caras de Colombia • Construyendo el futuro

Cosecha y tratamiento tradicional del cacao

Saberes ancestrales y un laboratorio para conseguir el sello orgánico

El sueño de Dayana Rodríguez Leyton, el de exportar el producto que consiguen al transformar los granos de cacao, es el mismo anhelo que atesora Lorcy Ceballos, representante legal de la asociación de mujeres Canasteando, que pertenece al consejo comunitario de Bajo Mira y Fronteras, un distrito de la ciudad nariñense de Tumaco. A 400 kilómetros de Policarpa y junto a la costa pacífica, Ceballos se afana, junto con otras cuatro o cinco compañeras más de la organización, en procesar el chocolate obtenido del cacao recogido por la asociación en una pequeña habitación a modo de laboratorio en Tumaco. Su objetivo es conseguir el sello orgánico en aquel chocolate que usarán para elaborar chocolatinas y bombones rellenos con sabores frutales autóctonos del Pacífico: ciruelo, limoncillo... «Queremos que quien pruebe este chocolate tome algo rico, dulce, pero saludable y con sabor de nuestra tierra y ancestral», señala esta mujer de 41 años, **afrodescendiente**, madre de seis hijos y nacida en la vereda Peña Colorada, una de las más numerosas de la zona. [...]

Desde 2019, la asociación ha buscado la manera de que el cultivo ilícito no sea la fuente principal de ingresos de las familias vinculadas a la organización y que sí lo sea el cacao. [...]

«Si compras y consumes en España una barrita de chocolate en la que, pasando tu móvil por un código de barras, te explica su procedencia, los lotes, su genética y las certificaciones que tiene asociadas, además de quién lo produjo, deja de ser una golosina o un dulce para convertirse en un alimento de calidad con valor social», añade [Mauricio] López, [coordinador de Ayuda en Acción en Nariño]. Recalca que es un proyecto que busca la paz, el desarrollo y la cohesión social en los territorios de Nariño. Una idea en la que redunda Ana Rodríguez, encargada del monitoreo de los proyectos relacionados con la transformación del cacao en la

> Las personas **afrodescendientes** son aquellas que viven en Latinoamérica y tienen antepasados africanos. A partir del siglo XVI los africanos fueron llevados por los españoles y británicos al continente americano como esclavos. Actualmente, las comunidades afrocolombianas se encuentran en todo el país, sobre todo en el litoral pacífico y el Caribe.

33 **el saber ancestral** *conocimiento de generaciones anteriores transmitido oralmente*
34 **el sello orgánico** Bio-Siegel
39 **el consejo comunitario** Gemeinschaftsrat
43 **afanarse** esforzarse
56 **vinculado/-a a** que trabajan con
59 **el código de barras** Streifencode
59 **la procedencia** el origen
59 **el lote** Teil
62 **recalcar** betonen
64 **redundar (en favor de algo)** sich zum Vorteil auswirken

Las caras de Colombia • Construyendo el futuro

oficina de Ayuda en Acción de Nariño. «La cadena productiva de la coca, por llamarla de alguna forma, ha dejado muchas familias destrozadas. Cuando viajamos a los lugares donde más coca se produce, resulta paradójico ver cómo son aquellos donde, a pesar de la bonanza económica, están más deprimidos y donde se vive más violencia social. Por eso ponemos el foco en reconstruir el tejido social y brindarle a las familias la oportunidad de tener un sustento que no les arrebate la paz». Una que han encontrado Rodríguez y Ceballos, y que sabe a chocolate.

Fuente: Belén Hernández, El País, 2022

69 **la bonanza económica** el bienestar económico
70 **el tejido social** soziales Gefüge
71 **brindar** ofrecer, dar
71 **el sustento** apoyo económico
71 **arrebatar** quitar, robar

COMPRENSIÓN

2 Resume cómo el cultivo de cacao está ganando terreno al cultivo de coca en Nariño.

▶ Escribir un resumen, p. 234

3 Presenta a Dayana Rodríguez.

ANÁLISIS

4 Analiza la intención de la autora. Ten en cuenta:
– a quién se dirige
– la forma de presentar a Dayana Rodríguez y a Lorcy Ceballos
– los recursos estilísticos empleados

▶ Textos informativos, p. 242

MÁS ALLÁ DEL TEXTO

5 «Cuando viajamos a los lugares donde más coca se produce, resulta paradójico ver cómo son aquellos donde, a pesar de la bonanza económica, están más deprimidos y donde se vive más violencia social» (ll. 67–70). Comenta la cita de Lorcy Ceballos.

6 (Desafío) Otros productos agrícolas muy importantes en la economía colombiana son el café, el plátano y los girasoles. Busca información en Internet sobre uno de estos productos y preséntalo. Di:
– en qué regiones se cultiva y por quién,
– cuál es su importancia económica en el país,
– qué desafíos socioeconómicos o medioambientales enfrenta
– qué soluciones ofrece el comercio justo.

7 Aunque iniciativas sociales como el comercio justo y la existencia de cooperativas buscan mejores formas de comercio, existe también una preocupación actual por los impactos ambientales que causan los productos del campo. Busca en Internet si estas alternativas se preocupan por la huella ecológica que dejan y presenta tus resultados en clase.

> La **huella ecológica** se mide en hectáreas globales por habitante y año. Cuantifica el impacto de la actividad humana sobre el entorno. Se calcula a partir de los hábitos cotidianos de cada persona en relación con la capacidad de la naturaleza para renovar sus recursos.

3 Las caras de Colombia • Construyendo el futuro

El café colombiano

1 Infórmate de la importancia del café en Colombia.

APP Más información

El café en Colombia
Se cree que en el **siglo XVIII** el café fue llevado por los franceses al territorio que hoy ocupan Colombia y Brasil. Desde entonces se ha consolidado como un cultivo importante en Colombia. En 1938 se creó el Centro de Investigación Científica sobre el Café (CENICAFÉ) para crear variedades según la región cafetalera y así lograr excelente calidad. Actualmente, se cultiva en 23 de los 33 departamentos por cerca de medio millón de familias. Colombia es uno de los **mayores exportadores de grano de café en el mundo**.

Infografía:
la helada Frost
la sequía Dürreperiode
gestar *aquí:* comenzar a haber
el monocultivo Monokultur
deteriorar hacer mal, dañar
el derrumbe Erdrutsch
el despojo silencioso o permitido Landraub bzw. Enteignung
la gentrificación rural *proceso donde la propiedad de la tierra pasa de campesinos a clases con dinero*

¿CUÁL ES EL PRECIO DE TENER EL MEJOR CAFÉ DEL MUNDO?

SER RECONOCIDOS COMO EL PAÍS CON **"EL MEJOR CAFÉ DEL MUNDO"** TIENE SERIAS CONSECUENCIAS.

EL PRECIO A PAGAR ES MUY ALTO EN TÉRMINOS **SOCIALES, ECONÓMICOS, CULTURALES, ESPACIALES Y MEDIOAMBIENTALES.**

HAY DOS PUNTOS CLAVES PARA ENTENDER LAS DINÁMICAS SOCIOECONÓMICAS EN LA HISTORIA ACTUAL DEL PAISAJE CULTURAL CAFETERO ...

EN LA DÉCADA DE **1970** LA PRODUCCIÓN CAFETERA DE PAÍSES COMO **BRASIL** SE VE AFECTADA POR FUERTES HELADAS Y SEQUÍAS.

COLOMBIA APROVECHA LA COYUNTURA INTERNACIONAL PARA POSICIONARSE COMO UNO DE LOS PAÍSES MÁS IMPORTANTES EN LA EXPORTACIÓN DEL CAFÉ.
EN EL AÑO **2011**, LA **UNESCO** DECLARA AL PAISAJE CULTURAL CAFETERO COMO **PATRIMONIO CULTURAL DE LA HUMANIDAD** FUNDAMENTALMENTE POR EL VALOR INMATERIAL QUE CONTIENE LA CULTURA CAFETERA.

SIN EMBARGO EN EL PAISAJE CULTURAL CAFETERO, AL SER RECONOCIDO MUNDIALMENTE POR SU CAFÉ Y AL SER PROMOVIDO COMO SITIO TURÍSTICO, SE EMPIEZAN A GESTAR PROBLEMÁTICAS SOCIALES, MEDIOAMBIENTALES Y ESPACIALES ....

LA EXPANSIÓN DEL **MONOCULTIVO** DE CAFÉ DETERIORA LOS SUELOS, PROGRESIVAMENTE LAS COSECHAS PASAN DE SER 2 AL AÑO A UNA MUY PEQUEÑA.

DERRUMBES CAUSADOS POR LA EXPANSIÓN DE MONOCULTIVOS.

PÉRDIDA DE BIODIVERSIDAD Y ALGUNOS ANIMALES EN ESPECIAL **AVES E INSECTOS.**

TRANSFORMACIÓN DEL PAISAJE POR LA **DESFORESTACIÓN Y TALA** DE ÁRBOLES ALTOS.

DESPOJOS SILENCIOSOS "PERMITIDOS", GENTRIFICACIÓN RURAL Y **DESCAMPESINIZACIÓN.**

Las caras de Colombia • Construyendo el futuro

EL COSTO MEDIOAMBIENTAL EN LA PRODUCCIÓN DE CAFÉ ES MUY ALTO EN **TÉRMINOS HÍDRICOS.**

DE SEMILLA A TAZA SE CONSUMEN **140 LITROS** DE AGUA, LO QUE EQUIVALE A **234 BOTELLAS** DE AGUA DE 600 ML.

Infografía:
la descampesinización *el abandono del campo por diversos motivos*
reforestar *volver a plantar árboles*
rechazar *no aceptar*
el aditivo *Zusatzstoff*

ACTUALMENTE EL COSTO QUE CONLLEVA MANTENER LA IMAGEN COMO EL PAÍS CON EL MEJOR CAFÉ DEL MUNDO ES MUY ALTO, PERO EXISTEN ALGUNAS INICIATIVAS QUE INTENTAN CAMBIAR LAS REGLAS DEL JUEGO ....

EL **SISTEMA DE COMERCIO JUSTO** POR EJEMPLO, PERSIGUE PRINCIPALMENTE MEJORAR LAS CONDICIONES Y LA PARTICIPACIÓN DE LOS CAMPESINOS Y SU COMUNIDAD.

EL CAFÉ ORGÁNICO RECHAZA EL USO DE PESTICIDAS, FERTILIZANTES Y OTROS ADITIVOS QUÍMICOS.

EL PROGRAMA DE **CAFÉ BAJO SOMBRA** BUSCA REFORESTAR ALGUNAS ZONAS DEL PAISAJE CULTURAL CAFETERO.

FUENTE: 1. "El lado oscuro del café" por Alejandro Huertas - El Espectador
2. "El Paisaje Cultural Cafetero: Patrimonialización, turismo y representaciones de los campesinos en un escenario de crisis" por Juan Camilo Patiño - Capítulo 3 - Tesis de Maestría en Estudios Culturales - U. Javeriana
3. "CAFÉ BAJO SOMBRA, RESPETO A LA BIODIVERSIDAD" - Infusionistas
4. "Paisaje cultural cafetero: disrupción para un desarrollo sostenible" - Por Gonzalo Duque Escobar

COMPRENSIÓN

2 Indica los problemas que causa el cultivo del café en Colombia y las soluciones que se presentan en la infografía.

ANÁLISIS

3 Analiza cómo se presentan las soluciones a los problemas causados por el monocultivo teniendo en cuenta el texto y las imágenes.

▶ Punto de apoyo, p. 220

4 Examina la intención expresada a través de la infografía. ¿A qué público se dirige la infografía y qué efectos quiere alcanzar? Da ejemplos.

▶ Textos informativos, p. 242

MÁS ALLÁ DEL TEXTO

5 (Desafío) Tomando en cuenta la infografía del café, haced en grupos una infografía del producto que anteriormente habéis ya investigado (ejercicio 6, p. 77).

▶ Documentación, p. 253

3 Las caras de Colombia • Construyendo el futuro

Ecoturismo

1 Explica los siguientes tipos de turismo y enumera sus ventajas y desventajas:

> turismo ecológico • turismo rural • turismo urbano • turismo comunitario

Ecoturismo en el Atlántico: Piojó *José David Oquendo*

El municipio se propone, a mediano plazo, tener la capacidad de atraer un gran flujo de turistas nacionales e internacionales.

Situado a poco más de 500 metros sobre el nivel del mar, el municipio de Piojó es el
5 más alto del Atlántico. Esta condición explica que sus suelos sean fecundos para diversos tipos de cultivos, lo que da pie para que se contemple la posibilidad de fusionar la agricultura con el turismo.

Según el secretario de Desarrollo Económico del municipio, Néstor Rodríguez, se trata de introducir un tipo de café que crece en las faldas de la Sierra Nevada, en un
10 sitio con unas condiciones climatológicas como las que hay en las colinas que rodean a Piojó. También se promueve entre los campesinos lo rentable que podría ser cultivar cacao.

Sumado a los girasoles sembrados allí, la idea es ofrecer a los turistas visitas guiadas por los cultivos y explicar cada detalle del proceso. […]

15 «En Piojó le estamos apostando al turismo de naturaleza puesto que somos el segundo municipio con la extensión territorial más grande del departamento, lo que nos brinda muchas oportunidades. Podemos disfrutar del ecoturismo, del senderismo y del paisajismo», expresó Rodríguez.

En el mirador del municipio, que es su punto más alto, se construye el primer
20 ecohotel del municipio con capacidad para albergar grandes reuniones. La obra marca una ruptura respecto a la tradición de pequeños hostales que se cuentan con los dedos de una mano y que se concentran en el área rural.
La carta de navegación es el Plan Integral de Turismo, diseñado para desarrollar este segmento de la economía local […].

25 «El Plan implica poner muchas cosas en orden. Una de las primeras decisiones que tomamos fue que nuestro colegio público sea de carácter técnico, turístico y agrícola. Ahora mismo hay dos guías profesionales y estamos formando a jóvenes en una segunda lengua como el inglés y el francés. También hacemos énfasis en el lenguaje de señas. Habrá habitaciones incluyentes», agregó el secretario.

30 Vinculando a los jóvenes, los piojoneros pretenden enfrentar uno de los grandes dilemas que viven varias poblaciones de vocación agrícola: forjar una nueva generación de campesinos pese a los atractivos que ofrecen los centros urbanos.

La punta de lanza del plan va con la construcción de un parque temático
35 próximo a ver la luz, y que para Rodríguez será clave para que al municipio llegue una cantidad de turistas nunca antes vista, mientras elogia el paisaje desde el mirador.

Piojó es un municipio del departamento de Atlántico, en el norte de Colombia que fue fundado por la tribu mocaná antes de la conquista española. Su territorio acoge un paisaje diverso y verde, rico en arroyos y donde están las últimas prolongaciones de la Sierra Nevada de Santa Marta. Su economía se basa en la ganadería y la agricultura.

5 **el suelo fecundo** el suelo bueno para sembrar
9 **las faldas** *hier*: Vorberge, Fuß
10 **la colina** montaña pequeña
11 **lo rentable** lo que se deja vender bien
13 **el girasol** Sonnenblume
20 **albergar** hospedar, alojar
21 **la ruptura** *aquí*: un fuerte cambio
23 **la carta de navegación** *(fig.) aquí*: el proyecto, el plan
29 **el lenguaje de señas** Gebärdensprache
31 **la población de vocación agrícola** personas dedicadas a la agricultura
31 **forjar** formar
33 **la punta de lanza** *(fig.)* lo más importante de un proyecto
38 **elogiar** hablar muy bien de algo, admirar

Tití cabeciblanco en El Palomar

Salinas de Galerazamba

Las caras de Colombia • Construyendo el futuro

«En días de cielo despejado se ve a Cartagena, la Ciénaga del Totumo, las salinas de Galerazamba, la reserva **El Palomar** y, detrás de ella, el corregimiento El Cerrito donde se está construyendo el parque temático más grande del Caribe, una atracción que nos garantiza un flujo de turistas amplio, entre 750.000 y un millón de turistas anuales», dijo Néstor Rodríguez.

Para soportar semejante flujo se contempla que se adopte el concepto de «vivienda comunitaria» para que todo aquel que sea dueño de una casa en Piojó la acondicione para arrendar habitaciones a turistas. […]

La proyección es que, una vez desarrollado el modelo, será más fácil atraer a los piojoneros desperdigados por Colombia y el mundo, una población que serviría para llenar dos veces al municipio y entre los que se cuentan especialistas de diversos campos, muchos de ellos dedicados al turismo lejos de su tierra.

«Piojó tiene entre 8.000 y 8.500 habitantes, pero por fuera tiene el doble. La idea es atraer a esas personas talentosas que migraron con proyectos que les resulten atractivos, que pongan en práctica aquí todo lo que han aprendido. No es fácil, pero sabemos que ellos tienen la voluntad de volver», sostiene el funcionario.

A principios de noviembre en 2022, un aguacero de proporciones bíblicas socavó la tierra y provocó un deslizamiento que dejó unos 500 damnificados en el municipio. Aunque de momento la prioridad es la atención a quienes requieren ayuda, una vez finalizada la tarea, los esfuerzos van a centrarse en sacar adelante el Plan Integral de Turismo que, como resume Rodríguez, «se propone realzar las bondades con las que contamos. Por ejemplo, poca gente sabe que contamos con kilómetro y medio de playa. Esa zona se conoce como Punta Astilleros, que es pequeña y tranquila. Hay otros atractivos, como ese, a la espera de turistas», sostiene.

Fuente: José David Oquendo, RTVC, 2023

Ciénaga del Totumo

> La reserva «**El Palomar**» se encuentra en el municipio de Piojó, al noroeste del departamento del Atlántico. Además de promover el ecoturismo y la ganadería sostenible, protege en sus 772,3 hectáreas a 183 diferentes especies, algunas en peligro de extinción como el tití cabeciblanco.

40 **el cielo despejado** cielo sin nubes
46 **semejante flujo** *aquí:* esa gran cantidad (de turistas)
47 **el/la dueño/-a** persona a la que le pertenece algo
48 **acondicionar para arrendar** preparar o modificar para alquilar
49 **la proyección** lo que se espera
50 **desperdigado/-a** zerstreut
56 **tener la voluntad de** querer
57 **el aguacero de proporciones bíblicas** *(fig.)* lluvia fuerte y catastrófica
57 **socavar** untergraben
58 **el deslizamiento** Erdrutsch
58 **el/la damnificado/-a** persona afectada por algo
61 **realzar** subrayar

COMPRENSIÓN

2 Presenta la información del texto teniendo en cuenta los siguientes temas:

Datos básicos de Piojó   El Plan Integral de Turismo   Los piojoneros

3 Expón los obstáculos y ventajas que presenta el Plan Integral de Turismo según el artículo.

ANÁLISIS

4 Examina la forma en la que se presenta el Plan Integral de Turismo en este artículo.

MÁS ALLÁ DEL TEXTO

5 (Para elegir) Haz la tarea **a** o **b**.

a Opina qué problemas podrían surgir en poblaciones poco urbanizadas debido a este tipo de proyectos de turismo.

b Infórmate en Internet (p.ej. en la página oficial del municipio de Piojó) de los avances que ha tenido el ecoturismo en Piojó y preséntalos.

Las caras de Colombia • Construyendo la paz

«La Violencia» (1948–1958)

TEXTO AVANZADO **Espuma y nada más** *Hernando Téllez*

En el cuento «Espuma y nada más», publicado en 1950, se reconoce ya la tensión de la época entre el pueblo y los conservadores a través de sus dos protagonistas, un barbero que secretamente es un revolucionario y un militar cruel e insensible cuya tarea es
5 *capturar a los revolucionarios del pueblo para terminar cuanto antes con la revolución.*

> «La Violencia» (1948–1958) es un periodo en la historia colombiana caracterizado por los **enfrentamientos violentos** entre seguidores del **partido liberal y del conservador.** El atentado contra el líder del partido liberal, Jorge Eliécer Gaitán, en 1948 marca el inicio de este periodo.

No saludó al entrar. Yo estaba repasando sobre una badana la mejor de mis navajas. Y cuando lo reconocí me puse a temblar. Pero él no se dio cuenta. Para disimular continué repasando la hoja. [D]eshaciendo
10 el nudo de la corbata, me dijo: «Hace un calor de todos los demonios. Aféiteme». Y se sentó en la silla.

Le calculé cuatro días de barba. Los cuatro días de la última excursión en busca de los nuestros. El rostro aparecía quemado, curtido por el sol. Me puse a
15 preparar minuciosamente el jabón. [...] Pronto subió la espuma. «Los muchachos de la tropa deben tener tanta barba como yo». Seguí batiendo la espuma. «Pero nos fue bien, ¿sabe? Pescamos a los principales, ¿sabe?» [...]

20 El hombre cerró los ojos con un gesto de fatiga y esperó así la fresca caricia del jabón. Jamás lo había tenido tan cerca de mí. El día en que ordenó que el pueblo desfilara por el patio de la escuela para ver a los cuatro rebeldes allí colgados, me crucé con él un instante. [...] No era un rostro desagradable, ciertamente. Y la barba, envejeciéndolo un poco, no le caía mal. Se llamaba Torres. El capitán
25 Torres. [...]

«Venga usted a las seis, esta tarde, a la Escuela». «¿Lo mismo del otro día?», le pregunté horrorizado. «Puede que resulte mejor», respondió. «¿Qué piensa usted hacer?» «No sé todavía. Pero nos divertiremos». Otra vez se echó hacia atrás y cerró los ojos. Yo me acerqué con la navaja en alto. «¿Piensa castigarlos a todos?»,
30 aventuré tímidamente. «A todos». El jabón se secaba sobre la cara. Debía apresurarme. [...]

Bajo el golpe de mi navaja Torres rejuvenecía, sí; porque yo soy un buen barbero, el mejor de este pueblo, lo digo sin vanidad. Un poco más de jabón, aquí, bajo la barbilla, sobre la manzana, sobre esta gran vena. ¡Qué calor! Torres debe estar
35 sudando como yo. Pero él no tiene miedo. Es un hombre sereno que ni siquiera piensa en lo que ha de hacer esta tarde con los prisioneros. En cambio yo, [...] no puedo pensar serenamente. Maldita la hora en que vino, porque yo soy un revolucionario, pero no soy un asesino. Y tan fácil como resultaría matarlo. Y lo merece. ¿Lo merece? No, ¡qué diablos! Nadie merece que los demás hagan el
40 sacrificio de convertirse en asesinos. ¿Qué se gana con ello? Pues nada. Vienen otros y otros y los primeros matan a los segundos y estos a los terceros y siguen y siguen hasta que todo es un mar de sangre. Yo podría cortar este cuello, así, ¡zas! [...] Yo tendría que huir, dejar estas cosas, refugiarme lejos, bien lejos. Pero me perseguirían hasta dar conmigo. «El asesino del capitán Torres [...]». Y por otro
45 lado: «El vengador de los nuestros. Un nombre para recordar (aquí mi nombre).

---

6 **repasar** *hier:* schärfen
7 **la badana** Lederriemen
7 **la navaja** (de afeitar) (Rasier-)Messer
9 **disimular** sich nichts anmerken lassen
9 **la hoja** Klinge
11 **afeitar** rasieren
14 **curtido/-a por el sol** von der Sonne gebräunt
15 **subir** fest werden
16 **la espuma** Schaum
18 **pescar** *aquí:* atrapar
20 **con un gesto de fatiga** mostrando cansancio
22 **desfilar** vorbeimarschieren
22 **colgar** erhängen
29 **castigar** bestrafen
31 **apresurarse** hacer algo sin perder tiempo
32 **rejuvenecer** parecer joven nuevamente
34 **la manzana** *hier:* Adamsapfel
35 **sereno/-a** unbeschwert, heiter
39 **merecer** verdienen
39 **hacer el sacrificio** das Opfer bringen
43 **refugiarse** esconderse

Las caras de Colombia • Construyendo la paz

Era el barbero del pueblo. Nadie sabía que él defendía nuestra causa...» ¿Y qué? ¿Asesino o héroe? [...] Pero yo no quiero ser un asesino, no señor. Usted vino para que yo lo afeitara. Y yo cumplo honradamente con mi trabajo... No quiero mancharme de sangre. De espuma y nada más. [...]

50 La barba había quedado limpia, pulida y templada. El hombre se incorporó para mirarse en el espejo. Se pasó las manos por la piel y la sintió fresca y nuevecita.

«Gracias», dijo. Del bolsillo del pantalón extrajo unas monedas para pagarme el importe del servicio. Y empezó a caminar hacia la puerta. En el umbral se detuvo un segundo y volviéndose me dijo:

55 «Me habían dicho que usted me mataría. Vine para comprobarlo. Pero matar no es fácil. Yo sé por qué se lo digo». Y siguió calle abajo.

Fuente: Hernando Téllez, Espuma y nada más, 1950

46 **nuestra causa** gemeinsame Sache
49 **mancharse** sich beflecken
50 **pulido/-a** glatt
50 **templado/-a** maßvoll
53 **el umbral** *aquí:* la entrada

Hernando Téllez (1908–1966)
Fue un escritor, político y diplomático colombiano, conocido por ser uno de los primeros autores en retratar el periodo de «la Violencia» en sus textos.

COMPRENSIÓN

1 Resume el conflicto del barbero.

▶ Escribir un resumen, p. 234

ANÁLISIS

2 Explica cómo la espuma en el cuento refleja el conflicto del barbero.

▶ Punto de apoyo, p. 220

3 Examina el título del cuento.

MÁS ALLÁ DEL TEXTO

4 Comenta el mensaje de «Espuma y nada más», que ha hecho persistir al cuento en la literatura colombiana.

▶ Textos informativos, p. 242

El conflicto armado

1 Describe y comenta la foto.

▶ Imágenes, p. 248

Se estima que 16.000 menores participaron como **niños y niñas soldado** durante el conflicto armado. Algunos fueron obligados por las guerrillas y los paramilitares a unirse, otros se unieron «voluntariamente», p.ej. para huir de la pobreza o de situaciones familiares extremas.
Desde la década de 2010 se han dictado leyes y creado instituciones para reintegrar social y económicamente a los menores desvinculados de los grupos armados, ofreciendo también protección psicológica y emocional.

Las caras de Colombia • Construyendo la paz

La guerrilla
La guerrilla colombiana se refiere a distintos grupos armados de extrema izquierda que han operado en Colombia desde mediados del siglo XX. Surgieron en respuesta a problemas sociales y económicos, como la desigualdad, la pobreza y la exclusión política de campesinos y personas de bajos recursos. Su actuar se caracteriza por el uso de las armas, la violencia y otros medios ilegales para alcanzar sus fines.

Era como mi sombra *Pilar Lozano*

La novela de Pilar Lozano presenta la historia de un chico de unos 13 años, que cuenta sobre su vida en el campo colombiano durante el conflicto armado, donde su pueblo se ve atrapado entre la guerrilla y los militares. Al terminar el año escolar y no tener
5 *perspectivas futuras ni apoyo familiar, el protagonista decide unirse a la guerrilla. Antes de hacerlo se despide de Elvira, la profesora del pueblo.*

El martes, como estaba ya dispuesto, me levanté temprano, miré las botas y dudé: «¿me voy?». Pero no tenía otro camino que escoger.
Pasé por la escuela; justo ese día había empezado. Lo peor, decirle adiós a la
10 profesora Elvira. [...]
  –¿En qué fallé? –me preguntó en medio de un abrazo la profe.
No pude contestarle, aunque sabía la respuesta. Estaba roto por dentro. El corazón me pesaba.
Ella no tenía ni una pizca de culpa; al revés, se esforzaba por nosotros. [...]
15 Nunca se quejaba. Ni cuando el camino se convertía en lodazal por la lluvia y patinaba en la moto en la que viajaba desde el pueblo donde vivía con sus hijos; casi dos horas de ida en la mañana y otras tantas de vuelta en la tarde. [...]
Como al año de estar con nosotros, una tarde, al terminar la clase, la profe nos pidió a Juan, a Jenny y a mí que la acompañáramos al campamento del ejército.
20 Un teniente la había citado y no quería aparecer sola. Caminamos tomados de la mano hasta la salida del pueblo. [...]
  –Usted les enseña a esos niños el himno de la guerrilla. Apuesto a que no se saben el Himno Nacional –dijo de entrada, antes del saludo, el militar.
Ella apenas nos miró uno a uno. Entendimos: cantamos todito el Himno Nacional,
25 así como lo hacíamos en la izada de bandera los lunes.
  –Apuesto a que usted les enseña puro comunismo –reviró el teniente.
La profe, tranquila, ni subió el tono de voz:
  –Teniente, puede ir y revisar los libros y los cuadernos que tenemos.
Aparte de las guías, había dos libros medio desbaratados y amarillentos, olvidados
30 en un estante. Por curiosidad, un día los ojeé: la Constitución y un Código Civil, qué jartera. Dos veces más la mandó llamar. Siempre fui con ella. [...]
Me sentía importante, orgulloso, responsable de lo que ocurriera. La última vez, el militar nos recibió con una pregunta:
  –¿Dónde está la guerrilla? Usted y sus muchachos lo saben.
35   –Teniente, dígame una cosa: ¿si usted viviera en un pueblo como este, contestaría esa pregunta?
La mirada fija y arrogante del teniente se desinfló. No supo qué replicar.
  –¡Váyase! –le dijo y agachó la cabeza, como avergonzado.
[...]
40 ¡Esa profe! Aparecía el problema y ella se inventaba el remedio. Cuando empezó a entrar más seguido el ejército, la guerrilla minó muchos caminos. Entonces trazó en una cartulina el croquis del corregimiento. Pintó las casas, los ríos, las quebradas, los caminos. Tachó con rojo los sitios por donde no podíamos pasar. Luego escribió con letras grandotas: «Mapa de riesgo» y lo pegó en la pared, al lado del
45 mapa de Colombia. [...]
Ella nos enseñó a mirar señales en el suelo, nos enseñó a pisar de otro modo. Muchos caminaban desde lejos para venir a la escuela. [...]

---

7 **estar dispuesto/-a** *hier:* vereinbart sein
11 **fallar** versagen
14 **ni pizca de** ni un poco de
15 **el lodazal** Schlamm
16 **patinar** rutschen
19 **el campamento del ejército** *hier:* Lager des kolumbianischen Militärs
20 **el/la teniente** Leutnant/in
22 **apostar** wetten
25 **la izada de bandera los lunes** *hier:* das Hissen der Flagge jeden Montag
26 **revirar** einwenden
27 **el tono de voz** Tonfall
29 **desbaratado/-a** muy usado/-a
30 **ojear** blättern
31 **qué jartera** qué aburrimiento
37 **desinflarse** perder fuerza
40 **el remedio** la solución
41 **trazar** dibujar
42 **la cartulina** Pappe
42 **el croquis** Skizze
42 **el corregimiento** *aquí:* el pueblo
42 **la quebrada** Schlucht
43 **tachar** marcar
44 **el riesgo** *hier:* Gefahr
44 **pegar** kleben
46 **pisar** auftreten

Las caras de Colombia • Construyendo la paz

Y fue por la profe que aprendimos a abrir bien la boca cuando aparecían esos aviones grandes que echan candela desde el cielo y hacen retumbar todo. Solo así
50 se evita el dolor de oído.

Cómo la extraño. Ella bregaba para que ninguno se apegara a las armas, para que no nos enamoráramos de la guerra y para que buscáramos un futuro. Difícil. Uno desde muy niño solo ve uniformes y botas por todo lado. No fui el único que le fallé.

Fuente: Pilar Lozano, Era como mi sombra, 2023

49 **la candela** *hier:* el fuego (Brandbomben)
49 **retumbar** dröhnen
51 **bregar** luchar
51 **apegar a las armas** *hier:* zu den Waffen greifen, der Guerrilla beitreten

COMPRENSIÓN

2 Describe la situación de riesgo en la que se encuentra el pueblo debido al conflicto armado.

3 Cuenta qué pasa en los tres encuentros que tiene la profesora Elvira con el teniente.

ANÁLISIS

4 a Caracteriza a la profesora Elvira.

b Examina los sentimientos que tiene el protagonista por su profesora.

5 Explica por qué, según el protagonista, le falló a la profesora.

▶ Caracterizar a un personaje, p. 240

▶ Punto de apoyo, p. 220

En el conflicto armado colombiano se enfrentaron grupos guerrilleros, agentes estatales y paramilitares. Los grupos guerrilleros más grandes son las Fuerzas Armadas Revolucionarias de Colombia (**FARC**), el Ejército de Liberacion Nacional (**ELN**) y el Movimiento 19 de abril (**M-19**). Los **agentes estatales** se conforman de militares y policías. Los **paramilitares** son personas con formación militar que no pertenecen al Estado.

MÁS ALLÁ DEL TEXTO

6 Describid el gráfico y presentad de qué formas el conflicto armado afectó a niños y niñas.

El saldo del conflicto armado en Colombia
Número de víctimas entre 1985 y 2018

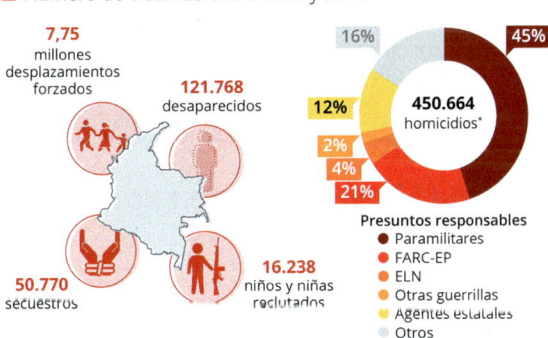

- 7,75 millones desplazamientos forzados
- 121.768 desaparecidos
- 50.770 secuestros
- 16.238 niños y niñas reclutados
- 450.664 homicidios*

Presuntos responsables:
- Paramilitares 45%
- FARC-EP 21%
- ELN 4%
- Otras guerrillas 2%
- Agentes estatales 12%
- Otros 16%

* Según estimaciones, podría ascender a 800.000.
Datos al 26 de junio de 2022.
Fuente: Informe Final Comisión de la Verdad

statista

7 (Para elegir) De la guerrilla a la vida civil. BlackEsteban fue un niño soldado y ahora se dedica a hacer música. Haz la tarea **a** o **b**.

a Busca en Internet información sobre la vida de BlackEsteban, cómo salió de la guerrilla y la importancia de la música en su vida. Preséntala.

b (Desafío) Busca en Internet la canción «Reconciliación» y explica su mensaje.

BlackEsteban

Más información

3 Las caras de Colombia • Construyendo la paz

Recuperando Medellín del narcotráfico

▶ Palabras en contexto, p. 72

1 Antes de ver el vídeo mira las fotos y lee la siguiente información. ¿Qué ha hecho Medellín para superar su pasado violento?

Pablo Escobar, líder del Cártel de Medellín

La Comuna 13, famosa por sus grafitis

> **Del narcotráfico a la paz**
>
> En los años 70 se formaron diversos **cárteles de droga** que comenzaron a producir y exportar cocaína a Estados Unidos. El más conocido es el cártel de Medellín, que fue liderado por **Pablo Escobar**. Este cártel llevó a cabo decenas de actos narcoterroristas, muchos de ellos ocurrieron en Medellín que fue durante ese tiempo una de las ciudades más peligrosas de Latinoamérica. Con la muerte de Escobar (1993), la ciudad inició un proceso para recuperar la paz, en el cual se contempló llevar infraestructura para que la gente tuviera un mejor acceso al transporte público y se apoyaron distintos proyectos educativos y culturales, como por ejemplo, la construcción de bibliotecas y centros culturales en zonas conflictivas o con escasos recursos para romper el círculo de pobreza y criminalidad y así reconstruir paulatinamente el tejido social.
>
> Biblioteca Simón Bolívar a las afueras de Medellín junto al funicular 
>
> **Medellín**
>
> Actualmente Medellín es una de las grandes promesas del futuro colombiano. Pero para llegar allí ha tenido que superar las huellas de violencia que dejaron el conflicto armado y la época del narcotráfico. Un claro ejemplo es la **Comuna 13**, que durante los años 80 y 90 fue uno de los barrios más peligrosos de la ciudad. Hoy en día y gracias a iniciativas de sus habitantes y proyectos gubernamentales se ha ido transformando en un barrio más seguro, siendo el lugar turístico más visitado de la ciudad.

Comuna 13: ejemplo de superación

COMPRENSIÓN

Vídeo:
la barriada el barrio
primordial básico/-a
la resiliencia *la capacidad de adaptarse o superar problemas*
la marginación Ausgrenzung
estar parche *(col.)* pasar el tiempo

2 a Mira el vídeo sin sonido. A partir de las imágenes apunta cómo es la Comuna 13.

b Ahora mira el vídeo con sonido y presenta brevemente la Comuna 13.

3 Resume qué es «el grafitour» y qué impresión se llevan quienes lo toman.

4 Presenta las oportunidades que el turismo ofrece a los jóvenes del barrio.

ANÁLISIS

▶ Punto de apoyo, p. 221

5 Examina qué imagen transmite el vídeo de la Comuna 13 y explica cómo lo consigue.

Las caras de Colombia • Construyendo la paz

Proceso de paz

1 a Infórmate en Palabras en contexto (p. 72) y la caja de información sobre el proceso de paz y apunta las condiciones para firmar la paz.

> En 1981 el Estado empezó los primeros intentos por conseguir la paz. Aunque se firmó un **acuerdo con las FARC** en 1984, la paz no duró. Fueron necesarias varias décadas y países mediadores como Cuba, Venezuela y Noruega, para recuperar el diálogo entre el Estado y esta guerrilla. En 2016 el Estado acordó con las FARC: el fin del conflicto, el desarme de la guerrilla, una reforma en el campo y la participación política de las FARC. Además, se acordó buscar soluciones al problema de las drogas y la reparación a las víctimas. Por este acuerdo, Santos, el entonces presidente colombiano, recibió en el mismo año el premio Nobel de la Paz.

Audio:
el medio Mittel
evitar vermeiden
insensato/-a unvernünftig
la derrota del espíritu humano die Niederlage des menschlichen Geistes
renunciar a dejar de, no querer

b Escucha el fragmento del discurso del expresidente Santos al recibir el Nobel de la Paz (2016) y resume sus experiencias sobre la paz y la guerra.

Diálogo para reconciliar a Colombia

COMPRENSIÓN

2 a Mira la noticia y elige la respuesta correcta. Se trata...
   a de una propuesta especial para alcanzar la justicia en el proceso de paz.
   b de cambiar las leyes para lograr la paz.
   c de una solicitud del Tribunal de paz.

Gracias al acuerdo de paz se creó la **Jurisdicción Especial para la Paz**, un sistema independiente y autónomo para juzgar los delitos ocurridos durante el conflicto armado. Su tribunal lo conforman veinte magistrados y magistradas escogidos por instituciones colombianas e internacionales, p. ej., la ONU.

▶ Punto de apoyo, p. 221

b Mira la noticia hasta el minuto 1:12 y contesta.
   1 ¿Quién es Ana Ochoa? Nombra al menos tres datos sobre ella.
   2 ¿Qué porcentaje de los colombianos pertenece a algún pueblo indígena?
   3 ¿Qué condiciones exige el tribunal de la paz para ofrecer castigos alternativos a guerrilleros y militares? Apunta por lo menos una condición.

Audio:
el/la magistrado/-a Beisitzer/in
reclutado/-a rekrutiert
la pena *hier:* Strafe
indemnizar entschädigen
el/la victimario/-a quien causa daño a alg.

c Mira la noticia a partir del minuto 1:13 y completa la información.
   1 El sistema de justicia llamado «justicia restaurativa» que aplica el tribunal consiste en [...]
   2 Los dos logros más importantes en el proceso de paz para Ochoa son [...]

MÁS ALLÁ DEL TEXTO

3 Describe e interpreta la caricatura.

▶ Carteles, cómics y caricaturas, p. 251

Caricatura:
la paloma Taube
la Justicia Justitia
la venda Augenbinde

3 Las caras de Colombia • Construyendo la paz

Exilio colombiano

En la novela gráfica «Transparentes», el autor vasco Javier de Isusi presenta historias de varias personas exiliadas durante las décadas del conflicto armado. Las historias están basadas en testimonios recogidos por la Comisión de la Verdad. Olga (p. 88) y Claudia (p. 89) son dos de sus personajes principales. Ambas mujeres abandonaron Colombia, Olga vive con su hijo Oliver en Estados Unidos y Claudia con el suyo, Camilo, en Francia. Los dos hijos desconocen la razón del exilio.

Exiliados y desplazados colombianos
Se estima que, durante el conflicto armado, más de **500.000 colombianos** se exiliaron, especialmente a Venezuela, Ecuador y Panamá, y unos seis millones fueron desplazados, es decir, fueron forzados a mudarse a otro lugar dentro de Colombia, lo que afectó a toda la población, incluyendo a comunidades indígenas y afrodescendientes.

Cómic:
destrozar destruir
no tener estómago no tener fuerzas

La Comisión de la Verdad
fue creada en 2017 para conocer la verdad sobre el conflicto armado. Sus fines son además la no repetición de este conflicto y la **construcción** de una **paz estable y duradera** en Colombia. Su informe final tiene el título «Hay futuro, si hay verdad» para ello es necesario recopilar y difundir los testimonios de las víctimas.

Viñeta 1: Ah, no, eso de la neutralidad no existe, querida, que tenga cuidado, mucho cuidado con quien se junta, ¡no puedes fiarte de nadie!

Viñeta 2: Yo no, Claudia, ¡de nadie!

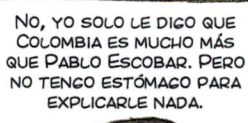

Viñeta 3: ¿Oliver? No, no está muy interesado, para él Colombia no significa nada muy especial y qué quieres que te diga, casi mejor.

Viñeta 4: Yo me enfermo solo de recordar todo aquello.

Viñeta 5: Él sabe, claro, lo de su abuelo. Es consciente de que aquello destrozó nuestra familia.

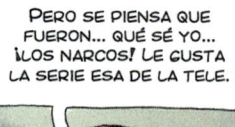

Viñeta 6: Pero se piensa que fueron... qué sé yo... ¡los narcos! Le gusta la serie esa de la tele.

Viñeta 7: No, yo solo le digo que Colombia es mucho más que Pablo Escobar. Pero no tengo estómago para explicarle nada.

Viñeta 8: Cuanto más lejos crezca de todo aquello mejor. Acá él vive sin miedo y eso no tiene precio.

Viñeta 9: Si es que allá no hay manera... ¿Te acuerdas de la plantación de palma que compré? Ahora aparecieron unos campesinos diciendo que la tierra es suya.

Las caras de Colombia • Construyendo la paz

Cómic:
estancado/-a detenido/-a, parado/-a

Fuente: Javier de Isusi, Transparentes. Historias del exilio colombiano, 2020

Más información

COMPRENSIÓN

1 Mira con atención el comportamiento de los personajes Olga (p. 88), Camilo y Claudia (p. 89). ¿Qué llegas a saber sobre ellos a través de las imágenes? Descríbelos.

la apariencia   el estatus social   el estado de ánimo

2 Lee y cuenta qué imagen de Colombia transmiten Olga y Claudia a sus hijos.

Las caras de Colombia • Construyendo la paz

▶ Punto de apoyo, p. 221

ANÁLISIS

3 Analiza el comportamiento de Olga y Claudia al hablar con sus hijos de las razones de su exilio, apoyándote en los diálogos y las imágenes.

MÁS ALLÁ DEL TEXTO

4 (Para elegir) Haz la tarea **a** o **b**.

a (Escribir) Imagínate que Oliver se enfrenta a su madre, Olga, y le pregunta: «Mamá, ¿por qué vivimos en el exilio?» Olga no responde y huye. Redacta un monólogo interior de la madre mientras camina por las calles de su barrio.

b Continúa el cómic y cuenta cómo sigue la historia entre Camilo y Claudia, su madre. Puedes ayudarte de herramientas en Internet para crear tus imágenes.

Reparación a las víctimas

1 Mira el vídeo «Jugarse la vida por la paz» (1:57–3:37) y apunta quiénes son los «Héroes de honor».

Héroes de honor: el fútbol como herramienta de reparación

Cuando comenzaron a reunirse para jugar fútbol, en 2015, el propósito era tener un pasatiempo, un juego recreativo entre amigos con algo en común: todos ellos fueron miembros del Ejército Nacional y sufrieron amputaciones por el uso de
5 minas antipersonal. A comienzos de 2016, aquellos encuentros para pasar el rato se formalizaron y decidieron solicitar el reconocimiento deportivo para su equipo por parte del Instituto Distrital de Recreación y Deporte (IDRD), un requisito que les daría el estatus de un club deportivo y su inscripción en la Liga de Bogotá.

Entre todos decidieron que el nombre del equipo sería Héroes de Honor y que su
10 mascota –creada por Jhon Montero– sería un águila, que para ellos representa el vuelo renovado después de superar una situación dolorosa. El fútbol es una especie de terapia en la rehabilitación de cada uno de los integrantes del equipo. «Es un apoyo que nosotros no tuvimos en el momento», dice Daniel, uno de los Héroes de Honor. Además de las destrezas propias del juego, el deporte permite a
15 quienes han pasado por el hecho traumático de una amputación mejorar en tareas cotidianas y desarrollar diferentes habilidades físicas. Entender que la vida sigue, que no terminó con la pérdida de una parte de su cuerpo. Contar sus historias se ha vuelto importante. Por eso las actividades deportivas del club están acompañadas de charlas en las que hablan de sus vivencias y los caminos que han encontra-
20 do para seguir adelante. En sus narraciones el militar también es un ser humano; uno que ha sido afectado por el conflicto armado.

«Es importante que se conozca la verdad, la historia, lo que pasa con una persona, no solo por una pérdida física, sino por las afectaciones psicológicas y los procesos de rehabilitación», dice Jhon Montero. En medio de un café compartido entre
25 amigos, explican que el uso de las minas es una práctica desleal, aun en un contexto de guerra. Fabricar un artefacto como estos cuesta muy poco y ocultarlo es todavía más fácil, pero el daño que hacen es incalculable no solo por la afectación a las tropas, sino porque ninguna mina reconoce si su víctima es un niño que

---

APP **Más información**

ⓘ

Las **minas antipersonal** o **antipersonas** son armas diseñadas para matar o incapacitar a personas. Se estima que durante el conflicto armado colombiano casi **12.000 personas**, en su mayoría miembros de las fuerzas armadas, han sido afectadas por las minas. **Una quinta parte** del territorio colombiano todavía no está libre de minas antipersonal y municiones sin explotar.

---

2 **el propósito** el objetivo
6 **formalizarse** offiziell werden
11 **renovado/-a** *que inicia otra vez*
19 **la vivencia** la experiencia
23 **la afectación** la consecuencia negativa
25 **desleal** *hier:* unmoralisch
27 **el daño** Schaden

Las caras de Colombia • Construyendo la paz

va al colegio en la vereda, un campesino que sale a cumplir su jornada o un soldado que está de patrulla. La prolongación en el tiempo del uso de estos artefactos explosivos escondidos genera zozobra. «Se puede acabar la guerra, y Dios quiera que sea así, pero las minas seguirán hasta que alguien las desactive o las active», advierte Daniel. Y la segunda opción, la más triste, se vive todavía en nuestro país.

El 23 de febrero de 2008 la vida dio un giro inesperado para Jhon Montero. La explosión de una mina antipersonal le destruyó la pierna derecha cuando era un soldado profesional que patrullaba cerca del municipio de Colombia, en el Huila. Todavía recuerda la hora de la explosión, que esperaba escondida en la maleza: las 10 y 20 de la mañana. Los días en el hospital fueron tristes para él y para su familia. Sabía que la vida ya no sería igual, pero a pesar de los momentos en que se sentía afligido, sabía también que no se podía quedar postrado en esa cama. Allí decidió seguir viviendo, porque vivir luego de los momentos más duros es eso, una decisión más fuerte que cualquier hecho pasado. Volvió a jugar fútbol por la invitación de un amigo del barrio. Entonces se dio una nueva oportunidad en el deporte, junto con los muchachos del equipo. Además, la misma guerra que le quitó una pierna le dio la posibilidad de estudiar aerografía. El deporte y el arte le sirvieron para escapar de la realidad en un primer momento.

Con el tiempo se volvió una forma de resistir y enseñar las consecuencias de la guerra. A través de estas dos actividades hace memoria. No solo juega fútbol; sus pinturas hablan de su resiliencia, de cómo cambió un fusil por un aerógrafo, cargado con cartuchos de pintura en lugar de balas. Para él, hacer memoria es dejar un legado de nuestra historia como sociedad, es generar un aprendizaje desde los hechos de la violencia, desde los recuerdos marcados en su cuerpo. Aquel soldado, que continúa en su vuelo de renovación, nos pidió terminar este escrito con un mensaje: «Nosotros, quienes fuimos integrantes de las Fuerzas Militares y sufrimos estos hechos, queremos participar en la construcción de la memoria colectiva porque necesitamos hacer procesos de dignificación que aporten a la generación de paz y verdad en el país».

Fuente: Jhon Bayron Bedoya, Revista Conmemora 7, 2021

29 **cumplir la jornada** trabajar
31 **la zozobra** Beklemmung
32 **desactivar** entschärfen
38 **la maleza** Gestrüpp
41 **postrado/-a** acostado/-a
46 **la aerografía** Spray Painting, Spraykunst
57 **el proceso de dignificación** *aquí: el proceso de reconocer a las víctimas del conflicto*
58 **aportar** sumar, contribuir positivamente con algo

COMPRENSIÓN

2 a Presenta al equipo «Héroes de Honor».

b Cuenta quién es a Jhon Montero y describe el proceso por el que ha pasado a partir de su lesión.

ANÁLISIS

3 a Partiendo de la metáfora del águila en el texto examina la función que tiene el deporte para los jugadores.

b Explica el mensaje de Jhon (ll. 55–58).

▶ Textos informativos, p. 242

MÁS ALLÁ DEL TEXTO

4 Mira el vídeo completo y comenta su importancia en el proceso de paz.

APP Más información

Taller de competencias • Mediación

Las estrategias

Examinar la tarea

1 Recuerda los aspectos importantes de las tareas de mediación. Decide cuáles de las siguientes afirmaciones son correctas.
- Tengo que usar el estilo del texto original.
- No debo incluir información adicional.
- Si no sé una traducción, entonces cito en alemán.
- A veces tengo que explicar vocabulario específico del alemán.
- La extensión de mi texto es aprox. una tercera parte del original.
- No debo omitir ninguna información del texto original.

2 Lee la tarea atentamente (p. 93) y fíjate en los siguientes aspectos.
   a ¿Qué tipo de texto se pide?
   b ¿A quién se dirige? ¿Qué estilo es mejor: formal o informal?
   c ¿Qué información se pide? ¿Cuáles son los aspectos relevantes?

Examinar el texto y organizar la información

3 Lee el discurso de las páginas 93–94 y toma apuntes sobre los aspectos relevantes.
   a el motivo del discurso y la importancia del evento diplomático
   b la información sobre los objetos y lo que se espera al devolverlos

4 Pon la información en un orden lógico. El orden en el texto original no es necesariamente el orden ideal para tu texto.

Vocabulario: Palabras y conceptos difíciles

5 En palabras compuestas, fíjate en el significado y no en la palabra misma. Parafrasea las siguientes palabras: *Staatspräsident, umdenken, Vorreiterrolle, Lebensgrundlagen, Herkunftsgeschichte, Kultgegenstände, Denkmuster* y *Weltkulturen*.
Ejemplo: Staatspräsident («el presidente de la república»)

6 Comunicación intercultural

   a A veces hay aspectos culturales o históricos que son desconocidos para tu público. Discute si en esta tarea (p. 93) hace falta explicar los siguientes términos:

   > Schloss Bellevue • Alexander von Humboldt • Industrieländer des Nordens • die koloniale Vergangenheit Deutschlands • westliche Moderne • der globale Süden

   b Hay palabras alemanas que no tienen un equivalente en español, por ejemplo: *Völkerkundemuseum*.
   Decide cuál de las dos maneras de manejar la palabra te convence más:
   1 Un museo con objetos exóticos de pueblos indígenas.
   2 Un museo sobre etnias, su cultura y sus costumbres.

Taller de competencias • Mediación

Escribir

7 Tipo de texto

a Antes de escribir tu mensaje, recuerda las características de este tipo de texto. ¿Cuáles de los siguientes aspectos son relevantes para tu texto?
- un título llamativo
- un estilo informal
- saludar y despedirse
- muchos ejemplos concretos
- una breve contextualización del evento al que haces referencia

b Comparad vuestras ideas.

8 Ahora haz la siguiente tarea teniendo en cuenta la información de arriba.

La tarea

James, tu compañero de intercambio de Colombia, se entera de que Alemania ha devuelto dos máscaras kogui al gobierno colombiano y le interesa saber cómo se trató en Alemania el tema de la devolución de las máscaras. Escribe un e-mail a tu amigo en el que expones cómo llegaron las máscaras a Berlín, por qué son importantes para el pueblo kogui y las razones de Alemania para devolverlas.

Rückgabe zweier Masken an die Gemeinschaft der Kogi *Frank-Walter Steinmeier*

Rede des deutschen Bundespräsidenten Frank-Walter Steinmeier vor dem Präsidenten Kolumbiens, Gustavo Petro, und dem Direktor der Stiftung Preußischer Kulturbesitz,
5 *Prof. Dr. Hermann Parzinger.*

Bundespräsident: Welche Freude, lieber Gustavo Petro, Sie heute hier in Schloss Bellevue begrüßen zu dürfen, bei Ihrem ersten Besuch als Staatspräsident in
10 unserem Land. [...]

Eine ganz besondere Freude und auch eine große Ehre ist dieser Tag heute für mich aber noch aus einem anderen Grund. Denn heute vollendet sich eine Geschich-
15 te, die mir ganz persönlich sehr am Herzen liegt. Als ich im Jahr 2015 – damals noch in anderer Funktion – zum ersten Mal die Kogi hoch oben in den Bergen der Sierra Nevada besuchen durfte, hatten wir viel
20 Gelegenheit zum Austausch. Ich habe viel gelernt über die Geschichte der Kogi, ihre Traditionen und ihre Lebensweise. [...]

Fundación Patrimonio Cultural Prusiano
Fundación dedicada a la conservación y cuidado del patrimonio cultural prusiano y alemán. Fue fundada en 1957 y bajo su administración se encuentra la colección del Museo etnológico donde se encontraban hasta 2023 las dos máscaras kogui.

Diese beiden Masken, die nun länger als ein Jahrhundert hier in Berlin im Museum waren, haben für die Kogi eine große, sakrale Bedeutung. Ich freue mich,

Taller de competencias • Mediación

25 dass sie heute an Kolumbien zurückgegeben werden können – zwei Masken, die der damalige Direktor des Völkerkundemuseums in Berlin, Konrad Theodor Preuss, im Jahr 1915 von einem Forschungsaufenthalt nach Berlin mitgebracht hatte. Diese Masken sind für die Kogi heilig, sie sind „wichtige Wesen vom Ursprung der Zeit", so hat es Mama Pedro Juan Noevita einmal gesagt, und ich
30 zitiere: „Sie sollten dort sein, wo sie der Natur helfen können, damit diese in Harmonie mit den Kogi und den Menschen ist."
Wie sehr die Kogi in Harmonie mit der Natur leben, das hat mich bei meinem Besuch zutiefst beeindruckt. Und ich bin überzeugt, dass wir, die Menschen in den Industrieländern des Nordens, viel von den Kogi lernen können, wenn es darum
35 geht, unsere Umwelt und unsere natürlichen Lebensgrundlagen für die nachfolgenden Generationen zu bewahren. [...]
Diese Rückgabe ist Teil eines Umdenkens im Umgang mit unserer kolonialen Vergangenheit, ein Prozess, der in vielen europäischen Ländern begonnen hat. Und ich begrüße es, dass Deutschland dabei eine Vorreiterrolle spielt.
40 Kein Zweifel, ethnologische Sammlungen üben bis heute eine große Faszination auf uns aus. Mit ihnen kommen die Weltkulturen zu uns. Wir lernen das Fremde zu sehen und zu verstehen, ganz wie Alexander von Humboldt sich das vorgestellt hat. Aber uns Europäern stellen sich heute andere Fragen als zu Zeiten von Konrad Theodor Preuss. Wir müssen uns kritisch befragen, auf wessen Schultern die
45 westliche Moderne erbaut wurde, mit welchen Widersprüchen und Ungerechtigkeiten – und welche Folgen das für unsere Welt von heute hat.
Ich bin dankbar, lieber Herr Parzinger, dass Sie diese Fragen nicht nur stellen, sondern gemeinsam mit vielen anderen auch nach Antworten suchen.
Wir wissen heute, dass die Herkunftsgeschichte vieler Kunstwerke und Kultgegen-
50 stände noch im Dunklen liegt. Vieles, was in unseren ethnologischen Sammlungen ausgestellt wird, ist direkt oder über Dritte erworben worden. Vieles ist unbekannt. Aber vieles wurde auch geraubt und geplündert, es wurden Menschen unterjocht oder ermordet. Und es wird noch sehr viel Forschung und internationale Zusammenarbeit nötig sein, um die Herkunft einzelner Objekte aufzuklären.

> Los **kogui** habitan junto con otros tres grupos étnicos la Sierra de Santa Marta en el norte de Colombia. Se dedican a la agricultura, la pesca y la caza a pequeña escala y de manera responsable, ya que consideran que la Tierra es un ser vivo que debe ser cuidado y no saqueado o explotado. Viven aislados y se calcula que llegan a 18.000 habitantes.

55 Für all das müssen wir das Gespräch suchen mit den Ländern und Regionen, aus denen diese Artefakte stammen. Es geht dabei nicht in erster Linie um uns Europäer, um unser
60 Selbstverständnis und unsere Verantwortung vor der Geschichte. Sondern es geht um die Zukunft der Welt. Ich bin überzeugt: Nur wenn wir den offenen und kritischen Dialog mit den
65 Völkern des globalen Südens suchen, nur wenn wir uns aktiv von den Denkmustern und Hierarchien der kolonialen Zeit befreien – und viele dieser Denkmuster sitzen tief –, nur dann lösen wir die Probleme, die uns heute als Menschheit gemeinsam gestellt sind. So jedenfalls habe ich jede meiner Begegnungen mit den Kogi in Kolumbien erlebt – sie waren bewegend, lehrreich, Augen-
70 öffnend. [...] Mögen diese Masken eine gute Reise haben – zurück dorthin, wo sie gebraucht werden, wo sie auch heute noch Brücke sind zwischen Mensch und Natur.

(603 Wörter)

Fuente: Frank-Walter Steinmeier, Ruckgabe zweier Masken, 2023

Gramática en contexto y punto final

Gramática en contexto

APP Soluciones

EXPRESAR IDEAS Y SUPOSICIONES SOBRE EL FUTURO • el futuro simple

1 a En un reportaje, la población colombiana se expresa sobre el futuro del país. Formula las ideas usando las formas correctas del futuro simple.
Ejemplo: Me imagino que en el futuro los desplazados volverán a su región.

Creo/Pienso que	algún día
Me imagino que	dentro de cinco/diez… años
Puedo imaginarme que	a partir del año…
A lo mejor	en el futuro

(mi familia y) yo	*buscar* más oportunidades en otro / su propio país.
la gente	*volver* a Colombia / a su región / …
los colombianos	*respetar* más el medio ambiente en la Amazonía.
las exiliadas	*ser* más respetado/-a
el narcotráfico	*ayudar* a los pueblos indígenas económicamente
los desplazados	*seguir* siendo un problema / un producto importante
los indígenas	*crecer* aún más / económicamente
el turismo comunitario	*tener* más impacto / más recursos en…
las ciudades	*apoyar* proyectos culturales
Medellín	*apostar* por la paz / el turismo… / el comercio justo
el café	

b Formula de tres a cinco ideas más sobre el futuro de Colombia.
Ejemplo: Me imagino que dentro de quince años habrá más turistas interesados en el turismo comunitario en Colombia.

EXPRESAR ESPERANZAS • el presente de subjuntivo

2 a En el reportaje la gente entrevistada también expresa sus esperanzas para el futuro de su país. Utiliza el presente de subjuntivo para completar sus declaraciones.

| Deseo/Esperamos que […] |
| Es fundamental/necesario/importante que […] |
| Sería ideal que […] / Ojalá que […] |
| Me parece imprescindible que […] |

el gobierno	*reducir* las desigualdades sociales / la violencia
los políticos	*crear* más oportunidades económicas
los colombianos	*ofrecer* alternativas legales al narcotráfico
todos nosotros	*respetar* el medio ambiente / a los pueblos indígenas
la sociedad	*mejorar* las condiciones de vida de todos
la población indígena	*crear* reservas naturales adicionales
la industria	*invertir* en programas culturales y educativos
…	*apoyar* a las comunidades locales / al campo
se	*reducir* la contaminación del aire y del agua
	defender la biodiversidad colombiana / la paz

3 Gramática en contexto y punto final

b Formula cinco frases más con las ideas de la caja siguiendo el modelo de **2a**. También puedes añadir ideas propias.

> *combatir* el narcotráfico y el consumo de drogas
> *promover* la educación, especialmente en las regiones rurales
> *dialogar* con los exguerrilleros y trabajar por la paz
> *hablar* con personas exiliadas y desplazadas para conocer la verdad
> *pensar* en proteger los recursos naturales...
> *preferir* energías renovables / soluciones sostenibles

NARRAR HECHOS HISTÓRICOS DE FORMA IMPERSONAL • la pasiva refleja

Cronología:
el alto al fuego Waffenstillstand
unilateral einseitig
el plebiscito Volksbefragung

3 En el reportaje se recapitulan las fechas y los hechos más importantes del proceso de paz. Usa la pasiva refleja para resumir los acontecimientos en presente de indicativo.

Ejemplo: En los años 80 y 90 se desmovilizan grupos guerrilleros como el M19.

Años 80 y 90	*desmovilizar* grupos guerrilleros como el M19 o EPL
1998–2002	*llevar a cabo* los «Diálogos de paz en El Caguán» entre las FARC-EP y el entonces presidente Pastrana no *lograr* el acuerdo
18/19/2012	*reiniciar* el diálogo entre las FARC-EP y el entonces presidente Santos en Oslo, Noruega
19/11/2012	*continuar* el diálogo en La Habana, Cuba *declarar* un alto al fuego unilateral hasta el 20 de enero de 2013
26/09/2016	*firmar* el primer acuerdo de paz en Cartagena
02/10/2016	*realizar* un plebiscito en el que el pueblo columbiano votar si aceptan el acuerdo de paz *informar* que el «No» gana con 50.2 %
24/11/2016	*negociar* las condiciones de la paz (p. ej, el desarme) *firmar* un segundo acuerdo de paz
10/12/2016	*entregar* el Premio Nobel de la Paz al presidente colombiano, Juan Manuel Santos
05/04/2017	*fundar* la Comisión de la Verdad
11/03/2018	*celebrar* elecciones legislativas donde el partido fundado por excombatientes de las FARC-EP participa por primera vez en elecciones democráticas
2022	*publicar* en el periódico «El Espectador» que solamente 3000 hectáreas se han entregado a campesinos sin tierra, no las 400.000 confirmadas por el Estado

Gramática en contexto y punto final

3

HABLAR DEL FUTURO BAJO CIERTAS CONDICIONES • frases condicionales

4 Los entrevistados expresan las condiciones que ellos ven como necesarias para un futuro mejor en Colombia. Formula por lo menos cinco frases utilizando el presente de subjuntivo y el futuro simple.

Ejemplo: Cuando los guerrilleros y el Estado respeten el acuerdo de paz, habrá menos violencia en Colombia.

Cuando En cuanto Una vez que Tan pronto como En el momento en que Siempre que	los guerrilleros y el Estado *respetar* el acuerdo de paz *haber* menos violencia en Colombia la población *sentirse* más segura *cuidar* el medio ambiente *proteger* el campo la naturaleza *poder* recuperarse la población no *tener* miedo de la violencia *quedarse* en el país *apoyar* el comercio justo *hacer* justicia a las víctimas *ofrecer* alternativas a los exguerrilleros …

◉ Punto final

Escribir un reportaje sobre posibles escenarios para el futuro de Colombia

Vas a crear un reportaje con el título «Colombia de mañana», desarrollando escenarios que muestren posibilidades para el futuro de Colombia.

1 Elige un tema de los que has trabajado en este dosier:
   a «La Violencia»
   b Economía y turismo
   c Proceso de paz
   d Desafíos ambientales
   e Herencia cultural
   f …

2 Recopila información sobre el desarrollo político, social y económico y sobre tendencias actuales que puedan influir en el tema que has elegido.

3 Crea varios escenarios de tu tema para el futuro de Colombia.
   a ¿Qué crees que pasará en el mejor o en el peor de los casos? ¿Qué pasará si no cambia nada?
   b Analiza los pros y los contras de cada escenario.

4 Basándote en el análisis de los escenarios, desarrolla sugerencias y recomendaciones en tu reportaje.

5 Crea el reportaje: redáctalo o grábalo.

4 Un mundo para todos

Movimiento *Jorge Drexler*

Apenas nos pusimos en dos pies
Comenzamos a migrar por la sabana
Siguiendo la manada de bisontes
5 Más allá del horizonte
A nuevas tierras, lejanas
Los niños a la espalda y expectantes
Los ojos en alerta, todo oídos
Olfateando aquel desconcertante
10 paisaje nuevo, desconocido

Somos una especie en viaje
No tenemos pertenencias sino equipaje
Vamos con el polen en el viento
Estamos vivos porque estamos en
15 movimiento

Nunca estamos quietos,
somos trashumantes
Somos padres, hijos, nietos
y bisnietos de inmigrantes
20 Es más mío lo que sueño que lo que toco

Yo no soy de aquí
Pero tú tampoco
Yo no soy de aquí
25 Pero tú tampoco
De ningún lado del todo
De todos lados un poco
[…]

Fuente: Jorge Drexler, Salvavidas de hielo, 2017

APP Más información
3 **la sabana** Savanne
4 **la manada** grupo grande de animales
4 **el bisonte** Bison
7 **expectante** erwartungsvoll
9 **olfatear algo** riechen, wittern
9 **desconcertante** sorprendente
12 **la pertenencia** Eigentum
13 **el polen** Blütenstaub
17 **trashumante** wandernd, umherziehend

1 a Busca la canción «Movimiento» del cantante uruguayo Jorge Drexler en Internet, escúchala y comparte tus impresiones.

b Lee este pasaje de la canción, elige tres palabras o frases que te llamen la atención y explica por qué.

c Identifica los temas centrales de las primeras 27 líneas de la canción.

2 a Explica por qué la canción afirma que «somos trashumantes» (l. 15).

b Explica la tercera estrofa (ll. 20–25 «Yo no soy de aquí…») y coméntala.

Temas
Inmigración en España • p. 102
Nuevos españoles • p. 107
Discriminación • p. 109
Voces españolas desde Alemania • p. 111
La Amazonía es una lucha de todos • p. 112
Educación y derechos • p. 115
Identidad y diversidad lingüística • p. 119
Juventud indígena • p. 120
Lenguas minoritarias en Alemania • p. 122

Foco literario
Analizar e interpretar un poema • p. 118

Taller de competencias
Expresión oral • p. 124

⊙ Punto final
Hacer la reseña de un libro • p. 129

Frida Kahlo, *El camión*, 1929

3 a Describe el cuadro «El camión» de Frida Kahlo.

b Explica y comenta el cuadro en relación con el título del dosier.

4 Relaciona la canción y el cuadro y prepara una presentación con el tema «Un mundo para todos».

APP Más información

4 Palabras en contexto

Vocabulario temático

España, sociedad multicultural

Gracias a la llegada de cientos de miles de inmigrantes, sobre todo desde el norte de África, América Latina o Europa del Este, España se ha convertido en las últimas décadas en un país multicultural. Aunque la integración no es fácil, para la sociedad
5 española esta inmigración es un claro enriquecimiento, pues aporta nuevos idiomas y perspectivas, además de fomentar la creatividad y la tolerancia. En lo económico, esta inmigración ha traído al país fuerza laboral, sobre todo en los sectores de cuidados, servicio, agrícola e industrial. No obstante, el cambio en la sociedad ha sido tan veloz que también presenta desafíos: existe desconfianza y discriminación,
10 la población inmigrante tarda en encontrar trabajo y recibe por lo general salarios bajos. El balance de las nuevas generaciones es, sin embargo, positivo: aunque el racismo está presente, los hijos de inmigrantes, es decir, los nuevos españoles, se sienten integrados en la vida diaria.

España, país en movimiento

15 Otro desafío para esta sociedad española, cada vez más móvil y diversa, es reintegrar a los españoles y españolas que desde el extranjero regresan a su país. En los últimos cien años, España ha vivido al menos tres grandes oleadas migratorias. En la primera, a causa de la Guerra Civil y de la segunda guerra mundial, miles de españoles se exiliaron a Cuba, Venezuela, Argentina, Estados Unidos y México. La segunda
20 se produjo durante los años 60 y 70 del siglo XX, cuando una crisis económica en el país llevó aproximadamente a un millón de españoles y españolas a buscar trabajo en países europeos como Suiza o Alemania. La alta tasa de paro que dejó la crisis económica de 2008 provocó una tercera ola de emigración, una gran «fuga de cerebros»: cientos de miles de trabajadores altamente cualificados dejaron España
25 para tener sueldos más altos y mejorar su calidad de vida en otros países europeos. Para enfrentar los desafíos económicos del futuro, España debe recuperar a estos jóvenes, así como a otros hijos e hijas de españoles nacidos en el extranjero. Actualmente hay propuestas generales, como el Plan de Retorno de 2019 de la Oficina Española de Retorno, e iniciativas especiales de las Comunidades Autóno-
30 mas, como la Estrategia Galicia Retorna, que ofrecen información, becas de estudio y apoyo económico.

La diversidad étnica de América Latina

La riqueza de la diversidad y de la multiculturalidad es, también por su historia, una característica de América Latina. Desde México en el norte hasta la Patagonia en el
35 extremo sur, destacan los más de 500 pueblos indígenas, así como las más de 550 lenguas indígenas habladas. Esta diversidad étnica y el altísimo grado de mestizaje son también un gran desafío: desde hace siglos los indígenas luchan por recuperar sus territorios ancestrales y defender su derecho a organizarse de forma autónoma. Además, han sido víctimas de discriminación y desigualdad social. Es por eso que la
40 educación y la defensa de los derechos humanos de estos pueblos son, sin duda, una tarea urgente. Debido a su cosmovisión, muchos pueblos indígenas juegan un papel principal en los retos ambientales: son ellos los que hoy se enfrentan principalmente a la destrucción de la Amazonía por la deforestación y la extracción del petróleo y minerales que amenazan la biodiversidad de América.

Palabras en contexto

AMPLIAR EL VOCABULARIO

APP Repasar el vocabulario

APP Soluciones

Palabras y más palabras

1 a Relaciona los términos con su definición.

1	multicultural	A	persona que pertenece a un pueblo originario
2	recuperar	B	persona o grupo con diversas culturas
3	aportar	C	la amplia variedad de seres vivos en la Tierra
4	el/la indígena	D	la forma en que un grupo ve e interpreta el mundo
5	ancestral	E	volver a tomar o adquirir lo que antes se tenía
6	la cosmovisión	F	la revisión y evaluación de un proceso o situación
7	la biodiversidad	G	perteneciente o relativo a los antepasados
8	el balance	H	dar, donar o entregar algo

b Escribe una definición para los siguientes términos.

> la tolerancia · mundial · el racismo · el/la inmigrante · ambiental · fomentar · el salario · laboral · urgente

Organizar las palabras

2 Forma familias de palabras (adjetivo – verbo – sustantivo) con ayuda del texto y de un diccionario.

▶ Utilizar un diccionario, p. 255

adjetivo	verbo	sustantivo
destructivo/-a	destruir	–
rico/-a	enriquecer	–
discriminatorio/-a	–	–
[e-, in-]migratorio/-a	–	la [e-, in-]migración
–	cualificar	la cualificación
[des]confiado/-a	[des]confiar	–
tolerante	–	–
mestizo/-a	mestizar	–
desafiante	desafiar	–
integrado/-a	–	–
–	diversificar	–
amenazante	–	–

Formar expresiones

3 a Forma las expresiones sobre migración y diversidad étnica según el texto con los sustantivos de la izquierda y los adjetivos de la derecha.

> la fuerza · el salario · la tasa ·
> la sociedad · la diversidad ·
> las lenguas · el balance ·
> los derechos · los retos ·
> la oleada · los territorios ·
> los pueblos · la tarea

> multicultural · positivo/-a ·
> ambiental · alto/-a · ancestral ·
> humano/-a · bajo/-a · urgente ·
> emigratorio/-a · laboral · étnica ·
> indígena · hablado/-a

b Utiliza al menos seis de las expresiones de 3a y escribe una ficha de información sobre los desafíos de Latinoamérica que ya conoces.

4 Un mundo para todos • Migración en España

> En España, el **20 %** de los puestos de trabajo están ocupados por personas nacidas en el extranjero. Esto equivale a un poco más de 4,2 millones de personas. De ellas, 50% provienen de Iberoamérica, 22 % de la Unión Europea, 14 % de África, 8 % del resto de Europa y Norteamérica y 6 % de Asia. Las mujeres extranjeras trabajan en su mayoría en servicios, mientras que los hombres extranjeros en agricultura y construcción.

Inmigración en España

1 Un día sin inmigrantes: ¿qué crees que pasaría en España si los sectores clave de su economía de repente se quedaran sin inmigrantes? Mira los gráficos y formula hipótesis concretas.

Si el sector de servicios se quedara sin inmigrantes, ese día...
... muchos ancianos ya no serían atendidos en su casa.
Si desaparecieran los extranjeros en el sector agrícola, ...

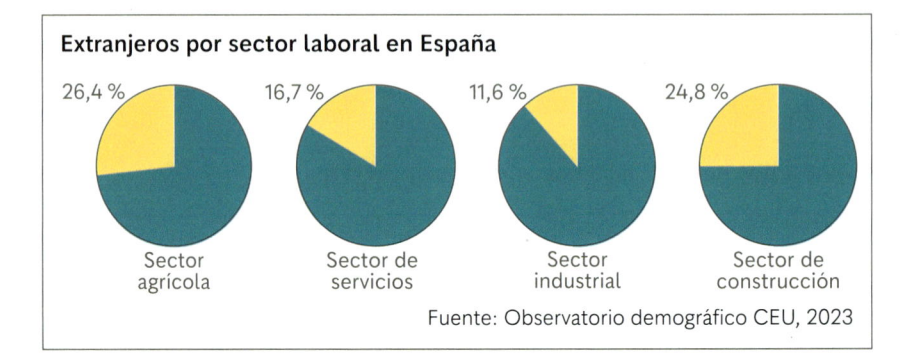

Extranjeros por sector laboral en España

26,4 %	16,7 %	11,6 %	24,8 %
Sector agrícola	Sector de servicios	Sector industrial	Sector de construcción

Fuente: Observatorio demográfico CEU, 2023

Un día sin inmigrantes *A. Jiménez y M. Martín*

En España se cuentan más de 5,4 millones de extranjeros: el 11,6 % de la población. Entre ellos, hay más de 400.000 que se encuentran en situación irregular, según un estudio de la Fundación por Causa y la Universidad Carlos III de Madrid [...]. Todos
5   juntos constituyen un enorme colectivo de trabajadores, visibles e invisibles, sobre el que se sostienen sectores clave de la economía española como la agricultura, la hostelería o la construcción. También [estos trabajadores] sustentan buena parte de la sanidad y los cuidados. [...] Sin ellos, España sencillamente no funcionaría. Para intentar reflejar su enorme peso en la economía y en la sociedad del país, se ha
10 imaginado un día sin inmigrantes. El resultado es algo parecido a lo que sigue: [...]

11.00 horas – La construcción se para
En algunas comunidades como Navarra, un tercio de los trabajadores dedicados a la construcción son extranjeros. En Madrid llegan al 16 %. En nuestro día sin inmigrantes, el sector se derrumbaría de norte a sur. Desde la mayor obra civil que se lleva
15 ahora a cabo en la capital, la construcción del hospital Doce de Octubre, a los bloques de pisos en barrios de la periferia o a las pequeñas reformas de interiores o de tiendas. El sector vuelve a ser pujante, pero faltan trabajadores. [...]

13.00 horas – Carlos sigue en la cama: no hay quién le levante
A las ocho menos cuarto de la mañana, Delmi Galeano, de El Salvador, de 42 años,
20 entra como un torbellino en el piso de Carlos Urquía y Paz Sevilla, de 65 y 63 años, respectivamente, un matrimonio de clase media de Madrid. [E]ntre las dos mujeres, levantan de la cama a Carlos, tetrapléjico desde hace meses [...] Sin perder tiempo,

---

6 **sostenerse sobre** apoyarse sobre
7 **la hostelería** Hotel- und Gaststättengewerbe
7 **sustentar** tragen, stützen
7 **la sanidad y los cuidados** Gesundheits- und Krankenpflege
11 **pararse** *hier:* zum Erliegen kommen
14 **derrumbarse** *aquí:* dejar de funcionar
17 **volver a ser pujante** *aquí:* vuelve a tomar fuerzas
20 **como un torbellino** *(fig.)* wie ein Wirbelwind
22 **tetrapléjico/-a** an den Armen und Beinen gelähmt

Un mundo para todos • Migración en España

sin parar ni un minuto, porque a las 10 tienen que estar en el coche para llegar a la hora a la clínica de rehabilitación, Delmi mete la silla de Carlos en el coche adaptado, después se sube ella y conduce por la M-30. Sigue bromeando para que Carlos no se duerma. Cobra el salario mínimo. 1.000 euros. Entra a las ocho y sale a las tres de la tarde.

[…] Su familia ha prosperado, gracias al sueldo que ella envía cada mes. Pero renunció para siempre a su trabajo de abogada a fin de ponerse a limpiar y a cuidar de personas. «La vida, si la dejas, se ríe de ti», cuenta. Pero no hay tiempo para mucha melancolía, porque hay que recoger a Carlos, montarlo en la silla, subirlo al coche […]. Paz, la mujer, los ve regresar, se sienta en la cocina y responde a la pregunta del reportaje: «¿Si no hubiera inmigrantes? No sé. Yo sé que, si Delmi no viniera, España no se pararía, pero mi marido, simplemente, se moriría.» […]

14.00 horas – Nadie come en La Toscana
[…] En la Comunidad Valenciana la hostelería concentra el mayor porcentaje de extranjeros, un 16,37 %. Pasa también en Asturias, Cantabria, Castilla y León o Galicia. En Canarias alcanza el 40 %.
En la pizzería La Toscana, muy cerquita de la playa del Levante, Israel Blasco, el dueño, de 48 años, imagina lo que pasaría si los inmigrantes se declararan en huelga. El establecimiento se pone en marcha a las 10 de la mañana. Ana y Judith, las auxiliares de cocina, son de Ucranía y Colombia, respectivamente. Mohamed, Ali y Kambra, los paquistaníes, son los cocineros. Sin ellos, la pasta y la masa de las pizzas se quedaría sin hacer. Tampoco la salsa de rabo de toro estará en el menú, ni ninguna de las otras especialidades. «La elaboración de nuestros platos es un 99 % casera, así que yo no podría abrir. Esto es un barco y todos son necesarios.» […]

16.00 horas – La sala de espera del centro de salud es un caos
Hasta 70 pacientes pueden pasar en una mañana por el centro de salud de Navalmoral de la Mata, en Cáceres, pero hoy no hay médicos. La sala de espera es un caos. El coordinador del centro, el médico venezolano José Alejandro Pinto no vino a trabajar. Tampoco otros cuatro compatriotas, ni la doctora boliviana ni los dos médicos argentinos que pasan consulta en ese centro de salud. «No es solo aquí, en todos los pueblos aledaños no habría atención sin los médicos extranjeros», mantiene Pinto. […] «Los servicios han colapsado por la precariedad de las contrataciones, los sueldos aquí no son tan atractivos y los españoles no los han aceptado».

18.00 horas – El campo se vacía
El porcentaje de inmigrantes trabajando en el campo llega al 23 %. En algunas regiones, esta cifra aún es más elevada. Uno de estos lugares es El Ejido y sus alrededores, marcado por los horizontes de plástico de los invernaderos. El 70 % de los que los trabajan ahí son extranjeros, la mayoría procedentes de Marruecos, Rumanía y Senegal. […] Es decir: los invernaderos, en un hipotético día sin inmigrantes, se quedarían casi vacíos. María Luisa González, secretaria de Inmigración de Comisiones Obreras, afirma que los invernaderos dan empleo a entre 25.000 y 30.000 personas en situación administrativa irregular. «Son un pilar esencial, pero no están valorados de esa manera», afirma González, que explica que al carecer de documentación que les permita trabajar en España realizan «jornadas interminables» de lunes a sábado o incluso domingos y festivos a cambio de un salario «menor del mínimo interprofesional».[…]

Fuente: Antonio Jiménez y María Martín, El País, 2022

---

25 **la M-30** autopista que rodea el centro de Madrid
28 **prosperar** mejorar económicamente
28 **el sueldo que ella envía** aquí: el dinero que Delmi envía a su familia de Latinoamérica
29 **renunciar a** verzichten auf
40 **la huelga** Streik
42 **el/la auxiliar de cocina** Küchenhilfe
53 **aledaño/-a** cercano/-a
54 **la precariedad de las contrataciones** aquí: los salarios bajos
61 **el invernadero** Gewächshaus
64 **en situación administrativa irregular** sin papeles
64 **el pilar** (fig.) Stützpfeiler
65 **al carecer de documentación** sin papeles
68 **el (salario) mínimo interprofesional** gesetzlicher Mindestlohn

Un mundo para todos • Migración en España

4

▶ Textos informativos, p. 242

▶ Punto de apoyo, p. 222

COMPRENSIÓN

2 Presenta –en forma de mapa mental o diagrama– todos los efectos concretos que provocaría un día sin inmigrantes en los distintos sectores laborales, según el artículo.

ANÁLISIS

3 Examina la estructura del artículo.

4 Analiza la imagen que pintan los autores de Delmi Galeano. Ten en cuenta la manera de presentarla y los recursos estilísticos que utilizan.

MÁS ALLÁ DEL TEXTO

5 a Describe y explica el mapa de abajo.

b Haced suposiciones sobre los cuatro grupos de inmigrantes más numerosos en España (marroquíes, rumanos, colombianos, británicos). ¿Qué los habrá motivado a dejar sus países? ¿Por qué será España un país atractivo para ellos? ¿Cómo será su integración a la sociedad?

> Los **factores de empuje** son los motivos por los cuales las personas dejan su país, mientras que los **factores de atracción** son los aspectos que llevan a estas personas a elegir un país en particular. Algunos factores de empuje son la persecución o discriminación étnica, racial, política y cultural. También la falta de oportunidades laborales, la mala calidad de vida, la dificultad para satisfacer necesidades básicas (alimentación, ropa, educación, salud). Los factores de atracción, en cambio, pueden ser la estabilidad política o económica de un país, la oferta laboral, pero también el amor, la reunificación familiar, la educación o el buen clima.

c Buscad información en Internet sobre los factores de empuje y atracción de uno de estos cuatro grupos y presentad vuestros resultados a la clase.

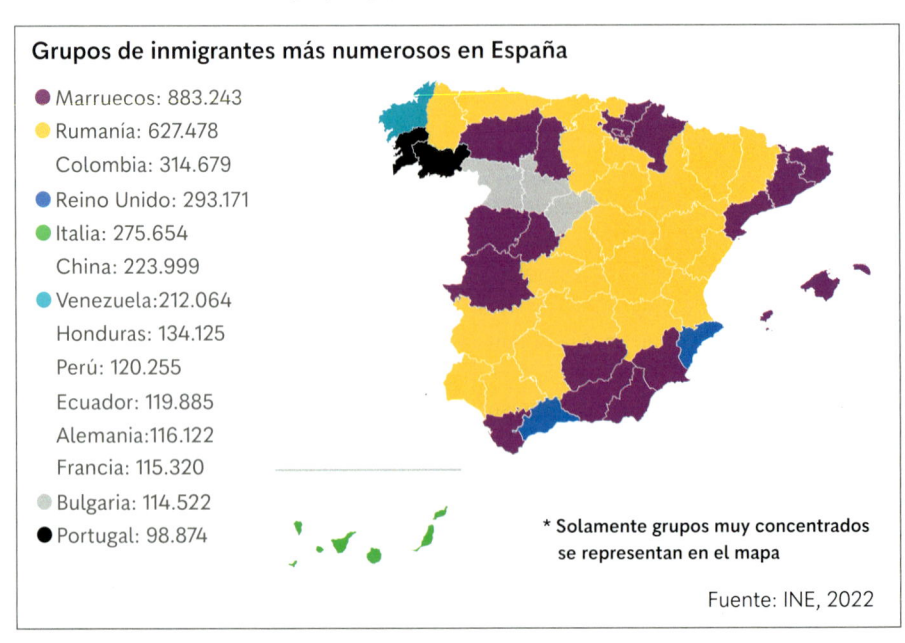

Grupos de inmigrantes más numerosos en España

- Marruecos: 883.243
- Rumanía: 627.478
- Colombia: 314.679
- Reino Unido: 293.171
- Italia: 275.654
- China: 223.999
- Venezuela: 212.064
- Honduras: 134.125
- Perú: 120.255
- Ecuador: 119.885
- Alemania: 116.122
- Francia: 115.320
- Bulgaria: 114.522
- Portugal: 98.874

* Solamente grupos muy concentrados se representan en el mapa

Fuente: INE, 2022

Un mundo para todos • Migración en España

1 Mira la foto, lee el título y la introducción al texto: haz suposiciones sobre la trama del fragmento.

▶ Antes de leer, p. 230

El **Estrecho de Gibraltar** (**Yabal Tarik**) es el lugar donde se unen naturalmente el Mediterráneo y el Atlántico separando así Europa y África. Tiene profundidades de 300 a 900 metros y una distancia entre continentes de 14,4 km.

TEXTO AVANZADO

El lenguaje de la felicidad

Abderrahman El Fathi

La narradora en primera persona es una niña marroquí que recuerda cómo viajó a España para reunirse con su madre, quien ya vivía y trabajaba legalmente en la
5 *Península. La trama del siguiente fragmento se desarrolla el día de su llegada y al día siguiente.*

[...] Era la hora de la reagrupación familiar. Recuerdo la travesía de ese amplio **Estrecho de Yabal Tarik.** Cuando me alejaba del puerto que me vio nacer, las lágrimas se confundían en el azul inmenso de las aguas que me llevaban hacia mi
10 madre, ese ser que un día, de madrugada, sin tiempo siquiera para un beso, cuando el sol asomaba su tímida luz en mi ventana, se marchó, en una huida para procurarme un futuro mejor.

Llegó el momento, y allí estaba, en el puerto, en el barco, en las mismas aguas que me arrancaron a mi mamá y que ahora me devolvían a sus brazos. Tantas veces
15 maldije el mar que me alejaba del beso matinal, del desayuno con té y cariño. Me veía a lomos de las mismas olas, del mismo mar, sólo que ahora éste me brindaba la oportunidad de reunirme con ella.

Allí estaba, risueña, más mamá que nunca. Aún mantengo en mi piel y mi corazón el abrazo del reencuentro [...]. Realizaré por fin todo aquello que me prometió en
20 aquellas cartas que me leían al llegar a puerto.

Me desperté, y junto a la almohada me miraba un muñeco de vivos colores y ojos saltones, una gran pelota, suave al tacto, de color distinto a los que tenía antes de llegar a esta tierra. Los rayos del sol me invitaban a respirar un aire más fresco y tierno que el día de la travesía. Era mi primer día, lejos del puerto, de mis abuelos,
25 de mis amigos de la Kasbah, de la lengua en la que hablo y grito y cuento historias y juego y discuto y sueño.

7 **la reagrupación familiar** la reunificación de la familia
12 **procurarme** conseguirme
14 **arrancar** quitar con violencia
15 **maldecir** verfluchen
15 **matinal** que tiene lugar o se hace por la mañana
16 **a lomos de (una ola)** auf dem Rücken (einer Welle)
18 **risueño/-a** alegre, contento/-a
21 **el muñeco** Puppe
24 **la travesía** el viaje por mar
25 **la Kasbah** *aquí:* el barrio donde creció la narradora

Un mundo para todos • Migración en España

Lo que más me incomodaba e inquietaba era no poder hablar y comunicarme con mis nuevos amigos del país al que me trajo mi mamá. En un principio me sentí diferente, ausente, ajena a todo este mundo recién estrenado, al despertar de mi nuevo hogar. En el parque, cerca de casa de mamá, había muchos niños y niñas, corrían, hablaban, chillaban, se reían, se decían cosas. Eran tan felices... Sus caras rebosaban e irradiaban alegría, pero yo no podía entenderlos. Sin poder comunicarme con ellos, me delataban mi color, mi pelo, mi estatura, mi mirada fija y extrañada y mi silencio ensordecedor.

En esa confusa y desalentadora situación se acercó a mí una niña impecablemente vestida, de tez más blanca que las espumosas aguas del Estrecho, en cuyo pelo brillaban estrellitas de colores que cubrían su rubia melena de seda. Me dijo tantas cosas, y tan deprisa, que aunque la hubiera entendido no habría sido capaz de descifrar sus palabras. Sin embargo, me tomó de la mano y me llevó donde estaban sus otros compañeros. Me invitó a subir al columpio para compartir conmigo los caramelos que tenía, todos ellos envueltos en papeles de mil colores. Entonces me di cuenta de que podía hablar, que podía comunicarme con ellos aun siendo distintos, pues nos unía la ilusión de subir al columpio y jugar, sí, jugar y gritar de felicidad.

Compartíamos el parque, los juegos, los caramelos y, sobre todo, aquel columpio que me elevó hasta ver las copas de los árboles más altos del parque, en una experiencia inolvidable. Por fin, cuando llegué a casa, le dije a mamá que hablaba el mismo idioma que los niños extraños que no eran de mi país, el lenguaje de la felicidad y las sonrisas y los gritos y los columpios, y también el lenguaje de los caramelos que compartíamos y de los helados que se derretían en nuestras manos. Mi sueño con mamá en tierras lejanas se hizo realidad. Tenía amigos y amigas que no hablaban como yo al inicio de mi estancia, pero con los que me entendía con sólo mirar a la cara.

Fuente: Abderrahman El Fathi, El lenguaje de la felicidad, 2010

Vocabulario:

29 **ausente** separado/-a de otros
29 **ajeno/-a** diferente, distinto/-a
31 **chillar** gritar
32 **rebosar** *aquí:* estar lleno/-a de
32 **irradiar alegría** vor Freude strahlen
33 **me delataban** *aquí:* llamaban la atención sobre mí
34 **ensordecedor/-a** ohrenbetäubend
35 **desalentador/-a** entmutigend
36 **la tez** la piel
36 **espumoso/-a** *hier:* schäumend
37 **la melena** el pelo largo
40 **el columpio** Schaukel
43 **la ilusión** *aquí:* la alegría
46 **la copa** *hier:* Wipfel
50 **derretirse** schmelzen, zerlaufen

▶ Textos informativos, p. 242

▶ Punto de apoyo, p. 222

COMPRENSIÓN

2 Presenta a la narradora y su situación familiar.

3 Cuenta lo que pasa en su primer día en España.

ANÁLISIS

4 Expón cómo se desarrollan los sentimientos de la narradora.

5 Analiza cómo se reflejan los sentimientos de la narradora en su lenguaje.
Ten en cuenta:
- las figuras de repetición
- el uso de los pronombres personales en 1ª persona
- la metáfora del «lenguaje de la felicidad»
- el valor simbólico del «columpio»

MÁS ALLÁ DEL TEXTO

6 (Escribir) Escribe un monólogo interior en el que la niña rubia que entra en contacto con la protagonista revive la escena en el parque.

Un mundo para todos • Migración en España

Nuevos españoles

1 Leed el titular, el subtítulo, y la primera frase del artículo. Luego intercambiad vuestras ideas sobre su contenido.

La excelencia escolar también es inmigrante *Sonia Vizoso*

Sanaa Aboufaris, de familia humilde y origen marroquí, obtiene en Galicia el premio extraordinario de la ESO: «Necesitamos más ayudas para que la igualdad de oportunidades sea real».

Los 16 años de Sanaa Aboufaris narran el esfuerzo de una niña brillante, la lucha de una familia humilde de origen marroquí por dar estudios a sus hijos y la implicación de un pueblo de Galicia en la acogida de inmigrantes. Ella está entre los 20 adolescentes gallegos que han recibido de la Xunta el premio extraordinario por obtener más de un 9 de media en secundaria y las mejores notas en un examen al que se presentaron 600 estudiantes sobresalientes. «Demuestra que los programas de integración de inmigrantes funcionan. Los resultados no se ven a corto plazo, sino en las segundas generaciones», expone Montse Carabelos, trabajadora social del Ayuntamiento de Vilaboa (Pontevedra) donde reside Sanaa.

Vilaboa es un municipio de menos de 6.000 habitantes, situado entre Vigo y Pontevedra, que concentra una de las mayores comunidades marroquíes de Galicia, que llegó a estar formada por casi 300 vecinos. A partir del año 2000 en las aulas del pueblo se escolarizaron de repente una treintena de niños llegados de Marruecos junto a sus madres para reunirse con sus padres, dedicados a la venta ambulante y asentados años atrás en esta localidad por sus buenas comunicaciones y vivienda barata. «Vinieron con una mochila: dificultades idiomáticas, falta de ayuda con las tareas porque sus padres tampoco conocían bien la lengua, familias numerosas en casas pequeñas... Son hándicaps que teníamos que superar», recuerdan fuentes del Ayuntamiento.

Carabelos y su equipo, que incluía la pionera figura en Galicia de una mediadora intercultural, impulsaron un programa de integración de inmigrantes que incluyó desde cursos de cocina hasta clases de refuerzo escolar. «Las madres preparaban cuscús y nosotras, bacalao al pilpil», rememora entre risas. Aquellas mujeres que apenas salían de sus casas empezaron a relacionarse con el resto del pueblo. Pero hubo que afrontar otro problema importante: el absentismo escolar.

En el mes de Ramadán o en la Fiesta del Cordero, las familias se marchaban a Marruecos y los pequeños perdían clases. «Ahí se trabajó muy duro y se vincularon las prestaciones que recibían a la escolarización», señala la trabajadora social. «Las familias acabaron tomando conciencia de la importancia de los estudios de sus hijos. ¡Y de qué manera! Vieron cómo los niños terminaban Bachillerato y mejoraban sus vidas. Ahora valoran muchísimo el sistema educativo». La comunidad marroquí de Vilaboa ya tiene una cirujana cardíaca.

«Si no hay estudios, no hay nada», sentencia Abdelmajid Aboufaris, vendedor ambulante y orgulloso padre de Sanaa que llegó a España con solo 15 años procedente de la localidad del centro de Marruecos Fkih Ben Saleh. La madre, Hasna Ouahlim, empleada de limpieza, destaca lo «trabajadora» que es su hija, que nació en Galicia en 2004: «Todas las vacaciones las pasó estudiando». [...] «Otros alumnos tienen condiciones familiares y económicas favorables y no las

---

2 **humilde** *hier:* bescheiden
8 **la Xunta (de Galicia)** gobierno de Galicia
12 **a corto plazo** dentro de un período relativamente breve
17 **escolarizar** einschulen
18 **la venta ambulante** la venta en la calle
19 **asentados en** ...que se habían instalado en...
23 **la fuente** *aquí:* la persona
24 **el/la mediador/a** profesional que ayuda a superar conflictos
26 **el refuerzo escolar** Nachhilfe
27 **el cuscús** plato típico magrebí
27 **el bacalao al pilpil** plato típico gallego
27 **rememorar** acordarse, recordar
29 **el absentismo (escolar)** hohe Fehlzeiten (in der Schule)
31 **vincular** *hier:* koppeln
32 **las prestaciones** *hier:* Sozialleistungen
36 **el/la cirujano/-a cardíaco/-a** Herzchirurg/in

Un mundo para todos • Migración en España

43 **suplir** compensar	
43 **las carencias** las desventajas	
43 **el tesón** capacidad de continuar con algo a pesar de los obstáculos	
45 **la defensa** aquí: el fomento	
48 **el tópico** el cliché, estereotipo	
50 **impedir** hacer imposible	
56 **reclamar** exigir	
59 **el organismo comunitario** organismo de la Unión Europea	

aprovechan, pero ella ha suplido las carencias con tesón y esfuerzo», señala Cristina González Piñeiro, orientadora del centro, quien destaca como factores de
45 éxito la colaboración «estrecha» entre la escuela y los servicios sociales y la defensa de la multiculturalidad en las aulas.

Sanaa habla árabe, francés, inglés, castellano y gallego. Es consciente de que su historia cuestiona muchos tópicos. «Los prejuicios son ideas falsas sobre cosas que la gente no entiende. Es como juzgar un libro por su portada y, en el caso de las
50 personas, impide conocerlas», afirma. «A mí una compañera me llegó a decir un día: ‹¿Cómo puedes ser árabe y tan lista?›. Pero mayoritariamente yo me he sentido respetada».

Esta estudiante brillante, que vive con sus padres, sus dos hermanos y su abuelo, se inclina por las ciencias aunque no sabe aún qué carrera quiere estudiar. Tras
55 finalizar la ESO, viaja todos los días a Pontevedra para ir a clase en un instituto de esta ciudad porque en su pueblo no hay centro de Bachillerato. Reclama más ayudas para los escolares que arrastran dificultades económicas. A ella le gustaría, por ejemplo, perfeccionar el inglés en algún viaje o intercambio escolar, pero su familia no puede permitírselo. [...] Según datos del organismo comunitario
60 Eurydice, el 31,9 % de los alumnos de origen extranjero abandonan la escuela antes de acabar la ESO frente al 15,6 % de los autóctonos, lo que sitúa a España a la cabeza de Europa en esta triste estadística. [...]

«Ojalá su historia sirva de referente a otros chicos y calle algunas bocas. Había gente que decía que en este colegio se bajaba el nivel porque había muchos
65 estudiantes de origen inmigrante», concluye la orientadora de la escuela en la que Sanaa nunca bajó del sobresaliente. «Menos en gimnasia», puntualiza la estudiante con una sonrisa.

Fuente: Sonia Vizoso, El País, 2020

COMPRENSIÓN

2 Expón los factores que hicieron posible el éxito de Sanaa Aboufaris según el texto.

3 Presenta los programas de integración de inmigrantes de Galicia mencionados en el artículo.

ANÁLISIS

4 Analiza la manera en la que la autora, Sonia Vizoso, presenta a Sanaa Aboufaris y el efecto que intenta crear en el lector. Ten en cuenta el contenido, la forma y el lenguaje de su artículo.

MÁS ALLÁ DEL TEXTO

5 a «Los prejuicios son ideas falsas sobre cosas que la gente no entiende. Es como juzgar un libro por su portada» (ll. 48-49). Explica y comenta esta definición figurativa de Sanaa Aboufaris.

b Formula tu propia definición figurativa para el término prejuicio: «Los prejuicios son... Es como...»

▶ Punto de apoyo, p. 222
▶ Textos narrativos, p. 243

Un mundo para todos • Migración en España

c Intercambiad ejemplos concretos que apoyen la integración de inmigrantes en vuestro instituto o barrio.

6 (Para elegir) Haz el ejercicio **a** o **b**.

«[L]os programas de integración de inmigrantes funcionan. Los resultados no se ven a corto plazo, sino en las segundas generaciones.» (ll. 10–12)
Montse Carabelos, trabajadora social

a (Escribir) Comenta la afirmación de Montse Carabelos en una carta a la directora de *El País*.

b (Hablar) Hablad de medidas para facilitar la integración de inmigrantes. Poneos de acuerdo sobre las más importantes y justificad vuestra decisión.

▶ Escribir un comentario personal, p. 236

Discriminación

1 Describe la portada y haz suposiciones: ¿de qué tratará la novela?

▶ Imágenes, p. 248

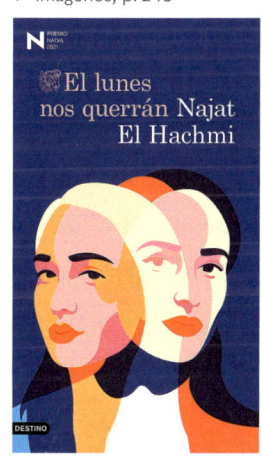

El lunes nos querrán *Najat El Hachmi*

La novela «El lunes nos querrán» está escrita en forma de una carta larga. La narradora, Naíma, se dirige a una muy buena amiga, recordándole las vivencias de su juventud y adolescencia. Naíma es hija de inmigrantes marroquíes y creció en un ambiente
5 *de estricta religiosidad en un barrio de las afueras de Barcelona. Está casada con Yamal, un musulmán devoto, que intenta controlarla. Lucha por conseguir más libertad personal y hacerse cargo de su propia vida.*

Tuve que ir sola a matricularme en la universidad. Sola por el mundo, al fin. Lejos de todo después de cruzar las vías, de tomar un tren temprano, luego hacer
10 trasbordo y entrar en el metro con ese embrollo de confusión y velocidad. ¿Y si me perdía? Pero qué tonta eres, me decías, ni que fueras tu madre, ni que fueras una analfabeta que no conoce la lengua ni sabe leer mapas. ¿Pueden las hijas de las analfabetas ir a la universidad? ¿Y si me equivocaba? ¿Y si las clases se me hacían incomprensibles, si no era capaz de pasar los exámenes y se demostraba que las
15 moras de barrio no podían ir tan lejos, ni entrar en sitios en los que ninguna mora de barrio había entrado antes? ¿Se darían cuenta mis compañeros y profesores de que yo venía de donde venía? ¿Me exigirían más por eso o me darían una palmadita condescendiente en la espalda?

Estás cargada de tonterías, me dijiste, tú eres tú. No eres ni el barrio, ni el pueblo,
20 ni tu madre, ni tu padre. Yo te conozco y sé que eres capaz de conseguir todo lo que te propongas. Nadie se va a fijar en si eres la primera mora o la última.

Y así fue. En aquellas aulas centenarias, los alumnos iban de una clase a otra, y cada vez que me sentaba en una tenía compañeros distintos. Decenas de estudiantes, muchos de mi edad, otros mayores. Me saludaban, se presentaban, me
25 hablaban, y yo ya no esquivaba las miradas ni me iba corriendo al terminar. Nos quedábamos a charlar y eran conversaciones estimulantes sobre las materias, la reputación de los profesores, la actualidad o la política. Fui soltándome poco a poco, al principio con timidez, luego ya con más confianza. No me daba vergüenza intervenir en clase y no tardé en tener mi propio grupito. Coger el metro, el
30 tren, otro tren, cruzar la vía y entrar en la casita sin enyesar de Yamal era como

8 **matricularse** inscribirse
9 **hacer trasbordo** cambiar de tren
10 **el embrollo** caos
11 **perderse** *hier:* den falschen Zug nehmen
11 **ni que fueras** du bist doch nicht
15 **el/la moro/-a** (*pey.*) inmigrante musulmán/-ana del norte de África
17 **dar una palmadita condescendiente** einen aufmunternden Klaps geben
22 **centenario/-a** muy antiguo/-a
25 **esquivar** evitar
27 **ir soltándose** lockerer werden
29 **intervenir** participar
30 **la casita sin enyesar** *etwa* halbfertiges Haus

▶

109

Un mundo para todos • Migración en España

Vokabular:

36 **no había ni rastro de** es war nichts zu sehen von
42 **tirar de** aprovechar, hacer uso de
46 **el expediente académico** Zeugnisse
46 **impecable** hervorragend
48 **las circunstancias** *hier:* Lebensumstände
51 **a medida que** (*conj.*) mientras
51 **la cucharita en la muralla** (*fig.*) unermüdlich

---

remontar una cuesta después de haberla bajado extendiendo los brazos con alegría, sintiendo el aire en la cara. Pero él me había prometido que nos mudaríamos pronto. No a Barcelona, donde era imposible pagar un alquiler, pero sí al centro de nuestra ciudad periférica.

35 Empecé a buscar trabajo sin cesar. Preparé un plan exhaustivo. Currículums que fotocopiaba en la universidad con una foto en la que no había ni rastro de mis rizos. Limpia, lisa y ordenada. Intentando parecer siempre lo menos mora posible. Pensaba así entonces, ¿te acuerdas? Que para encontrar trabajo tenía que disimular todo lo que me hiciera parecer extranjera. Acento no tenía, cuando llamaba por
40 teléfono nadie se daba cuenta de mi procedencia. Hasta que decía el nombre. Una vez llegué a mentir. Dije que me llamaba Ana. Todo habría sido más fácil si me hubiera llamado Ana. Tiré de contactos, de las personas que conocía, pero el teléfono sonaba pocas veces. Te llamaremos, sí, te llamaremos.

No me desesperaba, me había vuelto un poco como tú. Seguía y seguía recorrien-
45 do las calles, atenta a los carteles de las ofertas. Tarde o temprano saldría algo. ¿No tenía yo un expediente académico impecable? ¿No estudiaba en la universidad? Había miles, millones de mujeres trabajadoras capaces de compaginarlo todo. Puede que idealizáramos un poco las circunstancias de nuestras vecinas no musulmanas, puede que no todas fueran tan independientes como nos parecía
50 desde fuera, pero esa idealización nos sirvió para seguir el camino hacia una libertad que íbamos descubriendo a medida que la conquistábamos. La cucharita en la muralla, ¿te acuerdas? Poco a poco, paso a paso. No había otra opción, no podíamos mirar atrás.

Fuente: Najat El Hachmi, *El lunes nos querrán*, 2021

Info:
La mayoría de los **inmigrantes de segunda generación se sienten a gusto** en España. De los hijos de inmigrantes que nacieron en España o llegaron al país a una edad temprana, casi **el 80 % se define como español**. Según diversos estudios, las razones de este alto índice de identificación son la igualdad de trato en el sistema educativo y sanitario y la buena acogida general por parte de la población española.
Sin embargo, existen restricciones en materia religiosa que afectan especialmente a la población musulmana. **Los hijos de inmigrantes musulmanes** tienden a mantener las costumbres religiosas de sus padres. Son ellos los que **denuncian más casos de discriminación**: Casi el 15 % se siente discriminado en España.

▶ Textos informativos, p. 242

COMPRENSIÓN

2 Presenta a la narradora y sus experiencias en la universidad.

ANÁLISIS

3 Analiza cómo se presentan las esperanzas y los esfuerzos de la narradora por encontrar empleo.

MÁS ALLÁ DEL TEXTO

4 (Para elegir) Haz el ejercicio **a** o **b**.

a Explica y comenta la situación personal de la narradora relacionando el dibujo de la portada con lo que cuenta ella en este fragmento.

b Discute la afirmación de la narradora cuando dice que «puede que idealizáramos un poco las circunstancias de nuestras vecinas no musulmanas» (l. 48) ¿A qué idealización se refiere? ¿Cómo la afecta esa idealización?

Un mundo para todos • Migración en España

Voces españolas desde Alemania

1 Infórmate brevemente en «Palabras en contexto» (p. 100) sobre las oleadas de migración española y formula hipótesis sobre las razones que tuvieron Lito e Izaskun para emigrar a Alemania.

Lito Vila Baleato    Izaskun Gracia Quintana

Los dos ponentes del podcast son el profesor gallego Lito Vila Baleato, quien actualmente reside en España, y la poeta y traductora vasca Izaskun Gracia Quintana, de Bilbao, que reside en Berlín desde 2011.

COMPRENSIÓN Y ANÁLISIS

2 Escucha la primera parte del podcast y contesta las preguntas:
a ¿Qué le permite afirmar a Lito: «Yo siempre digo que yo soy realmente un hijo de la emigración»?
b ¿Qué razones tuvieron los padres de Lito para emigrar a Alemania y cuándo regresaron a España?
c ¿Qué semejanzas y diferencias ve Izaskun Gracia Quintana entre su situación personal y la de otros inmigrantes en Alemania?

3 Escucha la segunda parte del podcast y presenta cómo Lito valora su estancia en Alemania. ¿Qué ejemplos da para ilustrarla?

4 Vuelve a escuchar la segunda parte del podcast, en la que Izaskun narra una anécdota curiosa que, según ella, «a todo el mundo le había pasado». Cuenta esta anécdota y explica su significado para una persona migrante.

MÁS ALLÁ DEL TEXTO

5 a Describe y comenta el gráfico de barras.

b Explica en una charla de un minuto el creciente número de inmigrantes españoles en Alemania desde la década de 2010. Para ello, infórmate en Internet usando, p. ej., «fuga de cerebros», «fuga de talento» y «España» para la búsqueda.

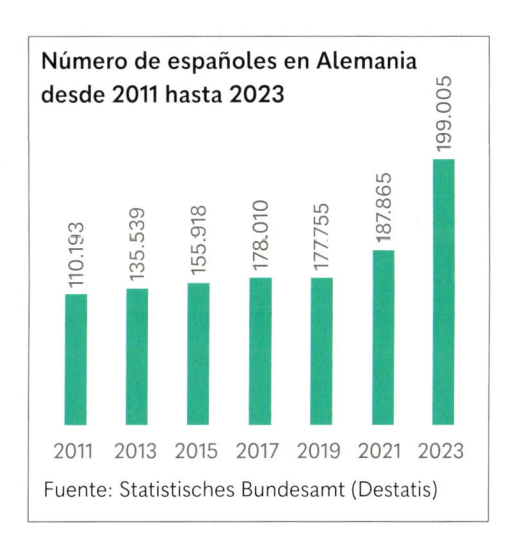

Número de españoles en Alemania desde 2011 hasta 2023

Año	Número
2011	110.193
2013	135.539
2015	155.918
2017	178.010
2019	177.755
2021	187.865
2023	199.005

Fuente: Statistisches Bundesamt (Destatis)

Lito y su hermano Paco en Alemania.

Podcast: 1ª parte
el documento nacional de identidad (DNI) der Personalausweis
la experiencia vital *hier:* Lebenserfahrungen
tener repercusión afectar
a mí no me pilla *hier:* das trifft auf mich nicht zu
el bagaje cultural *aquí:* el trasfondo cultural
el visado Visum
el Oriente Medio Mittlerer Osten (u. a. Iran, Afghanistan)
el duelo migratorio *aquí:* la situación de un/a inmigrante

Podcast: 2ª parte
el punto de inflexión Wendepunkt
la bombilla *hier:* nackte Glühbirne
negar no querer creer
la condición de migrante Status als Einwanderer/in
igual vuelves *aquí:* tal vez vuelves
la morriña Heimweh
el arraigo y desarraigo (fig.) Ver- und Entwurzelung

▶ Punto de apoyo, p. 222

Un mundo para todos • Diversidad étnica

Nemonte Nenquimo (en el centro de la foto) es una activista **waorani** de la **Amazonía** que se extiende por el noreste de **Ecuador**. Ella lideró una campaña indígena que resultó en un dictamen de la Corte Constitucional de Ecuador para proteger 500.000 hectáreas de selva amazónica contra la extracción de petróleo. En 2020 recibió el Premio Goldman (el «nobel del medio ambiente») por su lucha. En ese mismo año la revista Time la eligió como una de las **100 personas más influyentes** del mundo.

La Amazonía es una lucha de todos

1 Describe la foto y haz suposiciones sobre el por qué las mujeres se están manifestando.

TEXTO AVANZADO — **Nemonte Nenquimo y la defensa de la selva** *Lucía Blasco*

BBC: ¿Qué inspiró tu lucha por defender los derechos de los pueblos indígenas?

Nenquimo: Aprendí muchas historias de mi abuelo que solía escuchar cuando tenía como 5 años. Mi abuelo era un defensor de su territorio. Lo protegía. No dejaba que entraran invasores, incluso aunque fueran de otra etnia indígena, [...] A mí me gustaba conocer esas historias de los guerreros waorani.

También aprendí mucho de mi padre. Él nació en la selva y no entró en contacto con el resto del mundo hasta hace 50 años. Gracias a él, desde pequeña, aprendí las realidades sobre mis raíces, sobre el lugar del que vengo –y sobre cómo los guerreros waorani han luchado durante miles de años (y lo siguen haciendo ahora).

Todo eso me hizo darme cuenta de que yo tenía que continuar con ese legado, defender nuestro pueblo por nuestros hijos, por su futuro. [...]

Si no hacemos algo ahora no dejaremos nada para las futuras generaciones.

A tus 33 años, te has convertido en una de las líderes medioambientales más reconocidas del mundo. Una de las 100 personas más influyentes de la revista Time [...] ¿Cuándo empezaste a ser una líder?

Empecé a ser líder cuando tenía 23 años, primero al frente de las mujeres waoranis, liderando a 400 mujeres para defender valores importantes de nuestro territorio, haciendo artesanías y protegiendo nuestro idioma (la lengua wao, o wao terero). Luego empecé a visitar pueblos donde viven etnias de otras nacionalidades.

El primer impacto fue el contacto con las petroleras, que han causado un daño enorme.

Fundé la Alianza Ceibo, una organización conformada por cuatro **nacionalidades** del norte de la

---

5 **el/la invasor/a** Eindringling
11 **el legado** *aquí:* la tradición
16 **influyente** einflussreich
22 **la artesanía** Kunsthandwerk

Un mundo para todos • Diversidad étnica

Amazonía (**siona, a'i Kofan, siekopai y waorani**) para defender a nuestras comunidades y a nuestra selva. Estar unidos nos dio mucha fuerza y coraje. [...] Luego fui elegida presidenta de la organización Waorani de Pastaza (el Consejo de Coordinación de la Nacionalidad Waorani de Pastaza, Conconawep) y seguí con la lucha.
Ha sido una lucha larga, pero la Madre Tierra nos necesita.

¿Cómo influye en esa lucha ser una mujer indígena?
Es cierto que muchas veces las mujeres son invisibles para la sociedad. En muchos países, las mujeres quieren ser líderes pero no les dejan, no les dan la oportunidad. Pero para mí ser una mujer indígena es una fortaleza.
En nuestra cultura waorani las mujeres siempre han sido líderes. Su voz es fuerte y es escuchada. [...]
Yo identifico ser mujer waorani con la sabiduría, con el conocimiento ancestral, con la vida. [...] Y yo lucho por eso, por la vida.
Todos los seres humanos que viven en este planeta deberían hacer algo para luchar por la vida, para combatir el cambio climático, y no solo esperar que los «pobres» indígenas sigamos protestando y luchando.
Más bien, deberíamos unir fuerzas. Es la única manera de hacer algo para salvar la vida en este planeta.

Los waoranis están en primera línea en la lucha contra el cambio climático, pero son una comunidad desconocida para muchos. Como mujer waorani, ¿qué mensaje te gustaría transmitir al resto del mundo?
Me gustaría mandar este mensaje de mi comunidad al mundo occidental: que dejen de consumir tanta gasolina y tanto plástico porque lo que ellos consumen contamina y destruye nuestra vida en la selva. Viven en un sistema de consumir, consumir y consumir. Deberían vivir con más tranquilidad, más humildad y más corazón. Consumir alimentos saludables en lugar de comida con químicos que les enferman a ellos y al planeta. Proteger y limpiar el aire. Cuidar la Tierra.
Sobre todo a las madres y a los padres les diría que eduquen a sus hijos sobre cómo cuidar el planeta que nos da la vida porque lo están matando. Y eso va a perjudicar a todos los seres humanos, no sólo a nosotros. [...]

El lema de tu campaña es «Nuestra selva no está en venta». ¿Cuánto crees que falta para quitar el cartel de «se vende»?
Es un proceso largo. No es fácil con los intereses y los poderes del gobierno. Pero seguimos trabajando, uniéndonos y fortaleciéndonos día a día.
Nuestro territorio no está en venta, es nuestra «casa». Y nosotros no vamos a permitir que vengan a patearla y destruirla. La Amazonía es lo único que nos queda.
Ya hay petroleras causando impactos y daños ambientales a comunidades waoranis. ¿Cómo nos hemos beneficiado? ¿Qué cambios positivos ha habido? ¡No hay nada! La gente y los animales están contaminados, se están muriendo.
El gobierno nos ha engañado al permitir que las petroleras entren en territorio waorani. Lo mismo pasa con la sanidad y la educación. Hasta ahora, no hemos sido atendidos por los doctores como deberíamos.
Por eso te puedo decir que sé que no va a ser un reto fácil, aunque sé que al final lo lograremos. [...]

Fuente: Lucía Blasco, BBC Mundo, 2020

En Ecuador viven **14 nacionalidades indígenas**, entre ellos los **waorani** o huaorani, los **siona**, los **a'i kofan** y los **siekopai**. Los waorani vivían en aislamiento hasta los años 50, cuando misiones evangelizadoras los sacaron de sus tierras para «civilizarlos». Luego, empresas petroleras extranjeras ocuparon parte de su territorio para extraer petróleo.

41 **la fortaleza** Stärke
44 **el conocimiento ancestral** Wissen der Vorfahren
51 **estar en primera línea** in vorderster Reihe kämpfen
55 **la gasolina** Benzin
61 **perjudicar** schädigen
63 **estar en venta** zum Verkauf stehen
64 **quitar** *hier:* abnehmen, entfernen
66 **fortalecer** dar fuerza a alguien
68 **patear** treten
73 **la sanidad** Gesundheitswesen *aquí: sentencia judicial que garantizaría a los waorani acceso a los sistemas de sanidad y educación. Hasta ahora no se ha llevado a la práctica.*

Un mundo para todos • Diversidad étnica

COMPRENSIÓN

2 Resume lo que llegas a saber sobre Nemonte Nenquimo.

3 Expón los problemas que enfrentan los pueblos indígenas en la Amazonía según la entrevista.

ANÁLISIS

▶ Textos informativos, p. 242

4 Explica lo que critica Nenquimo de la situación actual, tanto en la Amazonía y en Ecuador como en el mundo occidental, y qué propone para salvar la Madre Tierra.

5 a Examina la forma en que la entrevista presenta la lucha de los waorani.

▶ Punto de apoyo, p. 223

b Analiza cómo Nenquimo quiere lograr sus metas para salvar la Amazonía.

MÁS ALLÁ DEL TEXTO

▶ La discusión, p. 232

6 a (Hablar) Según Nemonte la protección de la Amazonía es una «lucha de todos». Discutid posibles cambios en vuestro estilo de vida y vuestro consumo diario para proteger la Amazonía.

▶ Escribir un comentario personal, p. 236

b (Escribir) La entrevista con Nemonte Nenquimo ha sido publicada en una revista en línea y alguien ha posteado el siguiente comentario: «La Tierra no está muriendo. Está siendo asesinada». Redacta una respuesta y comenta esta declaración con referencia a la lucha y a las ideas de Nemonte Nenquimo, pero incluyendo también tu propia opinión.

▶ Imágenes, p. 248

7 Mira el póster y compáralo con la fotografía del ejercicio 1 (p. 112). ¿Qué imagen transmite su mensaje con más fuerza? Justifica tu respuesta.

Parque Nacional Yasuní

El Sí al Yasuní
El 20 de agosto de 2023 se celebró una consulta popular sobre el futuro del petróleo encontrado en el **Parque Nacional Yasuní**. El 58,98 % de la población votó a favor de mantener el petróleo bajo tierra y así salvar el área protegida más grande de Ecuador, una de las zonas con mayor biodiversidad del planeta. El entonces gobierno ecuatoriano estaba a favor de la extracción, que según sus calculaciones le garantizaba ingresos anuales de 1.200 millones de dólares.

Un mundo para todos • Diversidad étnica

Educación y derechos

1 Antes de leer el cuento, intercambia tus ideas con dos personas: ¿Qué importancia tienen las letras y saber leer en nuestra sociedad?

▶ Antes de leer, p. 230

Las letras *Edna Iturralde*

Kadouae amarró un pedazo de liana a sus pies para poder subir al árbol. Muchos de los árboles de la Amazonia no tienen ramas bajas de donde agarrarse y los niños aprenden a subirse a ellos impulsándose con los pies amarrados. Kadouae
5 subió y subió hasta llegar a las primeras ramas; allí se sostuvo con las rodillas. Extendió una mano hacia el árbol de chonta que se encontraba a su lado, agarró una rama y de un salto se cambió de árbol. Una vez allí, tomó los frutos de la chonta, y después bajó por el primer árbol. Todo este proceso tan complicado tiene una razón: es imposible trepar por el árbol de chonta debido a que su tronco
10 está cubierto de gruesos espinos.

Kadouae puso los frutos dentro de una canasta, junto a otros que había cosechado, y los contó utilizando los dedos de sus manos y de sus pies. Decidió que eran suficientes, pero no quería volver a casa. No quería ir a ese lugar que llamaban escuela y que habían abierto en la comuna hace poco. Para Kadouae era muy
15 difícil aceptar que le dijeran qué hacer o adónde ir, porque en la cultura de su pueblo, los huaorani, los niños son libres de ir y venir sin restricciones. Además, ¿a quién le gusta pasar las mejores horas del día sentado, haciendo signos en unas tablas, como le había contado su primo Bave, en vez de ir a cazar o jugar revolcándose en el lodo con los otros niños? No, él, definitivamente, no iría jamás a la
20 escuela. Este pensamiento lo puso feliz, y empezó a silbar imitando a los distintos pájaros de la selva.

En los siguientes días varios niños fueron a la escuela por curiosidad. Kadouae era parte del grupo de los que preferían ir a jugar. Los niños huaorani no juegan con juguetes fabricados: un nido abandonado de termitas es una pelota; un pedazo de
25 madera, una muñeca, y la gran selva, la sala de juegos. Tampoco hay ganadores ni perdedores, porque no conocen lo que es la competencia; se juega por el gusto de jugar y nadie trata de ser mejor que otro.

–Yo jamás iré a la escuela –repetía Kadouae a quien quisiera oírle.

Los adultos sonreían. ¿Cómo iban a obligar a un niño a hacer
30 algo que ellos jamás habían hecho? Además, no estaban seguros para qué servía la dichosa escuela.

Pero Kadouae era muy curioso, y en lo más oculto de su corazón sentía muchos deseos por saber qué se hacía en la escuela.

35 La escuela era un chozón con techo de palma y quedaba junto a un claro donde crecía yuca. Kadouae empezó a caminar a menudo entre los sembrados.

Todos los días se acercaba un poco más, hasta que uno de ellos llegó tan cerca que pudo escuchar lo que explicaba la maestra.
40 Les estaba enseñando otra lengua y unos símbolos extraños a los que llamaba «letras». Decía que saber las letras era como poseer una magia y que de esa forma se podía aprender muchas cosas que su pueblo necesitaría saber para defenderse. Kadouae se quedó boquiabierto. Se alzó en puntillas para
45 conocer las letras. Quería ver qué forma tenían. ▶

2 **amarrar** fijar con un nudo
3 **agarrarse** hochziehen
5 **sostenerse** festhalten
6 **(el árbol de) chonta** Pfirsichpalme
9 **trepar** klettern
9 **el tronco** Stamm
10 **el espino** Stachel
11 **la canasta** Korb
11 **cosechar** ernten
18 **la tabla** *hier:* Schreibtafel
18 **revolcarse** sich wälzen
19 **el lodo** Schlamm
20 **silbar** pfeifen
24 **un nido abandonado de termitas** ein verlassenes Termitennest
25 **la muñeca** Puppe
26 **la competencia** Wettbewerb
36 **el claro** *lugar con poca vegetación*
37 **el sembrado** *tierra con cultivos*
44 **quedar boquiabierto/-a** sorprenderse
44 **alzarse de puntillas** sich auf Zehenspitzen stellen

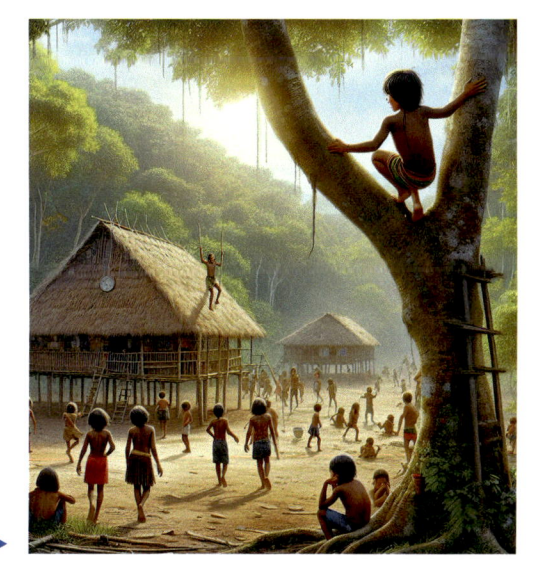

4 Un mundo para todos • Diversidad étnica

> En las últimas décadas los **pueblos indígenas** han conseguido más **derechos para proteger sus culturas**, lenguas y territorios.
> Se les ha otorgado el **derecho a la autodeterminación**, lo que significa que pueden gestionar sus propias instituciones educativas y preservar sus tradiciones. Además, los convenios internacionales de la Organización Internacional de Trabajo (OIT) de 1991, la *Declaración de la ONU sobre los derechos de los pueblos indígenas* de 2007 y la *Declaración Americana* de 2016 reconocen su **derecho a la tierra y a ser consultados en proyectos que los afecten**.

La maestra sostenía en sus manos un libro con dibujos de colores y unos pocos niños la rodeaban. Kadouae no alcanzó a distinguir nada.

«Quizá las letras son espíritus que no se pueden ver a menos que uno pertenezca a la escuela», pensó. ¡Qué curiosidad sentía!

50 Kadouae no sólo comenzó a ir a la escuela todos los días, sino que fue el único alumno, porque los otros, desanimados o porque sus padres no lo aprobaban, jamás volvieron. Sin mucho esfuerzo aprendió Kadouae las letras, a leer y a escribir en aquel idioma nuevo. Poco tiempo después, antes de marcharse, la maestra le regaló el pequeño libro de dibujos con el que le había enseñado.

55 Kadouae envolvió cuidadosamente el libro en la corteza de una palma y lo escondió en una esquina de la casa. De vez en cuando lo sacaba, y leía una y otra vez las historias, y admiraba los dibujos de colores.

Pasó el tiempo y un día llegó una mujer, que era una especie de líder de los huaorani; venía acompañada por unos extranjeros.

60 –Estos hombres pertenecen al Gobierno –dijo.

Optaron por saludarlos ceremoniosamente, porque nadie sabía qué significaba eso de «gobierno».

–Debemos hablar cosas importantes relacionadas con nuestra tierra –explicó la mujer. Los mayores se reunieron listos a aportar su consejo. Los viejos se sentaron

65 en el suelo formando un medio círculo, y esperaron. El resto de la comunidad los rodeó en silencio. La mujer sacó de un maletín unos fajos de papeles escritos y los sostuvo en sus manos.

–Hermanos huaorani, estos papeles nos garantizan que nuestras tierras serán respetadas –exclamó la mujer con gesto de triunfo–. Aquí, aquí lo dice... Está

70 escrito en estas letras –insistió ella, golpeando los papeles con una mano mientras sonreía nerviosa.

–Letras... –los ancianos se miraron los rostros y encogieron los hombros.

–¿Cómo podemos saber que eso es verdad? –preguntó un anciano con desconfianza. El rostro de la mujer se ensombreció.

75 Sabía lo que estaba pasando. Los huaorani no tienen un solo jefe, y aunque a ella la veían como líder, no le tenían la suficiente confianza... lo que significaba que de no haber alguien de la comuna que leyera los documentos en voz alta para que todos escucharan y aprobaran, no se lograría adelantar nada.

–¿Hay alguien aquí que sepa leer? ¿No hay una escuelita en el poblado? –preguntó

80 esperanzada.

Nadie contestó. Los niños se rieron avergonzados. Los ancianos trataron de lucir más dignos que nunca. Los adultos se movieron inquietos. Quién hubiera dicho que mandar a los niños a la escuela hubiera sido útil.

La mujer regresó a ver a los hombres y mujeres de la comuna.

85 –Es importante... –imploró angustiada–. Es importante para todos nosotros, para el pueblo huaorani...

Entonces, alguien habló:

–Yo puedo... Yo sé leer –dijo tímidamente una voz en medio del grupo.

Era Kadouae. La mujer se acercó a él y le entregó el papel con gesto de alivio. Los

90 ancianos estiraron sus cuellos para oír mejor. Kadouae miró las letras, se aclaró la garganta y comenzó a leer sin ningún problema.

Fuente: Edna Iturralde, Verde fue mi selva, 2013

---

47 **alcanzar** lograr
48 **a menos que** es sei denn
55 **envolver** einwickeln
55 **la corteza** Rinde
61 **optar por** decidirse por
64 **aportar** dar, añadir
66 **rodear a alguien** *hier:* einen Kreis um jdn. bilden
66 **el maletín** Aktentasche
66 **el fajo** Bündel
72 **el rostro** la cara
72 **encogerse los hombros** mit den Schultern zucken
74 **ensombrecerse** verdüstern
78 **adelantar** avanzar
79 **el poblado** el pueblo
81 **lucir** *aquí:* aparecer
82 **digno/-a** würdig
85 **implorar** anflehen
85 **angustiado/-a** bekümmert
89 **el alivio** Erleichterung
90 **estirar el cuello** den Hals strecken
91 **la garganta** Kehle, Hals

Un mundo para todos • Diversidad étnica

COMPRENSIÓN

2 Resume la trama del cuento. ▶ Punto de apoyo, p. 223

3 Cuenta cómo los niños reaccionan ante la escuela.

ANÁLISIS

4 Retrata a Kadouae enfocando especialmente su desarrollo a lo largo del cuento.

5 Analiza la perspectiva narrativa y el lenguaje usado. ▶ Punto de apoyo, p. 223

MÁS ALLÁ DEL TEXTO

6 (Para elegir) (Escribir) Haz el ejercicio **a** o **b**. ▶ Escribir textos creativos, p. 238

  a Redacta dos o tres párrafos más para narrar la reacción de los habitantes del pueblo y de los visitantes ante la lectura de Kadouae. La tarea **5** te puede ayudar para utilizar un estilo similar al resto del cuento.

  b Cuando la delegación del gobierno y la mujer se han despedido del poblado, Kadouae vuelve a la selva para pensar en lo sucedido y evaluar el valor de las letras. Redacta un monólogo interior.

7 (Hablar) Imaginaos que trabajáis en una editorial y que queréis publicar el cuento «Las letras». Discutid y poneos de acuerdo cuál de las siguientes imágenes debe acompañar al cuento. ▶ Punto de apoyo, p. 223

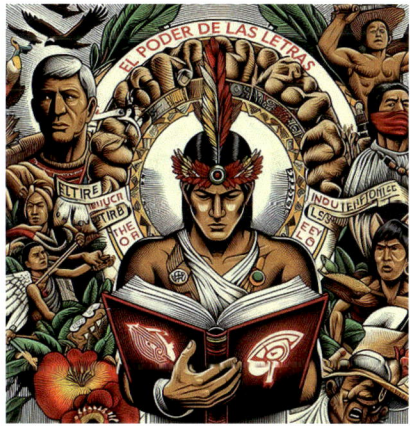

4 Foco literario • Analizar e interpretar un poema

1 Según datos de la UNESCO, casi la mitad de las 6.000 lenguas en el mundo están en peligro de extinción. Intercambiad ideas: ¿por qué muere una lengua y qué efectos tiene su muerte?

Cuando muere una lengua *Miguel León Portilla*

> Miguel Luis León Portilla (1926-2019) fue un historiador, filósofo, escritor y diplomático mexicano. Fue un experto reconocido en la literatura de la cultura náhuatl e investigó sobre la defensa de los derechos indígenas.

Cuando muere una lengua
las cosas divinas,
estrellas, sol y luna;
5 las cosas humanas,
pensar y sentir,
no se reflejan ya
en ese espejo.

Cuando muere una lengua
10 todo lo que hay en el mundo,
mares y ríos,
animales y plantas,
ni se piensan, ni pronuncian
con atisbos y sonidos
15 que no existen ya.

Cuando muere una lengua
entonces se cierra
a todos los pueblos del mundo
una ventana, una puerta,
20 un asomarse
de modo distinto
a cuanto es ser y vida en la tierra.

Cuando muere una lengua,
sus palabras de amor,
25 entonación de dolor y querencia,
tal vez viejos cantos,
relatos, discursos, plegarias,
nadie, cual fueron,
alcanzará a repetir.

30 Cuando muere una lengua,
ya muchas han muerto
y muchas pueden morir.
Espejos para siempre quebrados,
sombra de voces
35 para siempre acalladas:
la humanidad se empobrece.

Fuente: Miguel León Portilla, Cuando muere una lengua, 2010

3 **divino/-a** perteneciente a dios
14 **el atisbo** Fünkchen, Anzeichen
20 **asomarse** *aquí*: acercarse
25 **la entonación** *aquí*: la expresión
25 **la querencia** el amor
27 **la plegaria** Gebet
33 **quebrado/-a** roto
35 **acallado/-a** *aquí*: callado/-a

▶ Textos líricos, p. 246

Comprensión

2 Lee el poema en voz alta e indica el tono que tiene.

3 Presenta los efectos que tiene la muerte de una lengua según este poema.

Análisis: la imagen

La imagen es un tipo específico de metáfora, en la que ideas abstractas son representadas a través de elementos visuales y concretos. En este poema, algunas características de una lengua son presentadas mediante objetos concretos.

▶ Recursos estilísticos, p. 246

4 Analiza las imágenes que ilustran el valor y las funciones de una lengua.

Más allá del texto

▶ Punto de apoyo, p. 224

5 Comenta el mensaje del poema, pensando en el último verso.

▶ La discusión, p. 232

6 (Hablar) Preparad una mesa redonda y discutid ideas para salvar una lengua o un dialecto local. Pensad en diferentes estrategias, tanto a nivel personal, político, en la educación, etc. y proponed soluciones para que una lengua no desaparezca.

Un mundo para todos • Diversidad étnica

Identidad y diversidad lingüística

1 Compara la información sobre los países de la tabla y presenta los aspectos que más te llaman la atención o que más te sorprenden.

Nueve países de América Latina con más lenguas indígenas

🇧🇷 **Brasil**
Lenguas indígenas: 186
Pueblos indígenas: 256
Población indígena: 0,5 %
Población total:
más de 220 millones

🇲🇽 **México**
Lenguas indígenas: 68
Pueblos indígenas: 68
Población indígena: 21,5 %
Población total:
más de 129 millones

🇨🇴 **Colombia**
Lenguas indígenas: 65
Pueblos indígenas: 115
Población indígena: 4,4 %
Población total:
más de 48 millones

🇵🇪 **Perú**
Lenguas indígenas: 48
Pueblos indígenas: 55
Población indígena: 26 %
Población total:
más de 33 millones

🇻🇪 **Venezuela**
Lenguas indígenas: 37
Pueblos indígenas: 51
Población indígena: 2,7 %
Población total:
más de 30 millones

🇧🇴 **Bolivia**
Lenguas indígenas: 36
Pueblos indígenas: 33
Población indígena: 66,2 %
Población total:
más de 12 millones

🇬🇹 **Guatemala**
Lenguas indígenas: 24
Pueblos indígenas: 24
Población indígena: 60 %
Población total:
más de 18 millones

🇵🇾 **Paraguay**
Lenguas indígenas: 20
Pueblos indígenas: 19
Población indígena: 1,8 %
Población total:
más de 6 millones

🇦🇷 **Argentina**
Lenguas indígenas: 15
Pueblos indígenas: 36
Población indígena: 2,4 %
Población total:
más de 45 millones

Fuente: FILAC, 2020

COMPRENSIÓN

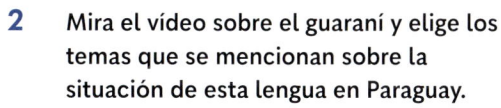

2 Mira el vídeo sobre el guaraní y elige los temas que se mencionan sobre la situación de esta lengua en Paraguay.
a El estatus legal del guaraní
b Los pueblos indígenas
c El número de hablantes
d La capital Asunción
e Problemas de traducir el guaraní
f Una posible razón de la gran aceptación

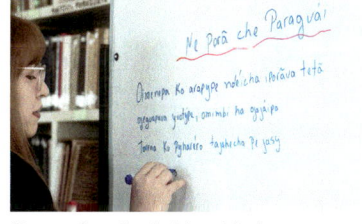

Guaraní, seña de identidad paraguaya

> El **guaraní** es hablado en Paraguay, en el norte de Argentina, Bolivia y Brasil por más de **6 millones de personas**. En **Paraguay** lo habla casi un 90 % de la población del país. Piraña y ñandú son algunas de las palabras de origen guaraní más conocidas en español.

3 Vuelve a mirar el vídeo y contesta las preguntas.
1 ¿Dónde se entrevista a la profesora, al historiador y a la escritora?
2 ¿Cuáles son las lenguas oficiales en Paraguay?
3 ¿Qué grupos étnicos formaron la población paraguaya?
4 ¿Cuántos indígenas viven en Paraguay?
5 ¿Qué es, según la escritora, lo único paraguayo que no viene del extranjero?

4 Apunta dos impresiones del pueblo donde viven los indígenas.

Vídeo:
el mestizaje mezcla de culturas
atribuido/-a zugeschrieben
Domingo Martínez de Irala (1509–1556) *conquistador y colonizador español que participó en expediciones en Río de la Plata y Paraguay*
apegado/-a a muy unido/-a a
el idioma ágrafo el idioma sin escritura
denunciar *aquí:* hablar públicamente en contra de

Un mundo para todos • Diversidad étnica

Juventud indígena

Este texto es parte del discurso que la poeta mixteca Nadia López García dio al recibir el Premio Nacional de Juventud 2018 en México en la categoría fortalecimiento a la cultura indígena. En él, Nadia habla de las dificultades que enfrentó durante su infancia y juventud.

Soy Nadia, una mujer de la **mixteca alta de Oaxaca**; hija de una mujer que fue monolingüe hasta los 15 años y que no concluyó su educación primaria, porque no podía hablar en español. Una mujer que recibió castigos por hablar y pensar en la lengua mixteca. Soy nieta de una mujer, que a sus 60 años pudo escribir por primera vez su nombre. Soy bisnieta de Catarina, quien murió sin que una clínica, ni un doctor llegaran a la comunidad.
Soy mujer, soy indígena, soy migrante y soy joven.
Quizá todas las características que dolorosamente presagian un futuro poco alentador. Porque, siendo sinceros, aunque mucho se ha trabajado y logrado por los derechos de los pueblos indígenas, los migrantes, las mujeres y, sobre todo, los jóvenes, aún falta mucho por hacer. Estamos al inicio del camino; un camino que para todas y todos ha representado un gran esfuerzo, constancia, pasión, coraje y lágrimas.
Ser joven es resistir, y ser joven indígena es resistir doblemente.
[...] Quisiera contarles un poco de mi historia, que sin ser más extraordinaria que la de mis compañeros y compañeras, pone luz sobre mis características más esenciales: resistencia y pasión [...]
Crecí entre campos de fresa, tomate y pepino, junto a cientos de niñas y niños jornaleros migrantes, que año con año migran con sus padres al Norte, para trabajar en los campos de cultivo. [...]
En Baja California, donde vivimos por muchos años, escuché por primera vez a mi madre hablar en una lengua distinta [...], en una lengua que sonaba como la lluvia. [...] Recuerdo que ella, cuando se dio cuenta de que estábamos atentos para escucharla, bajó los ojos y guardó silencio. Comenzó a hablar en español. Mi madre no nos enseñó la lengua desde pequeños. Pensó que así nos evitaría la discriminación y la exclusión. Hasta ese momento no era consciente del gran dolor que mi mamá cargaba.
Ese dolor se convirtió en mi inspiración para realizar mi trabajo. Todos los días trabajo para que más historias, como la de mi madre, no se repitan. Para erradicar el racismo y la discriminación hacia los pueblos indígenas. Para compartir que nuestros pueblos originarios han resistido por no desaparecer, por no olvidar nuestras palabras; por seguir soñando en cada una de las 68 lenguas que se hablan en México. Un país multilingüe, de una diversidad cultural y lingüística inimaginables. Trabajo para que ninguna persona sienta temor, ni vergüenza de decir: Yo soy indígena. Para que nuestras lenguas y formas de ver el mundo nunca mueran. Ser indígena es eso: es tener un mundo y no renunciar a él.
El camino para volver este sueño realidad me obligó nuevamente a migrar. En esta ocasión me trasladé a la Ciudad de México para estudiar en la UNAM. [...] Vendí ropa, café, fui mesera y hasta lavé ajeno para solventar mis estudios. Es difícil contarles esto sin recordar que un día, hace algunos años, sentada frente a **la Biblioteca Central de la UNAM** lloré [...] y estuve a punto de rendirme. Lloré de rabia e impotencia.

Nadia López García nació en 1992 en Oaxaca, México. Nadia es una poeta bilingüe mixteca-español. Hoy es licenciada en Pedagogía por la UNAM (Universidad Nacional Autónoma de México).

El **pueblo mixteco** tiene sus raíces en una cultura prehispánica que reinaba en el sureste de México desde 1500 a. C. hasta la conquista por el imperio español en 1523 d. C. Se trata de uno de los pueblos más antiguos de Mesoamérica. Entre los indígenas mixtecos-zapotecos más destacados figuran la cantante **Lila Downs**, el pintor **Francisco Toledo** y el primer presidente indígena de México, **Benito Juárez**.

---

8 **el castigo** Bestrafung
10 **el/la bisnieto/-a** el/la hijo/-a de un/a nieto/-a
13 **presagiar** anunciar, prever algo
14 **alentador/a** ermutigend
17 **la constancia** Ausdauer, Beharrlichkeit
17 **el coraje** Courage, Mut
18 **la lágrima** Träne
21 **poner luz sobre algo** *aquí:* indicar, mostrar
24 **el/la jornalero/-a** Tagelöhner/in
24 **el Norte** *el Norte de México es la zona más agrícola del país*
26 **Baja California** *estado mexicano que limita con EE. UU.*
34 **erradicar** terminar con algo
43 **trasladarse** mudarse
44 **la mesera** *(mx.)* la camarera
44 **lavar ajeno** trabajar lavando ropa de otras personas
44 **solventar** pagar

Un mundo para todos • Diversidad étnica

Me dolió darme cuenta de que muchas veces tuve que decir que algo no se me antojaba o que no lo necesitaba, porque sabía que mis papás no podían comprarlo. [...]. Frente a los murales de mi universidad, llegué a enojarme por no haber nacido en un hogar rico, por no tener padres profesionistas; por no tener amistades de dinero que pudieran financiar mis estudios, mis pasajes o invitarme una comida. No les voy a mentir, llevé mi dolor a cuestas mucho tiempo, hasta que un día recordé los esfuerzos con los que mis padres emprendieron camino al norte para buscar un mejor nivel de vida para sus hijos. Recordé a mi madre escondida para que no la escucháramos hablar en mixteco. Recordé a esa mujer que trabajó duramente para convertir a su hija en la primera integrante mujer de su familia en ir a la universidad.

Fue entonces cuando fui enteramente consciente de que sí, sí podemos desafiar al futuro; que podemos cambiar nuestras historias de pobreza, violencia y discriminación, por historias de triunfo, de solidaridad, de éxito.

Desde ese día me atreví a hacer poesía, narrativa y ensayo en lengua mixteca. Me atreví a realizar talleres y conferencias para el fortalecimiento de las identidades, el empoderamiento de la mujer indígena. Me atreví a trabajar con niños que han sufrido violencia por hablar sus lenguas maternas, a crear una plataforma de traducción en lenguas indígenas. Me atreví y me atrevo a soñar.

El atreverme a soñar en mixteco es lo que me tiene aquí, frente a ustedes, con una falda que mis tías me hicieron, una blusa que bordó Natalia, un rebozo que me regaló mi madre, pero, sobre todo, tengo sus historias, sus palabras, su fortaleza y sus enseñanzas. [...]

Aquí, frente a ustedes, estamos hombres y mujeres de edades diferentes, de historias y geografías distintas, con diversas metas y proyectos, pero con un mismo propósito: hacer de México una Nación en la que todos nuestros sueños puedan caber. [...] Soñemos juntos, en distintas lenguas, por un México más justo, más libre y más incluyente. [...] Gracias.

Fuente: Nadia López García, Discurso, 2018

Los **murales de la Biblioteca Central de la UNAM** ilustran la historia de México y la importancia de la herencia indígena.

46 **rendirse** aufgeben
47 **la rabia** Wut
47 **la impotencia** Ohnmacht, Machtlosigkeit
49 **antojarse algo a alguien** *(mx.)* apetecer algo a alguien
51 **padres profesionistas** akademische Eltern
41 **emprender** comenzar, iniciar
63 **el fortalecimiento** Ermutigung, Stärkung
64 **el empoderamiento** Selbstermächtigung, Empowerment
61 **atreverse a** sich trauen
68 **bordar** (be)sticken
68 **el rebozo** una prenda mexicana de vestir, similar a un chal
74 **caber** *aquí:* tener lugar

APP Más información

COMPRENSIÓN

1 Presenta los temas y describe el sueño que Nadia López García menciona en su discurso.

ANÁLISIS

2 Explica por qué las características que Nadia López García se atribuye a sí misma (l. 12) no le prometían un futuro positivo.

▶ Textos informativos, p. 242

3 a Examina la estructura del discurso. La tarea 2 puede ayudarte.

b Analiza los recursos estilísticos que Nadia utiliza para destacar las dificultades que ha enfrentado durante su vida.

▶ Punto de apoyo, p. 224

MÁS ALLÁ DEL TEXTO

4 «El atreverme a soñar en mixteco es lo que me tiene aquí, frente a ustedes...» (l. 67). Discute la idea de que creer en un sueño es muy importante para lograr objetivos en la vida.

4 Un mundo para todos • Diversidad étnica

Lenguas minoritarias en Alemania

1 Informaos sobre las lenguas minoritarias habladas en Alemania (danés, sorabo, frisón, romaní) y presentad una de ellas siguiendo el modelo de la caja de información sobre el bajo alemán.

2 Estás de intercambio en Oaxaca (México) y para la semana de las lenguas indígenas se discuten en tu instituto diferentes medidas para salvar la riqueza lingüística del estado. Te piden que presentes para la escuela la situación de las lenguas minoritarias en Alemania y encuentras este artículo en Internet.

Escribe un artículo para el blog del instituto o prepara una presentación sobre la situación del bajo alemán en Alemania y las iniciativas que se han puesto en práctica para fomentar su uso en el sistema educativo.

▶ Mediación, p. 241

> El **bajo alemán** es una lengua minoritaria que se habla en los estados del norte de Alemania (Schleswig-Holstein, Baja Sajonia, Mecklemburgo-Pomerania Occidental, Brandeburgo, Sajonia-Anhalt, Bremen, Hamburgo y Renania del Norte-Westfalia). Desde los años 60, el número de hablantes ha disminuido masivamente y, salvo algunas excepciones, el dominio activo de la lengua prácticamente ha desaparecido entre los niños. Se calcula que todavía hay unos **2 millones de hablantes**, sobre todo en la generación de mayor edad. Sólo en algunas partes de Frisia Oriental (en bajo alemán *Oostfreesland*) el idioma se sigue utilizando como lengua familiar y cotidiana.

Löppt in de School

„Ik weet eenen Eekboom, de steiht an de See, de Noordstorm, de bruust in sien Knaest". So beginnt ein Gedicht des plattdeutschen Autors Fritz Reuter. Am Goethe-Gymnasium in Demmin könnte es Stoff für eine Abiturprüfung sein: Die Schule ist
5 eine von vier in Mecklenburg-Vorpommern, in denen Niederdeutsch, Eigenbezeichnung Plattdüütsch, als Abiturfach gewählt werden kann. Zwar wird das Angebot bisher kaum genutzt, aber in allen nördlichen Bundesländern sind Regionalsprachen auf dem Vormarsch. In zahlreichen Schulen in den norddeutschen Bundesländern wird heute Niederdeutsch angeboten, in Niedersachsen können Schüler*innen an
10 einzelnen Orten zusätzlich auch Saterfriesisch lernen. Auch Schulen in Nordrhein-Westfalen, Sachsen-Anhalt und Brandenburg bieten heute vereinzelt Unterricht in Platt an.

[...] Andrea Strichau-Plüg unterrichtet Plattdüütsch an der Alexander-von-Humboldt-Schule im schleswig-holsteinischen Neumünster. Die Lehrerin stammt aus der
15 Region, für ihre Großeltern war Platt noch die Alltagssprache, sie selbst hörte es als Kind. Dennoch zählt sie sich zu den sogenannten verlorenen Generationen, wie heute viele Erwachsene im Norden. Mehrere Jahrzehnte lang wurde den Kindern in der Schule verboten, platt zu schnacken. Denn die Regionalsprache galt als bäuerisch, und wer Höheres anstrebte, sollte sie rasch verlernen. So verschwand die
20 Sprache aus dem Alltag. Angehörige der folgenden Generationen verstehen Platt zwar, doch ihnen fehlt der aktive Wortschatz.

Das soll sich wieder ändern. Dafür plant Andrea Strichau-Plüg, einen Plattdeutsch-Grundkurs für alle fünften und sechsten Klassen ihrer Schule anzubieten. So sollen möglichst viele Kinder zumindest ins Plattdeutsche hineinhören. Die Humboldt-
25 Schule liegt in einem Randbezirk der Stadt, viele Kinder stammen aus dem Umland. „Das ist dörflich geprägt, also können die Großeltern oft Platt und freuen sich, es mit ihren Enkeln zu sprechen."

Damit die Kinder nicht nur Texte lesen und im Unterricht sprechen, will die Lehrerin einen „Platt-Cast" starten. Die erste Ausgabe wird sich mit Eten un Drinken, Essen
30 und Trinken, befassen. Dafür gehen die Sechstklässler*innen des Plattdüütsch-Kurses zum Interview in die Mensa oder erzählen die lokale Sage vom Aalversuper, in der Dörfler*innen einen räuberischen Aal bestrafen wollen, indem sie ihn „versupen".

Un mundo para todos • Diversidad étnica

Das heißt nicht etwa „zu Suppe verarbeiten", sondern „ertränken" und rettet dem Tier damit das Leben.

Die Themen seien fast egal, „Hauptsache, ich halte sie am Sprechen", sagt Strichau-Plüg. Ihr ist wichtig, das Niederdeutsche zu erhalten: „Es ist Teil der Landesgeschichte, und wenn es verschwindet, hat es auch mit der Unterdrückung der ursprünglichen Kultur zu tun."

So ein Schulangebot hätte auch Vanessa Teichmann gerne gehabt. Die 19-Jährige stammt aus einem Dorf bei Parchim, studiert aktuell in Greifswald und nutzt jede Gelegenheit, Platt zu schnacken. Gelernt hat sie die Sprache zusammen mit ihrer Mutter, die als Kita-Erzieherin Platt unterrichten wollte. In ihrer Schule gab es erst eine Plattdüütsch-AG, als Teichmann bereits kurz vor dem Abitur stand. „Dabei hätte ich es gern in der Schule belegt", sagt die Studentin, die sich bei den „Jungen Lüüd" engagiert, einer Gruppe von Nachwuchs-Plattschnackern. Weil es im Alltag kaum Gelegenheit gibt, die Sprache zu sprechen, treffen sie sich in Online-Gesprächsrunden über das „Plietschfon", Smartphone, oder am „Reekner", dem Computer.

Die wichtigste Lobbyorganisation für den Erhalt der Regionalsprache ist das Niederdeutschsekretariat mit Sitz in Hamburg. Sekretariatsleiterin Christiane Ehlers hat die Entwicklung im ganzen Norden im Blick und weiß: „Jedes Bundesland geht seinen eigenen Weg."

„Plattdüütsch in den Ünnerricht"

Hamburg war zwar Vorreiter, doch zurzeit wird die Sprache vor allem in den Grundschulen der Hansestadt angeboten. Mecklenburg-Vorpommern geht weiter: Das Land lässt Platt seit dem Schuljahr 2017/18 als Fremdsprache in allen weiterführenden Schulen zu, bevorzugt Lehrkräfte mit Niederdeutsch-Zertifikat bei der Einstellung und hat Profilschulen eingerichtet. Eine Reihe von Modellschulen gibt es auch in Schleswig-Holstein, aber das Land setzt vor allem auf freiwilliges Engagement.

Das gebe es in vielen Orten, stellt Ehlers erfreut fest: „Die Sprachförderung läuft aufgrund vieler Beteiligter inzwischen sehr strukturiert." Niedersachsen, wo als zweite Minderheitensprache Saterfriesisch gesprochen wird, setzt auf ein landesweites Beraternetz, inzwischen sind über 40 Schulen als „Plattdeutsche Schulen" ausgezeichnet, 2 als „Saterfriesische Schulen". [...]

Da es kaum mehr plattdeutsche Muttersprachler*innen gibt, „legen wir die Fremdsprachen-Didaktik an", sagt Deutschlehrerin Kristin Studier aus Demmin. „Allerdings erleichtert es das Vokabellernen, dass es dicht an der Muttersprache dran ist." Die Lehrerin, die aus Sachsen stammt und Plattdüütsch an der Uni Greifswald lernte, warnt jedoch auch: Es reiche nicht, „einfach nur Wörter rund auszusprechen, damit es irgendwie platt klingt".

Ihre Kollegin Andrea Strichau-Plüg in Schleswig-Holstein jedenfalls ist optimistisch, dass sich verschüttete Kenntnisse wieder aktivieren ließen: „Die Sprache war und ist immer da. Man muss sich nur trauen zu sprechen." (776 Wörter)

Fuente: Esther Geisslinger, TAZ, 2023

5 **niederdeutsch** el bajo alemán
6 **das Abiturfach** la asignatura del Bachillerato General
10 **saterfriesisch** *el frisón de Saterland, una región en el oeste de Baja Sajonia*
18 **schnacken** *(ndt.)* sprechen
44 **junge Lüüd** *(ndt.)* junge Leute

Erinnerungstafel auf Plattdeutsch: *Fischerboot unter vollen Segeln aus Ditzum um 1900*

4   Taller de competencias • Expresión oral

En tus últimos años en el instituto tendrás que tomar un examen oral. Este probablemente consistirá en, al menos, un monólogo y un diálogo. A continuación, encuentras tareas para practicar ambas partes.

Las tareas: el monólogo

Aquí te presentamos tres alternativas para practicar el monólogo. En los monólogos A y B preparas una presentación a partir de un solo impulso visual, mientras que en el Monólogo C lo haces a partir de dos.

Viñeta A:
la pollera *falda típica del Perú*
el sombrero chalán *tipischer Hut der Anden*
la choza *Hütte*
la excavadora *Bagger*
la laguna *lago pequeño*
el cerro *montaña pequeña*
la platita *dinero*

Monólogo A
Describe la caricatura y comenta el efecto que tiene el diálogo entre el hombre de negocios y la familia, pensando en los desafíos de la diversidad étnica y el medioambiente en América Latina. Presta atención también al contraste que existe en las ropas (traje, pollera, poncho) y los objetos (excavadora, choza) de cada una de las personas.

Fuente: Carlos Tovar (Carlín), La República, 2012

Viñeta B:
el camión *Lastwagen*
la sandalia *die Sandale*
el maizal *Maisfeld*
el/la jornalero/-a *Tagelöhner/in*
el biocombustible *Biokraftstoff*

Monólogo B
Describe la caricatura y comenta el efecto que tiene el contraste entre lo que hacen los jornaleros con el maíz y lo que necesitan sus familias, pensando en los desafíos de la diversidad étnica y el medioambiente en América Latina. Presta atención también a los gestos de los distintos vehículos y los de las personas.

Fuente: Carlos Tovar (Carlín), «Biocombustibles», Errar es urbano, 2012

Monólogo C
Describe las dos caricaturas (Monólogo A y B), relaciónalas comentando su composición (por ejemplo: colores, paisaje, personas y mensajes) y elige la que te parezca más efectiva para discutir los desafíos de la diversidad étnica y el medioambiente en América Latina.

Taller de competencias • Expresión oral

Las estrategias: el monólogo

Pasos para describir y comentar una imagen

1 Presentar la información básica
   a Nombra al artista, el título, la fecha de publicación y el tipo de imagen (pintura, foto, caricatura, colores, blanco y negro, etc.).
   b Describe brevemente qué ves y nombra el tema central.

2 Describir la composición de la imagen
   a Describe la imagen sin analizarla. ¿Cuáles son los elementos centrales de la imagen? ¿Hay personas en la imagen? ¿Qué están haciendo?
   b Presenta los textos o palabras de la imagen (título, bocadillos, etc.).

3 Situar la imagen en un contexto más amplio.
   a Nombra los temas que presenta la imagen.
   b Presenta un posible mensaje transmitido por la imagen.

4 Comentar
   Da tu opinión sobre el efecto de la imagen, p. ej. si el tema se trata adecuadamente, si estás de acuerdo con el mensaje, etc.

Recuerda: Para mejorar tu estilo, utiliza nexos, el vocabulario para describir imágenes, el gerundio y, para el comentario, el condicional o el subjuntivo.

Pasos para relacionar dos imágenes y elegir una

Cuando tengas que trabajar con dos impulsos visuales, realizas los mismos pasos 1–3 del Monólogo A con menos detalles en la descripción y en lugar de comentar la imagen, haces los siguientes pasos 5 y 6.

5 Relacionar
   a Nombra temas que encuentras en ambas imágenes y nombra semejanzas, p. ej., en el estilo, en el mensaje o su efecto.
   b Presenta las diferencias que encuentras entre las imágenes, p. ej. acerca del tema, del mensaje, del estilo.

6 Elegir
   Elige la imagen más efectiva para tratar el tema y justifica tu decisión.

Las tareas: el diálogo

En la última parte del examen, vas a discutir con una o dos personas. Basándote en imágenes, temas o citas, tienes que presentar tu punto de vista y, muchas veces, llegar a un acuerdo.
Aquí te presentamos dos alternativas para practicar el diálogo. En el Diálogo A discutes temas o aspectos, mientras que en el Diálogo B reaccionas a citas.

Taller de competencias • Expresión oral

Diálogo A

Estáis haciendo vuestras prácticas en una revista para jóvenes y tenéis que escribir un artículo sobre «Métodos para salvar el planeta». Os dan una lista con varios métodos y tenéis que elegir dos temas para tratar y profundizar en el artículo. Discutid los métodos y llegad a un acuerdo.

consumir solo energía renovable   prohibir el plástico en cafeterías y quioscos

reparar y/o comprar ropa de segunda mano   reducir el gasto de agua

regular el consumo de carne en cafeterías   Más aspectos…

Diálogo B

Estáis haciendo vuestras prácticas en una revista para jóvenes y tenéis que elegir una cita para la portada del próximo número sobre «El medioambiente». Discutid las citas y llegad a un acuerdo.

«Seamos parte de la solución, no parte de la contaminación.»
– anónimo

«La Tierra no nos pertenece, nosotros pertenecemos a la Tierra.» – Proverbio Indígena

«La Tierra no es nuestra, sino solo un préstamo de nuestros hijos.»
– Proverbio indígena

«El cambio climático es un problema global con soluciones locales.»
– anónimo

pertenecer a jdm gehören
el proverbio Sprichwort
el préstamo Darlehn

Las estrategias: el diálogo

Pasos para discutir y llegar a un acuerdo

1. Mencionad y explicad todos los métodos o todas las citas y dad ejemplos para concretizar las ideas presentadas.

2. Llegad a una conclusión y un acuerdo (según la tarea).

3. Hablad, pero dejad hablar también a la otra persona. Si la otra persona habla muy poco, preguntadle si algo no está claro y si necesita ayuda con el vocabulario.

4. Reaccionad a lo que dice la otra persona, tanto si estáis de acuerdo como si no, para mantener el diálogo vivo.

Recordad: Para mejorar vuestro estilo y para discutir con la otra persona, utilizad nexos, el vocabulario para expresar vuestra opinión y también el condicional o el subjuntivo.

Hablar

Ahora haced la(s) tarea(s).

Evaluar

Comentaos mutuamente si habéis seguido las estrategias para el monólogo y el diálogo.

Gramática en contexto y punto final

Gramática en contexto

APP Soluciones

FORMULAR INSTRUCCIONES • el imperativo

1 a ¿Cómo escribir una reseña? Completa el manual con el imperativo.

¿Has leído una historia interesante y quieres hacer una reseña de ella que despierte las ganas de leer? Entonces (*proceder*) de la siguiente manera:

1. (*Decidir*) primero si quieres grabar un vídeo o escribir un texto. Luego (*empezar*) por nombrar la información bibliográfica. (*Mencionar*) el título, al autor y la fecha de publicación, y (*explicar*) cómo llegaste a leerlo. Si grabas un vídeo, (*mostrarlo*) y (*ponerlo*) frente a la cámara; si te has decidido por una reseña escrita, (*añadir*) la foto de la portada y citas.
2. A continuación, (*resumir*) brevemente la trama de la historia e (*introducir*) a los personajes principales. No (*desvelar*) el desenlace, ya que es posible que tus oyentes o lectores quieran leerla por sí mismos.
3. Es una buena idea llevar una muestra para despertar interés. Así que (*elegir*) un pasaje que genere intriga o un diálogo emocionante entre los personajes y (*leerlo*) en voz alta. Ojo: no (*hacer*) esta lectura espontáneamente, sino que (*practicarla*) antes de la presentación. (*Hacer*) que tu lectura cobre vida utilizando diferentes entonaciones y cambiando la voz.
4. Por último, no (*olvidar*) evaluar la historia y dar tus impresiones de lectura. ¿Recomendarías a tu público que también la leyera? ¿Por qué te gustó? ¿Qué o quién te impresionó? ¿Quién fue tu personaje favorito y por qué?

b Repite el manual de forma cordial utilizando el imperativo con usted.

SUGERIR Y PROPONER ALGO • el subjuntivo

2 a Formula sugerencias y propuestas para que leer un libro sea un placer. Utiliza el presente y el imperfecto de subjuntivo.

Ejemplos: Os sugiero que no veáis la versión cinematográfica antes de leer el libro. / Te recomendaría que hicieras hipótesis sobre la trama.

te/os sugiero que
es oportuno que
te/os aconsejo que
te/os propongo que
es aconsejable que
es recomendable que
	no *ver* la versión cinema-
	  tográfica del libro
	imaginarte en detalle a
	  los personajes
	idear un desenlace
	  diferente
	mirar el título
	hacer hipótesis sobre la
	  trama y los personajes
	llevar un diario de
	  lectura
	escribir una reseña
	leer el texto de la
	  contraportada
	explicarte los motivos de
	  los personajes
		antes de leer.
		antes de abrir el
		  libro.
		durante la lectura.
		mientras lees.
		después de leer la
		  historia.
		después de
		  terminar.

te/os recomendaría que te/os sugeriría que te/os aconsejaría que		

4 Gramática en contexto y punto final

b Elige cinco instrucciones del manual de 1a. Conviértelas en consejos utilizando el estilo indirecto del presente (I) y del pasado (II).
  (I) Mi profesora me sugiere/aconseja/recomienda que *añada* una foto de la portada.
  (II) Mi profesor me sugirió/aconsejó/recomendó que *añadiera* una foto de la portada.

EXPRESAR IMPRESIONES • el imperfecto de subjuntivo

3 a Nombra algunas de las impresiones que tuviste al leer el cuento «Las letras». Utiliza el imperfecto de subjuntivo.

(no) me gustó que [...]
me conmovió que [...]
me impresionó que [...]
(no) me sorprendió que [...]
(no) me pareció lógico que [...]
me costó entender que [...]
me hizo mucha ilusión que [...]
(no) pude comprender que [...]

1 Kadouae *supera* su resistencia inicial a asistir a la escuela.
2 Su curiosidad *es* más fuerte que su miedo.
3 Para él, las letras *poseen* una magia.
4 *Se convierte* en el único alumno.
5 *Aprende* a leer y a escribir rápidamente.
6 *Se atreve* a leer en voz alta ante todo su pueblo.
7 *Lee* los documentos de los visitantes sin ningún problema.
8 ...

b Apunta más impresiones de lectura utilizando pronombres interrogativos indirectos (p. ej., «cómo», «la manera en que», «por qué»).
Ejemplo: Me fascinó cómo la historia resalta la relevancia de la educación.
Me fascinó/impresionó cómo [...]
Me conmovió/sorprendió la manera en que [...]
Me pregunté / Me costó entender por qué [...]

c Comentad vuestras impresiones sobre la lectura del cuento «Las letras» utilizando expresiones de 3a y 3b.

EXPRESAR SUGERENCIAS O DESEOS • el condicional

4 Formula ideas para volver a leer un libro con más atención. Utiliza el condicional en la oración principal.
Ejemplo: Si volviera a leer este libro, llevaría un diario de lectura.

> *compartir* impresiones con otros lectores • *detenerse* en cada descripción detallada para imaginar la escena • *tomar* apuntes de los personajes principales para comprender mejor sus motivaciones • *investigar* más a fondo sobre el contexto histórico o cultural en el que se desarrolla la trama • *tomarse* más tiempo para reflexionar sobre la constelación de los personajes • *permitirme* soñar con los personajes que más me gustan • *buscar* comentarios de críticos literarios para saber cómo interpretan la obra ellos • *ver* entrevistas del autor / de la autora sobre el libro • *hacer* una reseña del libro en Internet

Gramática en contexto y punto final

EXPRESAR MATICES DE ASPECTO • las perífrasis verbales

5 a Traduce las frases al español utilizando perífrasis verbales con infinitivo y gerundio.

dejar de
acabar de + infinitivo
volver a

estar
seguir + gerundio
ir

1. Ich *lese gerade* ein Buch mit Geschichten aus dem Amazonasgebiet.
2. Ich finde es total interessant, ich kann gar nicht *aufhören zu lesen*!
3. Ich *habe soeben* eine Kurzgeschichte *gelesen*, es war wie eine Fabel.
4. Kurze Pause, dann *lese* ich *weiter*.
5. Vielleicht *lese* ich die Geschichten nächstes Jahr *noch einmal*.

b Sustituye la parte entre paréntesis por una perífrasis verbal.
1. Muchos pueblos indígenas de la Amazonía [pierden poco a poco] su identidad cultural.
2. Aunque la influencia de la cultura occidental es muy fuerte, hay muchos indígenas que luchan por [vivir en el futuro] de acuerdo con sus tradiciones.
3. Uno de los problemas más grandes es que su espacio vital [se reduce cada vez más].
4. Por eso muchos indígenas emigran a las ciudades y allí [ya no hablan] su lengua.

⊙ Punto final

Hacer una reseña (en vídeo o por escrito)

Vas a hacer la reseña de una de las historias siguientes de la colección de cuentos *Verde fue mi selva*, escritas por Edna Iturralde, autora del relato «Las letras» (pp. 115–116).

«La vacuna»   «Felicidad»   «Las plantas mágicas»   «Verde fue mi selva»

Estos cuentos tematizan la vida de los pueblos indígenas que han habitado la Amazonía desde siempre. Como en «Las letras», en cada cuento descubrirás la forma de vida de la gente de la selva, sus aventuras y su manera excepcional de convivir en armonía con la flora y fauna de la región.

1. Repartid los cuentos.
2. Lee tu cuento. Fíjate sobre todo en cómo son retratadas la población indígena y su cultura.
3. Haz una reseña del cuento en vídeo o por escrito, enfocando la forma de vida de la gente de la selva reflejada en el cuento. Para hacerla, sigue el manual del ejercicio 1a (p. 127).
4. Presenta tu reseña a los demás, de forma que despierte las ganas de leer el cuento.

5 Desafíos globales

Temas
Un dron en campos bolivianos • p. 134
La brecha digital en Latinoamérica • p. 136
El futuro de las ciudades latinoamericanas • p. 139
Hidrógeno verde en Chile • p. 142
Una isla caribeña en peligro de hundirse • p. 144
Glaciares del sur • p. 145
La crisis climática • p. 147
Comercio justo • p. 148
Trabajo y pobreza infantil • p. 150

Taller de competencias
Escritura argumentativa • p. 156

⊙ Punto final
Elaborar una presentación mediática • p. 161

1 a Piensa: elige una foto y explica en qué sentido trata un tema global.

b Discute: en pequeños grupos comparad vuestros resultados y apuntad en una lista lo que llegáis a saber tanto de los desafíos como de las oportunidades de Latinoamérica según las fotos y los temas a tratar en este dosier.

c Comparte: comentad qué repercusión pueden tener estos temas latinoamericanos en vuestra vida, en la sociedad y el medio ambiente.

2 Basándote en las fotos y los resultados del ejercicio **1b**, haz suposiciones sobre qué soluciones podrían ayudar a resolver estos desafíos.

Palabras en contexto

Vocabulario temático

Latinoamérica

Se denomina América Latina o Latinoamérica la región del continente americano formada por las antiguas colonias españolas, portuguesas y francesas.
Histórica y culturalmente estas naciones comparten muchas características gracias al mestizaje entre indígenas, europeos y africanos que tuvo lugar a partir del siglo XVI. El español es la lengua oficial en 20 de ellas.
Estos países varían mucho en superficie, población y nivel de desarrollo. Por su gran extensión geográfica, Latinoamérica abarca casi todas las zonas climáticas del planeta: desde los desiertos en el norte de México, pasando por las selvas tropicales de Centroamérica, el Caribe y la Amazonía, hasta la cordillera de los Andes y los glaciares en el sur del continente sudamericano.

Los desafíos para el siglo XXI

En materia medioambiental, los retos que enfrenta Latinoamérica son el cambio climático, la pérdida de biodiversidad y la sobreexplotación de recursos naturales como los bosques, el petróleo y los minerales. Debido al calentamiento global existe el riesgo de perder parte de los glaciares y también islas en Centroamérica y el Caribe. La ganadería, la agricultura y las industrias madereras y mineras se benefician de la explotación masiva de recursos naturales y son responsables de la deforestación y la contaminación. Frente a estos desafíos, varios países latinoamericanos han comenzado a implementar medidas gubernamentales para disminuir el impacto medioambiental, proteger y administrar mejor sus recursos y explorar vías sostenibles, como en el caso del hidrógeno verde.
A pesar de las ganancias generadas por sus recursos naturales, la mayor preocupación de los países latinoamericanos todavía es la desigualdad social. Se estima que unos 180 millones de personas viven en condición de pobreza, de los cuales 32 millones son niños. El acceso limitado a los servicios básicos, la violencia, los conflictos de la región y la carencia de programas gubernamentales efectivos provocan esta gran desigualdad social. El reto social más urgente es combatir la pobreza infantil, sin olvidar que muchos niños están obligados a contribuir a la economía familiar y trabajan en el campo, minas o negocios familiares.

Digitalización y brecha digital

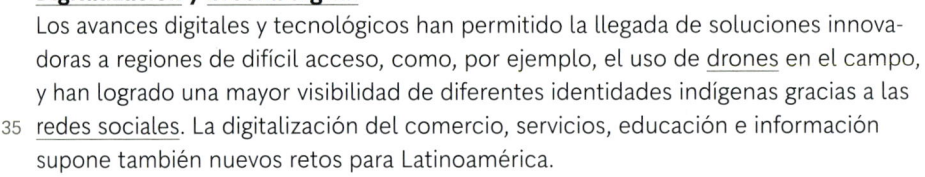

Los avances digitales y tecnológicos han permitido la llegada de soluciones innovadoras a regiones de difícil acceso, como, por ejemplo, el uso de drones en el campo, y han logrado una mayor visibilidad de diferentes identidades indígenas gracias a las redes sociales. La digitalización del comercio, servicios, educación e información supone también nuevos retos para Latinoamérica.
Por un lado, existe una brecha digital que excluye a la población que no puede acceder a dispositivos inteligentes o que los tiene, pero no puede usarlos porque no sabe o porque no hay infraestructura. Es necesario acabar con el analfabetismo digital, es decir, no saber emplear las tecnologías de la información (TIC) para acceder a servicios (bancarios o públicos), generar prosperidad o conseguir beneficios personales. La brecha afecta especialmente a los adultos mayores y las poblaciones rurales aisladas. Y provoca desinformación a gran escala, lo que pone en riesgo la democracia de estos países.
Por otro lado, la digitalización acelera procesos de gentrificación en las grandes urbes latinoamericanas como Ciudad de México o Medellín, atrayendo a miles de nómadas digitales (sobre todo extranjeros de mucho mayor poder adquisitivo) y causando conflictos sociales por las diferencias culturales o socioeconómicas.

Palabras en contexto

AMPLIAR EL VOCABULARIO

APP Repasar el vocabulario

APP Soluciones

Palabras y más palabras

1 a Encuentra en el texto los términos exactos para estas paráfrasis.
   a Término genérico que se refiere a las aplicaciones y plataformas en línea que permiten a las personas conectarse, comunicarse e interactuar.
   b Proceso de transferencia de contenidos físicos en contenidos numéricos, por ejemplo, de un casete de música a un archivo mp3, etc.
   c Término que hace referencia a la difusión de hechos falsos para influir en la opinión pública u ocultar la verdad.
   d Incapacidad de las personas de utilizar y adaptarse a las nuevas tecnologías y desconocer en general su funcionamiento.
   e Persona que trabaja de forma remota mientras viaja y explora el mundo.

b Parafrasea los siguientes términos.

> la zona climática · la deforestación · el cambio climático · el desierto ·
> la sobreexplotación de recursos naturales · la agricultura

Organizar las palabras

2 a Da un sinónimo del texto.
   Ejemplo: la divergencia, la discrepancia → la desigualdad, l. 24
   a el progreso, la evolución,
   b el sector, la región,
   c el bosque, la jungla,
   d los bienes, las reservas,
   e mundial, universal,
   f la miseria, la necesidad,
   g marginar, separar,
   h campesino/-a, agrario/-a,

b Relaciona los sinónimos de **a** con su definición.
   a referente a todo el planeta
   b proceso de cambio, transformación o crecimiento
   c negar el acceso o contacto
   d conjunto de elementos disponibles para resolver una necesidad
   e terreno natural extenso, muy poblado de árboles
   f perteneciente o relativo a la vida del campo
   g extensión considerable de terreno, con límites administrativos o políticos
   h escasez de lo necesario para vivir

Formar expresiones

3 Forma frases con los siguientes elementos. Añade la preposición que debe acompañar al verbo marcado (a, con, de, en).
   a Los dispositivos inteligentes han cambiado la forma en que – *convivir, nosotros* – la tecnología en nuestra vida diaria.
   b Con la digitalización, es más fácil – *acceder* – información y servicios.
   c Según la ubicación geográfica, la conexión a Internet – *variar* – velocidad.
   d En Latinoamérica, la digitalización – *contribuir* – hacer más eficiente la producción agrícola.
   e Muchas cooperativas agrícolas del comercio justo – *beneficiarse* – la digitalización para expandir su alcance y llegar a nuevos mercados.

Desafíos globales • Retos tecnológicos y digitales

Un dron en campos bolivianos

La **agricultura** del **altiplano boliviano** presenta grandes **desafíos** por la falta de tecnología e infraestructura, así como por su geografía (tierras altas con una altitud de 3.700 m en promedio) y clima extremo, caracterizado por sequías, tormentas, heladas y vientos. Estos factores hacen que el campo boliviano tenga bajos rendimientos y no pueda ser competitivo a nivel internacional.

La ingeniera agrónoma Yessica Yana, primera mujer indígena del pueblo aymara en manejar un dron que permite aumentar los rendimientos agrícolas y hacer un uso más eficiente del agua en el **Altiplano boliviano**, fue reconocida como una de las «Líderes de la Ruralidad» de las Américas por el Instituto Interamericano de
5 Cooperación para la Agricultura (IICA). [...]
Yana se crió en Villa Puni, una pequeña comunidad del departamento de La Paz, a orillas del lago Titicaca y a más de 3.800 metros de altura sobre el nivel del mar. Allí, la mayor parte de la población se dedica a la pesca y a la producción de papas, quinoa, habas y cebada, entre otros cultivos, con las dificultades que
10 impone un suelo que no es muy fértil.
Enamorada del campo y de la agricultura desde que era niña, y con la voluntad de ayudar a su comunidad a acceder a mejores condiciones de vida, ella estudió agronomía en la Universidad Pública de El Alto (UPEA).
Cuando se graduó, realizó sus prácticas profesionales en una empresa, donde tuvo
15 su contacto con un dron aspersor que se utiliza para colocar fertilizantes, herbicidas y otros insumos, realizados con productos naturales, en los cultivos.
«Con el dron, el trabajo es mucho más rápido que en la aspersión tradicional, que se hace con mochilas. Permite ahorrar tiempo, sobre todo a las mujeres, que generalmente son las encargadas de los cultivos y además tienen que encargarse
20 del cuidado de los niños. Además, el consumo de agua, que en el Altiplano es escasa, se reduce a la mitad», cuenta Yessica.
Ella ha piloteado el dron en numerosas pequeñas fincas del Altiplano boliviano, gracias a un proyecto de Swisscontact, fundación independiente financiada por capitales privados suizos. La iniciativa se propone favorecer un mundo digital
25 inclusivo, en el que la innovación y la tecnología sirvan para reducir las brechas de género y aportar a mayor igualdad y empoderamiento de las mujeres y niñas.
El Premio «Líderes de la Ruralidad» es un reconocimiento para quienes cumplen un doble papel irremplazable: ser garantes de la seguridad alimentaria y nutricional y al mismo tiempo guardianes de la biodiversidad del planeta a través de la
30 producción en cualquier circunstancia. El reconocimiento, además, tiene la función de destacar la capacidad de impulsar ejemplos positivos para las zonas rurales de la región.

Una mujer que no se puso límites

«[...] Como me encanta la vida en mi comunidad, quise estudiar agronomía. Y mi
35 papá me dijo desde niña que el hecho de que fuera mujer no significaba que yo no tenía que estudiar. Que no tenía que ponerme límites. Así que me puse el reto y entré a la universidad», cuenta Yessica.
Cuando se graduó como ingeniera agrónoma, le propusieron capacitarse para manejar un dron. A ella le pareció interesante y aceptó, aunque no sabía muy bien

---

1 **el/la ingeniero/-a agrónomo/-a** especialista en agricultura
2 **manejar** *hier:* fernsteuern
2 **los rendimientos agrícolas** Ernteerträge
4 **la ruralidad** *etwa* Landleben
5 **el IICA** organización internacional especializada en la agricultura y el bienestar rural del continente americano
9 **la quinoa, el haba (f.), la cebada** productos agrícolas (Quinoa, Bohnen, Gerste)
10 **fértil** fruchtbar
15 **el dron aspersor** Sprühdrone
15 **el fertilizante** Düngemittel
15 **el herbicida** Unkrautvernichtungsmittel
16 **el insumo** *aquí:* el líquido
22 **la finca** *aquí:* parcela agrícola
26 **aportar** contribuir
26 **el empoderamiento** Empowerment, Stärkung
28 **irremplazable** esencial, fundamental, vital
28 **el/la garante** persona que garantiza algo
28 **la seguridad alimentaria y nutricional** Ernährungssicherheit
36 **el reto** el desafío

Desafíos globales • Retos tecnológicos y digitales

con lo que se iba a encontrar. «Me dijeron –recuerda– que con el dron iba a viajar por todo el Altiplano, de norte a sur. Pero yo pensé en los drones pequeños, que se usan para tomar fotos. No sabía que los drones aspersores de uso agrícola son de mucho mayor tamaño. Y tampoco conocía los grandes beneficios que traen en ahorro de tiempo y de agua. Con el tiempo he aprendido a controlar mis nervios y me he acostumbrado a manejar el dron».

«Las **mujeres en el área rural** son siempre las que velan por el bienestar de su familia. Además, tienen que cuidar los cultivos, porque los hombres se van a las ciudades a trabajar. Por eso para ellas todo es más difícil y hoy estamos tratando de capacitarlas en temas como la administración del dinero, en negocios, en el cuidado de la salud de los animales o en diferentes cosas que desean. Pero sobre todo tratamos de que las mujeres pierdan la timidez. Muchas son temerosas a la hora de hablar y prácticamente solicitan permiso a sus maridos para poder opinar», relata. [...]

Yessica cree que las mujeres pueden ser grandes protagonistas en las transformaciones que se están dando en la agricultura, de la mano de la tecnología y la innovación. «A veces por miedo» –reflexiona– «nos perdemos cosas que son bien interesantes. Por eso les pediría a las mujeres que se animen. La tecnología en agricultura es importante y no es tan difícil. A las que quieren estudiar les diría que nunca es tarde para empezar. Yo nunca me había imaginado en mi vida que iba a estudiar agronomía y, mucho menos, que iba a manejar un dron. Es de humanos sentir un poco de temor, pero las mujeres podemos».

Fuente: IICA, 2023

46 **velar por** ocuparse de
51 **la timidez** *hier:* Zurückhaltung
60 **es de humanos** es normal
61 **el temor** el miedo

> Actualmente 1,6 millones de **mujeres bolivianas** viven en **zonas rurales** (FAO). Ellas producen casi la mitad de los productos agrícolas que se consumen en el país. Muchas **abandonan los estudios** por falta de infraestructura educativa en la región o para trabajar y así aportar a la economía familiar. A pesar de su importancia en el campo, se ven **discriminadas** muchas veces por usos y costumbres de sus grupos étnicos como la incapacidad de heredar bienes, acceder a tecnología o pedir créditos para mejorar sus negocios.

COMPRENSIÓN

1 Observa la foto. Basándote en la información del artículo, presenta a la mujer que aparece en ella y describe la función de la máquina a su lado.

ANÁLISIS

2 Explica por qué en el artículo se describe a Yessica Yana como «una mujer que no se puso límites» (l. 33).

▶ Textos informativos, p. 242

3 Analiza cómo se presenta, en los últimos dos párrafos del artículo, el papel de las mujeres en el área rural de Bolivia.

MÁS ALLÁ DEL TEXTO

4 (Para elegir) Haz el ejercicio a o b. Imagina que eres miembro del comité que concede anualmente el premio «Líderes de la Ruralidad». Aún no se ha decidido quién va a recibir el premio este año.

a (Hablar) Toma apuntes para la próxima reunión del comité en la que piensas recomendar con insistencia que el premio se conceda a Yessica Yana. Luego haz tu recomendación ante el comité.

b (Escribir) La ganadora del premio es Yessica Yana. Redacta un comunicado de prensa. Haz hincapié en las ventajas de la tecnología utilizada y la repercusión social de recibir el premio.

▶ Organizar el proceso de escritura, p. 233

Desafíos globales • Retos tecnológicos y digitales

La brecha digital en Latinoamérica

Los retos de la alfabetización digital

En Latinoamérica, la **brecha digital** es un desafío significativo que afecta a diversos **grupos vulnerables**: poblaciones rurales, personas de bajos ingresos, personas mayores y mujeres, quienes tienen menos acceso a las **Tecnologías de Información y Comunicación (TIC)** en comparación con las poblaciones urbanas masculinas, de mayores ingresos y jóvenes.

En algunos países latinoamericanos, como Chile, Colombia, México o Brasil, se hacen grandes **esfuerzos para cerrar la brecha** digital y asegurar que todas las personas tengan las mismas oportunidades de participación. En estas tendencias destacan el **incremento del acceso a Internet**, la expansión de la fibra óptica y la telefonía móvil y la educación y capacitación.

1   Trabajad en pareja. Cada persona elige dos conceptos, busca información en Internet sobre ellos y los explica.

   el analfabetismo digital   la brecha digital   la inclusión digital

   el derecho a la información

Los países con mayor y menor inclusión digital

Países y territorios clasificados según el Índice de Inclusión de Internet en 2022

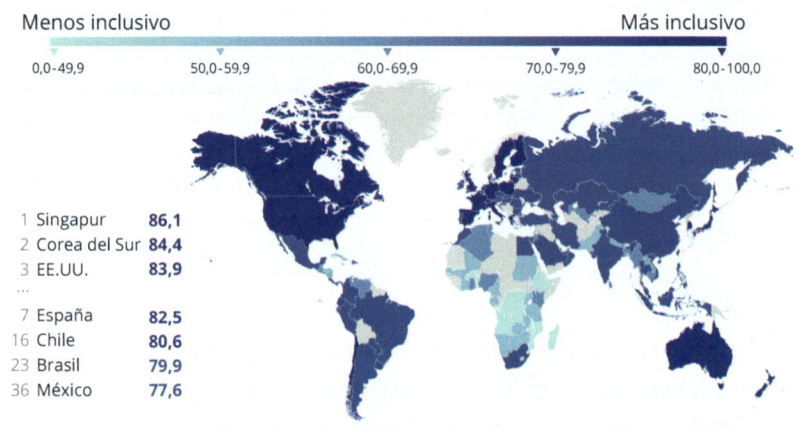

Menos inclusivo — Más inclusivo
0,0-49,9 | 50,0-59,9 | 60,0-69,9 | 70,0-79,9 | 80,0-100,0

1 Singapur   86,1
2 Corea del Sur 84,4
3 EE.UU.   83,9
...
7 España   82,5
16 Chile   80,6
23 Brasil   79,9
36 México   77,6

100 países analizados en cuatro ámbitos: disponibilidad, asequibilidad, relevancia y capacidad de uso de internet.
Fuente: The Economist Intelligence Unit

statista

▶ Estadísticas y gráficos, p. 251

COMPRENSIÓN Y ANÁLISIS

2   Describe el gráfico y cuenta qué es lo que más te llama la atención.

3   Elige uno de los cuatro ámbitos analizados del gráfico y expón su significado para ti.

4   Compara la situación de los continentes.

MÁS ALLÁ DEL TEXTO

5   (Escribir) Un amigo tuyo ha posteado el gráfico de arriba en sus redes y ha comentado que ese es el nuevo analfabetismo y que es imposible combatirlo en los siguientes años para alcanzar mejores índices de alfabetización digital en el mundo. Escríbele un comentario en el que expresas tu opinión acerca del tema.

Desafíos globales • Retos tecnológicos y digitales

La lucha mediática por la tierra y la identidad *Patricia Páez*

Influencers indígenas que llevan la lucha por la tierra y la identidad más allá de sus fronteras

[...]

Internet fue concebido con la idea de un mundo libre, uno donde «todos pueden entrar, sin privilegios o prejuicios» y donde «cualquiera, en cualquier sitio, puede expresar sus creencias», tal como declaró en su momento John Perry Barlow, defensor de los derechos en internet. En este universo de *tiktokers*, *youtubers* e *instagramers*, la representación indígena no se ha quedado atrás.

Los pueblos indígenas, que suponen el 6 % de la población mundial y son los guardianes de la naturaleza en muchas partes del planeta, se han visto a lo largo de los años enfrentados al mundo occidental, muchas veces obligados a adaptarse a este para poder acceder a derechos básicos como la educación y la salud. A pesar de todo, es debido a este encuentro de culturas, a este mundo interconectado, que algunos han visto la oportunidad de hacerse escuchar y hacerse visibles más allá de sus fronteras.

Un estudio [...] analizó el año pasado 52 cuentas de *influencers* indígenas en diferentes partes de América Latina. Los hallazgos muestran la diversidad de los contenidos que producen y también la buena acogida que tienen en el público.

Una motivación habitual entre estos jóvenes es generar mayor conocimiento sobre las diferentes comunidades. «En la ciudad todo el tiempo a uno le preguntan: ‹¿Cómo viven en la tribu? ¿cómo hacen? ¿qué comen?›. Entonces eso se vuelve tan repetitivo que uno dice: ‹Hago un video y lo dejo para que lo vean.›», explica por videollamada Gunarey Maku [...], joven de 21 años del **pueblo arhuaco** de Colombia. [...]

La importancia de la lengua

Jóvenes como Sofía Huaiquil [...] del pueblo mapuche (Chile) o Soledad Secca [...], prescriptora quechua de Cuzco (Perú), se expresan en sus **lenguas originarias** en sus redes sociales. «La lengua es una forma también de resistir, de darnos a conocer y ser quienes somos realmente», cuenta Huaiquil [...].

En el informe de Lab Tecno Social, la mitad de los *influencers* analizados usan una mezcla de español y lenguas nativas, un 42 % usa solo el castellano y un 8 % usa el portugués y la lengua nativa. [...]

El pueblo arhuaco habita en la Sierra Nevada de Colombia y defiende un sistema de conocimientos de protección medioambiental (Patrimonio cultural Inmaterial de la Humanidad desde 2022), por ejemplo, que todos los organismos tienen una función en el territorio y están interconectados o que la **madre tierra** (naturaleza) tiene **derechos** y debe ser respetada.

5 **concebir** entender
11 **el guardián, la guardiana** el/la vigilante
18 **el hallazgo** *aquí:* lo que ha revelado el estudio
19 **la acogida** la recepción
28 **el/la prescriptor/a** persona que recomienda usar algo

Para impulsar y fortalecer el uso de las **lenguas originarias** o indígenas, la UNESCO decretó la década desde 2022 hasta 2032 como el decenio de las lenguas indígenas. Una de las metas es que enciclopedias digitales (y otros recursos de información) estén disponibles en más lenguas indígenas. Actualmente las lenguas con mayor presencia en artículos informativos digitales son el **quechua**, el **navajo**, el **guaraní**, el **aymara** y el **náhuatl**.

5 Desafíos globales • Retos tecnológicos y digitales

Ser *influencer* indígena le ha cambiado la vida a Maku y ha impactado igualmente
35 a su comunidad. En mayo de 2022 se produjo un incendio en su aldea, por lo que hizo un video solicitando apoyo y la comunidad empezó a recibir donaciones. «Anteriormente no había ningún medio de comunicación, así que nadie se quejaba [públicamente], y no muchas personas sabían castellano. Hoy en día la gente siente que puede dirigirse hacia mí para llevar el mensaje al resto de la sociedad».
40 [...]
Además de grabar lo que hace en su día a día, Maku se dedica a la construcción, un trabajo que realiza tal como lo hacían sus ancestros: «Todo lo hago con la intención de llevar el mensaje de cuidar la naturaleza, que es nuestra casa».
En los videos que publica a través de redes sociales, Maku termina con un «duni»
45 (gracias). Siente que, de alguna manera, su mensaje ha impactado a la sociedad colombiana: «Esto no lo enseñan en los colegios y nunca lo escuchan». [...]
«Nosotros todavía vivimos en un pensamiento donde tenemos ese bonito intercambio con la naturaleza», puntualiza. «Quisiera que sepan que el modelo de pensamiento de los indígenas ha sido eficaz para garantizar la vida de la naturaleza y de
50 nosotros mismos».

Fuente: Patricia Páez, El País, 2023

48 **puntualizar** especificar

COMPRENSIÓN

▶ Escribir un resumen, p. 234

1 Resume cómo y con qué objetivo los *influencers* indígenas usan las redes sociales.

ANÁLISIS

2 a Analiza la imagen que se transmite de los pueblos indígenas latinoamericanos en el artículo y cómo dicha imagen se refleja en el uso del lenguaje.

▶ Punto de apoyo, p. 224

b Examina los recursos de los que se sirve la autora para dar credibilidad a su artículo (informativo).

MÁS ALLÁ DEL TEXTO

3 Comenta la cita de John Perry Barlow (ll. 5–7) teniendo en cuenta el desarrollo reciente de las redes sociales.

4 (Para elegir) Haz el ejercicio a o b.

APP Más información

a Presenta a un o a una *influencer* que luche por una causa política, social o medioambiental y explica por qué te parece interesante.

▶ Producir y presentar, p. 252

b (Competencia intercultural) Graba un vídeo de dos minutos para un proyecto intercultural en el que presentes una costumbre de tu región o país dirigido a un público internacional en las redes sociales. Menciona:
– cómo se originó esa costumbre y cómo ha ido cambiando,
– cuál es la importancia de esa costumbre en tu comunidad/región/país y
– por qué es importante conocerla y preservarla.

Desafíos globales • Retos tecnológicos y digitales

El futuro de las ciudades latinoamericanas

1 Describe lo que hace la persona en la foto y relaciona la actividad con lo que piensas tú sobre un lugar de trabajo.

El lado negativo de los nómadas digitales *Valentina Obando*

La multiplicación de trabajadores remotos con salarios en dólares o euros ha abierto un debate sobre la inyección económica y el impacto en los precios de vivienda,
5 *que fomentan la expulsión de residentes originarios.*

¿Quién no ha soñado con trabajar desde una playa paradisíaca, o desde una capital llena de vida, y que, además, el salario le rinda por dos? Esa es una posibilidad que se ha materializado para muchas
10 personas en los últimos años, especialmente gracias a la popularización del trabajo remoto a partir de la pandemia del coronavirus.

Pero lo que para unos es una mejora en su estilo de vida, para otros es una amenaza. Y es que la llegada masiva de nómadas digitales a ciertas ciudades ha abierto
15 un gran debate sobre el impacto que puede tener en el acceso a la vivienda de los residentes originarios.

En noviembre del 2022, por ejemplo, decenas de ciudadanos se manifestaron en México, usando consignas como «Nomadismo digital es racismo estructural», contra decisiones gubernamentales que promueven la llegada de trabajadores
20 remotos extranjeros [...].

Según el portal Nomadlist, Buenos Aires (Argentina), Ciudad de México (México), Medellín (Colombia), Lima (Perú) y Guadalajara (México) lideran, en ese orden, la lista de las ciudades favoritas de los nómadas digitales en Latinoamérica. Ocho de las 15 primeras son mexicanas.

25 **Gentrificación y encarecimiento de vivienda: lo negativo**
En entrevista con DW, Juan Carlos Zentella, director de Local and Global Ideas (centro de investigación sobre temas territoriales, urbanos y ambientales), explicó que en Ciudad de México la demanda creciente de vivienda [...], ha disparado los precios inmobiliarios y, como consecuencia, la expulsión de los residentes históri-
30 cos [...].

«La llegada de nómadas digitales es un fenómeno que **induce** a la gentrificación y al incremento en las rentas de aquellos propietarios que, viendo la oportunidad de tener más ingresos, no renuevan los contratos a los inquilinos originarios, para buscar nuevos inquilinos a través de plataformas [digitales de alquiler] con precios que
35 duplican o triplican el original», dice Zentella.

El investigador hace énfasis, sin embargo, en que estas plataformas han sido «catalizadoras» del aumento en las rentas, pero no son las primeras responsables del fenómeno, porque, insiste, hay políticas gubernamentales que tienen una incidencia previa. [...]

---

3 **la inyección económica** *aquí: dinero aportado por trabajadores nómadas (extranjeros)*
8 **rendir por dos** das Doppelte wert sein
9 **materializarse** volverse posible
13 **la amenaza** Bedrohung
18 **la consigna** el eslogan
18 **el racismo estructural** *conjunto de decisiones políticas y prácticas socioeconómicas que favorecen a un grupo étnico sobre otro*
25 **el encarecimiento** el aumento de precio
29 **disparar** *hier:* in die Höhe treiben
31 **inducir** provocar, producir
32 **la renta** el alquiler
33 **el/la inquilino/-a** *persona que alquila una casa o departamento*
36 **catalizador/a** que acelera un proceso
38 **tener una incidencia previa** *aquí:* influir antes

Desafíos globales • Retos tecnológicos y digitales

Trying to find a month to month rental in..., Looking for an apartment..., Planning to work from... son mensajes comunes en grupos de Facebook de nómadas digitales en Latinoamérica, que se han multiplicado como consecuencia de nuevas políticas de puertas abiertas para trabajadores remotos.

En el mundo, más de 40 países expiden hoy visas especiales para freelancers o «nómadas digitales». Brasil, Costa Rica, Panamá, Curazao, Belice, México y Colombia son algunos de los que crearon estos tipos de visado entre 2021 y 2022. Con los requisitos para la emisión de esas visas, dice Olaya, los países se «curan en salud» al exigir un mínimo de ingresos, y que no trabajen para una empresa local; es decir, que no afecten el mercado laboral y que tengan un seguro de salud todo riesgo. El problema está, según el investigador, en que no hay una forma de control para que su presencia no impacte en el mercado inmobiliario.

A pesar de la polémica, Zentella asegura que la gentrificación no sucede solamente por la llegada de nómadas digitales [...], sino que tiene mucho que ver con políticas locales.

Lo positivo: contribución a la economía

«Ellos consumen en negocios, cafés, tiendas y mercados, lo que representa una importante derrama económica», declara Zentella. El experto destaca que el alquiler de viviendas o cuartos -a través de Airbnb es un sustento importante para muchas familias, y que el fomento del turismo significa ingresos para diversos sectores. [...]

¿Hay soluciones?

La opción deseable, según ambos investigadores, implicaría que los Estados tuvieran una determinada provisión de vivienda social sobre la que controle los precios, como ocurre con el modelo vigente en Viena, Austria, por ejemplo.

Pero con una perspectiva más cercana a las capacidades de países como México o Colombia, Zentella advierte que se podría limitar el número de viviendas que en cada barrio se destinan a estadías de corta duración, «para que no sean solo para turistas y nómadas digitales».

Estos controles podrían aplicarse, según Olaya, a través de la colaboración de las mismas plataformas. Para el experto, promover el derecho a la centralidad, y a que las personas vivan en lugares céntricos con acceso a todos los servicios es una tarea urgente de los gobiernos locales.

Fuente: Valentina Obando, DW, 2023

---

47 **la emisión** *hier:* Vergabe
49 **el seguro todo riesgo** *hier:* kompletter Versicherungsschutz
57 **la derrama económica** *hier:* wirtschaftlicher Nebeneffekt
59 **el fomento** la promoción, el estímulo
63 **la provisión** Planung, Bereitstellung
67 **la estadía** Aufenthalt

▶ Escribir un resumen, p. 234

COMPRENSIÓN

2 Resume los lados positivos y los lados negativos del nomadismo digital según el texto y compáralos con tus ideas del ejercicio **1b**.

3 Presenta las políticas gubernamentales que favorecen el fenómeno de los nómadas digitales.

ANÁLISIS

4 Analiza, con miras a la intención del texto, cómo la autora presenta el tema de los nómadas digitales en Latinoamérica.

Desafíos globales • Retos tecnológicos y digitales

MÁS ALLÁ DEL TEXTO

5 (Escribir) Imagínate que un periódico digital publica un artículo con el siguiente título «El lado positivo de los nómadas digitales en América Latina». Escribe ese artículo, en él vas a presentar:
- las ventajas de una comunidad al recibir a nómadas digitales
- las consecuencias positivas que puede traer el nomadismo digital a una comunidad en lo económico, educativo, social y cultural
- algún testimonio positivo resumiendo la experiencia de la persona.

6 Si hubiera un manual ético del nómada digital, ¿qué diría ese manual? Intercambia ideas en pequeños grupos y proponed al menos cinco recomendaciones que tengan un bajo impacto negativo.

Mejorar las ciudades con datos satelitales e IA

Vas a ver un reportaje sobre el proyecto Peak Urban de Colombia, en donde se habla de los usos que dan investigadores universitarios de diferentes disciplinas a imágenes satelitales de Medellín. Puedes verlo de una a tres veces, según lo necesites.

APP Más información

Vídeo:
Universidad EAFIT Escuela de Administración, Finanzas e Instituto Tecnológico
asentamientos informales *áreas residenciales sin permisos de las autoridades, barrios ilegales*
zonas asoladas por la pobreza *aquí:* von Armut betroffene Gebiete
manchas urbanas *aquí:* áreas / zonas pobladas
in situ en el lugar
la fachada Fassade

COMPRENSIÓN

1 Mira el reportaje e indica qué cinco usos de las imágenes digitales junto con inteligencia artificial se mencionan en él. (01:22–6:21)
   a Identificar las zonas más adecuadas para construir parques
   b Descubrir asentamientos irregulares y regiones donde existe mucha pobreza
   c Encontrar fuentes de agua cercanas a Medellín
   d Calcular la cantidad de agua que necesitará Medellín en el futuro
   e Predecir dónde se necesitará infraestructura por aumento de población
   f Descubrir las mejores rutas de comercio formal e informal
   g Identificar tiendas informales como mercados
   h Predecir terremotos usando fotos de fachadas
   i Clasificar el daño de un terremoto comparando fotos de fachadas

2 Vuelve a mirar el reportaje y completa las frases sobre la movilidad urbana con no más de seis palabras.
   1 Las imágenes satelitales se han vuelto cruciales…
   2 Gracias a la información y software abierto es posible…
   3 Es crucial proteger la información…

▶ La discusión, p. 232

MÁS ALLÁ DEL TEXTO

3 «El análisis de imágenes de satélite puede ser muy útil en la planificación urbana, sin embargo, es crucial proteger la información sensible para evitar accesos no autorizados y mitigar los posibles riesgos asociados a la privacidad». Discute las ventajas y los riesgos del uso de estos recursos tecnológicos.

5 Desafíos globales • Retos medioambientales

Hidrógeno verde en Chile

APP Imágenes

1 Explicaos mutuamente el gráfico sobre la producción de hidrógeno verde.

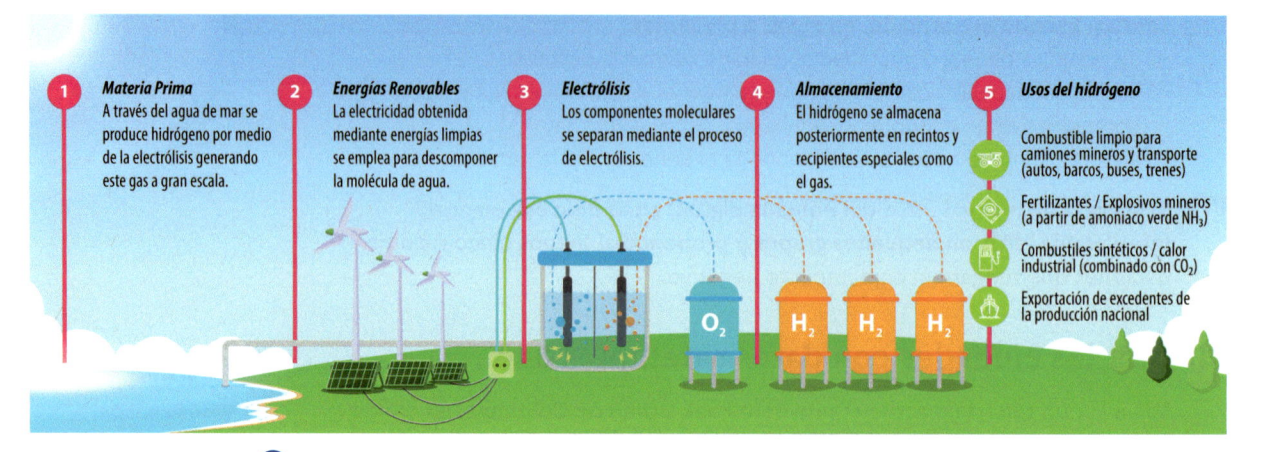

1 Materia Prima
A través del agua de mar se produce hidrógeno por medio de la electrólisis generando este gas a gran escala.

2 Energías Renovables
La electricidad obtenida mediante energías limpias se emplea para descomponer la molécula de agua.

3 Electrólisis
Los componentes moleculares se separan mediante el proceso de electrólisis.

4 Almacenamiento
El hidrógeno se almacena posteriormente en recintos y recipientes especiales como el gas.

5 Usos del hidrógeno
- Combustible limpio para camiones mineros y transporte (autos, barcos, buses, trenes)
- Fertilizantes / Explosivos mineros (a partir de amoniaco verde NH_3)
- Combustibles sintéticos / calor industrial (combinado con CO_2)
- Exportación de excedentes de la producción nacional

ⓘ El **hidrógeno** es un gas natural muy abundante que no tiene color, ni olor.
A diferencia del hidrógeno «gris», que se produce con muchas emisiones, el **hidrógeno «verde»** no emite sustancias contaminantes a la atmósfera porque se produce con energías renovables.

11 **el estado líquido** flüssiger Zustand
13 **la energía limpia** umweltfreundliche Energie
13 **liberar** freisetzen
14 **el vapor** Dampf
16 **el combustible** Brennstoff
18 **inflamable** entflammbar
19 **almacenar** lagern
20 **el escollo** el obstáculo
22 **el oxígeno** Sauerstoff
22 **el carbono** Kohlenstoff
23 **el hidrocarburo** Kohlenwasserstoff
23 **por ende** por lo tanto
25 **requerir** erfordern

Los científicos lo han dicho claramente: si queremos evitar los peores impactos del cambio climático debemos encontrar la manera de que las temperaturas globales no sigan subiendo. El desafío es inmenso. [...]

Ante este escenario, muchos países están buscando urgentemente cómo resolver
5 sus necesidades energéticas sin seguir dañando al medioambiente.

Una de las soluciones que están desarrollando algunas naciones es la del **hidrógeno verde**, también conocido como **hidrógeno renovable o e-Hydrogen.** [...]

¿Qué es?

El hidrógeno es el elemento químico más abundante en el universo. Las estrellas,
10 como nuestro Sol, están formadas principalmente de este gas, que también puede tomar estado líquido.

El hidrógeno es muy poderoso: tiene **tres veces más energía que la gasolina**.

Pero, a diferencia de esta, es una fuente de **energía limpia**, ya que solo libera agua (H_2O), en forma de vapor, y no produce dióxido de carbono (CO_2).

15 No obstante, aunque existen hace muchos años tecnologías que permiten usar el hidrógeno como combustible, hay varios motivos por los cuales hasta ahora solo ha sido usado en ocasiones especiales. [...]

Uno, es que es considerado peligroso por ser **altamente inflamable**, por lo que transportarlo y almacenarlo de manera segura es todo un desafío.

20 Pero un escollo aún mayor tiene que ver con las dificultades para producirlo.
Porque en la Tierra el hidrógeno solo existe en combinación con otros elementos. Está en el agua, junto con oxígeno, y se combina con el carbono para formar hidrocarburos como el gas, el carbón y el petróleo. Por ende, **hay que separar al hidrógeno de las otras moléculas** para usarlo como combustible.

25 Y lograr esto requiere de **grandes cantidades de energía**, además de ser **muy costoso**.

Hasta ahora se venían usando hidrocarburos para generar esa energía, por lo que producir hidrógeno seguía contaminando el medio ambiente con CO_2.

Pero hace unos años se empezó a producir hidrógeno a partir de energías renova-
30 bles como el sol y el viento, usando un proceso llamado electrólisis. [...]

El resultado es el llamado hidrógeno verde, que es 100 % sostenible, pero **mucho más costoso de producir** que el hidrógeno tradicional.

Desafíos globales • Retos medioambientales

No obstante, muchos creen que podría ofrecer una solución ecológica para algunas de las industrias más contaminantes, incluyendo el transporte, la producción química y de acero, y la generación de energía.

Una apuesta al futuro

En la actualidad, el 99 % del hidrógeno usado como combustible se produce a partir de fuentes no renovables.
En tanto, menos del 0,1 % se produce a través de la electrólisis del agua, según la Agencia Internacional de la Energía.
Sin embargo, muchos expertos en energía anticipan que esto cambiará pronto. Las presiones para reducir la contaminación ambiental han llevado a toda una serie de países y compañías a apostar por esta nueva forma de energía limpia, que muchos creen será **clave para «descarbonizar» al planeta**. […]

Chile

El país sudamericano, considerado una de las mecas de la energía solar, fue **el primero en la región** en presentar una «Estrategia nacional de hidrógeno verde», en noviembre de 2020.
Y también es el único latinoamericano con dos proyectos en desarrollo: **HyEx**, de la energética francesa Engie y la empresa chilena de servicios mineros Enaex, y *Highly Innovative Fuels* (**HIF**), de AME, Enap, Enel Green Power, Porsche y Siemens Energy.
El primero, basado en Antofagasta, en el norte de Chile, utilizará energía solar para potenciar electrolizadores de 1.6GW. El hidrógeno verde se utilizará en la minería. […]
El proyecto HIF, en la punta opuesta de Chile, en la Región de Magallanes y de la Antártica Chilena, usará energía eólica para generar e-combustibles en base a hidrógeno verde. […]
El ministro de Energía chileno, Juan Carlos Jobet, señaló que el país no solo busca generar hidrógeno verde para cumplir con su objetivo de alcanzar la neutralidad de carbono para 2050, sino que incluso aspira a poder **exportar** este combustible limpio en el futuro.
«Si hacemos las cosas bien, la industria del hidrógeno verde en Chile **puede ser tan importante como la minería**, el sector forestal o como fueron alguna vez los salmones», señaló en declaraciones a la revista Electricidad.

Fuente: Veronica Smink, BBC Mundo, 2021

---

42 **las presiones** der Druck
44 **descarbonizar** Dekarbonisierung
46 **la meca** el lugar más importante
57 **la energía eólica** energía producida por viento
64 **el sector forestal** Forstwirtschaft
65 **el salmón** Lachs (*la exportación del salmón chileno comenzó en los ochenta del siglo pasado y fue muy exitosa*)

COMPRENSIÓN Y ANÁLISIS

2 Describe cómo el hidrógeno verde podría ser una solución al cambio climático.

3 Resume las razones por las que el hidrógeno verde hasta hoy casi no se ha usado como combustible.

4 a Expón la solución que, según el texto, podría reducir los efectos del cambio climático y por qué hasta ahora no se ha hecho así.

  b Interpreta la cita al final (ll. 63–65) en cuanto a la intención del artículo.

5 Examina por qué los dos lugares de Chile mencionados en el texto son especialmente adecuados para la producción de hidrógeno verde.

▶ Textos informativos, p. 242

▶ Punto de apoyo, p. 224

5 Desafíos globales • Retos medioambientales

Una isla caribeña en peligro de hundirse

Cartí Sugdupu es una de las cuatro islas Cartí situada a dos kilómetros de la costa panameña en el mar Caribe. La isla fue habitada durante doscientos años por la tribu guna (o kuna). Las personas que viven en esta isla se están desplazando al continente a causa del **aumento del nivel del mar**, lo que constituye un ejemplo de migración provocada por los efectos del **cambio climático**. Entre otros efectos visibles que afectarán no solo a Panamá sino a la región caribeña se encuentran las olas de calor, las sequías, la deforestación y la transmisión de enfermedades como el dengue y el zika.

Fuente: AFP, 2023

Vídeo:
diminuto/-a muy pequeño/-a
la pesca Fischfang
el agua potable Trinkwasser
inundar überschwemmen, überfluten
hundirse untergehen
tierra firme *aquí:* Festland
el fregador Spülbecken
la refri (*col.*) el refrigerador
la estufa Herd/Backofen
la comarca Gebiet
el abanico Fächer, Ventilator
acondicionado/-a klimatisiert
la medida Maßnahme

COMPRENSIÓN

1 a Mira el vídeo y elige los argumentos a favor del traslado de la isla que se mencionan en el vídeo. Hay dos argumentos que sobran.
1 salones acondicionados
2 más espacio en las casas y fuera de las casas
3 luz eléctrica continua
4 dinero por trasladarse
5 acceso fácil a supermercados
6 abanicos en las casas

b ¿Cómo reaccionan las personas entrevistadas a la medida presentada?

2 Vuelve a mirar el vídeo y responde con una a seis palabras a las preguntas. La primera pregunta sirve como modelo:
1 ¿Dónde se encuentra la isla Cartí Sugdupu?
   En el mar caribe de Panamá.
2 ¿Cuántos indígenas guna viven en la isla?
3 ¿Qué problemas de la vida diaria de los habitantes se mencionan? Apunta por lo menos uno.
4 ¿Desde hace cuántos años se planea el traslado de los habitantes?
5 ¿Cuándo debe realizarse el traslado de los habitantes?
6 ¿Cómo es el barrio adonde llegan los isleños?
7 ¿Cuántas islas de la región son habitadas?
8 Según una calculación científica, ¿en qué año se hundirá la isla?

MÁS ALLÁ DEL TEXTO

3 Discutid las ventajas y desventajas de la medida tomada por la comunidad.

4 (Desafío) Busca información en Internet sobre la «migración climática» y presenta en una charla de tres minutos qué es y a qué regiones afecta mundialmente.

Desafíos globales • Retos medioambientales

Glaciares del sur

1 Busca en Internet los siguientes lugares y explica cuáles pueden ser sus mayores atractivos turísticos: Estrecho de Magallanes, Patagonia, Tierra de Fuego y Ushuaia.

TEXTO AVANZADO **Plataforma Larsen B** *Luis Sepúlveda*

En el siguiente fragmento de un ensayo de Luis Sepúlveda, se habla de la Plataforma Larsen B, una plataforma de hielo que se separó de la península Antártica en el verano de 2002, convirtiéndose en un iceberg gigante que actualmente tiene un tamaño de
5 *más de 3000 kilómetros cuadrados.*

Mi amigo Víctor toma los mandos de su avioneta [...], sin palabras comprueba los instrumentos, [...] enseguida nos elevamos sobre las aguas color acero del estrecho de Magallanes. [...] Mi amigo [...], moviendo la mano derecha en un gesto que quiere abarcar todo el horizonte, exclama:
10 –¡Mira qué lindo es esto, por favor no me traigas turistas!
Volamos hacia el Atlántico, abajo el estrecho de Magallanes se abre en las bahías y se cierra en las angosturas. Con el sol que se cuela entre las nubes el agua brilla para resaltar los pueblos de pescadores, las pingüineras en las que miles de aves vestidas como embajadores contemplan el horizonte, los villorrios abandonados
15 [...], las colonias de lobos marinos [...] sobre las rocas, los cientos de restos de embarcaciones víctimas de las tormentas, o las formaciones de delfines plateados que nadan veloces y en el orden más perfecto que uno pueda imaginar. Claro que es hermoso volar sobre el paso de agua que marca los confines del continente americano y de la Tierra del Fuego. Una contradictoria sensación de paz violenta
20 conmueve al viajero, un deseo de permanencia eterna se adueña del ánimo. El deseo de exclamar: «Espero que esto no cambie jamás», se trunca en la boca, porque toda esa belleza ha estado siempre sometida al peligro, y ahora más que nunca.
El anuncio de futuras explotaciones petroleras en las aguas antárticas y en el
25 mismo continente blanco de la Antártica hace que los habitantes de la Patagonia y de la Tierra del Fuego teman, y con justa razón, por el futuro de esos paisajes [...]. Durante el año 2006 se iniciaron los trabajos para extraer petróleo en el Fin del Mundo, ya sea mediante plataformas marinas o perforando el suelo de hielo, y ninguna compañía petrolera, ninguna, ha realizado un estudio independiente de
30 impacto ambiental.
–No me traigas turistas –repite Víctor mientras damos vueltas en el aire esperando la autorización para sobrevolar espacio aéreo argentino y enfilar rumbo a **Ushuaia**. No deja de ser razonable su queja y no es que mi amigo sea un enemigo del
35 turismo. Ocurre que, hace un par de años y mientras servía de piloto a unos fotógrafos alemanes que deseaban volar sobre el glaciar Perito Moreno, en pleno mes de julio, es decir, en el invierno austral, observó que en la cima del glaciar podían verse amplios espacios de agua, de hielo derretido, que se
40 introducían por los flancos del glaciar produciendo desprendimientos de bloques de hielo mayores de lo acostumbrado. El desprendimiento de bloques de hielo, las caídas en medio de un rugido antiguo como el planeta, eran parte de la vida

7 **color acero** stahlfarben
7 **el estrecho de Magallanes** Magellanstraße: *Meerenge in Chile*
9 **abarcar** *aquí:* mostrar
11 **la bahía** Bucht
12 **la angostura** *hier:* Fjord
12 **colarse** *aquí:* durchdringen, durchbrechen
14 **el/la embajador/a** Botschafter/in
14 **el villorio** pueblo muy pequeño
15 **el lobo marino** Seelöwe
17 **veloz** rápido/-a
18 **el confín** el límite
20 **adueñarse de** Besitz ergreifen von
21 **truncarse** *aquí:* quedarse
33 **enfilar rumbo a** dirigirse a
33 **Ushuaia** ciudad argentina, situada en el extremo sur de la Patagonia
37 **el glaciar Perito Moreno** un glaciar gigante que se encuentra en Patagonia
38 **austral** en la zona sur del planeta
39 **derretir** convertirse en agua
40 **el desprendimiento** la separación
43 **el rugido** el sonido muy fuerte

Ushuaia

Desafíos globales • Retos medioambientales

Plataforma Larsen B (2018)

natural de algo que debería llamarse Gran Parque
45 Natural de la Patagonia, la Tierra del Fuego y la Antártica, de algo que tendría necesariamente que ser patrimonio de toda la humanidad, como también deberían serlo los grandes bosques tropicales, que hoy están a merced de la voracidad del mercado.
50 –Ahora –me indica Víctor– llegan miles de turistas a mirar cómo caen cada vez más bloques de hielo, cómo los glaciares desaparecen, es decir, vienen alegremente a comprobar la muerte de estos paisajes. Amigo mío, hoy se paga para ser testigo de la muerte
55 del mundo. [...]
En los últimos cincuenta años la temperatura de la Antártica, de la Tierra del Fuego y del sur de la Patagonia ha aumentado 2,5 grados, y este aumento de la temperatura es plenamente visible en todos los glaciares. Es el fin de los glaciares.
60 Desde el día del desprendimiento de la Larsen B tanto la Antártica, como la Patagonia y la Tierra del Fuego están a merced de cambios, cuyas consecuencias son imprevisibles. No se trata solamente de los efectos del cambio climático innegable, sino también de la ejecución de proyectos energéticos que no destacan por la preocupación medioambiental.
65 Una empresa española planea la construcción de represas en la Patagonia, es decir, [...] alterar el curso de los ríos que nacen de los deshielos cada vez mayores. Un turismo que no considera la fragilidad de la región también es responsable del deterioro ambiental, porque aumentar cien veces en menos de diez años la navegación por las aguas que limitan el glaciar de San Rafael, para que algunos
70 afortunados puedan ir en una zódiac a beber un whisky con un trozo de glaciar en el vaso, no es una forma responsable de promover las bellezas de la región.
La Patagonia, la Tierra del Fuego, los confines del Fin del Mundo están en peligro. Una visión irracional del progreso y el desarrollo sostenido, a la que se suma un turismo irrespetuoso, hacen de estos territorios extremos lugares condenados.
75 –Qué diablos –dice Víctor mientras volamos [...]–, en un futuro próximo los turistas llegarán a las cercanías del Perito Moreno y leerán: «Aquí había un glaciar».

Fuente: Luis Sepúlveda, *Historias de aquí y de allá*, 2010

47 **patrimonio de la humanidad** *hier:* Weltnaturerbe
49 **estar a merced de** ser víctima de
49 **la voracidad** Gier
62 **imprevisible** que no se puede anticipar
63 **destacar** *hier:* sich auszeichnen
65 **la represa** Staudamm
66 **alterar** cambiar
70 **la zódiac** un bote de caucho con motor
75 **¡Qué diablos!** *(ugs.)* zum Teufel!

Luis Sepúlveda (1949–2020) fue un escritor chileno. Comprometido políticamente, sufrió prisión durante la dictadura de Pinochet, posteriormente se exilió en Europa. Su obra aborda **temas ecológicos**, denuncia el desastre ecológico y **critica el comportamiento humano**.

COMPRENSIÓN

2 Describe el paisaje que el narrador ve desde la avioneta.

3 Cuenta cuáles son las razones y las experiencias por las que Víctor, el piloto de la avioneta, está en contra del turismo en esta región.

ANÁLISIS

4 a Analiza las actitudes del autor y de su amigo Víctor frente a los cambios sucedidos en los últimos años en la región patagónica.

b Examina los recursos estilísticos que utiliza el autor para presentar la preocupación por la región que sienten él y los habitantes.

▶ Punto de apoyo, p. 224

Desafíos globales • Retos medioambientales

MÁS ALLÁ DEL TEXTO

5 a «Un turismo que no considera la fragilidad de la región también es responsable del deterioro ambiental ...» (ll. 59–61). Comenta la cita teniendo en cuenta tanto el texto como tus conocimientos sobre el tema.

b Escribe un monólogo interior desde la perspectiva de Víctor sobre la gente que, según él, paga por ver el deterioro de los glaciares.

▶ Escribir textos creativos, p. 238

6 Busca en Internet información sobre la situación actual de Larsen B y preséntala en clase.

La crisis climática

Caricatura:
el hacha Beil
oscilar schwingen
sujetar a alg. jdn festschnallen
el grillete (Hand-/Fuβ-) Schelle
la palanca Hebel
(tirar ~) den Hebel umlegen
el saco Sack

Fuente: Atxe, 2021

COMPRENSIÓN

1 Describe los elementos y la composición de la caricatura.

▶ Caricaturas, p. 249

ANÁLISIS

2 Explica el significado del hacha, los grilletes, la palanca y el signo del dólar.

3 Analiza el mensaje del caricaturista.

MÁS ALLÁ DEL TEXTO

4 (Escuchar) El negacionismo climático y la desinformación:

APP Más información

a Escucha la primera parte del podcast (hasta 03:40) y contesta en pocas palabras.
  1 ¿Qué quiere hacer creer el negacionismo climático?
  2 ¿Cuál es el principal motor del calentamiento global según la ONU?
  3 ¿Las políticas actuales llevarán a cuánto aumento de temperatura hasta finales del siglo?

Audio:
antropogénico/-a menschengemacht
el corzo Rehbock
el escudo Schild, Zeichen

b En la segunda parte del podcast (desde 03:40) se habla de un vídeo viral sobre un incendio. Cuenta qué hicieron para descubrir que es desinformación.

5 Desafíos globales • Retos sociales

Comercio justo

> El concepto de **comercio justo** se refiere a un comercio controlado, promovido por varias ONG, en el que los productores reciben un **precio mínimo equitativo** por sus productos. Con ello se pretende proporcionar a los productores unos ingresos mayores y más fiables que en el comercio convencional. Esta forma de comercio también pretende construir **relaciones de cooperación** a largo plazo entre comerciantes y productores. Además, durante la producción deben respetarse unas **normas medioambientales y sociales** fundamentales.

TEXTO AVANZADO «C» de Comercio justo (y de colaboración, compromiso y cambio) *Álvaro Goicoechea*

El autor de este artículo es director de Fairtrade Ibérica, sello que certifica productos de comercio justo.

5 En un mundo en continua transformación, cada vez más interconectado, [...] la cooperación tiene un impacto múltiple. No hay respuestas aisladas en un planeta globalizado; los retos se resuelven colaborando.
El pasado 2 de julio se celebró el Día Internacional de las Cooperativas [...]. Las cooperativas son el motor del comercio justo y la piedra angular del sello Fairtrade,
10 organización que dirijo y que representa a más de 1,9 millones de agricultores y trabajadores en 71 países de todo el mundo.
Una revisión independiente de 151 estudios muestra que la certificación Fairtrade tiene un impacto positivo en los ingresos, bienestar y la resiliencia de las y los productores, ya que en las cooperativas certificadas las personas trabajadoras
15 tienen mejores espacios físicos, contratos más fuertes, horas extras pagadas, descansos adecuados, protección a la salud y seguridad, así como mecanismos de negociación y representación para la toma de decisiones democrática. Todo ello juega un papel crucial a la hora de incrementar su dignidad y confianza.
Los principios que rigen el trabajo en las cooperativas certificadas Fairtrade
20 persiguen un objetivo claro: el empoderamiento de las y los trabajadores en la toma de decisiones. Todos sus miembros participan de manera activa en sus organizaciones, tienen voz y capacidad de voto en los procesos de toma de decisiones, un elemento fundamental para construir relaciones comerciales más sólidas. Así, los datos muestran que las organizaciones de productores Fairtrade
25 tienen una mejor gestión, mejores sistemas y capacidad financiera que quienes no están certificados.
De esta manera, los miembros de estas cooperativas deciden de forma colectiva cómo usar la prima Fairtrade, una cantidad adicional de dinero que se paga por encima del precio de venta acordado. Esto les permite invertir en acciones destina-
30 das a mejoras en sus negocios y comunidades que satisfagan sus necesidades y aumenten sus ingresos y productividad. Aproximadamente, la mitad de esa prima se destina a gastos en beneficio de las y los agricultores (fertilizantes, materiales, primas en efectivo, etcétera). El 40 % se emplea para fortalecer la propia cooperativa (inversiones en productividad e infraestructura, gastos de organización) y un
35 10 % se invierte en infraestructura y otros gastos para la comunidad (educación, instalaciones médicas).
Asimismo, la investigación expone que gran parte de las organizaciones de productores certificadas utilizan beneficios financieros como esta prima para adaptarse al cambio climático. Los estándares Fairtrade promueven la mejora de la
40 conservación del planeta y la biodiversidad, y contribuyen a las prácticas agrícolas respetuosas con el medioambiente, como el uso de fertilizantes naturales. Además, una parte importante de productores Fairtrade están certificados orgánicamente. Los estándares Fairtrade, que combinan criterios económicos, medioambientales y sociales auditados de forma independiente, están presentes en toda la cadena de
45 suministro. Además de fomentar la democracia interna de las cooperativas certificadas, Fairtrade trabaja para que estas organizaciones tengan voz y poder en

---

6 **aislado/-a** *aquí:* individual
9 **la cooperativa** landwirtschaftliche Genossenschaft
9 **la piedra angular** Grundpfeiler, Eckpfeiler
12 **la revisión** la investigación
13 **la resiliencia** la capacidad de adaptación
18 **incrementar** fortalecer
20 **el empoderamiento** *aquí:* la participación
25 **la gestión** Management
30 **satisfacer** befriedigen
32 **el fertilizante** Dünger
33 **en efectivo** in bar
39 **promover** fomentar
44 **auditado/-a de forma independiente** von unabhängigen Stellen geprüft
44 **la cadena de suministro** Lieferkette

Desafíos globales • Retos sociales

las cadenas de suministro globales, donde a menudo obtienen la menor parte del valor de los productos. En este sentido, 270 organizaciones certificadas Fairtrade de América Latina y África han pedido a la Unión Europea en una carta abierta
50 una legislación que incluya sus voces y necesidades.
Para mejorar el acceso de pequeños productores a los mercados, este año la organización que dirijo ha puesto en marcha la Escuela de Café Fairtrade, un punto de encuentro para el aprendizaje de productores de café certificado Fairtrade de todo el mundo, desde Colombia hasta Etiopía o Vietnam. La educación
55 digital es clave para apoyar a los pequeños agricultores en un contexto como el actual, marcado por la volatilidad del mercado de precios. La escuela les proporciona herramientas para vender más café, a mejores precios y en términos más justos: desde la mejora de su propuesta de valor hasta la digitalización del negocio. [...]
60 El movimiento cooperativo es el corazón que ha mantenido activo el comercio justo a lo largo de todos estos años. Porque la C de cooperativa también es una C de comunidad, colaboración, compromiso y cambio. Instituciones, gobiernos, empresas, consumidores y sociedad civil debemos aprender de ellas para trabajar juntos por un mundo más justo, social, económica y medioambientalmente en
65 todos los rincones del planeta, en el que el respeto y la responsabilidad sean la base de nuestras acciones cotidianas.

Fuente: Álvaro Goicoechea, Ibercaja agroinforma, 2022

> Los cinco países latinoamericanos con mayor número de sellos de comercio justo son **Perú** (175), **Colombia** (81), **Honduras** (70), **México** (47) y **Nicaragua** (35).

50 **la legislación** *aquí:* la regulación
56 **la volatilidad** la inestabilidad, la falta de constancia
57 **en términos más justos** bajo condiciones más justas
58 **la propuesta de valor** *hier:* Preisvorstellung

COMPRENSIÓN Y ANÁLISIS

1 Presenta la organización Fairtrade, así como sus metas y estándares, según el autor del artículo.

2 Examina cómo el autor intenta aumentar la credibilidad de sus afirmaciones.

▶ Punto de apoyo, p. 224

MÁS ALLÁ DEL TEXTO

3 Explicad lo más concretamente posible la afirmación de que «la C de cooperativa también es una C de comunidad, colaboración, compromiso y cambio».

4 a Estos son los diez principios del comercio justo. Compáralos con el artículo de Álvaro Goicoechea. ¿En cuáles se enfoca él? Da pruebas del texto.

Los Diez Principios de Comercio Justo:
1. Oportunidades para Productores Económicamente Marginados
2. Transparencia y Responsabilidad
3. Prácticas Comerciales Justas
4. Pago Justo
5. No al Trabajo Infantil, No al Trabajo Forzoso
6. No a la Discriminación, Equidad de Género, Libertad de Asociación
7. Buenas Condiciones de Trabajo
8. Desarrollo de Capacidades
9. Promoción del Comercio Justo
10. Acción Climática y Protección del Medio Ambiente

(WORLD FAIR TRADE ORGANIZATION)

APP Imágenes

b Discutid: ¿cuáles de estos principios os parecen imprescindibles y por qué?

5 Da tu opinión sobre si un sello de comercio justo hace que un producto sea más atractivo para ti o no.

5 Desafíos globales • Retos sociales

Trabajo y pobreza infantil

1 Vas a ver un vídeo titulado «El drama de los niños mineros en Venezuela». Lee la siguiente caja de información e indica en qué sectores hay más trabajo infantil y por qué la minería fomenta la explotación de niños y niñas.

> ### Trabajo infantil en Latinoamérica
> El trabajo infantil se da cuando un menor de edad (niño o adolescente) realiza una actividad productiva no teniendo aún la edad mínima de admisión al empleo o se encuentra en condiciones que afectan su desarrollo físico y mental. En América Latina, el trabajo infantil se encuentra sobre todo en estos tres sectores: agricultura (48 % de los niños que trabajan lo hacen en este sector); trabajo doméstico (sobre todo en Colombia y Ecuador); y el sector minero (sobre todo en Ecuador, Perú y Bolivia debido a la minería ilegal).
>
> ### El problema del sector minero
> En América Latina operan numerosas empresas mineras internacionales y nacionales. También hay muchas actividades mineras ilegales y, por tanto, totalmente incontroladas. Debido a que las minas se encuentran mayoritariamente en zonas remotas donde la población vive en situación de pobreza y no existen otras oportunidades, es usual que las familias se vean obligadas a recurrir al trabajo infantil como fuente de ingresos.

El drama de los niños mineros en Venezuela

2 Describe este fotograma del vídeo «El drama de los niños mineros en Venezuela» y formula hipótesis sobre su contenido. Considera el título y las citas.

Foto:
la mina a cielo abierto Tagebaugrube
el/la niño/-a minero/-a niño/-a que trabaja en las minas
el barro masa que resulta de la mezcla de tierra y agua
el hoyo Grube, Loch (im Boden)

Citas:
el aluvión *hier:* Schlamm, Sediment
picar *hier:* zerkleinern, zerteilen
la batea Sichertrog (Pfanne zum Goldwaschen)
el barranco *hier:* Grubenwand
venir a quebrar romperse

Fuente: AFP, 2023

«Cuando es aluvión y es oro grueso, lo recojo con la batea. Pico el material, pico el material y lo lavo en la batea.»

«Se lo doy a mi mamá para que compre comida, a veces me compro algo yo, les compro algo a mis hermanos.»

«Me da miedo cuando se caen los barrancos, que vienen a quebrar cuando está lloviendo. Y me da miedo también cuando hay peleas, cuando está peleando la gente.»

Desafíos globales • Retos sociales

5

COMPRENSIÓN

3 Mira el vídeo una vez sin sonido y contesta las preguntas.
- ¿Qué impresión te da la mina a cielo abierto?
- ¿En qué condiciones trabajan los mineros?

4 Mira el vídeo con el sonido puesto tantas veces como sea necesario para realizar las siguientes tareas.
- Presenta al niño minero Gustavo y sus sueños.
- Expón los riesgos a los que están expuestos los niños mineros.

Vídeo:
la pepita de oro Goldnugget, Goldklümpchen
nocivo/-a (para la salud) malo/-a, que causa daño

ANÁLISIS

5 Explica los efectos que se pretenden conseguir con esta noticia.

MÁS ALLÁ DEL TEXTO

6 a Compara los siguientes extractos de la «Convención sobre los Derechos del Niño» (UNICEF, 1989) con la realidad mostrada en el vídeo.

b Comenta la brecha entre teoría y práctica.

Salud, agua, alimentación y medioambiente
Los niños tienen derecho a la mejor atención de la salud que se les pueda brindar, al agua limpia para beber, a una alimentación sana y a un entorno limpio y seguro en el que vivir. Todos los adultos y los niños deben disponer de información sobre cómo mantenerse seguros y saludables.

Alimentación, ropa y un hogar seguro
Los niños tienen derecho a la alimentación, al vestido y a un lugar seguro donde vivir, para que puedan crecer del mejor modo posible. El gobierno debería ayudar a las familias y los niños que no puedan costearse estos bienes.

Acceso a la educación
Cada niño tiene derecho a recibir una educación. La educación primaria debería ser gratuita. La educación secundaria y superior deben estar al alcance de todos los niños. Se debería apoyar a los niños para que asistan a la escuela hasta completar el grado más alto posible. La disciplina que se imponga en las escuelas debería respetar los derechos de los niños, y nunca se debe recurrir a la violencia.

Descanso, juegos, cultura, arte
Todos los niños tienen derecho al descanso, a relajarse, a jugar y a participar en actividades culturales y creativas.

Protección contra trabajos perjudiciales
Los niños tienen derecho a que se les proteja de realizar trabajos que sean peligrosos o nocivos para su formación, su salud o su crecimiento. Si los niños trabajan, tienen derecho a estar seguros en el trabajo y a que se les pague un salario justo.

Fuente: Unicef, 1989

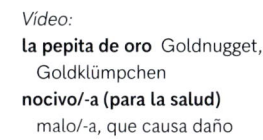

Desafíos globales • Retos sociales

La niña de Bogotá *Jordi Sierra i Fabra*

La niña parece una isla dentro de otra isla.

La isla grande está en mitad de la gran avenida, imposible de poder cruzarse a pie. El semáforo está corto. Los peatones han de detenerse en ella, apenas un estrecho
5 rectángulo de cemento que los salvaguarda en el centro. Allí esperan a que el semáforo pase a verde. Son apenas treinta segundos de parada obligatoria, mientras los coches agitan el aire a ambos lados y expulsan sus chorros de gases sobre ellos. Algún ojo enrojecido. Alguna tos. Paciencia y crispación. La marea humana va y viene. Solo alguien permanece constante en esa isla grande, su refugio, yendo
10 de lado a lado con la mano extendida y la sonrisa en los labios.

La isla pequeña.

La niña.

Es muy bonita, menuda, frágil, y de ella sorprenden dos cosas: una, su cabello rubio orlando sus rasgos indígenas; dos, su leve vestimenta frente al frío de la
15 ciudad, porque si bien toda Colombia es cálida, en Bogotá, a 2.600 metros sobre el nivel del mar, la temperatura siempre es mucho más baja.

Lo dice el lema de la capital: «Bogotá, 2.600 metros más cerca de las estrellas».

Ah, las estrellas.

La niña se mueve rápida. [...] Es ágil e intuitiva. Conoce ya la naturaleza humana.
20 Sabe quién puede ser conmovido y quién no con solo ver su primera reacción ante su presencia...

–¿Me da unos pesos, señor?

Silencio.

Y ella ya no está allí. [...]
25 De vez en cuando, muy de vez en cuando, alguien es capaz de mirarla, o no, pero su mano se mueve en dirección al bolsillo, del que extrae unas monedas.

–¡Gracias!

Entonces la sonrisa se expande, se convierte en una media luna generosa, una suerte de prodigio, casi un milagro, porque apenas hay carita para tanta felicidad,
30 ni ojos para tanto centelleo. Es un «¡gracias!» que suena a fiesta, a explosión y canto. [...] Cambia el semáforo de rojo a verde y los caminantes abandonan la isla en ambas direcciones mientras nuevos peatones se acercan a la carrera, dispuestos a compartir otros treinta segundos de espera. [...]

No parece un buen día. Las monedas son escasas.
35 Y cada vez hace más frío. [...]

Anochece y hay menos personas en la calle. Las oleadas que van y vienen de la isla de cemento son menores. Ella, que los ve acercarse desde ambos lados de la calzada y trata de discernir quiénes pueden ser los más favorables a la piedad o la generosidad, descubre al hombre que camina con el paso de ir a ninguna parte. El
40 paso del turista, cámara al hombro, ojos a la búsqueda de la novedad, mente abierta.

La niña espera.

Y cuando el hombre se detiene, atrapado en la isla, mientras los dos ríos de automóviles se ponen en marcha, ella se le acerca.
45 Le mira de abajo arriba.

Le sonríe.

Tiende su manita desnuda.

–¿Me da unos pesos, señor?

4 **el semáforo** Ampel
4 **el/la peatón/-ona** persona que va a pie
4 **detenerse** *aquí:* esperar
5 **salvaguardar a alg.** proteger a alg.
7 **expulsar** echar
8 **la crispación** *hier:* Eile, Hast
8 **la marea** la masa
13 **menudo/-a** pequeño/-a
14 **orlar** säumen
14 **la vestimenta** la ropa
20 **conmover a alg.** jdn erweichen
26 **el bolsillo** saco para el dinero
26 **extraer** sacar
28 **la media luna** Mondsichel
28 **una suerte de prodigio** *hier:* ein kleines Wunder
30 **el centelleo** el brillo
32 **a la carrera** con prisa
34 **escaso/-a** knapp, rar
36 **anochecer** venir la noche
38 **la calzada** Fahrbahn
38 **discernir** distinguir, saber
38 **la piedad** la compasión
39 **la generosidad** Großzügigkeit
47 **tender** ausstrecken

En Latinoamérica y el Caribe viven cerca de 30 millones de menores en situación de **pobreza infantil**. Muchas veces no tienen un lugar seguro para vivir ni para desarrollarse plenamente o romper el círculo de pobreza.

Desafíos globales • Retos sociales

Nadie repara en ellos. Ahora están solos. El hombre, quizás europeo, quizás latinoamericano, hace que sus ojos desciendan también al encuentro de los de la niña. No parece indiferente. Se llena de su cabello extrañamente rubio, de sus rasgos indígenas, de esa mirada líquida que es como un volcán dispuesto a entrar en erupción y de esa sonrisa que le suena a canto. [...]

–¿Cómo te llamas?
–Adriana.
–¿Qué haces en la calle, pidiendo limosna? –pregunta en un español diferente, más seco, menos dulce que el acento del país o de otros países latinoamericanos.
–Necesitamos comer, señor.
Resulta tan obvio. [...]
Sus pensamientos casi pueden escucharse por entre el rugir del tráfico.
«Debería estar en una escuela. Debería estar más abrigada. Debería gozar de todos los deberías del mundo.» [...]
El hombre se lleva la mano al bolsillo. Saca de él unas monedas. Sin embargo, todavía no se las entrega. Quedan suficientes segundos antes de que el semáforo le invite a continuar.
–¿Cuál es tu historia?
–¿Mi historia, señor?
¿Cuántos años tendrá, siete, ocho, tal vez incluso menos? Parece tan pequeña...
–Yo escribo historias –se justifica–. ¿Por qué estás aquí? [...]
–Vivo con mis abuelos, señor; allá –y señala la lejanía donde se recortan las chabolas en las lomas de las montañas–. Ya no tengo padres. [...] Aunque aquí hace mucho frío, ¿sabe, señor? Me gustaría regresar a mi pueblo. No me gusta el frío. Nunca lo había sentido. Eso es lo peor. [...]
El hombre se siente desposeído de energía. Una mano invisible se la ha arrebatado de golpe. [...]
El hombre está muy serio, como si ya no fuera el mismo que salió de una acera, como si ya no fuera el mismo que llegará a la otra.
–Espera...
El hombre también saca un billete de dos mil pesos, y otro, y un tercero. Apenas un par de euros al cambio. Una miseria para él. Quizás mucho para la niña.
¿Cuánto cuesta una redención?
La niña apenas puede creer su suerte.
Por un momento no siente el frío. No siente el picor en los ojos. No siente la acumulación de gases en sus pulmones. Solo es capaz de percibir el roce de los billetes y el grito de su estómago.
–¡Gracias, señor!
[...] El semáforo cambia a verde. La vida en la isla se reactiva, mientras la de la calzada se detiene. El hombre da un primer paso para continuar su camino. Volverá la cabeza una vez, para ver la sonrisa de la niña y su mano diciendo adiós. Y volverá la cabeza una segunda vez, al llegar a la otra acera, para ver cómo la niña, temblando más y más de frío, se enfrenta a los nuevos caminantes que, uno a uno, le niegan esas monedas.

Fuente: Jordi Sierra i Fabra, Material sensible (Cuentos crueles), 2005

49 **reparar en alg.** jdn bemerken
55 **sonar a algo** sich wie etw. anhören, nach etw. klingen
64 **el rugir** (fig.) el ruido
65 **abrigado/-a** hier: warm angezogen
65 **gozar de** disfrutar de
74 **señalar la lejanía** in die Ferne zeigen
74 **recortarse** hier: sich abheben, zu sehen sein
75 **la chabola** casa miserable
75 **la loma** hier: Hang
80 **la acera** Gehsteig
85 **la redención** Freikauf, (fig.) Erlösung
87 **el picor** das Brennen
88 **los pulmones** (pl.) Lunge
88 **el roce** el contacto con los dedos
89 **el estómago** Magen
96 **negar algo a alg.** jdm etw. verweigern

Jordi Sierra i Fabra (1947) es un escritor español nacido en Barcelona. Ha escrito más de 400 libros. En 2004 fundó el Taller de Letras Jordi Sierra i Fabra en Medellín, Colombia, para fomentar el talento literario entre niños y jóvenes.

Desafíos globales • Retos sociales

COMPRENSIÓN

1 Indica el tema del cuento.

2 Resume la información sobre la «niña».

ANÁLISIS

3 a Examina la perspectiva narrativa.

b Analiza cómo se presenta el impacto que tiene en el «hombre» el encuentro de los dos protagonistas.

▶ Punto de apoyo, p. 225

MÁS ALLÁ DEL TEXTO

4 Redacta una entrada de diario del «hombre», escrita la misma noche, en la que él comenta su encuentro con la «niña» y se pregunta hasta qué punto su limosna la ayudará realmente.

Bolivia y sus niños trabajadores

▶ Mediación, p. 241

1 a Infórmate bajo qué condiciones está permitido que niños y niñas trabajen en Alemania.

b Tu amigo ecuatoriano Luis trabaja para una ONG que ayuda a niños en situación de pobreza. En la prensa alemana acabas de encontrar este artículo sobre el trabajo infantil en Bolivia y te gustaría saber qué opina él sobre el tema. Escribe un correo electrónico a Luis, pide su opinión y expon los argumentos del artículo para permitir el trabajo infantil en Bolivia, contrastándolos con la perspectiva alemana sobre el trabajo infantil.

> En 2023, América Latina produjo el 50 % de la **plata** mundial. La región también representa más del 40 % de la producción mundial de **cobre**. Y en cuanto al metal para baterías **litio**, América Latina representa el 34 % de la producción y el 52 % de las reservas mundiales. Estos metales se exportan a todo el mundo y se utilizan en la fabricación de teléfonos móviles y coches eléctricos, por ejemplo. Actualmente en el sector minero trabaja alrededor de un millón de niños en Latinoamérica.

Bolivien und seine Kinderarbeiter *Klaus Ehringfeld*

In Bolivien dürfen Kinder nicht mehr arbeiten – und das ist ein Problem

Sie putzen Schuhe, verkaufen Zeitungen oder Süßigkeiten; sie werben auf Märkten Kunden für Restaurants, arbeiten als Hausmädchen oder schuften als Hauer in den
5 Silberminen der Bergbaustadt Potosí. In Bolivien arbeiten Kinder in allen Teilen des Landes und in vielen Branchen. Mitunter malochen Mädchen und Jungen dort schon, sobald sie fünf Jahre alt sind.

Arbeitende Jungen und Mädchen gibt es in allen Ländern Lateinamerikas – vor allem auch in den beiden größten Volkswirtschaften Brasilien und Mexiko. Aber in Bolivien,
10 dem ärmsten Land Südamerikas, ist die Kinderarbeit besonders tief verwurzelt. Mehr als 700.000 Kinder arbeiten in dem Land, sie müssen zum Überleben ihrer Familien beitragen.

Um sie dabei zu schützen, erließ die sozialistische bolivianische Regierung vor fünf Jahren ein Gesetz, das Kinderarbeit ab zehn Jahren unter bestimmten Bedingungen
15 erlaubte. Kinderrechtler stuften es als fortschrittlich ein.

Doch die Regelung stand von Anfang an unter internationalem Druck, vor allem von der Internationalen Arbeitsorganisation (ILO). Sie hat sich den Kampf gegen Kinderarbeit seit Langem auf die Fahnen geschrieben.

Inzwischen hat die bolivianische Regierung das Gesetz in den umstrittenen Passagen
20 weitgehend zurückgenommen, aber der Streit bleibt. In ihm konkurrieren zwei

Desafíos globales • Retos sociales

Sichtweisen: Die der EU und der Vereinten Nationen, ihnen gilt Kinderarbeit als Ausbeutung, die schnellstmöglich abgeschafft werden sollte; und die bolivianische, in der Kinderarbeit als gesellschaftliche Realität und kulturelle Besonderheit akzeptiert wird, die es zu regulieren gilt. Mittendrin: Hunderttausende Kinder, von denen so manches für ein Recht auf Arbeit kämpft.

In **Potosí** ist das Thema noch wichtiger als anderswo in Bolivien. 180.000 Menschen wohnen hier am Fuße des Berges Cerro Rico. In den Silberminen schufteten früher Sklaven und indigene Zwangsarbeiter – noch heute auch Kinder.

Luz Rivera, 52, begleitet und betreut seit 18 Jahren Kinderarbeiter in Potosí. Sie arbeitet für die Caritas-Sozialpastorale der Stadt und sagt: „Es sind keine armen Kinder, die arbeiten müssen, sondern selbstbewusste Menschen, die stolz auf das sind, was sie tun." Manche, so Rivera, würden schon mit fünf Jahren anfangen, Nylonbeutel zu verkaufen, andere würden ihren Müttern helfen. „Kinderarbeit ist in Bolivien eine gesellschaftliche Realität." Man solle sie nicht geißeln, sondern die Gründe für ihre Existenz ändern. „Und solange das nicht geschieht, muss man den Kindern eine Arbeit in Würde und in Schutz vor Ausbeutung ermöglichen." [...]

Dass Jungen und Mädchen schon in jungen Jahren im sozialen und familiären Gemeinwesen Verpflichtungen übernähmen, sei vor allem Teil der indigenen Kultur, sagt etwa der Psychologe Jorge Domic. Gerade bei den Ureinwohnern, die rund die Hälfte der 11,5 Millionen Einwohner ausmachen, sei es normal, dass Kinder zum Lebensunterhalt der Familie beitragen. „Arbeit kann bei Kindern auch die Persönlichkeitsentwicklung fördern", betont Domic im Gespräch.

Ein Verbot der Kinderarbeit hält der Psychologe für falsch, solange weite Teile der Bevölkerung unter Armut leiden. Man sollte stattdessen die gesellschaftliche Realität anerkennen und ihr einen rechtlichen Rahmen geben.

Genau das war die Idee hinter „Gesetz 548", dem Kinder- und Jugendgesetz, das Bolivien im Juli 2014 verabschiedete. Das Regelwerk sicherte den Kindern ab zehn Jahren ein Recht auf Arbeit zu. Allerdings waren daran enge Bedingungen geknüpft. Zunächst mussten die Eltern einwilligen, dann war die Zustimmung des staatlichen „Kinderrechtsbüros" nötig. Einige Tätigkeiten, zum Beispiel im Bergbau, waren ganz ausgeschlossen. Zudem waren medizinische Untersuchungen verpflichtend. Und vor allem musste gesichert sein, dass die Kinder in die Schule gingen. [...]

Aber vor allem die ILO und Unicef waren entsetzt. Sie halten Kinderarbeit grundsätzlich für eine Form der Ausbeutung. [...] Von Beginn an war der Druck auf die bolivianische Regierung deshalb groß, die entsprechenden Regelungen des Gesetzes zurückzunehmen. Und als dann noch die Vereinigten Staaten damit drohten, Bolivien Zollvorteile abzuerkennen, knickten die Parlamentarier ein. Im Dezember kassierten sie die umstrittensten Passagen von „Ley 548". Formell dürfen Kinder jetzt erst wieder ab 14 Jahren eine bezahlte Tätigkeit aufnehmen.

[Der Lateinamerika-Referent bei der Kindernothilfe in Duisburg,] Jürgen Schübelin nennt die Umstände der Abschaffung „peinlich". Schlimmer aber sei es, dass die Kinder ihre Schutzrechte und Garantien wie den Schulbesuch wieder verloren hätten und nun erneut einer „kollektiven Ächtung" ausgesetzt seien. Nicht ein einziges Kind, das bis jetzt mit seiner Arbeit einen Beitrag zum eigenen Lebenserhalt und dem seiner Familie beisteuern musste, sei nach der Abschaffung davon befreit, Geld nach Hause zu bringen, kritisiert Schübelin. „In keiner einzigen bolivianischen Familie verbessert sich durch diese Abschaffung irgendetwas." [...] (740 Wörter)

Fuente: Klaus Ehringfeld, Spiegel, 2019

26 **Potosí** Stadt in Zentralbolivien mit ca. 100.000 Einwohnern, bekannt für ihre Silberbergwerke und Zinngruben

63 **Ächtung** Verdammung, *hier*: Kriminalisierung

Taller de competencias • Escritura argumentativa

▶ Texto, p. 139–140

La tarea

Discute la siguiente afirmación sobre el nomadismo digital.
«Las oficinas son cosa del pasado. Hoy puedes trabajar desde la playa, desde otro país, desde donde quieras. Puedes mejorar tu calidad de vida y buscar lugares más baratos o más tranquilos para vivir. Además, los destinos se benefician con la presencia de *nómadas digitales*, ya que contribuyen a la economía local con su consumo».

Las estrategias

En los exámenes de bachillerato y en el examen final de Español, pero también en la universidad, te encontrarás a menudo con formatos de examen que exigen una redacción argumentativa.

Objetivos de textos argumentativos:
- esbozar un tema / un asunto / un problema / una controversia / una cita **desde diferentes perspectivas**
- **presentar argumentos** que apoyen las diferentes perspectivas, indicando ventajas e inconvenientes si es necesario
- expresar **tu propia opinión** sobre un tema

Pasos para examinar la tarea y organizar el trabajo

1. Lee con atención la tarea y apunta:
   - ¿Qué asunto o tema vas a tratar?
   - ¿Cuáles son los aspectos y criterios importantes según la tarea? Marca toda la información relevante para la tarea.

2. Fíjate después en el operador. Para textos argumentativos suele haber tres operadores diferentes:

Operador	Explicación
comentar	expresar opiniones personales y dar argumentos lógicos, basándose en el contexto, los conocimientos de la materia o las propias experiencias
evaluar	determinar el valor o el estado de algo
discutir	resaltar y valorar los pros y los contras de un asunto y llegar a una conclusión

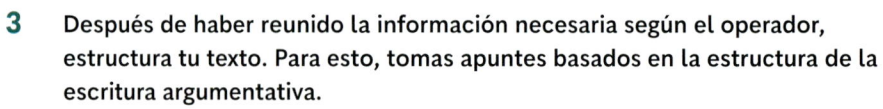

3. Después de haber reunido la información necesaria según el operador, estructura tu texto. Para esto, tomas apuntes basados en la estructura de la escritura argumentativa.
   a Introducción
      - para orientar al lector empieza con una pequeña introducción en la que presentes el tema y menciones las fuentes (p. ej., de quién es una cita, etc.)
      - aquí también puedes atraer la atención del lector utilizando, p. ej., experiencias personales, acontecimientos actuales, una frase sorprendente, una pequeña anécdota, etc.

Taller de competencias • Escritura argumentativa

   b Parte central
   - presenta tus argumentos en un orden estructurado y lógico, es decir un argumento por párrafo al que añades ejemplos, fechas, datos, etc.
   - termina con el argumento que más apoya tu postura/opinión
   - utiliza conectores adecuados
   c Conclusión
   - expón tu propia opinión y justifícala
   - puedes añadir perspectivas sobre el futuro o posibles soluciones
   - no plantees ideas o argumentos nuevos en esta parte

Resolver la tarea

Pasos para resolver la tarea

1. Busca pistas en la cita de la tarea (arriba) para poder estructurar los criterios de tu argumentación.
   - daños físicos y …
   - …

2. Identifica e interpreta el operador.
   El operador «discutir» = resaltar y valorar **los pros** y **los contras** de un asunto y llegar a una conclusión
   a resaltar: apunta todas tus ideas y tus argumentos a favor y en contra del tema tratado en una tabla y apunta ejemplos, hechos, datos, experiencias personales, etc. para apoyar tus argumentos
   b valorar: elige los argumentos más importantes y ponlos en orden
   c llegar a una conclusión: apunta tu propia opinión basándote en los argumentos

3. Ya has recopilado los argumentos necesarios para trabajar con el operador «discutir». Ahora estructura tu texto en introducción, parte central y conclusión.

Practicar con un texto modelo

Modelo de texto argumentativo

> En los últimos años, gracias a los avances en las computadoras e Internet, el fenómeno del nomadismo digital ha aumentado. Trabajar desde otros lugares es algo que parece muy atractivo para muchas personas, sobre todo para la gente joven. En primer lugar, los nómadas digitales viajan por el mundo, trabajan desde
> 5 distintos lugares y experimentan otras culturas. En segundo lugar, gracias al trabajo remoto, el o la nómada digital puede mejorar su calidad de vida, ya que puede elegir ciudades que le ofrezcan más comodidades para vivir y mejores precios.
> Otro aspecto positivo es que los nómadas digitales enriquecen a la comunidad
> 10 local tanto en lo económico, así como en lo cultural. Por una parte, ellos pagan alquileres, compran comida y ropa y también van al cine o salen por las noches. Por la otra parte, traen conocimientos laborales y experiencias culturales que comparten.

5 Taller de competencias • Escritura argumentativa

> 15 Sin embargo, el tema puede ser también muy problemático y su impacto no es siempre positivo.
> Hay que mencionar que los nómadas digitales reciben mejores salarios que muchas de las personas locales y por lo mismo, pueden pagar alquileres más altos. Esto provoca que suban los precios de la vivienda y el coste de la vida en las áreas más populares.
> 20 Otro aspecto a considerar es el de la integración en la comunidad local. Se dice que los nómadas digitales enriquecen la diversidad cultural del lugar al que llegan, no obstante, es muy común que no se queden el tiempo suficiente como para hacer amistades profundas y compartir con las personas locales. Frecuentemente los nómadas no dominan la lengua del país al que llegan y por lo mismo,
> 25 no se mezclan de inmediato con la gente del lugar. Esto no fomenta la integración y crea burbujas sociales.
> A mi modo de ver, el nomadismo digital puede ser una opción atractiva para combinar el trabajo con otras experiencias de vida, sin embargo, es necesario que haya reglas para que los lugares de destino tengan beneficios reales.

▶ Punto de apoyo, p. 225

1 a Lee el texto modelo y localiza la estructura: «introducción» / «parte central» / «conclusión».

b ¿Qué palabras útiles has encontrado para la estructura de 1a?

c Relaciona las siguientes frases y expresiones útiles con la parte correspondiente de los textos argumentativos.

Introducción   Parte central   Conclusión

> Con lo cual, puede concluirse que [...] • Es importante saber que [...] •
> Mi sugerencia es que [...] • [...] es un asunto discutido en la actualidad. •
> Para concluir, me gustaría decir que [...] • Otro aspecto importante es [...] •
> También hay que mencionar que [...] • Una posible consecuencia de [...] •
> Podría ser que [...] • Considerando [...] •
> Hoy en día estamos confrontados con el problema de [...] •

2 a En un texto argumentativo también es importante utilizar enlaces para conectar tus ideas. Búscalos en el texto modelo.

b Finalmente, localiza las expresiones útiles tanto para comentar como para expresar los pros y los contras del texto modelo.

(Auto)evaluación

[APP] Más información

1 a Utilizad la ficha de evaluación y daos *feedback*. Anotad qué aspectos están bien y daos sugerencias para mejorar en caso necesario.

b Teniendo en cuenta el *feedback* recibido, mejora tu texto.

Gramática en contexto y punto final

Gramática en contexto

APP Soluciones

REPRODUCIR INFORMACIÓN • el estilo indirecto en el presente

1 Has elaborado la presentación mediática «Los retos de las nuevas tecnologías para los padres en la educación de sus hijos». Estas citas de expertas aparecen en tus diapositivas. Reprodúcelas al hablar utilizando el **estilo indirecto**. Ojo a los elementos subrayados.

Ejemplo: María Velasco, una psiquiatra y experta en la temática **afirma que** <u>la generación de los padres</u> no <u>está</u> al día. **Señala que** hay...

1 *María Velasco, psiquiatra*:
«<u>Nosotros</u>, <u>nuestra</u> generación como padres, no <u>estamos</u> al día. Hay un salto generacional inmenso entre <u>ellos</u> y <u>nosotros</u>. <u>Nos</u> hacen trampas porque van mucho más avanzados que <u>nosotros</u>».

2 *Eva Bailén, educadora e ingeniera en telecomunicaciones*:
«Tiene más sentido la educación que la evitación. Retrasar el acceso al móvil a los niños es poner en bandeja que <u>nos</u> lo oculten».

3 *María Zalbidea, escritora y analista de tendencias*:
«<u>Vivimos</u> en un entorno multipantalla que <u>es</u> 100 % digital. Y en este entorno nos toca poner sentido común y pregunta<u>rnos como sociedad, y como padres y madres</u>, qué <u>queremos</u> hacer y qué relación <u>queremos</u> tener con la tecnología».

4 *María Zabala, periodista de tecnología y autora del libro «Ser padres en la era digital»*:
«<u>Como padres, nos</u> afecta mucho la nostalgia por nuestra propia infancia y adolescencia. <u>Queremos</u> que <u>nuestros</u> hijos tengan esa infancia auténtica de la que <u>tenemos</u> un recuerdo maravilloso».
«Cuando <u>nos</u> preocupa un entorno digital en concreto, <u>creo que</u> lo mas importante es el doble ejercicio de conocer <u>a nuestro hijo o a nuestra hija</u>, y conocer ese entorno. ¿Qué es lo que está haciendo adentro? ¿Con quién se está relacionando? ¿Está publicando contenidos? ¿Qué valor está dando a la interacción con otros usuarios?»

Verbos útiles:
afirmar
añadir
asegurar
mencionar
preguntarse

REFERIRSE A ELEMENTOS DE UNA PRESENTACIÓN • anteposición del complemento

2 Imagina que eres ponente. Reformula las oraciones de manera que empiecen con el **complemento directo**.

Ejemplo: «Podéis leer *la declaración que he citado* en esta diapositiva».
→ «*La declaración que he citado* la podéis leer en esta diapositiva».

1 «He puesto *la imagen* en la diapositiva siguiente. Aquí está».
2 «He convertido *los datos analizados* en un gráfico para facilitar su comprensión».
3 «Dentro de un momento voy a mostrar *las cifras correspondientes*».
4 «Podéis ver *la situación problemática que he descrito* en esta foto».
5 «Este gráfico ofrece *la prueba de lo que he dicho*».
6 «Podéis comprobar *las citas mencionadas* en esta diapositiva».
7 «Esta frase detrás de mí resume muy bien *el resultado*».

Gramática en contexto y punto final

PRESENTAR UN PROYECTO • conjunciones con indicativo o subjuntivo

3 Imagina que vas a presentar el programa «Aula Digital». Completa la introducción a tu presentación utilizando el presente de subjuntivo o de indicativo según conjunción.

«Ya sabéis que la brecha digital es un hecho, especialmente en el sistema educativo. El programa *Aula Digital*, que se llevará a cabo este año en municipios de Extremadura, pretende mejorar la educación a través de la tecnología. Las escuelas podrán participar en el proyecto **siempre que** (*tener*) un acceso estable a Internet. La gran mayoría aún necesita modernizarse, **aunque** unas cuantas ya (*utilizar*) tabletas y pizarras digitales.

Cuando el proyecto (*ponerse*) en marcha, el primer paso será equipar 15 escuelas con pizarras digitales y dispositivos inteligentes. Los profesores recibirán formación complementaria. **Hasta que** no (*finalizar*) la formación del profesorado, los alumnos no recibirán ningún dispositivo digital. **Aunque** esto (*poder*) parecer un poco vacilante, la entrega de los aparatos será sólo el segundo paso. La experiencia demuestra que **siempre que** a los alumnos se les (*dar*) dispositivos digitales y no hay control sobre ellos, los utilizan para fines no educativos.

Antes de que el programa (*terminar*) el año que viene, se espera que 250 escuelas extremeñas estén digitalizadas. Los detalles del proyecto son...»

EXPRESAR RAZONES Y METAS • conjunciones causales y finales

4 Lee el texto de la siguiente presentación y diferencia las razones de las metas de la lucha contra la pobreza infantil. Luego completa el texto con las conjunciones correspondientes para cada uso.

Diapositiva 1: Mejorar el acceso a la educación. Combatir la pobreza infantil en América Latina es un reto enorme. El dilema principal es la falta de acceso a una educación de calidad. Muchos niños no pueden asistir a la escuela ⬤ necesitan contribuir económicamente a sus familias. Por eso, mejorar el acceso a la educación es esencial ⬤ todos los niños puedan adquirir las habilidades necesarias ⬤ romper el círculo vicioso de la pobreza en su futuro.

Diapositiva 2: Mejorar el acceso a los servicios sanitarios. El acceso limitado a servicios de salud también es un problema. Muchos niños no reciben atención médica ⬤ sus familias no tienen recursos ⬤ pagar los servicios. ⬤ mejorar esta situación, es fundamental invertir más en infraestructuras de salud y programas de atención médica gratuita.

Diapositiva 3: Garantizar una alimentación básica. Además, ⬤ muchas familias no pueden permitirse una alimentación básica, es urgente implementar medidas gubernamentales ⬤ todos los niños reciban al menos una comida sana al día.

Diapositiva 4: Crear un entorno más seguro. A este panorama se le suman experiencias de violencia a las que muchos niños están expuestos ⬤ viven en familias desintegradas o forman parte de bandas criminales. Aunque parezca difícil, es imprescindible apoyar a las familias y luchar contra la delincuencia ⬤ los niños crezcan en un entorno más seguro.

---

razones:
porque
como
debido a que

metas:
para + *inf.*
a fin de + *inf.*
con el objetivo de + *inf.*
para que + *subj.*
a fin de que + *subj.*
con el objetivo de que + *subj.*

Gramática en contexto y punto final

5

EXPLICAR IDEAS Y CONCEPTOS • pronombres relativos

5 Relaciona las frases usando (**el/la**) **que**, **lo que** y **cuyo/-a**.
   a La biblioteca digital ofrece acceso a miles de libros electrónicos. Los estudiantes pueden consultar estos libros desde cualquier lugar.
   b El centro de salud ha introducido un sistema de citas en línea. A través de este sistema, los pacientes pueden pedir cita sin tener que llamar.
   c El gobierno ha puesto en marcha una iniciativa de digitalización en las zonas rurales. El objetivo es reducir la brecha digital.
   d La universidad ofrece un programa de estudios a distancia. Este programa está diseñado para estudiantes que trabajan.
   e Los estudiantes usan una plataforma educativa innovadora. La interfaz de la plataforma es muy intuitiva.
   f La empresa ha lanzado una herramienta de colaboración en línea. Con esta herramienta se puede trabajar en equipo desde diferentes lugares.
   g Los profes han recibido formación en el uso de nuevas tecnologías. Esta formación les ha permitido mejorar sus clases.

la interfaz Benutzeroberfläche

⊙ Punto final

Elaborar una presentación mediática

Imaginaos que vuestro curso de español participa en el concurso escolar internacional «Cómo vivir en un mundo digital y globalizado y no morir en el intento». En este concurso se presentan los retos y las oportunidades de la digitalización desde la perspectiva de la generación joven.

Estos son los temas que vais a aportar al concurso:
a El uso de drones para la **agricultura de precisión**
b El **nomadismo digital** a través de dos o tres testimonios concretos.
c Proyecto/s contra el **analfabetismo y la brecha digitales** en las zonas rurales del planeta.
d [otra temática del dosier que te haya llamado la atención]

1 Formad parejas o grupos de tres personas.

2 Elegid un tema, informaos sobre este tema (tecnología, testimonio o proyecto) y decidid qué aspectos queréis presentar (el concepto, las ventajas, los retos y las perspectivas a futuro, etc.)

3 Elegid una herramienta para la presentación mediática (un programa de diapositivas, un tablero visual o un rotafolio).

4 Preparad la presentación, distribuyendo la información de forma lógica y estructurada. No creéis más de diez diapositivas.

5 Utilizad imágenes, gráficos, citas, contenido multimedial, etc. y escribid los textos que utilizaréis para explicarlas.

▶ Documentación, p. 253

6 Haced la presentación explicando de forma libre la información visible en las diapositivas o secciones.

6 Memoria histórica

Madrid. Protestas por los crímenes cometidos en España entre 1936 y 1975

1. **Piensa:** describe las fotos y haz suposiciones sobre lo que muestran.

2. **Discute:** trabajad en pareja. A busca información sobre la dictadura en España y B sobre la dictadura en Chile (p. 164). Presentaos vuestros resultados.
   - la duración
   - el dictador
   - los crímenes
   - el camino hacia la democracia
   - la memoria histórica

3. **Comparte:** no es hasta 2007 y 2022 que España toma medidas oficiales para recuperar la memoria histórica; Chile lo hace en 2010 (p. 164). Comentad por qué creéis que se necesitó ese tiempo para enfrentar el pasado.

Temas
La Segunda República • p. 166
La Guerra Civil • p. 167
La Posguerra • p. 170
El Franquismo • p. 172
La Transición • p. 175
(Des)memoria • p. 177
El golpe • p. 181
Recordar a las víctimas • p. 183

Foco literario
El narrador y los recursos estilísticos • p. 178

⊙ Punto final
Presentar e interpretar una viñeta • p. 189

Santiago de Chile. Exterior del Museo de la Memoria y los Derechos Humanos

Interior del Museo de la Memoria y los Derechos Humanos

«Este museo es un espacio para la construcción de las memorias en Chile. Y no hay una sola memoria sobre el pasado. Las personas recuerdan de manera diferente, individual y colectivamente. [...] Afortunadamente la memoria de Chile es mucho más larga y rica que la de la tragedia que en este museo recordamos. Pero esa tragedia es también una dimensión [...] de nuestra memoria como país. Una dimensión que nos debe hacer reflexionar de lo que sucede cuando la democracia y el Estado de derecho son destruidos. Una dimensión que nos invita a sentir que el presente y el futuro es responsabilidad de todos.»

Fuente: Discurso inaugural de la entonces presidenta de Chile, Michelle Bachelet, pronunciado el 11 de enero de 2010 en el Museo de la Memoria y los Derechos Humanos

4 Lee el discurso de arriba y mira el vídeo «Bachelet inauguró el Museo de la Memoria en Chile». Explica cuál es el objetivo del museo.

5 Vuelve a mirar el vídeo y las fotos de arriba: ¿qué se puede ver en el Museo de la Memoria?

6 Explica y comenta la cita de Luis Camnitzer, un artista uruguayo, escrita en un muro del museo: «El museo es una escuela: el artista aprende a comunicarse; el público aprende a hacer conexiones».

Discurso:
14 **el Estado de derecho**
   Rechtsstaat
el discurso inaugural
   Eröffnungsrede

6 Palabras en contexto

Vocabulario temático

🔊 **España: de la Segunda República a la Memoria Democrática**

En 1931 comenzó en España la Segunda República (1931–1936) después de tres décadas de monarquía de Alfonso XIII.

El nuevo gobierno luchó contra la injusticia social aprobando una constitución a favor de los derechos fundamentales con medidas como el voto de la mujer, la separación del Estado y la Iglesia, la defensa de la educación gratuita y la reforma agraria, con una división más justa de las tierras.

España vivía una etapa muy inestable que finalmente derivó en la Guerra Civil (1936-1939), donde se enfrentaron el bando nacional, comandado por Francisco Franco, que defendía un gobierno autoritario y dictatorial con los ideales conservadores de la Iglesia católica y la monarquía, contra el bando republicano, que defendía el gobierno constitucional y de izquierdas de Manuel Azaña con los ideales de la Segunda República.

Franco ganó la guerra, imponiendo así una dictadura nacionalcatólica conocida como Franquismo (1939–1975). El régimen se caracterizó por la represión militar, las desapariciones, los asesinatos y la falta de libertad, obligando a muchos españoles a exiliarse, también durante la Posguerra, principalmente a Francia, México, Argentina o la Unión Soviética.

En 1969 Franco nombró al príncipe Juan Carlos como su sucesor. Con la muerte de Franco en 1975, Juan Carlos I se convirtió en rey y comenzó un periodo llamado Transición cuyo principal desafío fue poner en marcha un sistema democrático. Esta reforma nació del sistema franquista, por lo cual no se condenó al régimen ni a su dictador. Los españoles volvieron a votar a sus representantes del Parlamento en 1977 y, en 1978, se aprobó la constitución actual. Ya con una monarquía parlamentaria como sistema de gobierno, España logró definitivamente una democracia sólida en 1982. En el año 2007 se aprobó la Ley de Memoria Histórica con el fin de hacer justicia a quienes sufrieron violencia durante la Guerra Civil y la dictadura. La Ley de Memoria Democrática, en 2022, condena el golpe militar de 1936 y la dictadura franquista. Su objetivo es reparar y devolver dignidad a las víctimas reconociendo los crímenes del pasado. En la actualidad, los responsables siguen sin ser juzgados y muchos españoles todavía buscan los restos de sus familiares en fosas comunes.

Chile: de la dictadura a la democracia

En 1970 comenzó la presidencia de Salvador Allende, primer líder socialista elegido democráticamente en América Latina. Su gobierno intentó luchar contra la desigualdad, lo que llevó a una gran polarización en la sociedad chilena: el 11 de septiembre de 1973 el general Augusto Pinochet dio un golpe de Estado bombardeando «La Moneda», el palacio presidencial en Santiago de Chile. A partir de entonces, se impuso una dictadura militar en la que miles de personas fueron torturadas y asesinadas. Más de mil siguen desaparecidas hasta la actualidad.

En 1988 empezó un periodo de transición a la democracia cuando el pueblo chileno votó en un plebiscito por el «No» a Augusto Pinochet y eligió un año después, en 1989, al presidente Patricio Aylwin.

Pinochet murió en 2004 y, a pesar de que se reconocieron sus crímenes, nunca fue juzgado ni fue a la cárcel por ellos. En 2010, se inauguró el «Museo de la Memoria y los Derechos Humanos» con la finalidad de mantener viva la memoria, no repetir los errores del pasado y recordar que proteger la democracia es responsabilidad de todos. La dictadura sigue polarizando a Chile hasta hoy.

Palabras en contexto

AMPLIAR EL VOCABULARIO

Palabras y más palabras

1 a Completa las líneas de tiempo con las épocas históricas o los hechos clave en España y Chile.

España	Chile
1931–1936	1970
1936–1939	1973
1939–1975	1988
1975–1977	1989
1978–	

b Completa las características de cada periodo con las palabras del texto.
1. El gobierno de la Segunda República aprobó una ▬ con los derechos fundamentales.
2. El ▬, comandado por Francisco Franco, se enfrentó contra el ▬ que defendía el gobierno constitucional.
3. El Franquismo fue una dictadura que impuso la represión ▬, las ▬, los ▬ y la falta de ▬.
4. El principal objetivo de la Transición era poner en marcha un ▬ que finalmente se logra con la llegada de la ▬.
5. La lucha del gobierno de Allende contra la desigualdad llevó a una gran ▬ en la sociedad chilena.
6. Augusto Pinochet dio un ▬ e impuso una dictadura que dejó miles de personas ▬, ▬ o ▬ hasta hoy.
7. En 1988 el pueblo chileno votó en un ▬ por el NO a Pinochet.

c Presenta los periodos históricos con ayuda de **1a** y **1b**.
Ejemplo: En España, la Segunda República comenzó en 1931 y terminó en 1936. Este periodo/hecho se caracterizó por(que)...

Organizar las palabras

2 a Antónimos y prefijos: Busca en el texto los antónimos de las siguientes palabras teniendo en cuenta los prefijos: **in-, ir-, anti-** y **des-**.

> la justicia · desaprobar · inconstitucional · las apariciones · antidemocrático/-a · el/la irresponsable · la igualdad · inhumano/-a

b Asociogramas: Elabora dos asociogramas y complétalos con el vocabulario «justo» e «injusto» de **2a** y del texto.

Formar expresiones

3 a Relaciona los verbos de la izquierda con los complementos de la derecha sobre «memoria histórica» según el texto.

condenar (2 x)	la democracia
hacer justicia	el golpe militar y la dictadura
reparar	el régimen y al dictador
devolver dignidad	la memoria
reconocer	a quienes sufrieron violencia
juzgar	a las víctimas (2 x)
mantener viva	a los responsables
no repetir	los crímenes
proteger	los errores del pasado

b Describe los objetivos del «Museo de la Memoria y los Derechos Humanos» chileno (p. 163) utilizando al menos cinco palabras de **3a**.

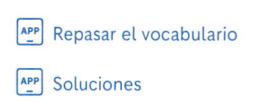

Memoria histórica • España

La Segunda República

TEXTO AVANZADO

▶ Imágenes, p. 248

1 Describe la alegoría de la Segunda República. Haz suposiciones sobre el significado de los siguientes símbolos: la balanza, el león, el tren y los libros.

J. J. Barreira, *Alegoría de la Segunda República*, 1931

COMPRENSIÓN

🔊 **2** Escucha la primera parte de la entrevista con Miguel Pazos Otón, profesor de la Universidad de Santiago de Compostela, sobre la Segunda República española y completa las frases.
1. La Segunda República llega después de ▬ de Alfonso XIII y como resultado de unas elecciones municipales.
2. La Segunda República deja atrás…
   a) una etapa caracterizada por ▬ donde ▬ tenía muchos menos derechos que ▬.
   b) una España conservadora y ▬ donde la iglesia tenía mucho ▬.

🔊 **3 a** Escucha la segunda parte de la entrevista y relaciona los símbolos de la alegoría que allí se mencionan con los logros que representan.

la mujer	la educación gratuita y mixta
la bandera republicana	el empoderamiento
la balanza	la revolución
el tren/avión/barco	el progreso
el arcoíris y los rayos de sol	la fuerza del pueblo
el león	el reparto más justo de la tierra
los libros	la transformación industrial
el trigo	el nacimiento de una nueva etapa
las herramientas	la justicia

🔊 **b** Vuelve a escuchar la segunda parte de la entrevista e indica qué otros logros de la Segunda República menciona Miguel Pazos Otón.

> el voto femenino • las reformas del ejército • la jornada de ocho horas • la ley de divorcio • la libertad de expresión • los salarios mínimos • el estado de derecho

MÁS ALLÁ DEL TEXTO

4 Partiendo de la información que da la entrevista sobre la Segunda República, explica por qué según Miguel Pazos Otón es correcto hablar de «la primera experiencia democrática en la historia española».

5 (Desafío) Busca información sobre la Segunda República en Internet y explica por qué fracasó este período democrático en España.

Memoria histórica • España

La Guerra Civil

Cronología de la Guerra Civil española

julio de 1936
Se rebelan los militares y comienza la Guerra Civil.

septiembre de 1936
Franco es nombrado generalísimo de la zona sublevada.

octubre de 1936
Hitler envía a la Legión Cóndor para ayudar a los franquistas. Llegan las Brigadas internacionales, voluntarios extranjeros que ayudan a los republicanos.

Una soldado republicana

diciembre de 1936
El dictador italiano Mussolini también envía tropas para apoyar a Franco.

abril de 1937
La Legión Cóndor bombardea y destruye por completo la ciudad vasca de Guernica.

Ruinas de Guernica

octubre de 1937
El norte de España es conquistado por el bando nacional y el gobierno republicano se muda de Valencia a Barcelona.

marzo de 1938
Los nacionales bombardean Barcelona por tres días seguidos y dejan más de mil muertos.

julio de 1938
El bando nacional avanza hacia Cataluña y comienza la Batalla del Ebro, clave en el fin de la Guerra.

noviembre de 1938
Los nacionales ganan la Batalla del Ebro. Los republicanos empiezan a retirarse en muchos frentes y las Brigadas Internacionales se van de España.

enero de 1939
Los nacionales conquistan Barcelona.

febrero de 1939
El bando nacional se prepara para conquistar Madrid.
El régimen de Franco es reconocido por Francia y el Reino Unido.

marzo de 1939
Cae Madrid y los republicanos se rinden oficialmente.

Madrid después de la guerra

abril de 1939
Fin de la Guerra. Gracias al triunfo de los nacionales, Franco impone una dictadura en España que durará hasta su muerte, en 1975.

Republicanos acampando en el norte

Infografía:
el generalísimo oberster Befehlshaber
la zona sublevada *aquí:* la zona controlada por los nacionales
la Legión Cóndor *deutscher Luftwaffenverband, der speziell zur Unterstützung Francos gebildet wurde*
las Brigadas Internacionales *militärische Einheiten von Freiwilligen aus über 50 Ländern, die für die Republik kämpften*
la batalla del Ebro Schlacht am Ebro
rendirse entregarse, capitular
imponer *hier:* errichten

Memoria histórica • España

julio de 1936

julio de 1938

☐ Bajo control del bando nacional

☐ Bajo control del bando republicano

noviembre de 1936

febrero de 1939

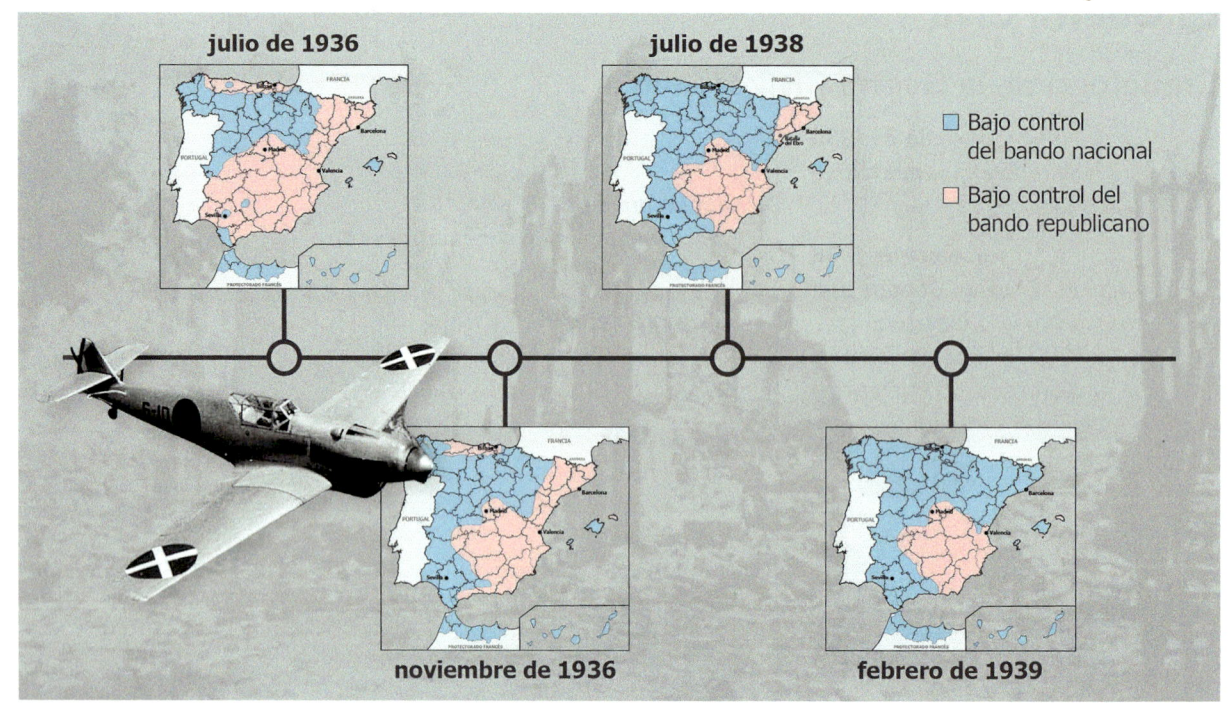

Fuente: Oriol Vidal para Junior Report, 2020

COMPRENSIÓN

1 Describe el avance de la Guerra Civil a partir de 1936 según la cronología de la p. 167 y la infografía arriba. Ten en cuenta los mapas y las imágenes.
Ejemplo: El conflicto comenzó con una rebelión militar en julio de 1936. Las fuerzas rebeldes del bando nacional controlaron gran parte del norte...

2 Expón qué fuerzas extranjeras se sumaron a la Guerra Civil y a qué bando apoyaron.

MÁS ALLÁ DEL TEXTO

3 Busca más información sobre un acontecimiento de la cronología en Internet y presenta a la clase la información más relevante.

Silencio en el corazón *Jaume Cela*

7 **salpicar** *hier:* spicken
8 **la masía** *típica granja catalana*
11 **disimular** ocultar, esconder
12 **el portaavión** Flugzeugträger

Juan y su mejor amigo Jorge, como el resto de su pandilla, viven la realidad de la Guerra Civil de un modo indirecto, ya que en su pueblo la vida continúa, aunque el terror y la violencia sean protagonista a pocos kilómetros de allí. La amistad de ambos,
5 que sueñan con ser arqueólogos y viajar a Egipto, está por encima de todo, incluso de una terrible y absurda guerra.

Iban pasando los días, salpicados de pequeñas historias de gente de las ciudades que venían al pueblo o a las masías a comprar a escondidas. Nos decía que el mundo se había dividido en dos bandos. Unos defendían la República, otros las
10 tropas de ese general Franco, y yo notaba que algunos pronunciaban «ese» con asco y rabia. Otros, con disimulada esperanza. Recuerdo un zapatero de Barcelona que nos dijo que la isla de Mallorca era una especie de portaaviones enemigo

Memoria histórica • España

amarrado en medio del mar. Desde allí bombardeaban la ciudad con absoluta impunidad. Y añadía con tristeza: «En medio de un Mediterráneo que hemos compartido desde hace siglos».

Nosotros vivíamos más tranquilos, pero la guerra no nos había ahorrado algunos arañazos. El tío Bernardo seguía en el frente y con él un grupo de jóvenes del pueblo. Sólo íbamos quedando las mujeres, los viejos y la chiquillería, como decía mi padre. Él también quería incorporarse al frente, pero el médico del pueblo se lo había desaconsejado, porque su estado de salud no era demasiado bueno y daría más trabajo que el que haría. Mi madre se aferró a estas palabras como si fuesen los maderos de un naufragio y dijo a mi padre que no quería volver a oír hablar de la posibilidad de marcharse. «No te lo digo yo, cabeza de chorlito. Te lo ha dicho el médico.» […]

En el pueblo vecino detuvieron a un padre de familia porque sus dos hijos habían huido para evitar tener que ir al frente. Pensé que si esta guerra duraba mucho llegaría un momento en que me tocaría a mí tomar una decisión, pero de hecho ya la tenía meditada. Seguiría los pasos del tío Bernardo. Sólo exigiría una cosa: poder ir con Jorge. La guerra no nos separaría.

También nos llegaban historias crueles que relataban los asesinatos de gente que sólo había cometido un delito: defender ideas distintas a la del bando que ganaba en su zona. Historias terribles que intentaba olvidar.

Para hacerlo, intensificábamos las conversaciones sobre arqueología. Don Ramón nos ayudaba a trenzar y destrenzar nuestros sueños. Añadía a las nuestras sus ilusiones. Éramos conscientes de que las palabras que utilizábamos estaban hechas de un material frágil y que podían estrellarse contra el muro de una realidad terrible que todavía no nos había mostrado todo su rostro y no nos había hecho sufrir todo su influjo. Soñar despiertos o soñar durmiendo, tanto daba, era una actividad frágil también, como las palabras que los describían, pero era necesario para acallar aquel miedo que había empezado el día en que se llevaron a don Miguel.

Fuente: Jaume Cela, Silencio en el corazón, 1999

> **La Guerra Civil** dividió a España en dos bandos, los **republicanos** y los **nacionales**. Las diferencias políticas, sociales e ideológicas de ambos bandos marcan hasta hoy a la sociedad española. Se usa la expresión **«las dos Españas»** para hacer referencia a esta división.

13 **amarrar** festbinden
14 **la impunidad** Straffreiheit
17 **el arañazo** Kratzer, Schramme
18 **la chiquillería** *grupo de chicos*
21 **aferrarse** *agarrarse*
22 **los maderos de un naufragio** Holzbalken eines Schiffbruchs
23 **cabeza de chorlito** *persona tonta o despistada*
34 **(des)trenzar** (ent)flechten
36 **estrellarse** *chocar*
38 **tanto da** *da igual*

COMPRENSIÓN

1 a Resume lo que contaba la gente de la ciudad sobre la situación política de España según el narrador.

▶ Escribir un resumen, p. 234

b Describe cómo la Guerra Civil afecta la vida en el pueblo.

ANÁLISIS

2 Examina la reacción del narrador frente a lo que escucha sobre la guerra.

3 Analiza el efecto de la perspectiva narrativa en el lector.

▶ Punto de apoyo, p. 225

MÁS ALLÁ DEL TEXTO

4 a Años más tarde, el narrador es entrevistado sobre su niñez. Preparad la entrevista considerando sus emociones y cómo logró superar el miedo.

b (Hablar) Presentad la entrevista en clase.

Memoria histórica • España

La Posguerra

Días sin ti *Elvira Sastre*

Dora, una anciana, le cuenta a su nieto, Gael, su historia personal durante la Guerra Civil y la Posguerra. Cuando estalló la guerra, ella trabajaba como maestra en Alhama, un pueblo de Andalucía.

Al principio de la guerra, cuando nos dijeron que habían metido en la cárcel a Eladio, el director de mi escuela, sentimos una rabia inhumana. ¿Sabes de qué le acusaron? De tocar el piano en un baile público del pueblo. Algún vecino lo delató a los nacionales y Eladio fue detenido por «prácticas inmorales». Jamás volvimos a verlo. Se llevaron a uno de los mejores maestros y directores que he conocido y ni siquiera su familia supo qué había sido de él. Un tiempo después asesinaron a Casilda, una de mis mejores amigas y maestra de matemáticas del colegio, que vivía un par de casas más allá. Se habían llevado a su marido hacía unos meses y no sabía nada de él. Casilda se había quedado a cargo de tres hijos, por lo que decidió abrir la escuela, pues ya era septiembre y empezaba el curso. La detuvieron y la asesinaron vilmente ese mismo día, contra el muro de la parte de atrás del colegio. [...] Sus hijos acabaron en un orfanato. Ella era cándida y amable; una persona extraordinaria. Aquello fue una tortura para todos los compañeros que sobrevivimos. A otros, como Juan, Pablo y Valentina, los destituyeron y los mandaron a otros pueblos de una manera forzosa, obligándolos a dejar atrás toda una vida. Hubo casos vergonzosos, como aquellos que sucedieron durante la depuración, cuando nos obligaron a todos a contar ante un tribunal nuestra relación con la República y con el Alzamiento y a delatar a nuestros compañeros. Muy a menudo, las acusaciones eran falsas, como aquella anónima contra Blas que le llevó a prisión por haber roto, supuestamente, un crucifijo en el aula. Nunca lo hizo y jamás se demostró.

Alguien contó poco después que, en su lugar, ahora daba clase la hija del alcalde, una señorita católica de familia decente. Blasfemamos contra todos ellos, cariño, aún me tiemblan las manos cuando lo pienso. Claro que luchamos. Claro que quisimos hacerlo. Salimos a la calle a protestar y a gritarles; incluso, los primeros días, algunos se atrevieron a plantar cara a los soldados. Pero toda aquella violencia, esa crueldad, la injusticia, la muerte, en definitiva, nos arrebataron las fuerzas. Ver cómo tu propio vecino, ese que hasta entonces te acercaba el periódico a casa, ahora te escupía mientras alzaba la mano era incomprensible. Ver cómo tus amigos son asesinados a sangre fría por el simple hecho de tener unas ideas distintas a las que tienen los que mandan es desolador. Y poco a poco el miedo se convirtió en una constante en nuestros días y ya nadie decía lo que pensaba fuera de las paredes de su casa. Es terrible vivir con miedo, mi vida. [...] Cuando el miedo es tan inmenso, se transforma en una masa negra y nos envuelve. Cuando es así, no hay ningún ser humano capaz de deshacerse de él por sí solo. [...] Cuando uno deja que el miedo le atraviese el corazón, entonces, ay, entonces está perdido. Y eso fue lo que pasó durante la guerra. De pronto te asusta

Durante la Guerra Civil existió una **polarización** entre los bandos republicano y nacional. Muchos **profesores** defendieron los ideales republicanos. Con el triunfo del bando nacional en la Guerra Civil, estos profesores fueron perseguidos porque se consideraban enemigos del régimen. Este proceso se conoce como «**depuración del magisterio español**».

---

7 **delatar** verraten
15 **vilmente** cruelmente
16 **el orfanato** Waisenhaus
16 **cándido/-a** ingenuo/-a, inocente
18 **destituir** quitar el trabajo
21 **la depuración** Säuberung
21 **el tribunal** Gericht
22 **el alzamiento** el levantamiento, la rebelión
28 **el/la alcalde/sa** der/die Bürgermeister/in
29 **blasfemar** *hier:* beschimpfen, verfluchen
35 **plantar cara** enfrentar
36 **arrebatar** entreißen
40 **desolador/a** doloroso/-a, triste
44 **deshacerse de** loswerden

Memoria histórica • España

lo que dices, lo que no dices, lo que oyes al de al lado, lo que ves y lo que te espera cuando cierras los ojos. [...] El pueblo estaba lleno de fantasmas: madres esperando con los ojos vacíos a unos hijos que nunca llegarían; padres clamando justicia
50 sobre la cama impoluta de niños que habían dejado de ser pequeños demasiado pronto; [...] y muchachos huérfanos del país, que crecieron entre disparos de los que nunca conseguirían desprenderse. Fantasmas, cariño, todos ellos. Muertos vivientes. Espíritus dañados que no volverían a ser nunca los mismos. Siento escalofríos cuando dan las cifras de víctimas de la guerra civil que mató a este país.
55 Deberían añadir a todos los que sobrevivimos.

Fuente: Elvira Sastre, Días sin ti, 2019

49 **clamar justicia** pedir justicia
50 **impoluto/-a** limpísimo/-a
51 **huérfano/-a** que no tiene madre ni padre
51 **el disparo** Schuss
52 **desprenderse** liberarse, separarse
53 **el escalofrío** Schauder

COMPRENSIÓN

1 a Indica las líneas del texto que demuestran que la historia está situada en la posguerra.

b Presenta qué pasó con el personal de la escuela.

c Expón la reacción de la narradora y de sus compañeros ante los acontecimientos.

ANÁLISIS

2 Examina al menos tres recursos estilísticos que utiliza la narradora para ilustrar sus sentimientos y explica su función.

▶ Punto de apoyo, p. 225
▶ Recursos estilísticos, p. 246

3 Explica el último párrafo del texto:

«Fantasmas, cariño, todos ellos. Muertos vivientes. Espíritus dañados que no volverían a ser nunca los mismos. Siento escalofríos cuando dan las cifras de víctimas de la guerra civil que mató a este país. Deberían añadir a todos los que sobrevivimos.»

> Con «fantasmas» la narradora se refiere a [...] • Las cifras de las víctimas la hacen sentir [...] • Para ella, también los que sobrevivieron [...]

MÁS ALLÁ DEL TEXTO

4 La narradora cuenta que, durante la depuración, muchas veces la gente delataba a sus vecinos. Comenta este comportamiento: ¿cómo te lo explicas?

5 (Para elegir) Haz la tarea **a** o **b**.

a (Hablar) Discutid la siguiente afirmación: «El miedo nunca es un buen consejero.»

b (Desafío) (Escribir) Escribe un comentario para un foro sobre memoria histórica teniendo en cuenta esta afirmación y tus conocimientos sobre la represión brutal de la época de posguerra: «El miedo nunca es un buen consejero». Escribe alrededor de 250 palabras.

▶ Escribir un comentario personal, p. 236

6 Memoria histórica • España

El Franquismo

> Durante la **dictadura franquista**, el adoctrinamiento y la **censura** se utilizaron como herramientas para difundir la ideología del régimen y suprimir las voces críticas. Se controlaron los planes de estudios, se censuraron periódicos y obras de arte. La **Iglesia católica** apoyó activamente esa política y desempeñó un papel central en el adoctrinamiento de la población.

Francisco Franco, dictador español entre 1936 y 1975

3 **el pitido de un cornetín** Trompetenstoß
6 **remoto/-a** lejano/-a
9 **el noticiario** Nachrichtensendung
10 **el NO-DO** spanische Wochenschau
11 **desconcertar** confundir
13 **de ala corta** mit schmaler Hutkrempe
13 **menudo/-a** pequeño/-a
22 **el hilo de voz** dünne Stimme
23 **formar** aufstellen
24 **cuadriculado/-a** kariert
24 **el mandil** Schürze
26 **pelón/-ona** que no tiene pelo
32 **procurar** intentar
22 **la misa** *hier:* katholische Messe
22 **el cura** Pfarrer
32 **solicitar** pedir
33 **el obispo** Bischof
33 **la diócesis** Bistum

1 Describe el retrato de Franco y explica qué imagen de él se intenta transmitir.

La cara que veía en todas partes *Antonio Muñoz Molina*

Franco, para un niño de cinco o seis años, era sobre todo un nombre, y también una voz, la que de vez en cuando se escuchaba en la radio después del pitido de un cornetín.

5 Franco estaba casi en todas partes, pero también era una figura en gran medida irreal, remota, a la manera de los monarcas asiáticos. La cara de Franco estaba en todas las monedas, y con diversos colores también en todos los sellos de correos, y la veíamos cada mañana escolar al entrar en el aula, encima de la pizarra, a la derecha del crucifijo. [...] A Franco lo veíamos también en el noticiario en blanco y
10 negro que daban antes de las películas, aquel NO-DO que nos fastidiaba tanto, y al que nadie hacía caso, y que a los niños nos desconcertaba, porque no acabábamos de distinguir si sus imágenes eran o no de ficción. Franco, en el NO-DO, era un abuelo menudo que llevaba trajes oscuros y sombreros de ala corta, o grandes botas de pescador de río, o uniformes que empaquetaban su figura y la hacían aún
15 más diminutiva.

Eran los tiempos anteriores a la televisión, así que nos faltaba la familiaridad visual con las caras de los gobernantes que poco después impusieron los telediarios. Franco, para un niño de cinco o seis años, era sobre todo un nombre, y también una voz, la que de vez en cuando se escuchaba en la radio después del pitido de
20 un cornetín. [...]

Franco estaba en todas partes, y también muy lejos. Mandaba sobre todos nosotros pero tenía un hilo de voz que a veces se perdía entre los ruidos estáticos de la radio. Una vez nos hicieron formar en uno de los grandes patios del colegio, una multitud cuadriculada de mandiles azules, y nos dijeron que Franco iba a venir, o
25 que iba a pasar en su coche delante de nosotros. De pronto hubo [...] manos agitándose sobre las cabezas pelonas, pero yo era tan pequeño que no pude ver nada, y en unos segundos todo había terminado.

Franco debía de ser invisible, invisible y todopoderoso, como aquel otro personaje que también daba mucho miedo, Dios. [...]

30 Éramos niños católicos y niños franquistas. No conocíamos a nadie que no fuera católico y franquista. Si nuestros mayores sentían algo de disgusto hacia el régimen procuraban mantenerlo en secreto. Durante la misa, el cura solicitaba la protección divina primero para el Papa y para el obispo de la diócesis, y en tercer lugar para «nuestro jefe de Estado, Francisco». El 18 de julio era un día estupendo porque
35 había fiesta y porque la gente recibía una paga extraordinaria. Una vez hubo

Memoria histórica • España

desfiles de soldados con botas [...] y bandas de música, y se inauguró un parque, y la ciudad se llenó de carteles con una foto de Franco
40 sonriente, sentado en un sillón rojo y dorado como un trono. En los carteles [...] que colgaban de las calles, se repetía el mismo letrero: 25 años de paz.

45 Era 1964: yo tenía siete años y acababa de hacer la primera comunión. El cuerpo y la sangre de Cristo estaban en la delgada oblea de harina que sabía tan raro y que se adhería al paladar. El pan era carne, y
50 el vino era sangre, y Dios veía todo lo que hacíamos, aunque nos creyéramos solos, y adivinaba todos nuestros pensamientos [...]. Dios era nuestro Padre que estaba en los Cielos, pero Franco, de algún modo, también era padre de todos nosotros, o más bien abuelo, y estaba en un sitio no menos inimaginable que el Cielo, **el Palacio del Pardo**, y también era omnipotente y lo sabía y lo veía todo, y velaba
55 por nosotros. En los noticiarios del cine, antes de la película, aparecía a veces jugando con sus nietos, teniéndolos en brazos, a caballito. Pero también sabíamos que había sido un héroe, el general más joven de Europa, a los 33 años, el salvador de España, el que llevaba dándonos 25 años de paz. [...]

Fuente: Antonio Muñoz Molina, La cara que veía en todas partes, 2000

Francisco Franco y sus nietos en diciembre de 1964

36 **el desfile** Parade
41 **dorado/-a** vergoldet
49 **la oblea** Oblate
49 **adherir al paladar** am Gaumen kleben bleiben
54 **omnipotente** todopoderoso/-a
54 **velar por** cuidar de, proteger

APP Más información

COMPRENSIÓN

2 Presenta los lugares donde Franco estaba presente según el texto e indica las líneas correspondientes.

ANÁLISIS

3 a Explica los métodos de represión que se reflejan en el texto.

b Analiza cómo los métodos de represión afectan al narrador niño a través de la imagen que presenta el texto del dictador Francisco Franco.

MÁS ALLÁ DEL TEXTO

4 Comenta el retrato (p. 172) en relación con la imagen crítica de Franco que presenta el texto.

> En el retrato, Franco está sentado en [...] • Lleva/Viste/Luce [...] • La expresión de su rostro / Su semblante es [...] • Se intenta transmitir una imagen de [...] • Por eso [...]

▶ Escribir un comentario personal, p. 236

6   Memoria histórica • España

Contrapaso *Teresa Valero*

Contrapaso. Los hijos de los otros es un cómic de suspense escrito por Teresa Valero, cuya acción se sitúa en Madrid en 1956. En el cómic se entrecruzan las vidas de dos periodistas y una dibujante, quienes revelarán algunos secretos oscuros de la dictadura franquista para descubrir la verdad tras unos crímenes. Aquí vemos una de las páginas dibujadas por Paloma (Pam Rivers), quien se gana la vida publicando viñetas inspiradas en las publicaciones para chicas del régimen franquista.

Al igual que otras dictaduras de derecha de la época en Europa, el régimen franquista difundía un **modelo tradicional de familia** que se oponía a la igualdad de género que defendió la Segunda República. Dentro de esta estructura jerárquica, el hombre tenía la autoridad y la mujer ocupaba principalmente los roles de esposa, ama de casa y madre.
«La Sección Femenina» era la organización oficialista de la dictadura, que se encargaba de **las publicaciones para las mujeres**: revistas, guías y libros difundían el modelo patriarcal con el que se identificaba el régimen.

▶ Imágenes, p. 248

Fuente: Teresa Valero, Contrapaso – Los hijos de los otros, 2021

COMPRENSIÓN Y ANÁLISIS

1 Describe a los dos personajes principales y cuenta la trama del cómic.

2 Analiza los roles de género que se reflejan en el cómic.

MÁS ALLÁ DEL TEXTO

3 Comenta desde tu perspectiva personal moderna el comportamiento y las decisiones de unos de los personajes del cómic.

Memoria histórica • España

La Transición

1 Lee la ficha de información. Explica con tus palabras la idea que tenía Franco al nombrar a Juan Carlos de Borbón como su sucesor.

COMPRENSIÓN

🔊 **2 a** Escucha el primer pasaje del podcast y elige la respuesta correcta.
El comienzo del podcast trata...
a de las consecuencias de la dictadura franquista.
b de las elecciones 1977.
c de la condena al régimen franquista.
d del inicio del proceso democrático en España.

🔊 **b** Escucha otra vez el primer pasaje y completa las frases con la información correcta.
a Juan Carlos de Borbón fue coronado rey de España bajo el nombre de Juan Carlos I el ⬤ de noviembre de 1975, ⬤ después de la muerte de Franco.
b En su discurso, el rey anuncia una nueva era que se caracteriza por el respeto al ⬤ y la necesidad de un ⬤.
c Juan Carlos I subraya que quiere ser el rey de ⬤ sin excepción.

🔊 **3** Escucha el segundo pasaje del podcast y contesta las preguntas, eligiendo la/s respuesta/s correcta/s cuando corresponda.
1 ¿Qué retos había en España después de las elecciones de 1977?
   a Llegar a un acuerdo con la Iglesia
   b Redactar una Constitución
   c Juzgar a los militares
   d Hacer fuerte la democracia
2 ¿Qué se aprueba el 6 de diciembre de 1978?
3 El sistema político en España es hasta hoy...
   a una república parlamentaria.
   b una monarquía parlamentaria.
   c una monarquía absoluta.

🔊 **4** Escucha el tercer pasaje del podcast e indica los cambios económicos y socioculturales que nacen en España a partir de 1982 en el orden en que se nombran.
A el derecho al divorcio
B la necesidad de hablar de política sin miedo
C la exposición universal
D la pérdida de peso de la religión
E la época de oro de la cultura española
F los juegos olímpicos
G la Movida madrileña
H la despenalización de la homosexualidad
I el acceso a la Unión Europea
J la liberación en la gente joven

MÁS ALLÁ DEL TEXTO

5 (Competencia intercultural) Informaos sobre el sistema de gobierno español, los partidos políticos más importantes y el rol del rey. Comparadlos con la República Federal de Alemania.

1969 Nombramiento de Juan Carlos de Borbón como sucesor de Franco

> En 1969 **Franco** nombró a **Juan Carlos de Borbón**, nieto del rey Alfonso XIII, como su sucesor y futuro **rey de España**. Juan Carlos fue educado y formado bajo el régimen franquista. La idea detrás de esta decisión era mantener la continuidad del régimen.
> Bajo el nombre de **Juan Carlos I** ha sido rey de España desde su coronación hasta 2014 cuando entregó la Corona a su hijo, Felipe VI.

1977 Adolfo Suárez gana las primeras elecciones democráticas desde la Segunda República

▶ Panorama político de España, p. 260

6   Memoria histórica • España

Después de 40 años de dictadura, en los años ochenta España experimenta una apertura social que se vio reflejada en la cultura. **La movida madrileña** fue un movimiento cultural que nació en Madrid y se extendió a otras ciudades. Representó una ruptura entre las prácticas franquistas y las nuevas prácticas democráticas. El movimiento se caracterizó por lo excéntrico, la expresión de libertad, rebeldía y creatividad. La movida influyó en todas las ramas artísticas, como en el cine, con **Pedro Almodóvar**, y la música con **Alaska**, además de la moda, la literatura, la televisión, la fotografía y la pintura.

6 a Trabajad en pareja. **A** va a la p. 226. **B** realiza las tareas de abajo:
Describe la viñeta. Toma en cuenta:
- Título y artista;
- las dos partes y sus imágenes,
- los colores,
- las palabras de cada parte.

b Analiza cómo se ilustra la Transición española teniendo en cuenta los colores, el juego con las piernas y las partes de la viñeta.

c Prepara una charla de dos minutos con la descripción de 6a y el análisis de 6b. Presentaos mutuamente vuestros resultados.

7 Mira en Internet el videoclip «A quién le importa» de Alaska y opina qué elementos (estribillo de la canción, ropa, peinados, colores, etc.) reflejan las características de la movida madrileña mencionadas en la ficha.

Fuente: Eneko, 2020

El abrazo *Juan Genovés*

Juan Genovés, El abrazo, 1973–1976

COMPRENSIÓN

▶ Imágenes, p. 248

1 Describe la pintura de Juan Genovés.

ANÁLISIS

▶ Palabras en contexto, p. 164

2 Relaciona el título de la obra con la época histórica a la que pertenece. Haz suposiciones sobre qué ilustra.

MÁS ALLÁ DEL TEXTO

▶ Punto de apoyo, p. 226

3 Para el proyecto «Historia española del siglo XX a través del arte», te toca escribir un texto informativo sobre «El abrazo». Busca información sobre la obra y explica su importancia para la Transición española.

Memoria histórica • España

(Des)memoria

"En España ha habido una falta de valentía ética. Un país no puede dejar a 100.000 personas en cunetas. Es atroz. Estamos en Europa, al lado de la Merkel, y los alemanes sí han hecho los deberes... y Portugal y Chile y Argentina... ¿Dónde está el museo de la Memoria?"

Ian Gibson
(Historiador hispanista)

Se estima que en España hay cientos de **fosas comunes** que contienen los restos de más de 100 000 personas anónimas que **desaparecieron** durante la Guerra Civil y la Posguerra. La búsqueda de las víctimas no comenzó hasta la década de los 2000, tras el fin del «pacto de silencio» de la Transición. Hay organizaciones como la ARMH (**«Asociación para la Recuperación de la Memoria Histórica»**) que apoyan a las familias en la búsqueda de sus familiares desaparecidos.

Ian Gibson (*21.4.1939) es un hispanista renombrado de origen irlandés, nacionalizado español en 1984. Es especialista en historia contemporánea española.

Viñeta:
la valentía el valor, el coraje
la cuneta Straßengraben
atroz cruel, inhumano/-a
la Merkel *Angela Merkel, canciller de Alemania 2005–2018*

COMPRENSIÓN

1 Con la ayuda de la ficha de información, presenta la crítica del historiador Ian Gibson.

ANÁLISIS

2 Explica la metáfora de «los deberes».

3 Interpreta la afirmación de que «estamos en Europa». ¿Qué quiere decir en este contexto?

MÁS ALLÁ DEL TEXTO

4 «Los alemanes sí han hecho los deberes». ¿A qué se refiere Ian Gibson probablemente? Discutid y reunid ideas.

5 Comenta la urgente necesidad expresada por Ian Gibson de crear un «Museo de la Memoria» en España.

6 Foco literario • El narrador y los recursos estilísticos

1 Leed el título del cuento y los primeros párrafos (ll. 1–9). ¿Qué esperáis leer? Intercambiad vuestras hipótesis e impresiones sobre...
- el personaje del narrador y
- el «secreto» que va a revelar.

El desaparecido *Julio Llamazares*

En todas las familias hay un secreto y la mía no es una excepción. Durante muchos años, formó parte de su imaginario y continúa formándola del mío, pese a que nunca conocí a su protagonista. Así son las cosas en este mundo.

5 El secreto de mi familia, al que yo accedí siendo ya un adolescente, tiene que ver con la guerra, como los de muchas otras familias españolas. Pero su particularidad estriba en que no desapareció con ella, quiero decir con su primera generación, sino que la sobrevive, incluso sobre su recuerdo. [...] Los fantasmas sobreviven a los muertos.

10 Mi tío Ángel, el desaparecido, tendría ahora, si viviera, cerca de los 100 años y era hermano de mi padre. El segundo, en concreto [...]. Maestro nacional, como su madre, mi tío Ángel ejercía en la escuela de Orzonaga, una aldea minera de León cercana a su localidad natal, cuando estalló la guerra civil y, ante la perspectiva de que lo fusilaran (era miembro del sindicato CNT), huyó a las montañas donde se
15 concentraban ya los republicanos que escapaban de las zonas sublevadas de León. [...]

Durante muchos años, acabada ya la guerra, sus padres y sus hermanos trataron de encontrarlo inútilmente. Por lo que me contó mi padre, lo hicieron a través de la Cruz Roja Internacional, de la policía (un tío mío lo era), de los programas de las
20 radios clandestinas, incluso a través de los guerrilleros, antiguos compañeros de mi tío [...]. Nadie les pudo dar una pista cierta y las que les dieron sólo sirvieron para aumentar su desasosiego: alguien dijo, por ejemplo, que, una noche, en un programa de radio de una emisora clandestina, de ésas que la gente oía a escondidas para que no los vieran, habían leído una carta de un tal Ángel Alonso Díez,
25 maestro de León residente en Rusia, que mandaba recuerdos a sus familiares e incluso algún pariente aseguró que en algún lugar constaba que el susodicho había muerto en el frente de Dima, en Vizcaya, se supone que defendiendo Bilbao. Pero nunca se pudo confirmar ninguno de esos datos. [...]

El caso es que el tiempo fue transcurriendo sin que sus padres, que murieron
30 esperando su regreso, ni sus hermanos supieran nada de él. Estos también, de hecho, ya han muerto todos y él continúa sin aparecer.

Todo esto, sin embargo, yo lo ignoraba completamente cuando, niño, pasaba los veranos en casa de mis abuelos, al principio con ellos, cuando aún vivían, y luego con mis padres. Entonces, yo tenía otros intereses y ni siquiera pregunté nunca
35 quién era el hombre de la foto que presidía el pequeño comedor y que me daba miedo porque me perseguía con la mirada cuando entraba en aquél a la hora de la siesta, aprovechando que los demás dormían. [...] Tenía la extraña capacidad de mirarte siempre, te pusieras donde te pusieras. Y eso era lo que me daba miedo. Eso y que la gente hablaba de él en voz baja. Como si pudiera oírlos, cuando se
40 referían a él, todos bajaban la voz, sobre todo si había niños presentes. Lo cual aumentaba aún más el misterio que el hombre de la foto proyectaba en torno a él. Un día –ya no recuerdo cuándo– mi padre me desveló su secreto. Para entonces, yo ya no le tenía miedo, pues me había hecho mayor y sabía ya que las fotos no pueden hacerte nada, y el descubrimiento de su verdadera historia despertó en mí

---

3 **el imaginario** *hier:* Gedankenwelt
4 **pese a que** aunque
7 **estribar en** basarse en
12 **ejercer** trabajar
12 **la aldea minera** Bergbausiedlung
14 **fusilar** erschießen
14 **el sindicato CNT** (= Confederación Nacional del Trabajo) *sindicato anarquista español que tuvo un rol importante en la lucha contra Franco*
15 **las zonas sublevadas** *las zonas controladas por los nacionales*
20 **clandestino/-a** ilegal
21 **la pista** Hinweis
22 **el desasosiego** la preocupación
23 **la emisora** la radio
26 **constar** quedar registrado/-a
26 **el/la susodicho/-a** el/la mencionado/-a
42 **desvelar** revelar

Foco literario • El narrador y los recursos estilísticos

una simpatía que no ha cesado hasta el día de hoy. Tanto como para conservar su foto cuando, pasados los años, también mis padres murieron y la vieja casa familiar pasó a mis manos y a mi poder, con los cambios que eso supone siempre. [...]

Para entonces, yo ya había hecho algunas investigaciones para saber quién era realmente aquél [...]. Sus contemporáneos de su localidad natal me contaron que era un poco tartamudo, pero muy inteligente y preparado. Supe también que había tenido una novia en un pueblo no lejano al de su escuela (ignoro si seguía siéndolo cuando comenzó la guerra) y que [...] seguía soltero en el momento de desaparecer. [...]

Pero lo que nunca encontré, como le pasó a mi padre, fue una pista sobre su paradero. Tan sólo una referencia en un libro sobre la represión de los maestros en León, que fue una de las más violentas (más de 200 murieron y otros tantos fueron depurados y apartados de la profesión), [...] tantos años después, mi esperanza de encontrar otra ya es tan remota como la de que mi tío regrese. Ni siquiera las exhumaciones que, desde hace dos o tres años, tienen lugar por todo el país en busca de los restos de los republicanos enterrados por las cunetas y por los montes como alimañas me permite alimentarla, porque ¿cómo podría reconocerlo? Si ni siquiera sé dónde está...

Así que, me temo, mi tío Ángel seguirá siendo el desaparecido y su fotografía colgando de la pared de la vieja casa de mis abuelos, ahora la mía de vacaciones, como lo viene haciendo desde hace 70 años. Quizá mi hijo la quite un día cuando la herede como yo antes (a él no le da ningún miedo y ya nadie habla de él) y entonces su fantasma desaparecerá también, sumergiéndose en el agujero negro de la historia. Pero, mientras siga ahí, mientras yo siga mirándola y recordando al hombre que, cuando niño, me daba miedo por su mirada y porque todos hablaban en voz baja de él, mi tío seguirá vivo, puesto que, como nunca nadie lo viera muerto, se ha convertido ya en un fantasma; esto es, en un reflujo de la imaginación. Y ya se sabe que los fantasmas sobreviven a los muertos, incluso a veces hasta a los vivos, tal es su fuerza y su sugestión.

Fuente: Julio Llamazares, Tanta pasión para nada. 2011

45 **cesar** terminar
53 **ser tartamudo/-a** stottern
59 **el paradero** Verbleib
62 **depurar** expulsar
64 **remoto/-a** *aquí:* improbable
66 **la cuneta** Straßengraben
66 **la alimaña** el/la delincuente, el/la criminal
72 **heredar** erben
73 **sumergirse en** desaparecer en
77 **el reflujo de la imaginación** Fantasiebild
79 **la sugestión** *hier:* (Nach-)Wirkung

Más información

Comprensión

2 Lee todo el cuento. Cuenta cuál es el «secreto familiar» presentando la información biográfica del tío del narrador.

Análisis: La perspectiva narrativa

El narrador de un texto literario es un personaje ficticio, creado por la autora o el autor. Es él quien cuenta la historia. Puede adoptar diferentes perspectivas que tienen distintos efectos en el lector. Dependiendo de la perspectiva narrativa elegida, el lector aprenderá más o menos sobre las circunstancias y los personajes implicados.

Foco literario • El narrador y los recursos estilísticos

▶ Textos narrativos, p. 243

3 a Identifica el tipo de narrador del cuento.

b Identifica las partes del cuento donde se muestre la perspectiva del narrador. Para ello, ten en cuenta los pasajes con...
  – reflexiones y explicaciones,
  – evaluaciones,
  – dudas,
  – sentimientos

c Explica la función de esta perspectiva narrativa y su efecto en el lector.

Análisis: Los recursos estilísticos

El narrador de un texto literario suele utilizar recursos estilísticos para enviar un mensaje, crear una determinada atmósfera, retratar a un personaje o expresar ciertos sentimientos.

▶ Recursos estilísticos, p. 246

4 Explica la función de los siguientes recursos estilísticos utilizados por el narrador:
  1 la enumeración de los intentos de encontrar al tío desaparecido (ll. 18–21)
  2 los motivos de la «fotografía» y de la «mirada» (ll. 34–37)
  3 la repetición de la palabra «miedo» (ll. 36, 38, 44)
  4 el uso reiterado de las expresiones «el hombre de la fotografía» y «mi tío» a lo largo del texto
  5 la pregunta retórica sobre el reconocimiento (l. 67)
  6 la metáfora del fantasma (ll. 73, 77, 78)

Análisis: La metáfora

El recurso más llamativo e impresionante del lenguaje figurativo es la metáfora. En una metáfora, las cualidades y características de una cosa son trasladadas a otro contexto. En este relato, el narrador traslada las cualidades de un fantasma (ll. 73, 77, 78) a la memoria de su tío desaparecido.

5 Examina la metáfora del fantasma.

cualidades de un fantasma	(posible) significado en la memoria del tío
un ser inmortal	[...]
[...]	[...]

Más allá del texto

6 «Y ya se sabe que los fantasmas sobreviven a los muertos, incluso a veces hasta a los vivos, tal es su fuerza y su sugestión» (ll. 78–79). Comenta esta afirmación del narrador situándola en el contexto de la recuperación de la memoria histórica de la época franquista en España.

Memoria histórica • Chile

El golpe

TEXTO AVANZADO   **Más allá del invierno** *Isabel Allende*

Este fragmento de novela narra la historia de la familia Maraz en los tiempos del golpe militar en Chile. Lena Maraz es viuda y madre de Lucía, de 19 años, y de Enrique, de 22, que pertenece a un partido político marxista.

5   La profunda crisis que dividía el país se volvió insostenible. Los campesinos se apropiaban de tierras para crear comunidades agrícolas, bancos e industrias eran expropiados, se nacionalizaron las minas de cobre del norte, que habían estado siempre en manos de compañías estadounidenses [...], la escasez se hizo endémica, faltaban agujas y vendas en los hospitales, repuestos para máquinas, leche para
10 infantes; se vivía en estado de paranoia. [...] Los patrones saboteaban la economía, retirando artículos esenciales del mercado. [...] A pesar del clima de guerra, la izquierda aumentó el porcentaje de sus votos en las elecciones parlamentarias de marzo. Entonces la oposición, que llevaba tres años conspirando, comprendió que no bastaba el sabotaje para tumbar al gobierno. Había que recurrir a las armas.

15 El martes 11 de septiembre de 1973 los militares se sublevaron contra el gobierno. Por la mañana Lena y Lucía oyeron pasar volando bajo helicópte-
20 ros y aviones en formación, se asomaron y vieron tanques y camiones en las calles casi vacías. En la televisión no funcionaba ningún canal [...].
25 Se declaró el estado de guerra [...]. «¿Qué va a pasar ahora?», le preguntó Lucía a su madre, inquieta porque la alegría desatada de Lena, quien destapó

11 de Septiembre de 1973: Salvador Allende en el palacio de gobierno durante el Golpe de Estado

30 una botella de champán para celebrar el acontecimiento, le pareció de mal agüero; significaba que en alguna parte podía estar su hermano Enrique desesperado. «Nada, hija, aquí los soldados respetan la Constitución, pronto van a convocar elecciones», le contestó Lena, sin imaginar que habrían de pasar más de dieciséis años antes de que eso ocurriera.

35 Madre e hija permanecieron encerradas en el apartamento hasta que se levantó el toque de queda, un par de días más tarde, y pudieron salir brevemente a comprar provisiones. [...] Se enteraron de que el presidente había muerto en el bombardeo del palacio de gobierno, que habían visto repetido hasta el cansancio en la televisión, y oyeron rumores de cuerpos flotando en el río Mapocho a su paso por
40 la ciudad, de grandes hogueras donde quemaban libros prohibidos y de miles de sospechosos amontonados en camiones del ejército [...]. Los vecinos del barrio de Lucía estaban tan eufóricos como Lena, pero ella sentía miedo. Un comentario que escuchó de pasada le quedó resonando en el pecho como una amenaza certera contra su hermano: «A los malditos comunistas los van a poner en campos de
45 concentración y al primero que proteste lo van a fusilar, como esos desgraciados habían planeado hacer con nosotros». [...]

En 1973, la sociedad chilena estaba fuertemente **polarizada**. Por un lado, apoyado por gran parte de la población, estaba el gobierno del presidente **Salvador Allende**, que defendía un modelo socialista-marxista y realizaba reformas amplias y radicales en diversos sectores. Por el otro, la oposición de **las fuerzas conservadoras, los empresarios, los militares** quienes rechazaban las reformas de Allende. A mediados de 1973 se produjo una **crisis económica**, que preparó el terreno para el golpe de estado del 11 de septiembre. La evaluación de las causas de la crisis es controvertida y hay diferentes opiniones. Algunas afirman que las políticas de reforma de Allende causaron la crisis; otras aseguran que fueron los factores externos y el sabotaje de la oposición.

---

5 **insostenible** *aquí:* insoportable
5 **apropiarse de** in Besitz nehmen
7 **expropiar** enteignen
7 **la mina de cobre** Kupfermine
8 **la escasez** la falta
8 **hacerse endémico** chronisch werden
9 **el repuesto** Ersatzteil
14 **tumbar** hacer caer
14 **recurrir a** greifen zu
16 **sublevar** levantar, alzar
18 **la alegría desatada** la gran alegría
20 **asomarse** *aquí:* mirar por la ventana
21 **el tanque** Panzer
30 **de mal agüero** que anuncia una desgracia
32 **convocar** einberufen
36 **el toque de queda** Ausgangssperre
41 **amontonado/-a** zusammengepfercht
43 **resonar** nachhallen
45 **fusilar** erschießen

Memoria histórica • Chile

47 **el chisme** Gerede, Tratsch	
47 **desprestigiar** quitar el prestigio	
48 **la garra** Kralle	
50 **el dibujo animado** Zeichentrickfilm	
52 **conminar** exigir	
54 **allanar** entrar sin permiso	
57 **donde una amiga** en casa de una amiga	
58 **la lucidez** la inteligencia	
58 **amedrentar** einschüchtern	
59 **la cachetada** Ohrfeige	
60 **pasmoso/-a** sorprendente, admirable	
60 **la serenidad** la calma, la tranquilidad	
62 **la advertencia** *aquí:* la amenaza	
64 **estar intervenido/-a** abgehört werden	
67 **agobiado/-a** cansado/-a	
67 **el/la suplicante** Bittsteller/in	
68 **la embajada** Botschaft	
71 **replicar** protestar	

«Son chismes, hija, exageraciones. Ya no saben qué inventar para desprestigiar a las Fuerzas Armadas, que han salvado al país de las garras del comunismo».
«¿Cómo se te ocurre que eso va a pasar en Chile?», le dijo Lena. La televisión
50 mostraba dibujos animados y bandos militares, el país estaba en calma. La primera duda le entró a Lena cuando vio el nombre de su hijo en una de las listas negras que conminaban a los que aparecían en ellas a presentarse en los cuarteles de policía. Tres semanas después, varios hombres sin uniforme y armados, que no necesitaron identificarse, allanaron el apartamento de Lena buscando a sus dos
55 hijos, Enrique acusado de ser guerrillero y Lucía por simpatizante. Lena no había tenido noticias de su hijo durante muchos meses y si las hubiera tenido, no se las habría dado a esos hombres. Lucía se había quedado a pasar la noche donde una amiga durante el toque de queda y su madre tuvo la lucidez de no dejarse amedrentar por las amenazas y cachetadas que recibió en el allanamiento.

60 Con pasmosa serenidad les informó a los agentes que su hijo se había alejado de la familia y nada sabían de él, y que su hija estaba en Buenos Aires en un viaje de turismo. Se fueron con la advertencia de que volverían a llevársela a ella a menos que aparecieran los hijos.

Lena supuso que el teléfono estaba intervenido y esperó hasta las cinco de la
65 mañana, cuando se levantó el toque de queda, para ir a avisar a Lucía a la casa de su amiga. Después se fue a ver al cardenal, que había sido amigo cercano de su familia [...]. El cardenal, agobiado por la situación y las filas de suplicantes, tuvo la bondad de escucharla y conseguir asilo para Lucía en la embajada de Venezuela. Le aconsejó a Lena que también se fuera antes de que la policía política cumpliera
70 su amenaza. «Aquí me quedo, eminencia. No me iré a ninguna parte sin saber de mi hijo Enrique», replicó ella. «Si lo encuentra, venga a verme, Lena, porque el muchacho va a necesitar ayuda.»

Fuente: Isabel Allende, *Más allá del invierno*, 2017

COMPRENSIÓN

1 Describe la situación y los acontecimientos en Chile hasta el 11 de septiembre de 1973, según este fragmento de novela.

2 Resume las vivencias de la protagonista Lena y de su hija, Lucía.

ANÁLISIS

3 Analiza la actitud de Lena hacia los golpistas.

MÁS ALLÁ DEL TEXTO

4 (Para elegir) Haz la tarea **a** o **b**.

a (Escribir) Redacta una entrada de diario en la que Lena reflexione sobre su dilema (ll. 69–73): las razones para quedarse y sus posibles consecuencias.

b (Desafío) Visita virtualmente el Museo de la Memoria en Chile y evalúa la importancia de su trabajo para construcción de la memoria histórica.

▶ Punto de apoyo, p. 226

APP Más información

Memoria histórica • Chile

Recordar a las víctimas

Lo que se perdió *Daniela Contreras Bocic*

En esta escena hablan dos mujeres, Constanza y Carolina. Carolina trabaja para una agencia de eventos que está organizando la fiesta de cumpleaños del hijo de Constanza. Las dos mujeres hablan de los acontecimientos del verano de 1987
5 *–durante la **dictadura de Pinochet**– cuando solían jugar juntas y la madre de Carolina era empleada en la casa de la familia de Constanza.*

AÑO 2013 ESCENA 9

CAROLINA	Señora Constanza, necesito hablar con usted un segundo.
CONSTANZA	¿Sí dime? [...]
10 CAROLINA	Constanza, soy yo. Carolina. [Pausa breve]
CONSTANZA	Disculpa. No, no sé quién eres.
CAROLINA	Vivíamos juntas cuando chicas. Carolina Rosales. [Pausa breve]
CONSTANZA	¡Ca-ro-li-na! ¡Qué diferente estás! Jamás te habría reconocido. ¿Cómo estás?
15 CAROLINA	Bien.
CONSTANZA	¿Cómo me reconociste? Yo también estoy muy distinta. Jamás me habría dado cuenta de que eras tú si no me hubieras dicho. ¿Estás bien?
CAROLINA	Sí.
20 CONSTANZA	¿Te ha ido bien?
CAROLINA	Sí. ¿Y a ti?
CONSTANZA	Todo bien. [...] ¿Vives en Santiago?
CAROLINA	Sí, vivo acá, con mi abuela, mi prima y sus hijos.
CONSTANZA	[...] Oye, qué coincidencia encontrarnos acá. ¡Qué loco! ¡Increíble!
25	La vida que da vueltas. ¿Y tu mami cómo está? [Silencio breve]
CAROLINA	Yo quería hablar de eso contigo.
CONSTANZA	¿Sí? ¿Está bien?
CAROLINA	Sí, quería saber cómo me puedo comunicar con tu papá.
CONSTANZA	¿Con mi papá?
30 CAROLINA	Tú sabes que en esos años que vivíamos en tu casa, mi mamá desapareció. Y bueno, fue esa noche que tu papá la entregó, la última vez que yo la vi. Necesito hablar con él para saber dónde están sus restos. [Silencio largo.]
CONSTANZA	...
35 CAROLINA	Ella está muerta. Necesito saber dónde está enterrada, si es que está enterrada. Esa información la tiene tu papá.
CONSTANZA	No sé de qué estás hablando.
CAROLINA	Tu papá entregó a mi mamá a sus amigos de la CNI y la mataron. Necesito saber qué pasó con ella, con su cuerpo. No es tan difícil de
40	entender, me imagino. No me vas a salir con que los detenidos desaparecidos no existen, esa época ya pasó. [Gran silencio]
CONSTANZA	Uf. Estás mal.
CAROLINA	Sí. La verdad es que estoy mal. Pero no debería extrañarte. No sabía que te iba a volver a ver. Estoy aprovechando la oportunidad que
45	estoy teniendo de preguntarte.
CONSTANZA	Es el cumpleaños de mi hijo. No es el momento. Yo no...

Entre 1973 y 1990 Chile vivió bajo una **dictadura militar**, encabezada por el general **Augusto Pinochet**. Durante los 17 años de dictadura, las personas contrarias al gobierno fueron perseguidas, encarceladas, **torturadas y asesinadas**. La cifra de muertos y desaparecidos supera las 3.000 personas, mientras que las víctimas de violencia, prisión y tortura son más de 40.000. Para controlar a la sociedad chilena, la dictadura usó la violencia y también la **censura**. Tanto prensa, radio y televisión, así como universidades, editoriales y otras instituciones culturales fueron intervenidas y debían transmitir solo mensajes a favor de los militares.

23 **acá** (*lat.am.*) aquí
25 **dar vueltas** unvorhergesehene Wendungen nehmen
35 **estar enterrado/-a** begraben liegen
38 **la CNI** (= Central Nacional de Informaciones) *el servicio secreto del régimen militar chileno*

Memoria histórica • Chile

> **Los detenidos desaparecidos** eran personas que fueron detenidas y luego desaparecieron durante la dictadura militar chilena. Muchos de ellos fueron maltratados o torturados, mientras que otros fueron asesinados y sus restos nunca aparecieron.
> Para investigar estos crímenes, en 1990 se creó la **Comisión Rettig** conocida oficialmente como «Comisión Nacional de la Verdad y la Reconciliación». En 2005 se formó además, la «Comisión Nacional sobre Prisión Política y Tortura», llamada **Comisión Valech**. Ambas realizaron entrevistas a las víctimas, a testigos y a responsables, se recogieron pruebas y se documentaron crímenes, pero no se juzgaron a los responsables en la justicia.

Chile, 30 de agosto de 2023. Día nacional e internacional del detenido desaparecido

CAROLINA	Necesito hablar con él.
CONSTANZA	Eso pasó hace muchos años, Carolina. No me acuerdo. No tenía idea de que tu mamá se había muerto.
50 CAROLINA	[Interrumpiéndola] Quiero encontrarla. Necesito hablar con tu papá.
CONSTANZA	Mi papá no tuvo nada que ver. Te lo puedo asegurar. Él te quería mucho.
CAROLINA	Tu papá trabajaba en la CNI. Fue responsable, y él lo sabe.
CONSTANZA	Es que no sé de qué estás hablando. Estás equivocada. Tú y tu mamá volvieron juntas al sur. Yo me acuerdo. Me acuerdo que la interrogaron esa noche de la que tú hablas, y que al día siguiente, mi papá le pidió que se fueran de la casa porque se había perdido algo y...
CAROLINA	Esa noche se la llevaron.
CONSTANZA	Tú mamá se había robado un documento muy importante para mi papá, por eso la echó. Me acuerdo el día que se fueron, cuando nos despedimos. Estaba tu mamá ahí mismo, al lado tuyo, tú estabas llorando. Me acuerdo de todo. Nos sacamos una foto con una cámara nueva que me habían comprado. Nos abrazamos. Era de noche. Una vez me mandaste una carta, incluso. Desde tu casa de Dichato, yo te contesté y te mandé esa foto. Nunca más me respondiste.
CAROLINA	No. Esa fue la última noche que la vi.
CONSTANZA	Se fueron juntas. [Pausa breve] A mí me interesa que te quede súper claro, Carolina, que mi papá era un militar muy correcto, y que él nunca trabajó para la CNI. No quiero que lo vuelvas a repetir. De hecho, él siempre tuvo problemas, porque se opuso a la dictadura, incluso votó por el No [...]. Lo siento mucho, pero no puedo ayudarte. Mi papá se murió hace muchos años. [Pausa breve] Yo creo que estás confundiendo los lugares, los años, las familias, no sé, y todo eso pasó en otra casa. ¿Tú mamá trabajaba en eso?
75 CAROLINA	Mi mamá era una mujer muy importante.
CONSTANZA	Sí, claro. Traicionando la confianza de la gente para la que trabajaba.

Fuente: Daniela Contreras Bocic, Lo que se perdió. Superhéroes en tu jardín, 2013

55 **interrogar** verhören
60 **echar** despedir
74 **confundir** verwechseln
76 **traicionar** verraten

Memoria histórica • Chile

COMPRENSIÓN

1 Expón cómo Carolina y Constanza recuerdan los hechos ocurridos en casa de la familia de Constanza en 1987.

2 Indica cuál es el tema del texto. Justifica tu respuesta.

ANÁLISIS

3 Explica qué tipo de texto es «Lo que se perdió».

4 Analiza las reacciones de Constanza a las acusaciones de Carolina a lo largo de la conversación. Indica las líneas del texto que justifiquen tu respuesta.

5 «Ella está muerta. Necesito saber dónde está enterrada, si es que está enterrada» (ll. 35–36). Explica el anhelo de Carolina de encontrar los restos mortales de su madre.

MÁS ALLÁ DEL TEXTO

6 a Sebastián Piñera, un expresidente de Chile, escribió una carta abierta al pueblo chileno con motivo del 45 aniversario del golpe de Estado. Explica las metáforas utilizadas en la siguiente cita:

«Es bueno recordar la historia, no para hurgar en ella hasta transformarla en una gangrena, sino que para aprender las lecciones y enseñanzas de esa historia, de forma tal que nos guíen e iluminen los caminos del futuro».

Cita:
hurgar herumstochern
la gangrena *(med.)* totes Gewebe

b Comenta la afirmación de Piñera teniendo en cuenta la situación de las víctimas de la dictadura chilena.

> En 1988, Chile celebró un **plebiscito** histórico sobre si el dictador Augusto Pinochet debía permanecer en el poder ocho años más. Los partidarios del «**Sí**» apoyaron la prolongación del régimen, argumentando que su liderazgo era necesario para garantizar la estabilidad y el progreso económico. Los del «**No**», en cambio, pidieron el fin de la dictadura y promovieron **la transición a la democracia**. Subrayaban la importancia de la libertad, los derechos humanos y la participación política. El día de la votación, el 5 de octubre de 1988, el pueblo chileno se decidió en contra de Pinochet con una mayoría del 56 %.

7 (Para elegir) En 2016 Gabriel Osorio ganó un Óscar por su cortometraje animado «Historia de un oso», que profundiza en las huellas que dejó la dictadura a partir de su historia familiar.

a (Hablar) Busca información sobre Gabriel Osorio y haz una presentación de tres minutos sobre su biografía, sus motivaciones para hacer esta película y el impacto que ha tenido este cortometraje en la sociedad chilena actual.

b (Escribir) Mira el cortometraje en Internet y escribe una reseña explicando la alegoría del circo en la vida del oso a partir de lo que sabes de la dictadura chilena.

El director Gabriel Osorio posa junto al protagonista de su cortometraje

Más información

6 Memoria histórica • Chile

> Desde el regreso a la democracia en 1990, Chile ha creado al menos 22 **Sitios de Memoria** y fundado distintas instituciones para promover la **memoria histórica** y la protección de los **derechos humanos**. Además de la Comisión Rettig (1990) y la Comisión Valech (2005), en 2009 se fundó el Instituto Nacional de Derechos Humanos y en 2010 el Museo de la Memoria y los Derechos Humanos. En 2024 el Estado de Chile crea el Plan Nacional de Búsqueda para aclarar los más de mil casos de desaparición y muerte que siguen sin resolver. La meta es **honrar la memoria y promover la justicia** en torno a los crímenes de la dictadura militar.

Chile: Una ruta para no olvidar

1 ¿Qué será y de qué constará la «Ruta de la Memoria» en Santiago de Chile? Formula hipótesis a partir de las imágenes.

1 Casa de detención en calle Londres 38

2 Memorial en el cementerio general

3 Centro de detención en Villa Grimaldi

4 Objetos personales en Villa Grimaldi

Fuente: AFP, 2013

Vídeo:
la baldosa Fliese
el centro de detención Haftanstalt
la torre Turm

COMPRENSIÓN Y ANÁLISIS

2 Mira el vídeo una vez. Compara con tus hipótesis: ¿qué es y de qué hitos consta la «Ruta de la Memoria»?

3 Vuelve a mirar el vídeo y contesta las preguntas:
1 ¿Qué sabes sobre la casa de la calle Londres 38?
2 ¿Qué fue Villa Grimaldi y qué se puede ver allí?
3 ¿Cómo se explica la frase «El olvido está lleno de memoria»?

4 Examina cómo se presenta la casa en Londres 38 y el efecto que tiene esta presentación en el espectador.

MÁS ALLÁ DEL TEXTO

5 (Competencia intercultural) ¿En qué consistiría una «ruta para no olvidar» en vuestra ciudad o región? Informaos, idead un itinerario con tres a cinco lugares y presentad la ruta combinando texto e imágenes.

Lugares y rutas de la memoria

1 Durante tu intercambio en Chile participas en el proyecto «Lugares y rutas de la memoria en el mundo». Te piden que presentes las formas en que se recuerda a las víctimas del Holocausto en Alemania. En la radio alemana escuchas un podcast que expone un breve y claro panorama. Escribe un artículo para el proyecto en el que presentas los lugares principales de la memoria histórica en Alemania. Explica también con ejemplos cuales son los lugares centralizados y descentralizados y cómo funcionan.

Memorial del Holocausto, Berlín

▶ Mediación, p. 241

Gramática en contexto y punto final 6

Gramática en contexto

Soluciones

DESCRIBIR CARACTERÍSTICAS • pronombres relativos

1 a Une las frases con la forma adecuada de los pronombres relativos (el/la/lo que, cuyo/-a, donde o quien.

El Valle de Cuelgamuros, Madrid

Ejemplo: El Valle de Cuelgamuros es un mausoleo cerca de Madrid. El mausoleo fue construido entre 1940 y 1959.
→ *El Valle de Cuelgamuros es un mausoleo cerca de Madrid que fue construido entre 1940 y 1959.*

1 El monumento fue planeado por el dictador Francisco Franco. Francisco Franco quiso conmemorar así su victoria militar en la guerra.
2 El Valle tiene dimensiones enormes. Su construcción se realizó con el trabajo de prisioneros republicanos.
3 Su elemento central es una iglesia enclavada en la montaña. Allí estuvieron los restos mortales de Franco hasta el año 2019.
4 El complejo atraía a muchos turistas y curiosos, pero también se iba convirtiendo en un lugar antidemocrático. El lugar antidemocrático era elegido por los extremistas de derecha para conmemorar a Franco.
5 Por eso, en 2019, el gobierno español hizo exhumar el cuerpo de Franco y lo sacó del Valle. Esta medida fue muy controvertida en la sociedad.
6 El cadáver fue llevado a un cementerio en Madrid. Allí se encuentra hoy.
7 Hoy en día el Valle es un museo educativo. Su objetivo es recordar y honrar a las víctimas del franquismo.

b Examina en qué frases de 1a podrías utilizar el pronombre relativo el/la cual.

el mausoleo monumentale Grabstätte
enclavado/-a en la montaña in den Berg gehauen

DESCRIBIR UNA IMAGEN • verbos para describir

2 Describe la foto del Valle de Cuelgamuros con los elementos de la tabla (p. 188). Utiliza los verbos haber, estar, encontrarse, ver, observar. Hay varias opciones.
Ejemplo: en la imagen + monumento de grandes dimensiones
→ *En la imagen se ve un monumento de grandes dimensiones.*

Gramática en contexto y punto final

¿Dónde?	¿Qué?
a ambos lados de la entrada	~~un monumento de grandes dimensiones~~
en segundo plano	una iglesia enclavada en la montaña
en el centro de la imagen	la entrada a la iglesia
~~en la imagen~~	varios edificios simétricos
al pie de la montaña	una cruz enorme
en primer plano	la cruz de unos 150 metros de altura
a ambos lados del camino	un camino que conduce a la entrada
encima de la iglesia	plantas enfrentadas
a la derecha/izquierda de	

DESCRIBIR POSICIONES • las preposiciones de lugar

3 a Mira la foto del exterior del Museo de la Memoria y los Derechos Humanos en Chile (p. 163) y completa las frases con las preposiciones del recuadro.

> (junto) a • bajo • (detrás) de • en • entre • por • sobre

1. ⬤ la entrada al museo hay una serie de fotos enormes.
2. Para entrar, los visitantes tienen que pasar ⬤ una especie de túnel ⬤ las fotos.
3. ⬤ las paredes del túnel, se han puesto textos informativos y datos sobre la época de la dictadura.
4. ⬤ la entrada, hay una pequeña terraza que ofrece sombra.
5. ⬤ los dos muros de la entrada, se encuentra una escalera de avión que recuerda a las personas exiliadas.
6. La escalera se encuentra ⬤ tres grandes piedras negras con textos y dibujos que recuerdan a las víctimas.

b Elige otra foto del dosier y descríbela.

UNIR FRASES • las conjunciones adversativas, causales y consecutivas

4 a Relaciona las conjunciones con su función: ¿cuáles expresan una oposición, una causa o una consecuencia?

> por eso • puesto que • pero • de modo que • ya que • aunque •
> por lo que • porque • como • así que • sin embargo

b Elige conjunciones de los tres grupos y forma frases relacionadas con el trabajo de la «Comisión Rettig» en Chile. Hay varias opciones.
Ejemplo: La «Comisión Rettig» jugó un papel fundamental en el proceso de reconciliación puesto que / ya que / porque identificó a los responsables de los crímenes.

- Jugó un papel fundamental en el proceso de reconciliación.
- Su trabajo principal fue investigar y documentar las violaciones a los derechos humanos cometidas durante el régimen militar.
- Fue criticada por su alcance limitado.
- Su trabajo permitió revelar los crímenes.
- Identificó a los responsables de los crímenes.
- No estaba autorizada a garantizar una reparación a las víctimas.

Gramática en contexto y punto final

- No podía juzgar a los responsables ni llevarlos ante la justicia.
- Recibió muchas críticas.
- La publicación del informe en 1991 no tenía consecuencias legales.

EXPRESAR CONCLUSIONES • el indicativo y el subjuntivo

5 Mira las fotos del Museo de la Memoria y los Derechos Humanos (p. 163). Utiliza el presente de indicativo o el presente de subjuntivo para sacar tus conclusiones.

Ejemplo: En las paredes de la entrada del museo hay muchos textos informativos. Es evidente que su función es informar a los visitantes sobre los datos y fechas más importantes.

Es evidente que [...] (Me) parece obvio que [...] No cabe duda de que [...] Queda claro que [...]	+ ind.	Puede ser que [...] Es posible/lógico que [...] (Me) parece probable que [...] Es de suponer que [...]	+ subj.

1 ~~los textos informativos – informar a los visitantes~~
2 la escalera de avión – recordar a los exiliados
3 las fotos enormes sobre la entrada – [...]
4 la cita «El museo es una escuela.» – [...]
5 la arquitectura clara y moderna – [...]
6 las fotos de soldados sobredimensionadas en el interior – [...]
7 las múltiples fotos pequeñas en una pared del interior – [...]

⊙ Punto final

Presentar e interpretar una viñeta

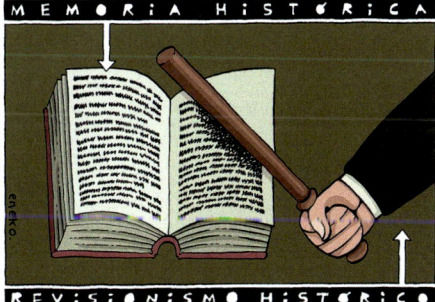

Fuente: Eneko, 2019 y 2021

Con tu curso participáis en el proyecto de memoria histórica hispano-alemán «Para que nunca más...». Tenéis que elegir una viñeta para la página web del proyecto.

1 Elige la viñeta que te parezca adecuada. Describe e interprétala teniendo en cuenta lo que sabes sobre la importancia de recuperar la memoria histórica después de una dictadura.

2 Presenta y explica la viñeta que hayas elegido a los demás.

3 Comparad y comentad el mensaje de las viñetas.

APP Más información

7 Historia y cultura

Catedral de Cuzco, Perú

Monumento a Bolívar y San Martín, Guayaquil

200 a. C.　　0　　200 d. C.　　500　　700

Mezquita de Córdoba

Alhambra, Granada

Temas
Huellas de Al-Ándalus • p. 194
La Reconquista • p. 196
Poesía del Siglo de Oro • p. 197
Las Meninas • p. 198
Don Quijote • p. 200
La conquista de Tenochtitlán • p. 202
La colonización de Mesoamérica • p. 204
Procesos de independencia • p. 206
Construyendo una nación • p. 208

Taller de competencias
Análisis de textos argumentativos • p. 210

⊙ Punto final
Mesa redonda • p. 215

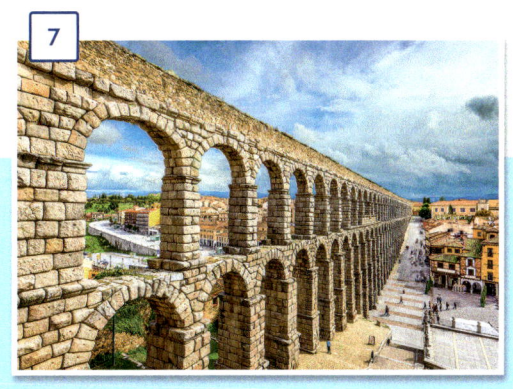

Acueducto de Segovia

Monumento a Colón, Barcelona

Ciudad maya de Tikal, Guatemala

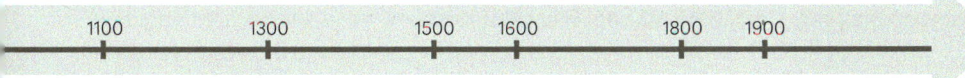

1100   1300   1500   1600   1800   1900

1 Describe las fotos y, basándote en la línea de tiempo, haz suposiciones sobre qué épocas de la historia española o latinoamericana representan.

2 a Escucha los textos y relaciona los acontecimientos históricos que se describen en los audios con las fotos de la página.

  b Vuelve a escuchar y ordena las fotos y los temas del audio en la línea de tiempo.

3 a Elige una foto, un acontecimiento o una época y busca más información al respecto en Internet.

  b Prepara una charla de dos minutos sobre tu tema.

Palabras en contexto

Vocabulario temático

Los orígenes: «Hispania» y Al Ándalus

Antes de la llegada de los romanos a la península ibérica en el 218 a. C. vivían allí diversos pueblos autóctonos como los íberos o los celtas. Bajo el dominio de Roma, este territorio recibió el nombre de Hispania, origen de la actual denominación del país, España. Comenzó entonces el proceso de asimilación cultural que hoy conocemos como romanización, y que también significó la llegada del latín a esta parte de Europa.

En el año 711, los árabes llegaron al territorio que hoy conocemos como Andalucía y conquistaron, en tan solo diez años, casi todo el resto de la península ibérica. Llamaron Al-Ándalus al territorio bajo su control político. Aquí comenzó un periodo de florecimiento cultural y científico en los ámbitos de la medicina, cirugía y farmacología. Los urbanistas árabes dejaron una huella profunda en los cascos históricos de las ciudades andalusíes. La influencia árabe también se refleja en las legumbres y especias de la cocina regional.

Hasta 1492, los cristianos lucharon por recuperar las tierras con dominio árabe en la llamada Reconquista, que terminó bajo el reinado de Isabel y Fernando, los Reyes Católicos. En el periodo posterior, los musulmanes que se quedaron en la península ibérica debían convertirse al catolicismo o serían expulsados.

Isabel I de Castilla

La conquista de América y el Siglo de Oro

En 1492 Cristóbal Colón llegó a América en su intento de descubrir una nueva ruta para llegar al lejano oriente conocido en la época como «las Indias». Así comenzó la conquista de América, proceso colonialista donde monarquías europeas incorporaron territorios americanos a sus dominios. Cuando llegaron los españoles, ya vivían en la actual Centroamérica civilizaciones milenarias como los aztecas o los mayas, con sociedades muy avanzadas y con grandes conocimientos en Medicina, Astronomía o Matemáticas. En la actual Sudamérica se extendía el imperio inca, el más extenso del continente. En 1521 y luego de haberse aliado con los enemigos de los aztecas, Hernán Cortés y sus hombres lograron conquistar Tenochtitlán, la capital azteca. La ciudad contaba con casi medio millón de habitantes. En ese lugar se encuentra hoy Ciudad de México. Diez años después, en el sur del continente, el conquistador Francisco Pizarro lideró la conquista del imperio inca capturando y matando a su líder, Atahualpa. Con la muerte de Atahualpa y el debilitamiento de la población por enfermedades traídas por los europeos, como la viruela y la influenza, comenzó la decadencia del imperio. Culturalmente la conquista significó la imposición de la lengua, de la escritura (alfabeto latino) y del cristianismo a los territorios conquistados.

Durante los siglos XVI y XVII el arte español vivió una época de esplendor. Grandes escritores como Miguel de Cervantes, Lope de Vega o María de Zayas crearon algunas de las obras más importantes de las letras castellanas, mientras maestros de la pintura como Diego Velázquez, Murillo o el Greco dejaron sus grandes obras de arte para la historia. Este esplendor se extendió a las colonias y virreinatos americanos.

Don Quijote y Sancho Panza, personajes creados por Miguel de Cervantes

La independencia de los países hispanoamericanos

A inicios del siglo XIX, la gran mayoría de colonias españolas en el continente americano declararon su independencia, siguiendo el ejemplo de Haití, que en 1804 fue el primer país en liberarse de la opresión colonialista francesa.

Con la pérdida de Cuba y Puerto Rico en 1898, España perdió sus últimas colonias americanas, lo que significó el fin del imperio español.

Palabras en contexto

AMPLIAR EL VOCABULARIO

Palabras y más palabras

1 a Busca en el texto las palabras marcadas que se corresponden con las siguientes definiciones.
1. evidencia dejada por una persona o civilización en el pasado
2. conjunto de habitantes originarios de una región
3. un intervalo de tiempo
4. el proceso de deterioro o debilitamiento
5. el acto de limitar los derechos de una persona o un pueblo
6. el proceso de adaptarse a otra cultura
7. periodo de tiempo de éxito o prosperidad
8. el acto de ganar control o dominio sobre un territorio
9. el proceso de adoptar gradualmente la cultura y las costumbres romanas

b Escribe una definición para otras tres expresiones marcadas en el texto. Después intercambiad vuestras definiciones y buscad las palabras en el texto.

Organizar las palabras

2 a Familias de palabras: Identifica la raíz de cada una de las siguientes palabras y busca en el texto otras palabras de la misma familia.

> dominar · denominar · el líder · la extensión · la declaración · la expulsión · independizarse · la alianza · florecer · la liberación · el avance · imponer · debilitar · decadente

domin – ar → el dominio

b Utiliza el diccionario para buscar más palabras de la misma familia de palabras.

c Escribe tres frases con las palabras que hayas encontrado, pero deja un hueco donde pondrías la palabra. Intercambia las frases con tus compañeros e intenta completar sus frases.

Formar expresiones

3 a Relaciona los términos para formar expresiones idiomáticas. A veces varias opciones son correctas.

liberarse	al líder
declarar	nuevas rutas
luchar	de la opresión
incorporar	su independencia
convertirse	por recuperar las tierras
descubrir	territorios
capturar	con los enemigos
aliarse	al catolicismo

b Escribe al menos cinco frases completas con las expresiones de 3a relacionadas con los acontecimientos históricos en España y Latinoamérica.

Historia y cultura • Al-Ándalus y la Reconquista

Huellas de Al-Ándalus

1 Haz suposiciones sobre cómo influyeron los árabes en la vida cotidiana en la península ibérica después de la invasión en 711.

Algunos han querido resumir los ocho siglos de presencia musulmana en la península como una larga «situación excepcional» resuelta limpiamente por la Reconquista. Pero la huella árabe en la cultura española es tan amplia como evidente.

El islam se impuso en la península, y los musulmanes llamaron **Al-Ándalus** al
5 territorio bajo su dominio político en Europa. La mayoría de los hispanos adoptaron el islam y se hicieron musulmanes. De los alrededor de cuatro millones de habitantes de la península ibérica a comienzos del siglo VIII, sólo un pequeño porcentaje se mantenía fiel al cristianismo tres o cuatro generaciones después. El resto se hizo musulmán, ya fuera por convicción, por moda o por interés.

10 Ya en el siglo IX, Córdoba, erigida en capital del emirato independiente de Al-Ándalus, se convirtió en el gran centro cultural de Occidente. Hasta allí llegaron enseguida las
15 obras de los sabios clásicos griegos y romanos. Y hasta allí llegaron también los textos de los más grandes médicos y científicos árabes. Fue en Al-Ándalus donde los
20 europeos aprendieron los cuidados del cuerpo, el tratamiento de las enfermedades, la importancia de la farmacología y el empleo de la cirugía como último remedio. Puente entre Oriente y Occidente, a través de Al-Ándalus se transmitió la ciencia a la Europa cristiana.

Casco histórico de Córdoba

25 La larga presencia del islam como sistema político dominante en la península ibérica, ha dejado una huella profunda en el patrimonio artístico y cultural español. El islam es una religión de ciudadanos, y la ciudad fue para los musulmanes el principal foco de su civilización. Los cascos históricos de numerosos pueblos y ciudades españoles responden al modelo que hace siglos diseñaron los urbanistas
30 islámicos. Una buena parte del rico patrimonio monumental español se debe a la herencia directa árabe, como ocurre con la Mezquita de Córdoba o la Alhambra de Granada.

La huella islámica sigue muy presente en la cultura española. En Al-Ándalus el idioma oficial y culto era el árabe, en su variante hispana. Cientos de palabras del
35 español proceden directamente del árabe y significan lo mismo (atún, algodón, azúcar...), y miles de topónimos españoles son de origen árabe (por ejemplo: Madrid, Almería, Gibraltar).

Los musulmanes introdujeron en la Península varias especies vegetales, como el arroz, la caña de azúcar, la palmera, la berenjena, la naranja o el limón. Eran
40 abundantes los guisos con legumbres (garbanzos, judías, lentejas). El azafrán, el jengibre, la canela, entre otras muchas, fueron especias muy utilizadas en la cocina andalusí, que luego heredó la cocina española.

Al-Ándalus es el nombre del territorio que estuvo bajo el poder de los árabes desde **711** hasta el final de la Reconquista en **1492**. En Al-Ándalus musulmanes, judíos y cristianos convivieron durante siglos con sus propias costumbres y en relativa paz. Se habla también de la «España de las tres culturas».

3 **la huella** Spur
3 **amplio/-a** *aquí:* inmenso/-a
4 **imponerse** sich durchsetzen
5 **el/la hispano/-a** el/la habitante de «Hispania»
8 **mantenerse fiel** treu bleiben
9 **ya fuera** sei es
10 **erigir** *hier:* (zur Hauptstadt) erheben
15 **el/la sabio/-a** der/die Weise
31 **la herencia** Erbe
35 **proceder de** venir de
36 **el topónimo** el nombre de un lugar
39 **la berenjena** Aubergine
40 **el guiso** un plato caliente
40 **las legumbres** Hülsenfrüchte
40 **el garbanzo** Kichererbse
40 **la judía** Bohne
41 **el jengibre** Ingwer
41 **la especia** Gewürz

Historia y cultura • Al-Ándalus y la Reconquista

En España se sigue debatiendo hoy la importancia del legado cultural islámico y la deuda con ese pasado, en no pocas ocasiones en medio de una enorme contradicción entre el orgullo del patrimonio cultural y artístico heredado, y el rechazo, cuando no desprecio, a algunos aspectos de la cultura islámica. Lo que debería haber sido un valor añadido, es decir, la situación de España como punto de encuentro entre culturas y civilizaciones, se ha convertido, a veces, en motivo de agria polémica que no lleva sino a inútiles enfrentamientos.

Fuente: José Luis Corral, Muy Historia N° 43, 2012

Naranjero en Málaga

43 **el legado** Vermächtnis
44 **la deuda** Schuld
45 **el orgullo** Stolz
46 **el rechazo** Ablehnung
47 **el desprecio** Verachtung
50 **agrio/-a** verbittert

COMPRENSIÓN

2 Describe cómo era Al-Ándalus en los siglos VIII y IX.

3 Presenta las huellas de Al-Ándalus que quedan todavía hoy en España.

ANÁLISIS

4 Analiza la postura del autor respecto al legado andalusí.

▶ Punto de apoyo, p. 227

MÁS ALLÁ DEL TEXTO

5 a (Competencia intercultural) Lee la lista con algunas de las palabras que la lengua española ha heredado del árabe. También hay palabras intrusas que vienen de lenguas indígenas de América. Búscalas y explica por qué piensas que su origen es americano. Consulta un diccionario si es necesario.

▶ Utilizar un diccionario, p. 255

el aguacate	el ajedrez	la alcachofa	el alcalde	el alcohol
la alfombra	el álgebra	el algodón	el algoritmo	la almohada
el ananá	el arroz	el atún	la azafata	el azúcar
azul	el azulejo	la barbacoa	el barrio	el cacao
el café	el caimán	la canoa	el cenit	el cero
la cifra	el chocolate	el cóndor	el elixir	la guitarra
la hamaca	el huracán	el loro	el maíz	la naranja
la tarifa	la taza	el tomate		

b Agrupa en una tabla las palabras de origen árabe según el ámbito al que pertenecen. Formula hipótesis: ¿en qué ámbitos se sigue notando la herencia árabe en España?

6 (Para elegir) Haz el ejercicio a o b.

▶ Escribir un comentario personal, p. 236

a La España de las tres culturas ha sido considerada un modelo de tolerancia por la convivencia de cristianos, musulmanes y judíos durante muchos siglos. Busca información en Internet y presenta al menos tres argumentos que apoyen esta tesis y otros tres que la critiquen.

b «La tolerancia consiste en el respeto, la aceptación y el aprecio de la rica diversidad de las culturas de nuestro mundo [...] La tolerancia [es] la virtud que hace posible la paz.» Comenta este pasaje de la declaración de principios sobre la tolerancia de la UNESCO.

Historia y cultura • Al-Ándalus y la Reconquista

La Reconquista

Palabras en contexto → p. 192

APP Imágenes

> **La Reconquista**
> Poco después de la conquista de la península ibérica por los musulmanes en 711, se inició el proceso de la Reconquista cristiana, una etapa larga de la historia española que terminó con la expulsión de los musulmanes de Granada en 1492 por los Reyes Católicos.

1 Mira los mapas históricos y describe qué cambios hubo con el paso del tiempo durante la Reconquista cristiana.

2 Trabajad en pareja. **A** busca información sobre los Reyes Católicos y **B** sobre Boabdil. Luego presentaos mutuamente la información.

La rendición de Granada *Francisco Pradilla y Ortiz*

> La obra **«La rendición de Granada»** (1882) de Francisco Pradilla Ortiz muestra el momento en el que el último rey musulmán de Granada, **Boabdil**, entrega las llaves de la ciudad a los **Reyes Católicos**, después de su derrota en la Guerra de Granada en 1492.

Cuadro:
el caballo Pferd
montar reiten
la corte Hof
el/la cortesano/-a Höfling
el cetro Zepter
la cruz cristiana christliches Kreuz
hacer una reverencia sich verbeugen
el arma Waffe

Francisco Pradilla y Ortiz, *La rendición de Granada*, 1882

COMPRENSIÓN

3 Describe la imagen, el ambiente y las impresiones que evoca en ti.

▶ Imágenes, p. 248

ANÁLISIS

4 Examina cómo el artista ilustra este momento histórico, en el que termina el período llamado «Reconquista» española.

▶ Punto de apoyo, p. 227

MÁS ALLÁ DEL TEXTO

5 Busca más información sobre Francisco Pradilla y Ortiz y su obra «La rendición de Granada» y prepara una charla de tres minutos sobre la obra.

APP Más información

Historia y cultura • El Siglo de Oro

(TEXTO AVANZADO) **Poesía del Siglo de Oro**

> **El Siglo de Oro (S. XVI–XVII)**
> Período de esplendor cultural y artístico en España. Entre sus representantes más conocidos están en **literatura** Garcilaso de la Vega, Miguel de Cervantes o Teresa de Ávila y en la **pintura**, El Greco, Francisco de Zurbarán o Diego Velázquez. Por su parte, el **teatro** fue muy popular en esta época y la gente asistía en masa a los corrales de comedia: Lope de Vega, Calderón de la Barca o María de Zayas son algunos de sus representantes.

1 Preparad una nube de palabras con verbos y adjetivos que asociáis con el tema «amor».

Esto es amor *Lope de Vega*

Desmayarse, atreverse, estar furioso,
áspero, tierno, liberal, esquivo,
alentado, mortal, difunto, vivo,
5 leal, traidor, cobarde y animoso;

no hallar fuera del bien centro y reposo,
mostrarse alegre, triste, humilde, altivo,
enojado, valiente, fugitivo,
satisfecho, ofendido, receloso;

10 huir el rostro al claro desengaño,
beber veneno por licor süave,
olvidar el provecho, amar el daño;

creer que un cielo en un infierno cabe,
dar la vida y el alma a un desengaño;
15 esto es amor, quien lo probó lo sabe.

Fuente: Lope de Vega, Esto es amor, 1602

COMPRENSIÓN

2 a Leed en pareja el soneto «Esto es amor» y decidid con qué tono (tristeza, resignación, melancolía, etc.) se debe leer cada verso o palabra.

b Practicad la lectura con énfasis, gestos y mímica y presentad el poema en clase.

3 a Presenta con tus propias palabras los pensamientos y el estado de ánimo del yo lírico.

b Resume en una oración qué es el amor para el yo lírico.

ANÁLISIS

4 Examina dos recursos estilísticos con los que el yo lírico ilustra su estado de ánimo.

Félix **Lope de Vega** y Carpio es uno de los poetas españoles más conocidos del Siglo de Oro. Su obra abarca varios géneros: narrativo lírico, épico y dramático. Los temas principales de sus obras son el honor, el amor, el patriotismo, la religión y la familia.

3 **esquivo/-a** que no se deja atrapar
4 **alentado/-a** mutig
4 **difunto/-a** muerto/-a
6 **el reposo** el descanso
7 **altivo/-a** hochmütig
9 **receloso/-a** argwöhnisch
10 **el desengaño** Enttäuschung

Un **soneto** es una composición poética de catorce versos divididos en dos cuartetos y dos tercetos. Su rima es por lo general consonante. El soneto clásico tiene versos endecasílabos (de once sílabas). Desde el siglo XVI hasta la actualidad, en la lírica hispánica grandes poetas han usado esta forma: Góngora, Quevedo, Sor Juana Inés de la Cruz, Rosalía de Castro o Antonio Machado.

▶ Punto de apoyo, p. 227

Historia y cultura • El Siglo de Oro

Las Meninas

TEXTO AVANZADO

Cuadro:
el (autor)retrato (Selbst) portrait
la infanta *hija legítima del rey*
el/la enano/-a *persona de corta estatura*
la dama de compañía Hoffräulein
la sombra Schatten

1 a Mira el cuadro «Las Meninas» de Diego Velázquez y descríbelo detalladamente.

b Explica quién es para ti el personaje principal.

c Lee la información sobre el barroco español. Elige dos características y explícalas utilizando el cuadro de Velázquez.

> Aunque hubo diferentes escuelas, entre las características del barroco español se destacan las siguientes en pintura. **Los temas:** familias reales (rey, nobles, etc.) y motivos religiosos; **el tenebrismo** (juego de luces y sombras), donde los personajes importantes se iluminaban para destacarlos; **los colores:** se usaban colores luminosos (p. ej. tonos rojos y dorados) para darle vida al cuadro; **el realismo** usado que intentaba reflejar a las personas como eran, sin querer pintarlas como seres perfectos. **El espacio:** no hay un solo foco o centro importante en la obra, puede haber varios. **Los detalles:** los cuadros incluían muchos detalles como el brillo de los ojos, los pliegues de la ropa, eso hacía que en las obras rara vez hubiera espacios vacíos –sin pintar.

2 a Escucha la audioguía del Museo del Prado e identifica a las personas.

b Resume la información sobre el pintor, la familia real y las demás personas.

Diego Velázquez, *Las Meninas*, 1656

Diego Velázquez (1599–1660), pintor del rey Felipe IV. Uno de los máximos exponentes de la pintura barroca española.

¿A quién pinta Velázquez?

Carlos Fuentes

En *Las Meninas*, sorprendemos a Velázquez trabajando. Está haciendo lo que quiere y puede hacer: pintar. Pero éste no es un autorretrato del pintor pintando. Es un retrato del pintor no sólo pintando, sino viendo lo que pinta y, lo que es más, sabiendo que lo ven pintar tanto los personajes a los que pinta, como los espectadores que lo ven, desde fuera del cuadro, pintando. Nosotros. Ésta es la distancia necesaria pero incómoda o imperfecta que Velázquez se propone suprimir, introduciendo al espectador en el cuadro y proyectando el cuadro fuera de su marco al espacio inmediato y presente del espectador.

Primero, ¿a quién pinta Velázquez? ¿A la Infanta, sus dueñas, la enana, el perro dormilón? ¿O al caballero vestido de negro que aparece entrando al taller –a la pintura– por un umbral iluminado? ¿O pinta Velázquez a las dos figuras reflejadas de manera opaca en un turbio espejo perdido en los rincones más oscuros del *atelier*: el padre y la madre de la Infanta, los reyes de España, [...]?

Podemos creer que, en todo caso, Velázquez está allí, pincel en una mano, paleta en la otra, pintando el cuadro que nosotros estamos viendo, *Las Meninas*. Podemos creerlo –hasta darnos cuenta de que la mayoría de las figuras, con excepción

Historia y cultura • El Siglo de Oro

del perro dormilón, nos miran a *nosotros*, a ti y a mí. ¿Es posible que seamos nosotros los verdaderos protagonistas de *Las Meninas*, el cuadro que Velázquez, en este momento, está pintando? Pues si Velázquez y la corte entera nos invitan a entrar a la pintura, lo cierto es que al mismo tiempo la pintura da un paso adelante para unirse a nosotros. Tal es la verdadera dinámica de esta obra maestra. Tenemos la libertad de ver la pintura y, por extensión, de ver el mundo, de maneras múltiples, no sólo una, dogmática, ortodoxa. [...]

30 En *Las Meninas*, Velázquez establece un principio del arte moderno. El reproche que se le hizo en vida –pintar obras inacabadas– es hoy el signo mismo de su contemporaneidad y, diría yo, de su libertad. Velázquez deposita la obra en la mirada del espectador. Corresponde a éste, no concluir, sino continuar la obra.

Fuente: Carlos Fuentes, Velázquez, en: En esto creo, 2002

10 **suprimir** quitar, borrar
11 **el marco** Rahmen
16 **el umbral** *aquí*: la entrada
18 **el espejo** Spiegel
25 **la corte** *hier*: Hofstaat
27 **tal** (*adj.*) solch
30 **el reproche** Vorwurf

APP Más información

COMPRENSIÓN

3 Explica por qué, según Carlos Fuentes, el arte de Velázquez establece un principio del «arte moderno».

ANÁLISIS

4 Compara el cuadro de Velázquez con «Las Meninas» (1957) de Picasso.

▶ Imágenes, p. 248

MÁS ALLÁ DEL TEXTO

5 ¿Qué representación de «Las Meninas» te gusta más? Justifica tu opinión.

6 (Para elegir) Haz el ejercicio a o b.

a La obra «Las Meninas» de Velázquez no solo inspiró a Picasso, sino también a muchos otros artistas y fotógrafos posteriores dentro y fuera del país. Busca información en Internet y presenta un ejemplo.

b Busca más información sobre «Las Meninas» de Picasso y prepara una audioguía.

Pablo Picasso, *Las Meninas*, 1957

«Las Meninas» de Picasso
Este cuadro forma parte de una serie de cuadros con la que Pablo Picasso llevó a cabo su propia interpretación de la obra famosa de Velázquez.

Cuadro:
abstracto/-a abstrakt
realista realistisch
el orden Reihenfolge, Ordnung

Historia y cultura • El Siglo de Oro

Don Quijote *Miguel de Cervantes*

1 La obra maestra de Miguel de Cervantes, «Don Quijote», se sitúa en La Mancha. Describe la foto de esta región y expresa espontáneamente qué asocias con este paisaje.

> **Miguel de Cervantes** (1547-1616) escritor y soldado. Como escritor se destacó como poeta dramaturgo y novelista, género al que pertenece su obra maestra, «El ingenioso hidalgo Don Quijote de la Mancha».

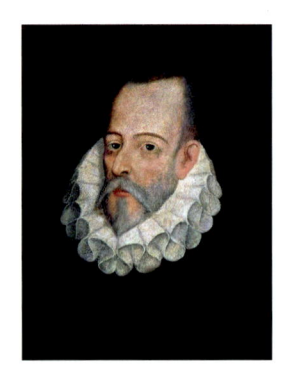

TEXTO AVANZADO — La aventura de los molinos de viento

La novela de Cervantes trata de don Alonso Quijano, quien enloquece luego de leer numerosos libros de caballería. Llega a creer que él mismo es un caballero andante y que se llama don Quijote. Motivado por su sed de aventura y justicia para los oprimi-
5 *dos, decide abandonar La Mancha acompañado de un viejo caballo, Rocinante. En el camino conoce a una mujer a la que llama Dulcinea y de la que se enamora perdidamente. Además, se encuentra con Sancho Panza a quien convence de que lo acompañe en sus aventuras como su escudero.*

En esto descubrieron treinta o cuarenta molinos de viento que hay en aquel
10 campo, y, así como don Quijote los vio, dijo a su escudero:

–La ventura va guiando nuestras cosas mejor de lo que acertáramos a desear; porque ves allí, amigo Sancho Panza, donde se descubren treinta, o pocos más, desaforados gigantes, con quienes pienso hacer batalla, y quitarles a todos las vidas, con cuyos despojos comenzaremos a enriquecernos: que ésta es buena
15 guerra, y es gran servicio de Dios quitar tan mala simiente de sobre la faz de la tierra.

–¿Qué gigantes? –dijo Sancho Panza.

–Aquellos que allí ves –respondió su amo– de los brazos largos, que los suelen tener algunos de casi dos leguas.

20 –Mire vuestra merced –respondió Sancho– que aquellos que allí aparecen no son gigantes, sino molinos de viento, y lo que en ellos parecen brazos son las aspas, que, volteadas por el viento, hacen andar la piedra del molino.

–Bien parece –respondió don Quijote– que no estás cursado en esto de las aventuras: ellos son gigantes; y si tienes miedo, quítate de ahí, y ponte en oración en el
25 espacio que yo voy a entrar con ellos en fiera y desigual batalla.

Y diciendo esto, dio de espuelas a su caballo Rocinante, sin atender a las voces que su escudero Sancho le daba, advirtiéndole que, sin duda alguna, eran molinos de viento, y no gigantes, aquellos que iba a acometer. Pero él iba tan puesto en que eran gigantes, que ni oía las voces de su escudero Sancho, ni echaba de ver,
30 aunque estaba ya bien cerca, lo que eran; antes iba diciendo en voces altas:

---

8 **el/la escudero/-a** Knappe
11 **la ventura** la suerte
13 **desaforado/-a** *aquí:* descontrolado/-a, violento/-a
13 **hacer batalla con** luchar contra
14 **el despojo** Überreste
15 **la simiente** *hier:* Brut
15 **la faz de la tierra** Angesicht der Erde
19 **la legua** Meile
20 **vuestra merced** gnädiger Herr
21 **el aspa** Windmühlenflügel
23 **estar cursado/-a en** estar acostumbrado/-a a
24 **ponerse en oración** rezar
25 **en el espacio** *aquí:* mientras
26 **la espuela** Spore
27 **advertir** warnen
28 **acometer a** atacar a
28 **ir tan puesto/-a** ir tan convencido/-a

Historia y cultura • El Siglo de Oro

–Non fuyades, cobardes y viles criaturas, que un solo caballero es el que os acomete.

Levantóse en esto un poco de viento, y
35 las grandes aspas comenzaron a moverse, lo cual visto por don Quijote, dijo:

–Pues aunque mováis más brazos que los del gigante Briareo me lo habéis de pagar.

40 Y diciendo esto, y encomendándose de todo corazón a su señora Dulcinea, pidiéndole que en tal trance le socorriese, bien cubierto por su rodela, con la lanza en ristre, arremetió a todo el galope de
45 Rocinante y embistió al primer molino que estaba delante; y, dándole una lanzada en el aspa, la volvió el viento con tanta furia que hizo la lanza pedazos, llevándose tras de sí al caballo y al caballero, que fue rodando muy maltrecho por el campo. Acudió Sancho Panza a socorrerle a todo el correr de su asno, y cuando llegó, halló que no se podía menear: tal fue el
50 golpe que dio con él Rocinante.

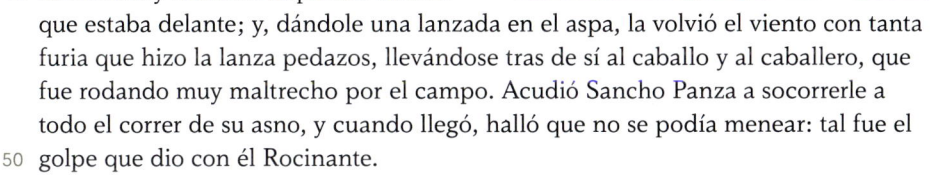

–¡Válame Dios! –dijo Sancho–. ¿No le dije yo a vuestra merced que mirase bien lo que hacía, que no eran sino molinos de viento, y no los podía ignorar sino quien llevase otros tales en la cabeza?

–Calla, amigo Sancho –respondió don Quijote–; que las cosas de la guerra, más
55 que otras, están sujetas a continua mudanza, cuanto más, que yo pienso, y es así verdad, que aquel sabio Frestón que me robó el aposento y los libros, ha vuelto estos gigantes en molinos por quitarme la gloria de su vencimiento: tal es la enemistad que me tiene; mas al cabo al cabo, han de poder poco sus malas artes contra la bondad de mi espada.

Fuente: Miguel de Cervantes Saavedra, El ingenioso hidalgo don Quijote de la Mancha, 1605

31 **non fuyades** no huyáis
31 **cobarde** feige
31 **vil** malvado/-a
38 **Briareo** gigante de cien brazos en la mitología griega
40 **encomendarse a alg.** sich jdm. anvertrauen
42 **que en tal trance le socorriese** que lo ayudara en este momento peligroso
43 **la rodela** Rundschild
44 **en ristre** in Kampfbereitschaft
44 **arremeter a todo el galope** im vollen Galopp losstürmen
45 **embestir** *aquí:* atacar a/c
46 **la lanzada** Lanzenstich
47 **hacer pedazos** destruir
48 **rodar** rollen
48 **maltrecho/-a** übel zugerichtet
49 **el asno** el burro
49 **menearse** *aquí:* moverse
51 **¡Válame Dios!** Um Gottes Willen!
55 **estar sujeto/-a a continua mudanza** *aquí:* cambiar continuamente
56 **Frestón** mago por quien don Quijote se siente perseguido
56 **el aposento** la habitación donde se duerme
58 **al cabo al cabo** al final
59 **la espada** Schwert

COMPRENSIÓN

2 Resume los acontecimientos principales del texto.
▶ Escribir un resumen, p. 234

3 Describe la relación entre don Quijote y Sancho Panza.

ANÁLISIS

4 Caracteriza a don Quijote y a Sancho Panza centrándote en la manera de percibir e interpretar la realidad de cada uno.
▶ Caracterizar a un personaje, p. 240

5 Cervantes parodia los libros de caballería del siglo XVI. Examina cómo lo hace en este fragmento de «Don Quijote».

MÁS ALLÁ DEL TEXTO

6 Comenta si (no) te parece heroico el comportamiento de don Quijote y justifica tu respuesta.
▶ Escribir un comentario personal, p. 236

La conquista de Tenochtitlán

1 Lee la introducción al texto (ll. 1–4) Luego describe e interpreta el cuadro sobre el encuentro del conquistador Hernán Cortés con Moctezuma, el emperador de los mexicas – también llamados aztecas o tenochcas.

Cuadro:
la vestimenta Gewand, Bekleidung
la armadura Rüstung
el penacho de plumas Federkrone
la lanza Lanze
el arma Waffe
el baldaquino Traghimmel
darse la mano sich die Hand reichen
el caballo Pferd

ENTRANCE OF CORTEZ INTO MEXICO.

7 **circundado/-a por** umgeben von
8 **deslizarse** *hier:* dahingleiten
9 **la piedad** Frömmigkeit
10 **instalar a alg.** *hier:* jdn. unterbringen
15 **la indignación** Empörung
21 **adueñarse de** sich bemächtigen
21 **el tesoro** Schatz

El 8 de noviembre de 1519, y después de haberse aliado con los enemigos de los mexicas, el conquistador Hernán Cortés y su ejército llegaban a Tenochtitlán. Allí son recibidos por Moctezuma, el emperador de los mexicas. A Cortés lo acompaña Malinalli, una mujer indígena que hace de intérprete entre los españoles y los mexicas.

5 Tenochtitlán era una ciudad cuya extensión doblaba cualquiera de las de España. Al verla, Cortés no supo qué decir. Nunca había visto una ciudad como aquélla, construida en medio de una laguna y circundada por amplios canales por donde cientos de canoas se deslizaban. [...] La arquitectura mexica, aparte de evidenciar el alto grado de desarrollo cultural de esa gran civilización, despertaba piedad,
10 asombro, respeto. Sus edificios tenían armonía, fuerza, magnificencia.

Cortés y sus acompañantes fueron instalados en el palacio de Axayácatl, antiguo gobernante, padre de Moctezuma. [...]
15 [Malinalli] supo de la indignación que provocó en la población el hecho de que Cortés no sólo hubiera sido recibido como gran señor por parte de Moctezuma sino que le permitiera
20 adueñarse de todos los tesoros del palacio de Axayáctal sin

El arte plumario de los mexicas

Historia y cultura • América: Conquista y colonización

mover un solo dedo. Cortés y sus hombres no sólo habían dispuesto de las joyas de los antiguos gobernantes sino de las del mismo Moctezuma. Su tesoro personal, el que había acumulado en sus años de reinado y que incluía los más bellos trabajos en arte plumario y en oro [...], fue objeto de la rapiña. En el patio del palacio de Axayácatl, los españoles se dedicaban a arrancar el oro de los finos trabajos de pluma y los fundían en lingotes. Al finalizar el día, el patio del palacio parecía un gallinero donde habían desplumado aves preciosas. [...]

Cortés destruye el templo de Huitzilopochtli

[Los tenochcas] no se explicaban cómo era posible que el emperador Moctezuma, el gran señor, no pudiera controlar la enfermedad del oro que aquejaba a los extranjeros. Los comentarios, cuchicheos y exclamaciones de enojo subieron de tono dramáticamente el día en que los españoles tomaron como rehén a Moctezuma [...]. Los tenochcas se preparaban para la guerra. [...]

Cuando en una ceremonia Moctezuma juró obediencia al rey Carlos y aceptó su soberanía sobre la nación mexicana, [...] hubo llantos de rabia y dolor. Cuando Cortés prohibió los sacrificios humanos y en un acto de violencia subió al templo de Huitzilopochtli, se enfrentó con los sacerdotes que lo custodiaban, los venció y luego, con la ayuda de una barra de hierro, golpeó la máscara de oro que cubría la cabeza del ídolo y lo destrozó, colocando en su lugar una imagen de la Virgen María, el mercado mostró todos los rostros de la indignación.

Fuente: Laura Esquivel, Malinche, 2007

---

24 **disponer** verfügen
25 **la joya** Juwel, Schmuck
28 **acumular** anhäufen
30 **el arte plumario** Federschmuck
31 **la rapiña** Raub
33 **arrancar** herausreißen
34 **fundir** verschmelzen
36 **el lingote** *hier:* Goldbarren
36 **el gallinero** Hühnerstall
36 **desplumar (un ave)** (einen Vogel) rupfen
39 **aquejar a** quälen, *hier:* besessen sein
40 **el cuchicheo** Getuschel
40 **el enojo** Ärger
41 **el rehén** Geisel
43 **la obediencia** Gehorsam
43 **el rey Carlos** el rey Carlos I de España (1500–1558)
44 **la soberanía** Herrschaft
44 **el llanto** Weinen
46 **el sacerdote** Priester
46 **custodiar** bewachen
46 **vencer a** besiegen
47 **la barra de hierro** Eisenstange
47 **golpear** schlagen
48 **el ídolo** Götzenbild
48 **colocar** poner
49 **el mercado** *aquí: la gente en el mercado de Tlatelolco, al norte de Tenochtitlán*
49 **el rostro** *(lit.)* la cara

APP Más información

COMPRENSIÓN

2 Resume lo que llegas a saber sobre Moctezuma, los tenochcas y sobre Cortés y los españoles.

3 Presenta el comienzo de la conquista de Tenochtitlán.

ANÁLISIS

4 Analiza cómo la autora presenta a los españoles y a los tenochcas, enfocando la reacción de los tenochcas ante los actos de los españoles.

MÁS ALLÁ DEL TEXTO

5 Busca más información sobre lo que pasó después del episodio narrado en el texto y preséntala.

6 Un papel fundamental para vencer a los mexicas lo tomaron sus enemigos, entre ellos, los tlaxcaltecas. En el «Lienzo de Tlaxcala» se narran los hechos históricos del periodo entre 1519 a 1541. Mira el vídeo y resume la versión tlaxcalteca de la Conquista de Tenochtitlán contada según el lienzo.

El **Lienzo de Tlaxcala** fue pedido por el Cabildo de Tlaxcala y del virrey Luis de Velasco en 1552 para comunicar a la corona la colaboración tlaxcalteca en la conquista.

APP Más información

Historia y cultura • América: Conquista y colonización

La colonización de Mesoamérica

1 a Describe el mural que pintó el artista Diego Rivera sobre la colonización de Mesoamérica y examina cómo el pintor presenta a los actores de aquella época.

b Compara el cuadro de la página 202 con el mural de Rivera y comenta las impresiones que dan las dos obras.

> El pintor mexicano **Diego Rivera** (1886–1957) es conocido por sus murales que reflejan la **historia** y la **sociedad mexicana**. Rivera trabajó en Europa y Estados Unidos, y su arte fue influenciado por el cubismo y el renacimiento mexicano.

Diego Rivera, *La llegada de los españoles a Veracruz*, 1951

3 **implicar** beinhalten
4 **el/la colono/-a** Kolonist/in
5 **la confluencia** Zusammenfließen
6 **mestizo/-a** de diferentes razas
11 **prevalecer** dominar
11 **la lingua franca** *(lat.)* la lengua vehículo, la lengua más importante
11 **el náhuatl** la lengua de los aztecas
13 **paulatino/-a** allmählich
18 **el/la vasallo/-a** Vasall/in
20 **la cúspide** Spitze
22 **eclesiástico/-a** kirchlich
22 **el virrey / la virreina** Vizekönig/in
22 **el obispo** Bischof
23 **el inquisidor** Inquisitor
26 **las actas de bautismo** Taufregister
27 **noble** *(adj.)* adelig
28 **a la usanza europea** nach europäischem Brauch
29 **propiciar** begünstigen

Con la llegada de los españoles a territorio mesoamericano todo cambió: la naturaleza, la población, las estructuras políticas, la sociedad y la economía. [...] La colonización de Mesoamérica implicó la adaptación de la población nativa y de los esclavos africanos a las nuevas condiciones de vida, así como la de los colonos
5 españoles al mundo indígena. Esta confluencia de culturas dio por resultado un país mestizo, multiétnico y multicultural, con un potencial extraordinario, que durante los tres siglos de dominación española se llamó Nueva España y que tras la independencia se convirtió en México.

Durante el siglo XVI predominaron las estructuras indígenas sobre los demás
10 elementos culturales. La mayor parte de la población vivía conforme a la tradición prehispánica, prevalecían las lenguas indígenas y la lingua franca era el náhuatl.

Sin embargo, a partir de la Conquista se inició una lenta pero progresiva hispanización que implicó la paulatina incorporación de la lengua castellana, el sistema jurídico español, la religión católica, la escritura occidental, la economía de
15 mercado, el pensamiento y las costumbres hispanas y la tecnología europea, entre otros elementos. Esta tendencia continuó y creció de manera exponencial durante los siguientes siglos. [...]

Aunque todos los habitantes de la Nueva España eran vasallos del rey, quien tenía un poder absoluto sobre ellos, los derechos y las obligaciones de los grupos
20 variaron, así como su posición ante la ley. En la cúspide social se encontraban los españoles. [...] Entre [ellos], los más favorecidos fueron los peninsulares, quienes ocuparon los cargos civiles y eclesiásticos más altos, como los de virrey, [...] obispo e inquisidor, y en cuyas manos estuvo el comercio internacional. A los peninsulares les seguían los criollos, es decir, los hijos de españoles nacidos en la Nueva
25 España, y los mestizos integrados a la sociedad hispánica, muchos de ellos registrados como españoles en las actas de bautismo.

Los indígenas nobles tenían los mismos derechos que los españoles; por ejemplo, podían vestir a la usanza europea, portar armas y montar a caballo, lo que, junto con su elevado nivel educativo y cultural, propició su integración a la sociedad de
30 los dominadores. [...]

Historia y cultura • América: Conquista y colonización

El resto de la población indígena quedó bajo un régimen jurídico especial, [las] Leyes de Indias. Una de las principales diferencias con los españoles fue que, como dominados, los indios tenían que pagar tributo a su correspondiente encomendero o a la Corona. […] Según la región, debían suministrar alimentos, textiles de algodón […], metales y piedras preciosas, entre otros tributos. […] Los indígenas también fueron obligados a prestar su fuerza de trabajo a los españoles. Durante los primeros años se cometieron muchos abusos en este terreno debido a que la utilización de la mano de obra indígena no estuvo regulada y muchos indios fueron esclavizados […] por sus encomenderos. Esta explotación fue denunciada por los frailes mendicantes, quienes deseaban una mejor vida para los nativos. Ideólogos como fray Bartolomé de las Casas se abocaron a luchar intensamente para remediar esta situación. A ello se sumó la preocupación de la Corona española por el decrecimiento de la población nativa, que en las Antillas había significado el exterminio total.

En 1542 la Corona expidió las […] Leyes Nuevas, que prohibían la esclavitud de los indios así como su explotación ilegal, y regulaban el empleo de su fuerza de trabajo […]. Dicha fuerza de trabajo era rotativa e involucraba semanalmente a alrededor del 4 % de la población. Aun cuando no dejaba de ser una carga, tenía la ventaja de que el trabajo era ocasional y remunerado. Muchos españoles protestaron en contra de estas disposiciones, pero a la postre las leyes se impusieron y los abusos disminuyeron.

Fuente: Gisela von Wobeser, Historia de México, 2010

> Las **Leyes Nuevas** de 1542 protegían a la **población indígena**, **no** así a los **esclavos africanos** que fueron llevados a las colonias debido al decaimiento de la población indígena por enfermedades, como la viruela y la influenza. El comercio de esclavos fue mayoritariamente administrado por Inglaterra, Portugal y Francia. Se calcula que hubo más de **seis millones de esclavos** africanos en colonias americanas gobernadas por la corona española, que trabajaban principalmente en el campo y en las minas.

Bartolomé de Las Casas

31 **el régimen jurídico** Rechtswesen
33 **el/la encomendero/-a** *colono/-a español/a con derecho a disponer de un grupo de indígenas*
34 **la Corona** (spanische) Krone
34 **suministrar** liefern
35 **el algodón** Baumwolle
36 **prestar** *aquí:* dar
37 **el abuso** Missbrauch
37 **debido a que** porque
38 **la mano de obra** Arbeitskraft
39 **la explotación** Ausbeutung
40 **el fraile mendicante** Bettelmönch
41 **abocarse** *aquí:* juntarse
42 **remediar** cambiar, mejorar
43 **las Antillas** las islas del Mar Caribe
44 **el exterminio** Auslöschung
45 **expedir una ley** ein Gesetz verabschieden
47 **dicho/-a** besagte/r
47 **rotativo/-a** rotierend
47 **involucrar a alg.** *hier:* jdn. betreffen
48 **aun cuando** aunque
48 **la carga** Last
49 **remunerado/-a** que se paga
50 **a la postre** más tarde
50 **imponer(se)** *hier:* eingeführt werden, verpflichtend werden

COMPRENSIÓN

2 Presenta los respectivos grupos sociales de la Nueva España en forma de una pirámide indicando las obligaciones, los derechos y los privilegios de cada grupo.

3 Describe el cambio que hubo en cuanto a la cultura, así como a la lengua predominante a lo largo de los siglos.

ANÁLISIS

4 Explica las consecuencias que tuvieron las Leyes Nuevas de 1542 para los indígenas y para los españoles.

MÁS ALLÁ DEL TEXTO

5 En un blog sobre el arte mexicano alguien ha subido el mural de Diego Rivera y ha escrito: «Esto sí representa la colonización de nuestra tierra». Redacta una respuesta en la cual das tu opinión sobre esta frase.

▶ Escribir un comentario personal, p. 236

7 Historia y cultura • Independencias

Procesos de independencia

El fin de los virreinatos españoles

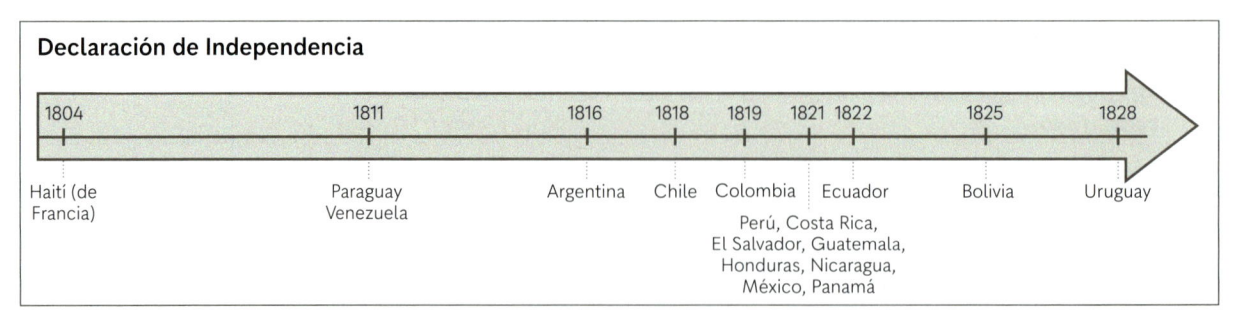

Para administrar los territorios de ultramar, la corona española creó los **virreinatos** gobernados por un virrey y su corte – nobles o letrados– que venían de España en nombre del rey. Los primeros virreinatos fueron el **Virreinato de la Nueva España** (1535–1821) y el **Virreinato del Perú** (1542-1824). Con el tiempo, la administración se volvió cada vez más compleja, por lo que se crearon el **Virreinato de Nueva Granada** (1717–1819) y el **Virreinato del Río de la Plata** (1776–1810).

Declive del imperio español En 1808 Napoleón ocupó España, nombrando a su hermano José rey de España. Los criollos de distintas regiones se distanciaron entonces del nuevo rey y, entre 1809 y 1828, declararon su independencia, lo que terminó en la formación de varias de las naciones que conocemos hoy.

Leyenda del mapa:
- Población indígena
- España
- Portugal
- Gran Bretaña
- Francia
- Holanda

Virreinato de la Nueva España
Virreinato de Nueva Granada
Virreinato del Perú
Virreinato del Río de la Plata

Declaración de Independencia

1804	1811	1816	1818	1819	1821 1822	1825	1828
Haití (de Francia)	Paraguay Venezuela	Argentina	Chile	Colombia	Ecuador / Perú, Costa Rica, El Salvador, Guatemala, Honduras, Nicaragua, México, Panamá	Bolivia	Uruguay

▶ Mapa de América Latina, Umschlagseite hinten

▶ Presentar un tema, p. 231

COMPRENSIÓN

1 a Describe el mapa de las colonias europeas en el continente americano.

b Mira en el mapa la división política actual en el continente y apunta qué países actuales formaban parte de cada virreinato.

c Presenta la pérdida de territorios del imperio español con ayuda de la información, la línea de tiempo y el mapa.

Historia y cultura • Independencias

Siglo XIX: El siglo de las independencias

1 Trabajad en pareja. **A** busca información sobre «La Carta de Jamaica» de Simón Bolívar y **B** sobre «Los sentimientos de la Nación» de José María Morelos. Presentaos mutuamente estos documentos históricos.

Ideas independentistas (breves fragmentos de documentos históricos)

Sentimientos de la Nación (1813)

(*Propuestas de cómo debe ser el México independiente*)

1. Que la América es libre e independiente de España y de toda otra Nación, Gobierno o Monarquía [...]

5   6.º Que los Poderes Legislativo, Ejecutivo, y Judicial estén divididos [...]

13.º Que las leyes generales comprendan a todos, sin excepción de cuerpos privilegiados [...]

15.º Que la esclavitud se proscriba para siempre, y lo mismo la

10 distinción de castas, quedando todos iguales y sólo distinguirá a un americano de otro, el vicio y la virtud. [...]

18.º Que en la nueva legislación no se admitirá la tortura.

José Ma. Morelos

Carta de Jamaica (1815)

(*Documento que expone la visión de las colonias*)

15 [N]o somos indios, ni europeos, sino una especie media entre los legítimos propietarios del país, y los usurpadores españoles; [...] Jamás éramos virreyes ni gobernadores, sino por causas muy extraordinarias; arzobispos y obispos, pocas veces; diplomáticos, nunca; militares, sólo en calidad de subalternos; nobles, sin

20 privilegios reales; no éramos, en fin, ni magistrados ni financistas, y casi ni aun comerciantes; todo en contravención directa de nuestras instituciones [...].

Simón Bolívar

Fuente: (1) José María Morelos y Pavón, Los sentimientos de la Nación, 1813. (2) Simón Bolívar, Carta de Jamaica, 1815

COMPRENSIÓN Y ANÁLISIS

2 Lee los dos fragmentos y resume las ideas principales.

3 Explica en tus palabras las propuestas de «Los sentimientos de la Nación».

4 Examina la definición que da Bolívar de los criollos (ll. 15–16) para ilustrar su estado de inconformidad.

MÁS ALLÁ DEL TEXTO

5 Elige un país latinoamericano y busca información en Internet sobre su proceso para volverse un país independiente.

6 Busca información sobre uno de estos personajes históricos y preséntalo en clase.

> Micaela Bastidas • Bernardo O´Higgins • Leona Vicario • José de San Martín • Juana Azurduy • Antonio José de Sucre • Bartolina Sisa • José Gervasio • Manuela Sáenz • Javiera Carrera • Manuel Belgrano

---

Las **principales causas** para buscar la **independencia** de España fueron: el descontento de los criollos frente al dominio político y económico de la corona española, las desigualdades sociales, las ideas de la Ilustración y la Revolución Francesa (1789), que defendían la libertad, la igualdad y la fraternidad, y las independencias de los EE. UU. (1776) y Haití (1804).

9   **proscribirse** prohibirse
10 **la casta** Kaste
11 **el vicio** la mala costumbre
11 **la virtud** Tugend
20 **el/la magistrado/-a** hohe/r Beamter/-in
21 **la contravención** Verstoß

José María Morelos (1765–1815), sacerdote, militar y político mexicano que inició junto con Miguel Hidalgo el proceso de independencia de México.

Simón Bolívar (1783–1830), conocido como «El Libertador», fue un militar y político venezolano que liberó a Venezuela, Colombia, Ecuador y Perú de la dominación española.

▶ Punto de apoyo, p. 227

Historia y cultura • Independencias

Construyendo una nación

1 Intercambiad en grupos pequeños vuestras ideas de un Estado ideal, pensando en aspectos como la forma del gobierno (p. ej., centralista o federal), tipo de elecciones, rol de la Iglesia y del ejército, derechos y obligaciones de los habitantes, etc.

> **Benito Juárez** (1806–1872) fue un jurista y político mexicano de **origen zapoteco**, presidente de México en varias ocasiones. Instauró las leyes de Reforma que limitaban el poder de la iglesia en México. Estas leyes promovían la libertad de culto, la separación entre Iglesia y Estado, la nacionalización de bienes de la Iglesia y la secularización de cementerios y fiestas cívicas.

TEXTO AVANZADO — Apuntes para mis hijos *Benito Juárez*

Este pasaje pertenece al libro «Apuntes para mis hijos» (1857), escrito por Benito Juárez, el primer presidente indígena de México. En estas memorias, él
5 *resume tanto su autobiografía como los eventos más relevantes del México independiente.*

[...] En esta época se habían ya realizado grandes acontecimientos en la nación. La guerra de independencia iniciada en el pueblo de Dolores en
10 la noche del 15 de septiembre de 1810 por el venerable cura don Miguel Hidalgo y Costilla con unos cuantos indígenas armados de escopetas, lanzas y palos, y conservada en las montañas del Sur por el ilustre ciudadano Vicente Guerrero,
15 llegó a terminarse con el triunfo definitivo del ejército independiente, que acaudillado por los generales Iturbide, Guerrero, Bravo, Bustamante y otros jefes, ocupó la capital del antiguo virreinato el día 27 de septiembre de 1821. Iturbide [...] se declaró emperador de México contra la opinión del partido republicano y con disgusto del partido
20 monarquista que deseaba sentar en el trono de Moctezuma a un príncipe de la casa de Borbón, [...]. De pronto, el silencio de estos partidos, mientras organizaban sus trabajos y combinaban sus elementos, y el entusiasmo del vulgo, que raras veces examina a fondo los acontecimientos y sus causas, y siempre admira y alaba todo lo que para él es nuevo y extraordinario, dieron una apariencia de aceptación
25 general al nuevo imperio, que en verdad sólo Iturbide sostenía. Así se explica la casi instantánea sublevación que a los pocos meses se verificó contra él, proclamándose la república y que lo obligó a abdicar, saliendo enseguida fuera del país. Se convocó desde luego a los pueblos para que eligieran a sus diputados con poderes amplios para que constituyeran a la nación sobre las bases de independen-
30 cia, libertad y república, que se acababan de proclamar; hechas las elecciones, se reunieron los representantes del pueblo en la capital de la república y se abrió el debate sobre la forma de gobierno que debía adoptarse. [...] El partido monárquico-conservador, que cooperó a la caída de Iturbide, [...] trabajaba en el Congreso por la centralización del poder y por la subsistencia de las clases privilegiadas con
35 todos los abusos y preocupaciones que habían sido el apoyo y la vida del sistema virreinal. Por el contrario, el partido republicano quería la forma federal y que en la nueva Constitución se consignasen los principios de libertad y de progreso que hacían próspera y feliz a la vecina república de los Estados Unidos del Norte. El debate fue sostenido con calor y obstinación, no sólo en el Congreso sino en el
40 público y en la prensa naciente de las provincias, y al fin quedaron victoriosos los republicanos federalistas en cuanto a la forma de gobierno, pues se desechó la central y se adoptó la de la república representativa, popular, federal; pero en el

Benito Juárez

---

11 **venerable** honorable, respetable
11 **el cura** el sacerdote
12 **la escopeta** el rifle, el fusil
14 **Vicente Guerrero** político y militar mexicano de origen indígena y afrodescendiente, pactó con Iturbide en el Abrazo de Acatempan después de rebelar contra España en el sur de México.
16 **acaudillar** liderar, encabezar
20 **Moctezuma** famoso gobernador azteca
21 **de la casa de Borbón** de la familia del rey de España
22 **el vulgo** el pueblo
23 **alabar** celebrar, elogiar
25 **sostener** mantener, defender
26 **la sublevación** la rebelión, la insurrección
27 **abdicar** abdanken
29 **amplio** grande, extenso
34 **la subsistencia** la conservación, la estabilidad
35 **el abuso** Missbrauch
37 **consignar** verankern
39 **la obstinación** Hartnäckigkeit
40 **naciente** *aquí*: de origen
41 **desechar** renunciar

Historia y cultura • Independencias

fondo de la cuestión ganaron los centralistas, porque en la nueva Carta se incrustaron la intolerancia religiosa, los fueros de las clases privilegiadas, la institución de
45 comandancias generales y otros contraprincipios que nulificaban la libertad y la federación que se quería establecer. Fue la Constitución de 1824 una transacción entre el progreso y el retroceso, que lejos de ser la base de una paz estable y de una verdadera libertad para la nación, fue el semillero fecundo y constante de las convulsiones incesantes que ha sufrido la república, y que sufrirá todavía mientras
50 que la sociedad no recobre su nivel, haciéndose efectiva la igualdad de derechos y obligaciones entre todos los ciudadanos y entre todos los hombres que pisen el territorio nacional, sin privilegios, sin fueros, sin monopolios y sin odiosas distinciones; [...] mientras, finalmente, que en la república no haya más que una sola y única autoridad: la autoridad civil, del modo que lo determine la voluntad nacio-
55 nal, sin religión de Estado, y desapareciendo los poderes militares y eclesiásticos como entidades políticas [...].
El partido republicano adoptó después la denominación de partido yorkino, y desde entonces comenzó una lucha encarnizada y constante entre el partido escocés que defendía el pasado con todos sus abusos, y el partido yorkino que
60 quería la libertad y el progreso [...] Esto pasaba en lo general a la república en el año de 1827.

Fuente: Benito Juárez, Apuntes para mis hijos, 1857

43 **incrustarse** *hier*: festschreiben
44 **el fuero** el privilegio
45 **nulificar** anular
48 **el semillero** Keimzelle
48 **fecundo/-a** fruchtbar
49 **la convulsión** la conmoción, el disturbio

COMPRENSIÓN

2 Resume brevemente los acontecimientos en México a partir del 27 de septiembre de 1821 según Benito Juárez.

▶ Escribir un resumen, p. 234

3 Presenta las ideas de los partidos políticos sobre el tipo de estado que México debía ser.

ANÁLISIS

4 Examina la opinión de Benito Juárez sobre las personas y los acontecimientos entre 1821 y 1827.

▶ Punto de apoyo, p. 227

5 Analiza cómo Benito Juárez presenta sus ideas sobre un Estado mexicano ideal en la última parte del texto.

▶ Textos informativos, p. 242

MÁS ALLÁ DEL TEXTO

6 (Para elegir) Haz el ejercicio a o b.

▶ La discusión, p. 232

  a Discute las ideas de Juárez sobre un Estado mexicano ideal.

  b En un foro alguien ha posteado una foto de Benito Juárez con su frase muy conocida: «Entre los individuos, como entre las naciones, el respeto al derecho ajeno es la paz». Comenta la frase.

7 Benito Juárez no solo es reconocido por su participación en la política, sino también por sus orígenes. Busca en Internet más información sobre su infancia y formación educativa y preséntalo en clase.

Taller de competencias • Análisis de textos

Textos argumentativos

En los exámenes finales de Español, así como en los de bachillerato, es común que debas examinar a fondo o analizar un texto argumentativo. Aquí aprenderás paso a paso cómo hacerlo.

Las estrategias

Examinar la tarea y primeros pasos

1. «Analizar» un texto significa:
   a Examinar detalladamente aspectos particulares de un texto, p. ej., la intención, la forma de exponer el tema, etc.
   b Redactar un análisis en el que se enfoque el contenido del texto, los argumentos, la estructura, el título, etc., pero sin opinar.
   c Explicar los aspectos analizados usando ejemplos, citas o referencias.
   d Estructurar el análisis escrito en tres partes: **introducción** (informaciones relevantes del texto como autor/a, título, tipo de texto, publicación, etc.), **cuerpo** (explicaciones, argumentos, citas ejemplares y referencias al texto examinado) y **conclusión** (cierre del análisis con un breve resumen de los resultados sin nuevos aspectos o citas).

Examinar el texto y preparar un borrador

2. a Lee el texto (p. 211) y apunta el tema de cada párrafo para hacerte una idea de la estructura del texto.

   b Marca la idea central de la autora y los argumentos que presenta. Elige los dos o tres argumentos más convincentes.

3. Examina las citas, referencias o estadísticas que utiliza la autora e indica el efecto que tiene cada una. Los efectos posibles son:
   - subrayar sus argumentos
   - convencer a los lectores
   - dar al texto una apariencia científica
   - rechazar una idea o tendencia
   - ofrecer una nueva interpretación

4. Examina el lenguaje utilizado y apunta los efectos que tiene en ti.
   - repeticiones de ciertas palabras
   - recursos estilísticos
   - la gramática
   - el uso de paréntesis

5. Elige los dos o tres aspectos que más te llaman la atención, encuentra la cita o referencia en el texto y apunta su efecto o función:
   - expresiones negativas al hablar de los conquistadores españoles
   - ironía y expresiones negativas al hablar del Día de la Hispanidad
   - estructura del texto
   - preguntas retóricas

Taller de competencias • Análisis de textos

6 Ahora tú. Usando el borrador con todos tus apuntes, haz la tarea **1** y escribe tu análisis. Al formular tu texto, no olvides:
- usar un lenguaje neutral
- citar correctamente y referir al texto
- estructurar tu texto (introducción, cuerpo y conclusión)
- usar párrafos y nexos para hacer transparente la estructura del texto

La tarea

1 Analiza cómo la autora intenta convencer a los lectores.

Hispanidad: la narrativa para silenciar voces indígenas

«Como descendiente del primer pueblo indígena que contactó con Colón y sufrió los embates del colonialismo en América, me preocupa que los demás pueblos hermanos hoy en día estén sufriendo. A pesar de que fue un momento histórico,
5 sus repercusiones hoy en día son emuladas por gobiernos abusivos e inversionistas sin escrúpulos». Son palabras de un miembro del pueblo indígena borikua taíno.

El 12 de octubre de 1492 la, para entonces, moribunda expedición de Cristóbal Colón, llegaba a una isla de las Bahamas llamada Guanahani por sus habitantes indígenas (los taínos), nombre que los conquistadores españoles ignoraron por
10 completo para rebautizarla como San Salvador. El genocidio más largo de la historia acababa de comenzar. Más de cinco siglos después, a la luz del 500 aniversario de la caída de Tenochtitlán, el 13 de agosto de este año, activistas indígenas zapatistas viajaron 47 días en barco desde México a España para realizar una conquista a la inversa. En lugar de exigir la repatriación del oro incrustado en
15 las iglesias europeas o exigir el perdón por los crímenes del colonialismo, el movimiento zapatista ha invadido pacíficamente Europa (comenzaron en Viena, pasaron por Madrid, esta semana estuvieron en Berlín) para promover el diálogo y reafirmar su resistencia frente a las continuas amenazas del colonialismo y el capitalismo globales sobre los pueblos indígenas.

20 Pero ¿qué significan realmente estos últimos cinco siglos para los pueblos indígenas de América? La llegada de Colón al continente americano no es tanto el surgimiento de una Hispanidad (irreal e inventada) que a pocos representa y a la que demasiados se aferran, sino más bien el comienzo de una historia de exterminio por enfermedades importadas contra las que los pueblos indígenas no tenían
25 inmunidad, y por la violencia, esclavitud, saqueo, robo de tierras y recursos que llega hasta nuestros días.

Se estima que solo hacia 1600, alrededor de un 90 % de la población había muerto a causa de la llegada de los españoles al continente americano y, aun así, cada 12 de octubre, este hecho histórico se celebra en España envuelto por el aura gloriosa
30 de la Hispanidad y ante el desconcierto de los pueblos indígenas, descendientes de los supervivientes y de una parte cada vez mayor de la población mundial. [...]

Pero ¿qué se celebra exactamente en España? ¿El descubrimiento de América o la llegada de otro europeo más a las costas de un continente ampliamente habitado? ¿La unión de culturas o la destrucción de miles de lenguas, tradiciones y cosmovi-
35 siones? ¿El concepto inventado de Hispanidad o el orgullo nacionalista por un pasado imperial?

El **Día de la Hispanidad**, celebrado el **12 de octubre**, conmemora la llegada de **Cristóbal Colón** a América en 1492. Este día se celebra en muchos países hispanoamericanos y en los EE. UU. Introducido en 1892, este día ha tenido varias denominaciones como Día de la Raza, Día de Colón, Día de Diversidad Cultural Americana.

Día de la Hispanidad

1 **la hispanidad** *el conjunto y la comunidad de los pueblos hispánicos*
3 **el embate** *el ataque, la agresión*
5 **emular** *imitar, copiar*
5 **abusivo/-a** *opresivo/-a, que abusa*
5 **inversionista** (*adj.*) *capitalista, financiero/-a*
7 **moribundo/-a** *que está muriendo*
10 **rebautizar** *dar otro nombre a alguien o a/c*
14 **incrustado/-a** *hier: verarbeitet*
16 **zapatistas** *movimiento político indígena del estado mexicano Chiapas*
22 **el surgimiento** *Aufkommen, Entstehung*
23 **aferrarse a a/c** *festhalten an, sich klammern an*

Taller de competencias • Análisis de textos

25 **el saqueo** Plünderung
30 **el desconcierto** estado de desorientación y perplejidad
62 **someter** dominar, reprimir, conquistar
62 **humillar** ofender, insultar
63 **chichimeca/zapoteca** del grupo indígena de los chichimecas, del centro de México
65 **expoliador/a** explotador/a, ladrón/-ona

Son estos y otros mitos, potenciados especialmente durante el franquismo, los que han configurado una leyenda rosa sobre la época colonial en América que ha calado profundamente en la sociedad española: la absurda comparativa sobre qué
40 modelo colonizador fue el «menos malo» (las numerosas muertes fruto de la esclavitud, trabajos forzados y masacres no son excusables bajo ninguna comparativa), la incapacidad de mirar al pasado con los ojos del presente (¿no es el concepto de Hispanidad una revisión histórica positiva de siglos de colonización?), que los españoles salvaron a muchos indígenas de los yugos imperialistas inca y
45 azteca (de nuevo, siglos de violencia no son ninguna salvación) o que la cultura europea nutrió las culturas precolombinas (más bien destruyó cosmovisiones, conocimientos ancestrales y avances desconocidos hasta la época en Europa, a la par que productos americanos como la patata salvaron a Europa de las periódicas hambrunas de la Edad Media).

50 Esta apología de la supremacía blanca no hace sino perpetuar un sistema colonial que pone en peligro la supervivencia de cientos de pueblos indígenas en la actualidad. Para muchos, la llegada de Colón a América representa el comienzo de un genocidio que llega hasta nuestros días. [...] Desafortunadamente, en la actualidad hay muchos ejemplos de esta perpetuación racista, colonial y genocida.

55 En Paraguay, los ayoreos no contactados viven en una huida constante, escapando de las excavadoras de los rancheros que destruyen sus tierras. [...] En Perú, mientras sus tierras no estén legalmente demarcadas y protegidas, los pueblos indígenas no contactados seguirán bajo la amenaza constante de las industrias extractivas y los invasores. [...]

60 Estas tragedias son criminales y surgen del racismo perpetuado por una sociedad colonial aún vigente y bajo la narrativa de la Hispanidad. «Celebrarlo [el genocidio] es dar armas para que nos sigan sometiendo, para que nos sigan humillando», según Xóchitl, chichimeca/zapoteca.

Es hora de que el Estado español pase de enorgullecerse por un pasado genocida y
65 expoliador, a enorgullecerse de ser un Estado del presente, inclusivo, en el que las celebraciones vengan de reconocer los errores del pasado y en el que los espacios públicos, físicos y simbólicos, sean plurales, que no humillen, dando ejemplo de diversidad y compasión, celebrando la resistencia de los pueblos indígenas, y no su genocidio.

70 Debemos hacerlo para evitar que la historia se siga repitiendo: por los pueblos indígenas, por la naturaleza y por toda la humanidad.

Fuente: Sara Mediavilla Otero, survival.es, 2021

Más información

Más allá del texto

2 En los últimos años, los países hispanoamericanos cambiaron la denominación del día 12 de octubre. Infórmate sobre las diferentes denominaciones, elige tu favorito y justifica tu selección.

Gramática en contexto y punto final

Gramática en contexto

ECONOMIZAR INFORMACIÓN • frases con infinitivo, participio y gerundio

1 Abrevia las siguientes frases utilizando el **infinitivo**.

Ejemplo: Cuando los españoles conquistaron el imperio azteca, sometieron a muchos indígenas.

→ Al conquistar el imperio azteca, los españoles sometieron a muchos indígenas.

> al
> antes de
> después de
> hasta
> sin
>
> *+ infinitivo*

1. Tenochtitlán se había convertido en una de las ciudades más grandes de su época ya antes de que cayera en manos de los conquistadores.
2. La Corona española mejoró la situación de la población indígena después de que expidiera las Leyes Nuevas de 1542.
3. Cuando se mezclaron la cultura indígena con la europea, nació el mestizaje.
4. México es un país con diversidad cultural y étnica porque cuenta con más de 65 pueblos indígenas que conservaron partes de su cultura.
5. El gobierno mexicano respetó más la pluralidad de las culturas en México cuando cambió la denominación del día 12 de octubre a «Día de la Nación Pluricultural».

2 Abrevia las siguientes frases condicionales, causales, concesivas y temporales utilizando el **gerundio**. ¡Ojo! Con las conjunciones «aunque» y «pese a que» tienes que añadir «aun» delante del gerundio.

Ejemplo: Si todos los habitantes de la región reconocieran la pluralidad cultural de Latinoamérica, podrían vivir en armonía.

→ Reconociendo la pluralidad cultural de Latinoamérica, todos los habitantes de la región podrían vivir en armonía.

1. Si todos los gobiernos latinoamericanos enfocaran más la pluralidad de las culturas y lenguas, la herencia indígena tendría más presencia y aceptación.
2. Si hubiera más respeto para las lenguas minoritarias, habría más artistas cantando en lenguas indígenas.
3. Aunque ya hay más presencia de la diversidad cultural en los medios de comunicación, todavía queda mucho por hacer.
4. Aunque hoy en día hay menos injusticias, las comunidades indígenas muchas veces siguen siendo discriminadas.
5. Pese a que las poblaciones indígenas representan la valiosa diversidad cultural latinoamericana, siguen siendo un grupo vulnerable.

3 Una tercera forma de economizar información es utilizando **el participio**. Transforma cinco frases de los ejercicios **1** y **2** como en el ejemplo. ¡Ojo! A veces tendrás que modificar o quitar informacion.

Ejemplo: Expedidas las Leyes Nuevas de 1542, mejoró la situación de la población indígena. (Ejercicio 1, frase 2).

7 Gramática en contexto y punto final

EXPRESAR CONJETURAS • la frase condicional irreal en el pasado

4 a Identifica los tiempos verbales utilizados en la siguiente frase:
«¿Qué habría pasado si Hernán Cortés no hubiera conquistado la capital azteca?»

b Completa las frases con los tiempos verbales correctos.
1 Si Hernán Cortés no (*tomar*) la capital azteca, quizás los españoles no (*abusar*) de los indígenas.
2 ¿Qué (*suceder*) en Mesoamérica si la civilización maya no (*desaparecer*)?
3 ¿Qué (*ocurrir*) si los enemigos de los aztecas no (*ayudar*) a los españoles?
4 ¿Qué (*acontecer*) en México si el pueblo no (*luchar*) por su independencia?
5 Si el pueblo no (*pelear*) por su independencia, seguramente no (*lograr*) liberarse.
6 ¿Qué (*suceder*) si España no (*perder*) sus colonias?
7 ¿Qué (*ser*) de la historia mundial si en lugar de colonizar, los conquistadores (*hacer*) tratos pacíficos con las culturas mesoamericanas?

NARRAR HECHOS PASADOS • indefinido e imperfecto

5 Completa las frases con el tiempo verbal correcto: **indefinido** o **imperfecto**.
1 Ya (*haber*) pueblos indígenas, cuando Cristóbal Colón (*llegar*) a estas tierras en 1492.
2 Dado que la corona española (*desear*) excluir a cualquier persona que no fuera cristiana, los antecedentes de los viajeros (*ser*) investigados.
3 Puesto que los europeos (*querer*) convertir a los indígenas, muchas veces (*combatir*) las religiones que (*existir*) en las Américas.
4 Con la llegada de esclavos africanos, Latinoamérica (*convertirse*) en un lugar con culturas y lenguas de tres continentes cuyas huellas se ven todavía hoy en día.
5 Después de su independencia, las nuevas naciones (*heredar*) la diversidad cultural de la era colonial y (*esforzarse*) para crear una identidad nueva.
6 En el siglo XIX, en muchas regiones las fronteras entre los países (*volverse*) inestables. Los nuevos Estados (*luchar*) entre sí para obtener acceso a recursos.

NARRAR HECHOS ANTERIORES AL PASADO • indefinido y pluscuamperfecto

6 Lee los acontecimientos y diferencia qué pasó antes. Formula frases con el **pretérito indefinido** y el **pluscuamperfecto** para contar la historia y cultura en la península ibérica.
Ejemplo: fenicios *fundar* ciudades como Cádiz – griegos *navegar* al noreste de la península
→ Los fenicios ya habían fundado ciudades como Cádiz cuando los griegos navegaron al noreste de la península.
1 los cartagineses *dominar* partes de la península – el Imperio romano *tomar* el control sobre la región, *fundar* ciudades e *imponer* el latín
2 vándalos y otros grupos germánicos *invadir* la península – Imperio romano *empezar* a caer en varias regiones
3 los musulmanes *conquistar* las ciudades Melilla y Ceuta – Los musulmanes *cruzar* el mediterráneo por el Estrecho de Gibraltar en 711

Gramática en contexto y punto final

4 Córdoba *ser* la capital de la Hispania Ulterior bajo los romanos – Córdoba *convertirse* en capital del Emirato de Córdoba

5 la Mezquita-Catedral de Córdoba *ser* consagrada como catedral en 1236 – la Mezquita-Catedral de Córdoba *sufrir* muchas obras/ampliaciones y alteraciones

NARRAR HECHOS HISTÓRICOS • la voz pasiva y la pasiva refleja

7 a Reescribe los hechos enlistados de Al-Ándalus (p. 192, ll. 8–18) utilizando la voz pasiva. ¡Ojo! Revisa si es posible cambiar la frase.
Ejemplo: En el año 711, los musulmanes **conquistaron**, en tan solo diez años, casi todo el resto de la península ibérica.
En el año 711, en tan solo diez años, casi todo el resto de la península ibérica **fue conquistado** (por los musulmanes).

b Reescribe las frases sobre la conquista de América y el Siglo de Oro (p. 192, ll. 19–42) utilizando la pasiva refleja donde sea posible.
Ejemplo: En 1492 Cristóbal Colón **llegó** a América en su intento de descubrir una nueva ruta para llegar al lejano oriente conocido en la época como «las Indias».
En 1492 **se llegó** a América en un intento de descubrir una nueva ruta para llegar al lejano oriente conocido en la época como «las Indias».

⊙ Punto final

Mesa redonda

Vais a discutir en una mesa redonda de tres a cinco personas sobre el 12 de octubre como día festivo en el mundo hispano.

1 Pensad en argumentos a favor y en contra de mantener el 12 de octubre como día festivo...
   - desde el punto de vista histórico
   - desde el punto de vista político-social
   - desde el punto de vista cultural

2 Pensad en posibles reacciones ante los argumentos de **1**.

3 Decidid cómo queréis organizar vuestra mesa redonda:
   a Estilo libre: no hay roles para los participantes, cada persona argumenta desde su punto de vista personal.
   b Cada persona elige una perspectiva y prepara su argumentación...
      - a favor de conmemorar el descubrimiento de América por Colón
      - a favor de la identidad y herencia cultural indígena y afrodescendiente
      - a favor de la pluralidad de culturas e historias en el continente
      - a favor de la herencia cultural española en Latinoamérica
      - a favor de la unidad global del mundo hispánico

4 Discutid en vuestro grupo, respetando las reglas de comunicación:
   - No interrumpáis. Pedid la palabra.
   - Reaccionad a lo dicho o marcad con claridad que se introduce un nuevo aspecto.
   - Incluid a cada persona y no hagáis un diálogo de dos.

▶ La discusión, p. 232

Diferenciación y trabajo en parejas

Ser joven hoy

Identidad

▶ p. 15/3a

3 a El yo lírico de la canción se expresa con muchas imágenes. Analiza tres en las que ilustre su situación y/o estado de ánimo.
Toma en cuenta:
- los elementos de la naturaleza que nombra
- las personas y las cosas con las que se identifica

Mujeres marchan contra el machismo iberoamericano

B ▶ p. 17/5
▶ Estadísticas, p. 251

5 Trabajad en pareja. **B** va a la página 17, **A** describe el gráfico de abajo.

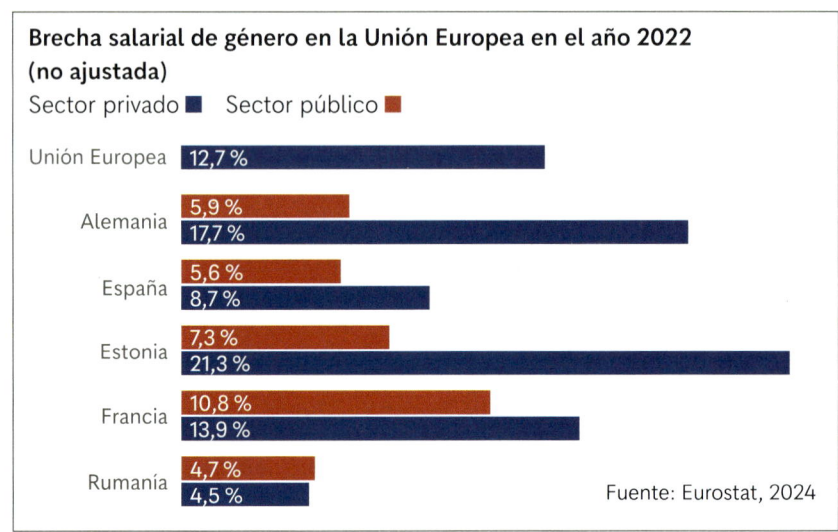

> **La brecha salarial (ajustada y no ajustada)**
> La **brecha salarial no ajustada** mide la diferencia de salario entre hombres y mujeres sin considerar factores como el tipo de empleo, la formación académica y la experiencia laboral. Con frecuencia refleja la falta de mujeres en puestos directivos.
> La **brecha salarial ajustada** (o «no explicada») sí considera estos factores. Mide si la organización o empresa ofrece a mujeres y hombres una remuneración igual por un trabajo igual.

Brecha salarial de género en la Unión Europea en el año 2022 (no ajustada)
Sector privado ■ Sector público ■

País	Sector público	Sector privado
Unión Europea		12,7 %
Alemania	5,9 %	17,7 %
España	5,6 %	8,7 %
Estonia	7,3 %	21,3 %
Francia	10,8 %	13,9 %
Rumanía	4,7 %	4,5 %

Fuente: Eurostat, 2024

Cambio de valores

p. 19/4

4 Analiza el punto de vista de la autora examinando cómo presenta a «la generación de cristal».

Al principio la autora	define […]
	explica […]
Después	cita a […]
	destaca […]
	contrasta […]
La autora	da una buena/mala imagen sobre cómo es la «generación de cristal» porque […]
	demuestra que el nombre «generación de cristal» (no) se justifica porque […]

Sociedad interconectada

p. 25/3

3 Analiza los recursos empleados en el artículo para presentar «La gente anda diciendo» como un proyecto viral y exitoso (p. ej., las citas, los ejemplos, el uso de números, el tipo de adjetivos o verbos utilizados para presentar el proyecto).

Diferenciación y trabajo en parejas

1

Formas de convivencia

3 Analiza qué recursos se utilizan en el tráiler para atraer la atención de los espectadores.

▶ p. 26/3

Recursos visuales:
- Al principio / En el medio / Al final, las imágenes son [...]
- Las personas están [...]

Recursos musicales:
- La música en la primera/segunda parte del tráiler es [...]

dinámico/-a · melancólico/-a · triste · colorido/-a · lento/-a · alegre · vivo/-a · pensativo/-a · familiar · acogedor/a · conmovedor/a

Desarrollo demográfico joven

2 Relacionad cada una de las estadísticas con una parte de la ficha de información y explicadlas.

▶ p. 32/2
▶ Estadísticas, p. 251

En el centro/norte/sur/este de la península [...]
Sobre todo, en las comunidades autónomas del centro / de la costa [...]
Las zonas menos/más pobladas / con mayor/menor densidad de población [...]
El crecimiento poblacional es paulatino/rápido/considerable/lento [...]
Con excepción de la zona/región/parte/franja [...]
En color rojo claro/rosado/azul (claro/fuerte) [...]
La tendencia / La cifra / La cantidad / El porcentaje [...]

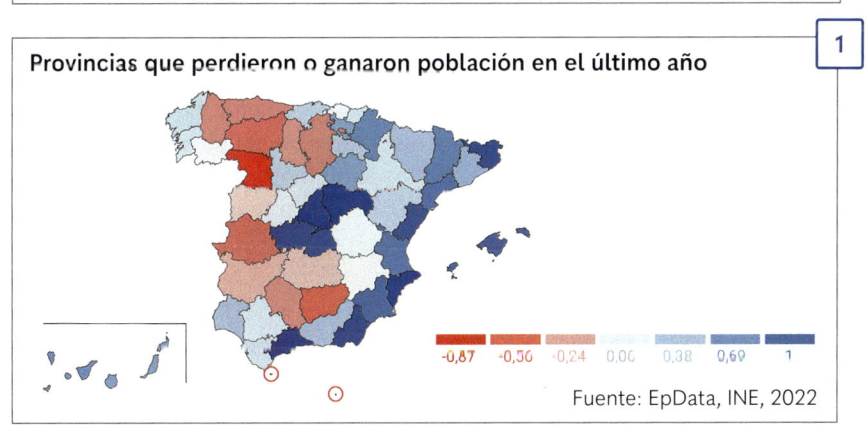

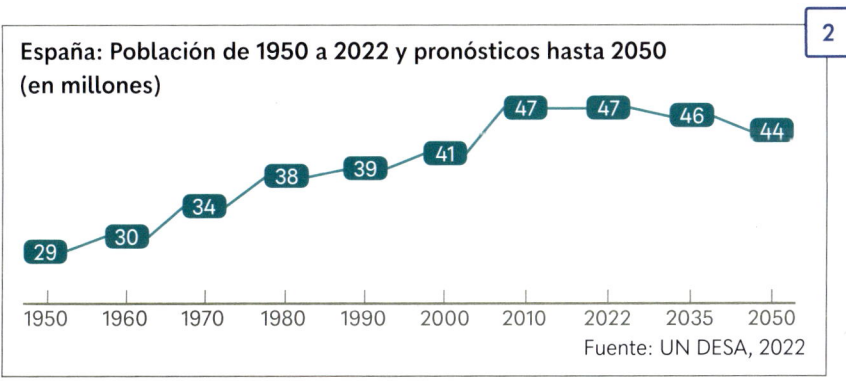

1

Provincias que perdieron o ganaron población en el último año

-0,87   -0,50   -0,24   0,00   0,38   0,69   1

Fuente: EpData, INE, 2022

2

España: Población de 1950 a 2022 y pronósticos hasta 2050 (en millones)

29 (1950) · 30 (1960) · 34 (1970) · 38 (1980) · 39 (1990) · 41 (2000) · 47 (2010) · 47 (2022) · 46 (2035) · 44 (2050)

Fuente: UN DESA, 2022

217

2 Diferenciación y trabajo en parejas

España en el siglo XXI

Una España europea

▶ p. 45/5

5 Explica qué significa la Unión Europea para ti.

> Para mí significa/representa/es un buen ejemplo de […]
> No solo es […], sino también […]
> Es el resultado de / un símbolo de […]
> Aunque mucha gente piensa que […], yo creo que […]
> Desde mi punto de vista, puedo decir que […]

Las lenguas de España

B ▶ p. 47/3a
▶ Estadísticas, p. 251

3 a Trabajad en pareja. B va a la página 47, A describe el gráfico de abajo.

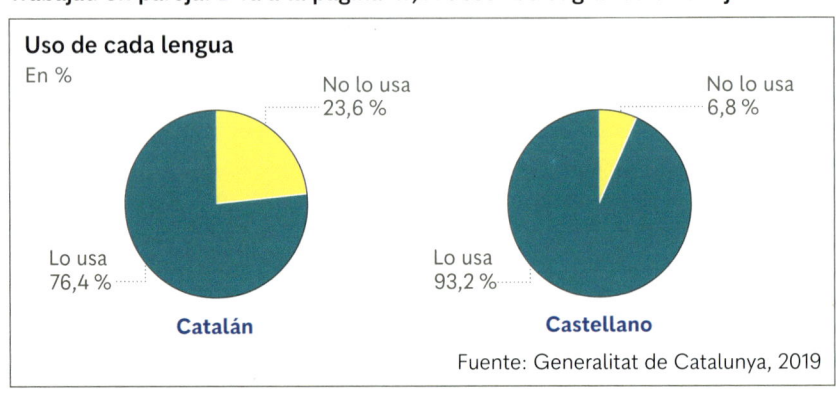

Uso de cada lengua
En %

Catalán: No lo usa 23,6 % — Lo usa 76,4 %
Castellano: No lo usa 6,8 % — Lo usa 93,2 %

Fuente: Generalitat de Catalunya, 2019

La política lingüística

▶ p. 50/5

5 (Hablar) Imagina que pasas el verano en Barcelona. Estás en un café de las Ramblas y escuchas la discusión de la mesa de al lado sobre tener la carta en catalán. Graba un mensaje de voz en tu móvil para María, tu amiga de Madrid. Cuéntale lo que has escuchado y dale tu propia opinión.
- Organiza tus apuntes: problema, argumentos a favor y en contra.
- Presenta el problema y expón los argumentos. Profundiza en el argumento más importante a favor y el argumento más importante en contra.
- Expresa tu opinión dejando en claro por qué llegas a esta opinión.
- Al grabar el mensaje, toma en cuenta el registro en el que hablas.

El movimiento independentista catalán

▶ p. 51/3a

3 a Los resultados de la encuesta van a aparecer en dos periódicos diferentes. Imagina los titulares en estos periódicos según su posición política.
- *El Periódico de Cataluña*, un diario contrario a la independencia de Cataluña
- *Ara*, un diario que entiende Cataluña como una unidad independiente
- Identifica qué aspectos o datos puedes resaltar de las encuestas que confirmen la posición política de uno u otro periódico.
- A partir de los aspectos y datos encontrados, reúne vocabulario para cada titular. Busca adjetivos que logren causar un gran efecto en el lector.
- Formula los titulares.

Diferenciación y trabajo en parejas

2 Analiza cómo el autor trata la idea de una posible independencia de Cataluña. Considera su argumentación y los recursos estilísticos que utiliza.
▶ p. 53/2
▶ Textos informativos, p. 242
- Encuentra los argumentos en contra y a favor de la independencia catalana que presenta el autor (ejercicio 1). ¿Qué te llama la atención?
- Busca frases en el texto que demuestren la postura del autor hacia la independencia catalana.
- Examina por qué el autor le hace preguntas al lector / a la lectora.
- Examina por qué cita al escritor catalán y a Julio Camba.

Turismo, respeto y responsabilidad

2 «Todavía disfruto más de lo que sufro Compostela» (l. 13). Presenta los aspectos de los que disfruta y de los que sufre el autor en Santiago de Compostela.
▶ p. 55/2

> Disfruta / Le gusta / Le parece bien [...]
> No le gusta / Le parece mal / No le parece tan bien [...]
> Los aspectos positivos/negativos son [...]
> En primer/segundo/tercer lugar dice/menciona/comenta que [...]
> Además, / Un aspecto más es [...]
> En resumen / Finalmente / Para terminar, pero no menos importante [...]

Benidorm – ¿un modelo sostenible?

3 Examina las imágenes que utiliza el autor para presentar Benidorm y el efecto que estas tienen en el lector.
▶ p. 59/3
▶ Recursos estilísticos, p. 246
- Busca en el texto las comparaciones y metáforas que el autor utiliza.
- Piensa qué expresan estas comparaciones y metáforas.
- Piensa qué efecto provocan en el lector.

Sequía y conflictos por el agua

3 Mira el vídeo sobre el conflicto por el agua del río Tajo.
Elige las respuestas correctas.
▶ p. 63/3

Vídeo:
regar bewässern, gießen
la cuenca (Fluss-) Becken
el trasvase Umleitung
trasladar überführen
la tubería (Rohr-) Leitung
la desertificacion Wüstenbildung
fertil fruchtbar

1. Las plantas de brócoli en la plantación de Fernando se riegan...
   a dos horas al día.
   b más que antes.
   c menos que antes.
2. Las tuberías y acueductos del trasvase tienen una longitud de...
   a 300 km.
   b 400 km.
   c 500 km.
3. El trasvase Tajo-Segura se construyó...
   a en los años 50.
   b en los años 70.
   c a finales del siglo XX.
4. Para hacer frente a la desertificación el gobierno ha aprobado un decreto que...
   a aumentará el trasvase del agua.
   b prohibirá el trasvase del agua.
   c reducirá el volumen del agua que se puede trasvasar.

3 — Diferenciación y trabajo en parejas

    5 En la región de Murcia se produce…
       a el 3 % de las frutas y hortalizas del país.
       b el 25 % de las frutas y hortalizas del país.
       c casi la mitad de la frutas y hortalizas del país.
    6 Ecologistas critican que para la agricultura intensiva se usa…
       a el 40 % del agua dulce del país.
       b la mitad del agua dulce del país.
       c el 80 % del agua dulce del país.

▶ p. 63/4a

4 a Examina la estructura y el tono del reportaje: ¿cómo se presentan los argumentos?
- ¿En qué orden vienen las opiniones (a favor / en contra)?
- ¿Cómo son las opiniones (sin/con fundamento, neutrales/emocionales…)?
- ¿Cómo refuerzan las imágenes esta estructura?

Las caras de Colombia

El café colombiano

▶ p. 79/3

3 Analiza cómo se presentan las soluciones a los problemas causados por el monocultivo teniendo en cuenta el texto y las imágenes.

> Si bien en el texto […], en las imágenes […]
> Mientras que […]
> Por un lado […], por el otro […]
> La imagen profundiza/complementa/contrasta/ […]
> Mediante las imágenes el autor subraya/destaca/ […]

«La Violencia» (1948–1958)

▶ p. 83/2
▶ Textos narrativos, p. 243

2 Explica cómo la espuma en el cuento refleja el conflicto del barbero.
- Encuentra el conflicto del barbero (ejercicio **1**).
- Lee el título del cuento y apunta qué puede simbolizar la espuma normalmente.
- Apunta qué significa la espuma para el babero, tomando en cuenta el conflicto.

El conflicto armado

▶ p. 85/5

5 Explica por qué, según el protagonista, le falló a la profesora.
- Apunta cómo es la situación en el pueblo del protagonista y cuáles son las perspectivas para los jóvenes. El ejercicio **2** te puede ayudar.
- Apunta lo que hace la profesora por sus alumnos y qué espera de ellos. Los ejercicios **3** y **4** te pueden ayudar.

Diferenciación y trabajo en parejas

Recuperando Medellín del narcotráfico

5 Examina qué imagen transmite el vídeo de la Comuna 13 y explica cómo lo consigue. ▶ p. 86/5
- Apunta cómo es la información ofrecida sobre la Comuna 13 (positiva, neutral, negativa).
- Identifica si las personas entrevistadas muestran diferentes opiniones sobre la Comuna 13.
- Identifica si las imágenes presentadas muestran diferentes caras de la Comuna 13.
- Apunta cómo es la voz que presenta la Comuna 13, si es neutral o si transmite emociones y cuáles serían.
- Apunta qué se busca alcanzar con los elementos anteriores: mostrar crítica, convencer de un proyecto, empatizar con un grupo, etc.

Proceso de paz

2 b Mira la noticia hasta el minuto 1:12 y elige la/s respuesta/s correcta/s. ▶ p. 87/2b
1. ¿Quién es Ana Ochoa? ¿Qué llegas a saber de ella?
   a una mujer indígena
   b reclutada por la guerrilla
   c estudió Derecho
   d la única magistrada del Tribunal de paz
   e pertenece al pueblo kogui
   f es del pueblo Kankuamo
2. ¿Qué porcentaje de los colombianos pertenece a algún pueblo indígena?
   a 4,0 %
   b 0,4 %
   c 4,4 %
   d 14 %
3. ¿Qué condiciones exige el tribunal de la paz para ofrecer castigos alternativos a guerrilleros y militares?
   a admitir sus crímenes
   b hablar con el Tribunal de paz
   c indemnizar a las víctimas
   d nunca contactar con las víctimas
   e renunciar para siempre a la violencia
   f renunciar a la violencia en el ejército
   g renunciar a la vida militar

3 Analiza el comportamiento de Olga y Claudia al hablar con sus hijos de las razones de su exilio, apoyándote en los diálogos y las imágenes. ▶ p. 90/3
- Apunta qué dice la madre a su hijo sobre las razones del exilio (dice la verdad / una mentira, está convencida/arrepentida de lo que dice, etc.).
- Mira el lenguaje corporal y apunta si la madre está nerviosa, tranquila, feliz, triste, contenta, preocupada, etc.
- Examina también cómo va cambiando su lenguaje corporal a través de las viñetas.
- Relaciona lo que dice la madre con su lenguaje corporal.

4 Diferenciación y trabajo en parejas

Un mundo para todos

Inmigración en España

▶ p. 104/4
▶ Textos informativos, p. 242

4 **Analiza la imagen que pintan los autores de Delmi Galeano. Ten en cuenta la manera de presentarla y los recursos estilísticos que usan.**
   – Apunta lo que llegas a saber sobre Delmi Galeano (carácter, trabajo actual/antiguo, importancia para Paz y Carlos / la familia en El Salvador).
   – Busca recursos estilísticos en el texto (comparación, contraste, cita, etc.) y apunta qué significan.

▶ p. 106/6
▶ Escribir textos creativos, p. 238

6 (Escribir) **Escribe un monólogo interior en el que la niña rubia que entra en contacto con la protagonista revive la escena en el parque.**
Toma en cuenta:
   – lo que espera la niña rubia de los otros niños en el parque
   – qué puede pensar la niña rubia antes de jugar con la nueva niña
   – qué piensa mientras se da a entender
   – qué ve en la nueva niña (miedo, felicidad, alegría, etc.)
   – qué siente cuando la nueva niña la entiende sin palabras
   – qué quiere hacer la niña rubia después al llegar a casa y contar de lo ocurrido

Nuevos españoles

▶ p. 108/4
▶ Textos narrativos → p. 243

4 **Analiza la manera en la que la autora, Sonia Vizoso, presenta a Sanaa Aboufaris y el efecto que intenta crear en el lector. Ten en cuenta:**
   – el contenido: ¿qué información se da de Sanaa y su contexto? Toma también en cuenta el título del texto.
   – la forma: ¿Qué expresan las metáforas y enumeraciones? ¿Qué función tienen las citas?
   – el lenguaje: ¿Cómo es el tono del artículo (positivo, negativo, neutral)? ¿Qué palabras refuerzan el tono?
   – el efecto: ¿Qué efecto persigue la autora (empatía, denuncia, crítica, sensibilización, etc.)?

Voces españolas desde Alemania

▶ p. 111/5
▶ Estadísticas, p. 251

5 a Describe y comenta el gráfico de barras.

   b Explica en una charla de un minuto el creciente número de inmigrantes españoles en Alemania desde la década de 2010. Para ello, infórmate en Internet usando p. ej. «fuga de cerebros», «fuga de talento» y «España» para la búsqueda.

Número de españoles en Alemania desde 2011 hasta 2023

Año	Número
2011	110.193
2013	135.539
2015	155.918
2017	178.010
2019	177.755
2021	187.865
2023	199.005

Fuente: Statistisches Bundesamt (Destatis)

Diferenciación y trabajo en parejas

> En el periodo de [...] a [...] se puede ver [...]
> Hay un aumento paulatino, pero constante hasta el año [...]
> Comparando el primer año con el último se puede ver [...]
> En el año [...] disminuye/aumenta el número [...]
> En el gráfico lo que más llama la atención es [...]
> El creciente número de españoles se debe a / podría deberse a [...]
> Sobre todo la fuga de cerebros se concentra en los estados federados de [...]
> Los españoles provienen principalmente de estas comunidades autónomas: [...]
> La mayoría / Una minoría / La mitad de ellos se queda / vuelve a España.

La Amazonía es una lucha para todos

3 b **Analiza cómo Nenquimo quiere lograr sus metas para salvar la Amazonía.** ▶ p. 114/3b
Toma en cuenta lo que sabes de:
- su abuelo y padre
- la lucha de Nenquimo (a diferencia de sus ancestros)
- las estrategias con las que quiere ganar esta lucha y qué estrategia destaca durante la entrevista

Educación y derechos

2 **Resume la trama del cuento.** ▶ p. 117/2
- Identifica al personaje principal y a los personajes secundarios. ▶ Escribir un resumen, p. 234
- Identifica el lugar donde se desarrolla la acción.
- Encuentra los puntos clave del cuento y el conflicto.
- Revisa tus apuntes y ve quitando los detalles.

5 **Analiza la perspectiva narrativa y el lenguaje usado.** ▶ p. 117/5
- ¿Quién narra?
- ¿Cuál es el foco de la narración (un personaje, un lugar, un objeto)?
- ¿Cómo es el lenguaje (sencillo, complicado)?
- ¿Qué tipo de frases se usan para narrar?

7 **Imaginaos que trabajáis en una editorial y que queréis publicar el cuento** ▶ p. 117/7
«Las letras». Discutid y poneos de acuerdo sobre cuál de las imágenes (p. 117) debe acompañar el cuento.

> Comparando la primera imagen con la segunda, me parece que [...]
> El mensaje del cuento (no) se ve reflejado en la primera/segunda imagen porque [...]
> La imagen (no) calza/combina/encaja con el mensaje del cuento porque [...]
> La imagen (no) es clara/llamativa/especial [...]
> La imagen (no) me convence porque [...]
> Es verdad que la imagen es fuerte/interesante/aburrida, pero también es cierto que el mensaje se transmite mejor/peor porque [...]

Diferenciación y trabajo en parejas

Analizar e interpretar un poema

▶ p. 118/5
▶ Recursos estilísticos, p. 246

5 Comenta el mensaje del poema, pensando en el último verso.

> Para mí, el cierre del poema «Cuando muere una lengua» significa / quiere decir [...]
> En los versos anteriores, el poeta ya ha demostrado a través de metáforas/comparaciones/repeticiones la importancia de [...] , por ejemplo, en el verso [...]

Identidad y diversidad lingüística

▶ p. 121/3b
▶ Recursos estilísticos, p. 246

3 b Analiza los recursos estilísticos que Nadia utiliza para destacar las dificultades que ha enfrentado durante su vida.

> Se dirige al público de manera [...]
> La forma en la que cuenta su historia es [...]
> Emplea un lenguaje [...]
> Utiliza lugares emblemáticos de México como [...]
> Usa enumeraciones/repeticiones/comparaciones/preguntas retóricas/ [...] para

Desafíos globales

La lucha mediática por la tierra y la identidad

▶ p. 138/2b

2 b Examina los recursos (citas, estudios y datos estadísticos) de los que se sirve la autora para dar credibilidad a su artículo (informativo).

Hidrógeno verde en Chile

▶ p. 143/4b

4 b Interpreta la cita al final del texto (ll. 67–69) en cuanto a la intención del artículo.
- ¿Cuál es el tema central del artículo?
- ¿Cuál es el tema central de la cita?
- Compara el objetivo del artículo con el de la cita.

Glaciares del sur

▶ p. 146/4b
▶ Textos informativos, p. 242

4 b Examina los recursos estilísticos que utiliza el autor para presentar la preocupación por la región que sienten él y los habitantes.
- El contraste: busca ejemplos de la belleza de la región y de la amenaza.
- La repetición: busca un ejemplo en su denuncia de las compañías petroleras.
- La cita: busca ejemplos en los que cita a su amigo Víctor.

Comercio justo

▶ p. 149/2

2 Examina cómo el autor intenta aumentar la credibilidad de sus afirmaciones.
- ¿Cómo presenta el autor el sello Fairtrade? ¿Qué dice sobre el alcance, los criterios y las metas del sello?
- ¿Qué o a quiénes cita el autor?

Diferenciación y trabajo en parejas

Trabajo y pobreza infantil

3 b Analiza cómo se presenta el impacto que tiene el encuentro de los dos protagonistas en el «hombre».
- ¿Comó cambia el comportamiento del hombre cuando conoce a la niña?
- ¿Qué le pasa al hombre cuando conoce a la niña? ¿Qué siente? ¿Sobre qué reflexiona?
- ¿Qué cambio se produce en el hombre?
- ¿Qué figuras retóricas hay en el cuento? ¿Qué expresan?

▶ p. 154/3b
▶ Textos narrativos, p. 243

Escritura argumentativa

1 a Lee el texto modelo y localiza la estructura «introducción» / «parte central» / «conclusión».
1. Introducción: Se menciona el tema general y la estructura del texto. No hay discusión, ni resumen.
2. Parte central: Hay argumentos a favor o en contra, más detalles del tema, otros aspectos, tu opinión, citas, datos, estadísticas.
3. Conclusión: Se cierra el tema resumiendo los argumentos más importantes.

▶ p. 158/1a

Memoria histórica

La Guerra Civil

3 Analiza el efecto de la perspectiva narrativa en el lector partiendo de las líneas 26 a 32.
- Identifica la perspectiva narrativa (narrador en primera/tercera persona, narrador limitado/omnisciente).
- Examina qué expresa el narrador en estas líneas (pensamientos, sentimientos, percepciones, etc.).
- Analiza qué efecto provoca esta perspectiva narrativa (calidez/frialdad, cercanía/distancia, empatía/indiferencia, etc.)

▶ p. 169/3

La Posguerra

2 Examina al menos tres recursos estilísticos que utiliza la narradora para ilustrar sus sentimientos y explica su función.
- Busca recursos estilísticos en el texto, por ejemplo, en las líneas 43–44, 48–52 y 53 (metáforas), en las líneas 37–38 y 52–53 (antítesis y oxímoron) y en las líneas 46–48 (anáfora).
- Apunta qué sentimientos expresan.
- Apunta qué efecto provocan en el lector.

▶ p. 171/2
▶ Recursos estilísticos, p. 242

6 Diferenciación y trabajo en parejas

La Transición

B ▶ p. 176/6a

la bandera Fahne
el escudo Wappen
el águila *(f.)* Adler

6 a Trabajad en pareja. B va a la página 176. A realiza las tareas de abajo: Describe la viñeta. Toma en cuenta:
- título y artista,
- las dos partes y sus imágenes,
- los colores,
- las palabras de cada parte.

Fuente: Eneko

b Analiza cómo se ilustra la Transición española teniendo en cuenta qué dibujo cambia de posición en las partes de la viñeta.

c Prepara una charla de dos minutos con la descripción de **a** y el análisis de **b**. Presentaos mutuamente vuestros resultados.

▶ p. 176/3

3 Para el proyecto «Historia española del siglo XX a través del arte», te toca escribir un texto informativo sobre «El abrazo». Busca información sobre la obra y explica su importancia para la Transición española.
- ¿Cuál era el problema principal de la sociedad española en la Transición?
- ¿Qué simbolizan los abrazos en el cuadro?
- ¿Qué mensaje para el futuro de la sociedad española transmite el cuadro?
- ¿Por qué no se pueden ver las caras de las personas?

El Golpe

▶ p. 182/3

3 Analiza la actitud de Lena hacia los golpistas.
¿Cómo reacciona Lena…
- cuando se entera del golpe militar?
- cuando escucha los rumores de lo que está pasando?
- cuando se entera de que el nombre de su hijo está en una lista negra?
- cuando los agentes allanan su apartamento?
- después del allanamiento?

Diferenciación y trabajo en parejas

7

Historia y cultura

Huellas de Al-Ándalus

4 Analiza la postura del autor respecto al legado andalusí. ▶ p. 195/4
- Toma nota sobre cómo el autor habla de esa época: qué cosas destaca y qué importancia les atribuye.
- Examina los adjetivos o expresiones que utiliza al hablar de la cultura árabe.
- Identifica y apunta la postura del autor respecto a las reacciones que existen en la España de hoy.
- Explica si la postura respecto al legado andalusí es positiva o negativa.

La Reconquista

4 Examina cómo el artista ilustra este momento histórico, en el que termina el periodo llamado «Reconquista» española. ▶ p. 196/4
- Describe a los personajes centrales de la obra y lo que representan.
- Describe el fondo del cuadro.
- Indica cómo es la expresión de Boabdil al entregar las Llaves.
- Menciona el contraste emocional que logra Pradilla en el cuadro (victoria vs. derrota) con todos los personajes
- Describe cómo Pradilla usa el color y la luz para resaltar la importancia del momento.

Poesía del Siglo de Oro

4 Examina cómo el yo lírico ilustra su estado de ánimo mediante la antítesis y la enumeración. ▶ p. 197/4
▶ Textos líricos, p. 246

Siglo XIX: El siglo de las independencias

5 Escoge un país latinoamericano y busca información en Internet sobre su proceso para volverse un país independiente. Presenta: ▶ p. 207/5
- ¿a qué virreinato o capitanía pertenecía?
- ¿cuándo comenzó y terminó el proceso de independencia?
- ¿quiénes fueron sus libertadores y qué ideales perseguían?

Construyendo una nación

4 Examina la opinión de Benito Juárez sobre las personas y los acontecimientos entre 1821 y 1827. Apunta: ▶ p. 209/4
- qué características atribuye a las personas y si son positivas o no.
- qué critica de los partidos políticos y con cuál se identifica.
- qué problemas reconoce en la Constitución de 1824.
- qué ocasiona la lucha entre partidos en la política mexicana

Destrezas

Inhaltsverzeichnis | Índice

Hör- und Hörsehverstehen | Comprensión auditiva y audiovisual
1. Hörerwartungen nutzen | Antes de escuchar — 229
2. Globales Hörverstehen | Comprensión global — 229
3. Selektives Hörverstehen | Comprensión selectiva — 229
4. Detailliertes Hörverstehen | Comprensión detallada — 229
5. Hörsehverstehen | Comprensión audiovisual — 229

Leseverstehen | Comprensión lectora
6. Vor dem Lesen | Antes de leer — 230
7. Globales Leseverstehen | Comprensión global — 230
8. Selektives Leseverstehen | Comprensión selectiva — 230
9. Detailliertes Leseverstehen | Comprensión detallada — 230

Sprechen | Expresión oral
10. Etwas präsentieren / Einen Kurzvortrag halten | Presentar un tema — 231
11. Gespräche oder Rollenspiele | Diálogos o juegos de rol — 231
12. Diskutieren | La discusión — 232

Schreiben | Expresión escrita
13. Den Schreibprozess organisieren | Organizar el proceso de escritura — 233
14. Eine Zusammenfassung schreiben | Escribir un resumen — 234
15. Einen offiziellen Brief schreiben | Escribir una carta formal — 235
16. Einen Lebenslauf erstellen | Escribir un currículum vitae — 236
17. Eine Stellungnahme verfassen | Escribir un comentario personal — 236
18. Kreative Texte schreiben | Escribir textos creativos — 238
19. Eine Figurencharakterisierung schreiben | Caracterizar a un personaje — 240

Sprachmittlung | Mediación
20. Wiedergabe von Inhalten in der jeweils anderen Sprache | Expresar el contenido en el otro idioma — 241

Textanalyse | Análisis de textos
21. Sachtexte | Textos informativos — 242
22. Narrative Texte | Textos narrativos — 243
23. Dramatische Texte | Textos dramáticos — 245
24. Lyrische Texte | Textos líricos — 246
25. Bilder | Imágenes — 248
26. Plakate, Comics und Karikaturen | Carteles, cómics y caricaturas — 249
27. Filme | Películas — 250
28. Statistiken und Grafiken | Estadísticas y gráficos — 251

Medienkompetenz | Competencia digital
29. Bedienen und Anwenden | Manejar y aplicar
    Texte auf Spanisch mit dem Computer schreiben | Escribir textos en español en el ordenador — 252
30. Produzieren und Präsentieren | Producir y presentar
    a. Podcast und Video erstellen | Crear un *podcast* y un vídeo — 252
    b. Kollaboratives Schreiben | Escritura colaborativa — 253
    c. Quellendokumentation und rechtliche Grundlagen | Documentación (fuentes y derechos de uso) — 253
31. Medien kritisch bewerten | Evaluar los medios — 253

Werkzeuge und Arbeitstechniken | Herramientas y estrategias de trabajo
32. Unbekannte Wörter erschließen | Deducir vocabulario — 254
33. Wörter umschreiben | Parafrasear palabras — 254
34. Mit dem Wörterbuch arbeiten | Utilizar un diccionario — 255
35. Korrekt zitieren | Citar correctamente — 256

Destrezas • Comprensión auditiva y audiovisual

Hör- und Hörsehverstehen | Comprensión auditiva y audiovisual

1 **Hörerwartungen nutzen | Antes de escuchar**
   Vor dem Hören
   – Lesen Sie die Aufgabenstellung genau durch und stellen Sie fest, ob Sie den Inhalt nur grob verstehen (Globalverstehen) oder genauer hinhören (selektives/detailliertes Verstehen) müssen. Die Aufgabenstellung gibt oft Hinweise auf die Gesprächssituation, die Anzahl und die Reihenfolge der Sprechenden.
   – Stellen Sie Vermutungen über den Inhalt an, z. B. ausgehend vom Titel, von den Fotos oder den Fragen.
   – Markieren Sie in der Aufgabenstellung Schlüsselbegriffe, auf die Sie beim Hören achten möchten. Schlagen Sie unbekanntes Vokabular im Wörterbuch nach.
   Während des Hörens
   – Machen Sie sich stichpunktartige Notizen und verwenden Sie dabei Abkürzungen.

   Notizen beim Hören machen
   – Kürzen Sie lange Wörter ab, lassen Sie Artikel und Konjunktionen weg.
   – Benutzen Sie Abkürzungen und Symbole, z. B. *p. ej.* (por ejemplo), *mñn* (mañana), –, +, =, ≠, → (für eine Folgerung).

2 **Globales Hörverstehen | Comprensión global**
   Ziel: Sich einen allgemeinen Überblick über den Inhalt des Textes verschaffen (z. B. Sprecher/in, Thema, Textsorte)
   Vorgehen:
   – Achten Sie auf Hintergrundgeräusche (z. B. Musik, Straßenlärm) oder den Tonfall (z. B. traurig, erfreut).
   – Erfassen Sie die Hauptinformationen des Textes: Wer? Wann? Wo? Worüber? Lassen Sie Einzelheiten außer Acht.
   – Konzentrieren Sie sich beim ersten Hören auf alles, was Sie verstehen können. Diese „Verstehensinseln" helfen Ihnen, beim zweiten Hören weitere Informationen herauszuhören.

3 **Selektives Hörverstehen | Comprensión selectiva**
   Ziel: Bestimmte Informationen heraushören (z. B. Zahlen, Daten)
   Vorgehen:
   – Achten Sie auf die Informationen, die Sie laut Aufgabenstellung heraushören sollen.
   – Hierbei können Ihnen Schlüsselwörter und Schlüsselsätze helfen.

4 **Detailliertes Hörverstehen | Comprensión detallada**
   Ziel: Alles verstehen (z. B. die Chronologie von Ereignissen)
   Vorgehen:
   – Verstehen Sie den Text beim ersten Hören global.
   – Erschließen Sie sich bei jedem weiteren Hören die relevanten Details und lassen Sie eine Lücke, wenn Sie etwas nicht verstehen.

5 **Hörsehverstehen | Comprensión audiovisual**
   Audiovisuelle Elemente für das Verstehen nutzen | Utilizar elementos audiovisuales para la comprensión
   – Konzentrieren Sie sich beim ersten Sehen auf die Bilder. Leiten Sie daraus Informationen über Figuren oder Gegenstände, Thema und Situation ab.

Destrezas • Comprensión lectora

- Achten Sie auf die Mimik, Gestik, Bewegungen der Figuren. Was erfahren Sie über deren Gefühle oder Charakter?
- Achten Sie auf die Stimmung, die durch die Musik hervorgerufen wird, und auf Lichteffekte.
- Konzentrieren Sie sich erst am Schluss auf das Gesprochene. Leiten Sie aus dem, was Sie verstehen, die gesuchten Informationen ab.

Leseverstehen | Comprensión lectora

6 Vor dem Lesen | Antes de leer
- Lesen Sie die Aufgabenstellung genau durch und stellen Sie fest, ob Sie den Inhalt nur grob verstehen (Globalverstehen), bestimmte Informationen suchen (Selektivverstehen) oder „alles" verstehen (Detailverstehen) sollen.
- Machen Sie sich klar, um welche Textsorte (z. B. Zeitungsartikel, Romanauszug usw.) es sich handelt.
- Der Titel und die Zwischenüberschriften geben Ihnen wichtige Hinweise zum Thema des Textes.
- Die visuelle Gestaltung kann Hinweise auf die Textgliederung liefern (Sinnabschnitte, Zwischenüberschriften, Schlüsselwörter und -sätze, erzählende bzw. dialogische Passagen usw.).
- Graphische Elemente, Fotos und Illustrationen liefern Ihnen weitere wichtige Informationen.
- Bei schriftlichen Aufgaben: Klären Sie auch, ob Sie Textbelege (Zitate oder Textverweise) mit Zeilenangaben liefern sollen und achten Sie darauf, ob es eine Wortzahlbeschränkung gibt.

7 Globales Leseverstehen | Comprensión global
Ziel: Sich einen groben Überblick über den Inhalt eines Textes verschaffen
Vorgehen:
- Identifizieren Sie die Textsorte (z. B. Blogeintrag, Romanauszug, Zeitungsartikel).
- Erfassen Sie die Hauptinformationen: Wer schreibt was, wann, worüber? Lassen Sie Einzelheiten außer Acht.
- Fassen Sie die Hauptinformationen in wenigen Stichwörtern oder Sätzen zusammen.

8 Selektives Leseverstehen | Comprensión selectiva
Ziel: Bestimmte Informationen finden (z. B. Eigennamen, Uhrzeiten, Jahreszahlen, Informationen zu einer Figur in einem Romanauszug)
Vorgehen:
- Lesen Sie die Aufgabenstellung genau durch: Was sollen Sie im Text finden?
- Suchen Sie im Text nur die Informationen, die für die Aufgabenstellung relevant sind.
- Lesen Sie dann auch die umgebenden Passagen der Schlüsselwörter, um wichtige Einzelheiten zu erfahren.

9 Detailliertes Leseverstehen | Comprensión detallada
Ziel: Alle Informationen verstehen (z. B. Gedichte, Gebrauchsanweisungen, Rezepte)
Vorgehen:
- Überfliegen Sie den Text einmal. Konzentrieren Sie sich beim zweiten Lesen auf die Passagen, die Sie auf Anhieb verstehen („Verstehensinseln").
- Gehen Sie von diesen Inseln aus und klären Sie die genaue Bedeutung der noch fehlenden Teile.
- Nutzen Sie dabei den Kontext bzw. zusätzliche Informationsquellen (z. B. Illustrationen).
- Erschließen Sie sich unbekannte Wörter mithilfe des Kontextes oder der Ihnen bekannten Worterschließungsstrategien.
- Lesen Sie auch „zwischen den Zeilen", um Informationen oder Aussagen zu finden, die nicht ausdrücklich im Text stehen.

Destrezas • Expresión oral

Sprechen | Expresión oral

MONOLOGISCHES SPRECHEN

10 Etwas präsentieren / Einen Kurzvortrag halten | Presentar un tema

Vorbereitung:
- Recherchieren Sie gemäß der Aufgabenstellung Informationen und nutzen Sie mehrere Quellen (z. B. Internet, Fachzeitschriften, Nachschlagewerke).
- Notieren Sie sich Ihre Rechercheergebnisse (inklusive der Quellenangabe), wobei auch Beispiele und Zitate hilfreich sind.
- Strukturieren Sie den Vortrag und verwenden Sie eine digitale Präsentation oder ein Poster.
- Stellen Sie eine Liste mit unbekanntem Vokabular (z. B. Fachvokabular) zusammen und erstellen Sie ein Handout für die Zuhörenden.
- Üben Sie den Vortrag mehrmals und achten Sie auf die Zeitvorgaben.

Durchführung:
- Sprechen Sie langsam, laut und deutlich.
- Nutzen Sie Ihren Stichwortzettel, doch sprechen Sie frei und ohne abzulesen.

das Thema einführen	den Vortrag strukturieren	das Publikum einbeziehen
Hoy voy a hablar de [...].	Primero [...].	¿Ya sabéis algo sobre [..]?
Quiero presentar (a) [...].	Para empezar [...].	¿Quién nos puede decir [...]?
El tema de mi presentación es [...].	Después [...].	Gracias por vuestra atención.
	Al final [...]. / Para terminar [...].	¿Tenéis preguntas?

Interesse wecken
Cuando empecé a investigar sobre [...], me llamó la atención que [...].
Después de leer algunos artículos sobre [...], pienso que lo más importante es [...].
Muchos de vosotros habéis escuchado de [...], pero muy pocos sabéis que [...].

Beispiele einführen	auf visuelle Medien verweisen
Un ejemplo que quiero destacar es [...].	Este gráfico ilustra el ejemplo porque [...].
Un aspecto muy interesante es que [...].	Esta fotografía nos muestra que [...].
Lo que mucha gente no sabe es que [...].	Estas cifras comprueban que [...].
Para mí fue una sorpresa que [...].	Al observar los detalles vemos que [...].

den Vortrag abschließen	Fragen beantworten
Resumiendo, aquí he presentado [...].	Gracias por tu pregunta, creo que [...].
Para concluir, quiero recordaros que [...].	Tu pregunta es interesante y según expliqué [...].
Para terminar, no olvidéis que [...].	No lo sé exactamente, pero me parece que [...].

DIALOGISCHES SPRECHEN

11 Gespräche oder Rollenspiele | Diálogos o juegos de rol

- Klären Sie anhand der Aufgabenstellung, ob es sich um ein freies Gespräch handelt oder um ein Rollenspiel mit vorgegebenen Rollen bzw. Positionen, die Sie einnehmen sollen.
- Bei einem Rollenspiel: Versetzen Sie sich in Ihre Rolle und überlegen Sie, was Sie sagen möchten. Bereiten Sie sich auch auf mögliche Aussagen oder Fragen Ihres Gegenübers vor.
- Notieren Sie sich passende Wörter und Ausdrücke.
- Gestalten Sie das Gespräch lebendig mit passender Gestik und Mimik.
- **Tipp:** Mit dem Einsatz von Füllwörtern (z. B. *vale*, *bueno*) gewinnen Sie Zeit zum Überlegen.

Destrezas • Expresión oral

12 Diskutieren | La discusión

Vorbereitung:
- Sammeln Sie vorab Argumente für den Standpunkt, den Sie vertreten wollen/sollen.
- Formulieren Sie Ihre Argumente aus und verwenden Sie konkrete Beispiele.
- Stellen Sie Argumente zusammen, die Ihre Gesprächspartner anführen könnten, und überlegen Sie, wie Sie darauf reagieren könnten.
- Überlegen Sie sich ggf. einen Kompromiss, der für beide Seiten akzeptabel ist.

Während der Diskussion: ▶ Parafrasear palabras, p. 254
- Lassen Sie Ihre Gesprächspartner ausreden.
- Begründen Sie Ihre Meinung.
- Fragen Sie nach, wenn Sie etwas nicht verstanden haben, und gehen Sie auf die Aussagen der anderen ein.
- Umschreiben Sie Wörter, die Ihnen auf Spanisch nicht einfallen oder erklären Sie deren Bedeutung.

die eigene Meinung äußern		Argumente bewerten
Opino que [...]. Pienso/Creo que [...]. No pienso/creo que + *subj.* Diría que [...]. En mi opinión, [...]. Me parece interesante que + *subj.* Estoy a favor / en contra de [...]. Me sorprende que + *subj.* Por un lado, [...]. Por otro lado, [...].	A mi modo de pensar/ ver [...]. Estoy convencido/-a de que [...]. No hay duda de que + *subj.* Desde mi punto de vista [...]. A mi juicio [...].	No es justo que + *subj.* [...]. Es necesario que + *subj.* [...]. No creo que + *subj.* [...]. Es importante que + *subj.* [...]. Es imprescindible que + *subj.* [...].

etwas vorschlagen	zustimmen	ablehnen
¿Por qué no [...]? Tengo una idea. ¿Qué te parece si [...]? Una solución podría ser que + *imperfecto de subj.*	Estoy de acuerdo contigo / con [...]. Concuerdo contigo. También lo veo así. Es verdad. ¡Claro que sí! ¡Por supuesto! / ¡Claro! Es cierto que [...]. Lo que dice [...] es cierto.	No estoy de acuerdo con [...]. No concuerdo contigo. No lo creo. No lo veo así. Perdona, pero eso no es verdad. Me parece interesante, pero [...]. Sin embargo, yo creo que [...]. Creo que no es así. Por el contrario, [...]. Pienso justo lo contrario.
etwas ergänzen	**nachfragen**	**Zeit gewinnen**
Además [...]. Otro aspecto es/sería [...]. Todavía hay/habría que tematizar [...].	¿Qué quieres decir con [...]? ¿Me puedes explicar [...]? ¿Qué significa para ti [...]? ¿A qué te refieres? A ver si lo entiendo bien: [...].	Pues [...]. Bueno [...]. Mira, a ver si me explico: [...]. Espera (un momento). ¿Cómo te lo explico?

Destrezas • Expresión escrita

Schreiben | Expresión escrita

13 Den Schreibprozess organisieren | Organizar el proceso de escritura

Ideen sammeln und ordnen
- Lesen Sie sich die Aufgabenstellung genau durch und beachten Sie die Operatoren.
- Prüfen Sie, welche Textsorte zu erstellen ist, und beachten Sie ggf. den Adressaten.
- Sammeln Sie Ideen zum Thema und fertigen Sie die Notizen auf Spanisch an.
- Nutzen Sie den thematischen Wortschatz in den einzelnen Dossiers.
- Erstellen Sie eine sinnvolle Gliederung, die zu der Textsorte und Ihrem Ziel passt.

Texte schreiben
- Erstellen Sie einen ersten Entwurf anhand der angefertigten Gliederung.
- Variieren Sie den Satzbau und verwenden Sie Konnektoren, die Ihre inhaltliche Textgliederung sprachlich unterstreichen.

Konnektoren

strukturieren/aufzählen
primero/segundo/tercero • en primer/segundo lugar • para empezar • antes de (que + *subj.*) • luego • entonces • después • después de (que + *subj.*) • finalmente • al final • por último • para concluir

hinzufügen
además • asimismo • también • encima • aparte • de hecho • por cierto • sobre todo • en realidad

vergleichen
igualmente • similarmente • del mismo modo • de la misma manera

zusammenfassen
así • entonces • por eso/esto • para terminar/concluir • resumiendo • en resumen • en conclusión

Beispiele anführen
así • por ejemplo (p. ej.) • o sea • es decir

erklären
por eso/esto • porque • por lo tanto • por lo cual • como • esto quiere decir

Ergebnisse herleiten
en consecuencia • consecuentemente • por lo tanto • de este modo • de esta forma • así resulta que • gracias a • a causa de • debido a

paraphrasieren
mejor dicho • para decirlo de otra forma • en otras palabras • o sea • es decir

abwägen
por un lado • por otro lado • mientras que • en cambio • a diferencia de

entgegensetzen
sin embargo • no obstante • aunque • a pesar de • ahora bien • eso sí

▶

Destrezas • Expresión escrita

- Nehmen Sie die Modelltexte zu Hilfe und orientieren Sie sich am Aufbau der Texte und an den Formulierungen.
- Die Redemittel der Themen 10 und 12 können Ihnen auch bei Ihrer Argumentation oder Darstellung helfen. ▶ Presentar un tema, p. 231; ▶ La discusión, p. 232
- Wenn Sie Aussagen oder Ideen anderer übernehmen, kommentieren oder paraphrasieren, machen Sie das in Ihrem Text deutlich. ▶ Citar correctamente, p. 256

zitieren

Según/Para […] hay que destacar que […].
Desde la perspectiva de […] es central que […].
En el primer/segundo párrafo […] dice que […].
Al final del texto […] afirma que […].

La conclusión del texto es que […].
En las líneas […] se puede leer que […].
El personaje […] declara que […].
Cuando el/la autor/a argumenta que […].

Nach dem Schreiben

- Lesen Sie Ihren Text gründlich durch und prüfen Sie genau:

Inhalt
- Aufgabenstellung erfüllt?
- logische Gliederung (Aufbau, Absätze)?

Sprache/Ausdruck
- passendes Register (Standard-Spanisch oder Umgangssprache)?
- sprachlich gut gegliedert (Konnektoren)?
- abwechslungsreich (Wiederholungen vermieden)?
- sprachlich korrekt (Grammatik und Rechtschreibung)?

14 Eine Zusammenfassung schreiben | Escribir un resumen

Eine Zusammenfassung enthält die wichtigsten Informationen des Ausgangstextes in sachlicher und knapper Form. Häufig wird in der Aufgabenstellung ein bestimmter inhaltlicher Aspekt genannt, den Sie zusammenfassen sollen. Suchen Sie dann nur die Informationen aus dem Text heraus, die sich eindeutig auf die Aufgabenstellung beziehen.

Die Checkliste links hilft Ihnen beim Schreiben und Überprüfen Ihrer Zusammenfassung:

- fiktive Texte: in der 3. Person Präsens und im *pretérito perfecto*, um Vorzeitigkeit auszudrücken
- deutlich kürzer als der Ausgangstext
- eigene Worte, sich sprachlich möglichst vom Text entfernen
- Einleitungssatz (Textsorte, Titel, Autor/in, grobes Thema, ggf. Quellenangabe und Erscheinungsdatum)
- nur Fakten, keine persönliche Meinung
- keine Zitate und Textverweise

Resume la biografía del tío Ángel presentada en «El desaparecido» (p. 178–179).

El relato «El desaparecido», escrito por Julio Llamazares y publicado en 2011 en su libro «Tanta pasión para nada», cuenta la historia del tío del narrador, Ángel, un maestro miembro de un sindicato de izquierdas, la CNT, que da sus clases en un pueblo minero de León. Este tío desapareció después de la Guerra Civil y se transformó en «el fantasma» de la familia. Al comenzar la Guerra Civil, el tío Ángel decide huir a las montañas con otros republicanos porque tiene miedo de que los franquistas lo maten. A partir de ese momento, ni la gente del pueblo ni la familia saben más de él. Cuando acaba la guerra, su familia intenta encontrarlo, pero sin éxito. Unos dicen que logró escapar a Rusia y otros que murió defendiendo la ciudad de Bilbao durante la guerra. Sin embargo, nunca hubo forma de confirmar una u otra versión. Ángel desaparece para siempre. Con el tiempo, Ángel se convierte en una especie de fantasma o recuerdo en forma de foto en el comedor de la casa familiar.

Destrezas • Expresión escrita

15 Einen offiziellen Brief schreiben | Escribir una carta formal

Ein offizieller Brief (z. B. Bewerbungsschreiben) enthält verschiedene Bausteine (z. B. Empfänger, Anrede, Schlussformel), für die es typische Formulierungen bzw. Darstellungsweisen gibt.

Carta de presentación   **Absender**

Milena Müller
Tulpenweg 14
8222X Seefeld

A la atención de: Romero Sánchez   **Empfänger**
Hotel La Estrella
Calle Sierpes, 29
2953X Málaga

                                                       3 de mayo de 2025   **Datum**
                                                                                 Betreff
Asunto: Prácticas en el hotel «La Estrella»

Estimado señor Sánchez: **Anrede**

Le escribo para solicitar información sobre la posibilidad de realizar unas   **Einleitung**
prácticas en su hotel durante los meses de verano. Sé que ahora no tiene ofertas
publicadas, pero creo que podría ser una oportunidad para ambos.

Tengo 18 años y soy alumna del instituto «Carl-Spitzweg-Gymnasium», cerca de   **Bewerbung**
Múnich en Alemania. De momento estoy haciendo los exámenes de bachillerato   **(Ausbildung,**
y después me gustaría aprovechar el verano para hacer unas prácticas en el   **Abschlüsse,**
sector turístico porque me gustaría estudiar Turismo en la universidad de   **Erfahrung)**
Múnich a partir de octubre.
Ya tengo bastante experiencia en la gastronomía. Llevo dos años trabajando
como camarera en un café en el centro de Múnich los fines de semana.
Soy una persona responsable y me gusta trabajar en equipo. He trabajado de
voluntaria con la Cruz Roja dando cursos de primeros auxilios a jóvenes y soy
miembro de la redacción del periódico escolar de mi instituto.
También soy muy comunicativa y hablo cuatro idiomas con fluidez: alemán,
ruso, inglés y español. Domino muy bien el español y conozco bien la cultura
española porque pasé un año de intercambio en el curso escolar 2023/2024 en
un instituto en Madrid.
Además, tengo buenos conocimientos de los programas Word, PowerPoint y
Excel.

Mis pasatiempos son viajar, leer, tocar la guitarra y hacer deporte.   **Hobbys**

Estoy segura de que podré realizar un trabajo muy satisfactorio durante mis   **Schluss**
prácticas con ustedes, aprendiendo mucho y desarrollando mis habilidades y
conocimientos. Estoy disponible para realizar una entrevista con Ud. por
videollamada o teléfono y con mucho gusto responderé todas sus preguntas.

En espera de sus noticias, le saluda muy atentamente,   **Schlussformel**
Milena Müller

Adjunto: Currículum vitae   **Anlagen**

Destrezas • Expresión escrita

16   Einen Lebenslauf erstellen | Escribir un currículum vitae

Currículum vitae

Información personal
Nombre: Milena Müller
Dirección: Tulpenweg 14
                                     8222X Seefeld

Teléfono: +49 8421 6899769
E-Mail: Milena.Mueller@example.com
Fecha de nacimiento: 8 de febrero de 2008
Nacionalidad: alemana

Educación
Estudios:
06/2023   Bachillerato
09/2020 – 06/2021   Intercambio con el IES Madrid Sur, Madrid

Lenguas: alemán (nativo)
                                     ruso (nativo)
                                     español (B2)
                                     inglés (B2)

Conocimientos de
informática: Word, Excel y PowerPoint

Experiencia laboral
Mayo de 2021 – hoy   Trabajo de camarera en el «Café Weiß» en Múnich

Otras actividades
Desde 2019   Miembro de la redacción del periódico escolar
Desde 2018   Trabajo voluntario en «Bayerisches Rotes Kreuz» (Cruz Roja)

Intereses personales
Viajar, leer, tocar la guitarra, hacer deporte

Seefeld, 3 de mayo de 2025

Milena Müller

17   Eine Stellungnahme verfassen | Escribir un comentario personal

Je nach Aufgabenstellung vertreten Sie Ihren Standpunkt («*justifique su opinión*») oder beleuchten Sie die Fragestellung von verschiedenen Seiten («*discuta*»). Je nach Fragestellung bietet sich ein unterschiedlicher Aufbau an:

1. **Lineare Argumentation:**   ▶ Die eigene Meinung äußern, p. 232
   Drei Argumente, die Ihre eigene Position unterstützen.
2. **Dialektische Argumentation:**
   Ca. zwei Argumente gegen Ihre Position / Ca. zwei Argumente für Ihre Position.
   – Machen Sie sich bewusst, in welchem Kontext und in welcher Textsorte Sie die Stellungnahme verfassen sollen.
   – Schreiben Sie im Präsens und verwenden Sie Konnektoren.   Konnektoren, → p. 233

Destrezas • Expresión escrita

- Benennen Sie im Einleitungssatz das Thema und wecken Sie das Interesse der Leserinnen und Leser: z. B. Bezug zu einem aktuellen Ereignis, eine persönliche Anekdote/Erlebnis oder ein Zitat.
- Ordnen Sie die Argumente so an, dass Sie mit den Argumenten, die Ihre eigene Position unterstützen, enden. Das letzte Argument ist das überzeugendste Argument. ▶ Die eigene Meinung äußern und Argumente bewerten, p. 232
- Leiten Sie jedes Argument mit einer Behauptung ein. Erläutern und veranschaulichen Sie die Argumente mit Beispielen.
- Wägen Sie abschließend die Argumente ab und ziehen Sie eine Schlussfolgerung.

Expresiones útiles

Introducir el tema	El/La [...] es un/a	concepto • idea multifacética • tema	muy discutido/-a controvertido/-a candente	en la sociedad contemporánea.
	En la actualidad, hay una gran controversia en la sociedad (española) en cuanto a [...]			
Estructurar la argumentación	Un / Otro argumento es [...] • Por un lado [...]; por otro lado... • Es verdad/cierto que [...], sin embargo [...] • Mientras que [...] • En cambio [...] • No se debe olvidar que [...]			
Evaluar argumentos	Los argumentos	a favor en contra	son poco son bastante	plausibles. convincentes.
	Este argumento me parece		sólido • concluyente • equivocado • inaceptable	
	Este argumento		carece de validez. • se debe cuestionar.	
Dar ejemplos	El siguiente ejemplo apoya mi argumentación / este argumento. • Para nombrar un ejemplo [...] • Tomemos el ejemplo de [...]			
Opinar	A mi	modo de ver • juicio • entender		[...]
	En mi opinión [...] • Desde mi punto de vista [...] • No cabe duda de que [...]			
	Me parece	absurdo • lógico • plausible • vergonzoso • intolerable • increíble • fantástico		que + subj. [...]
	(No) Estoy de acuerdo con	esta lógica • este argumento • lo que dice [...]		porque [...]
	Comparto la opinión de [...]			
Llegar a una conclusión	En conclusión [...]. En resumidas cuentas [...]. Resumiendo se puede/podría decir que [...]. Considerando los argumentos presentados [...].			

Destrezas • Expresión escrita

	¿Sigue siendo importante estudiar lenguas hoy en día? Discuta.
Einleitung	En Alemania muchos jóvenes estudian diferentes idiomas en el instituto, como el inglés, el francés y también el español. Sin embargo, mucha gente dice que con el desarrollo de diferentes aplicaciones modernas ya no vale la pena estudiar lenguas y que es una pérdida de tiempo.
Fragestellung	Pero ¿es cierto que estudiar idiomas ya no sirve para nada?
Argumente dagegen	Por un lado, es cierto que con los traductores digitales en el futuro será muy fácil traducir textos escritos a otras lenguas.
Erläuterung	Es bien sabido que con el desarrollo tecnológico los traductores son cada vez mejores y traducen un texto con cada vez menos errores.
Beispiel	Hoy en día ya es posible insertar frases completas o incluso un artículo de periódico completo en una aplicación y recibir una traducción completa. Además, es correcto que hoy en casi toda Europa se sabe hablar inglés, ya que la gente joven en casi todos los países lo estudia y a veces logra un nivel relativamente bueno. Así parece que no hace falta aprender otros idiomas para hablar con la gente local en las vacaciones o para comunicarse en el mundo laboral.
Argumente dafür	Por otro lado, si quieres conocer bien a la gente de otro país e incluso hacer buenos amigos allí, es imprescindible que aprendas el idioma del país. La gente será mucho más abierta contigo viendo que te esfuerzas para hablar su lengua. Además, en una conversación real no puedes usar una aplicación que traduzca todo, y con el inglés posiblemente también habrá ciertos límites, porque no todos lo saben hablar de forma natural. Pero el aspecto más importante es que el aprendizaje te ayudará a conocer culturas nuevas y a ser más tolerante y comprensivo. Es que estudiar una lengua no significa solamente aprender vocabulario y gramática, sino también conocer las tradiciones y las costumbres de los respectivos países y darte cuenta de las diferencias que hay entre tu propia cultura y las otras. Así también te resultará más fácil entender la forma de vivir y pensar de la gente en el otro país y evitar malentendidos en el viaje o haciendo negocios.
Schlussfolgerung	En resumidas cuentas, se puede decir que, si eres una persona abierta que quiere conocer y entender a personas de otros países, claramente vale la pena estudiar lenguas extranjeras. (365 palabras)

18 Kreative Texte schreiben | Escribir textos creativos

Beim kreativen Schreiben gestalten Sie vorgegebene Texte kreativ um, indem Sie sie umschreiben oder weiterschreiben. Sie können z. B. den Text aus der Perspektive einer bestimmten Person erzählen oder einen Schluss für eine Geschichte erfinden. Ebenso erstellen Sie eigene Texte (z. B. Lieder, Gedichte, Hörspiel).

Beschäftigen Sie sich genau mit der Textgrundlage und entwickeln Sie die Handlung weiter unter Beibehaltung: – des Erzählers,
– des Problems bzw. der Handlung,
– der Hauptfiguren (Eigenschaften, Erlebnisse),
– der Erzählzeit.

Destrezas • Expresión escrita

Wenn Sie die Perspektive einer bestimmten Figur einnehmen, versetzen Sie sich in diese hinein und überlegen Sie, wie sie sich fühlt, was sie denkt und wie sie reagieren könnte. Überlegen Sie auch, wie sie sprechen oder schreiben würde (umgangssprachlich, formell etc.).
Wenn Sie eine Geschichte weiterschreiben, lassen Sie keine logischen Brüche mit dem Anfang der Geschichte entstehen.

> **Escribe un monólogo interior desde la perspectiva de la profesora de la novela «Era como mi sombra» (p. 76–77), cuando el protagonista se despide de ella.**
>
> El chico va pasando frente a la escuela, pero parece que va a seguir de largo. Se queda parado en la entrada y me mira. ¿No será otro que se va a la guerrilla? Pero por qué, si él era tan bueno y estaba tan interesado en otras cosas. Recuerdo las veces que lo vi ojear la Constitución y el Código Civil. Lo llamo y me acerco. Él duda. No sé, parece que quiere despedirse, pero también quiere irse corriendo. Se mira los zapatos, mira al cielo, mira el camino, pero no se atreve a mirarme a los ojos. Tiene vergüenza. Se va a ir. Se va a unir a la guerrilla. Es lo mismo que han hecho otros. ¿Pero por qué? Profesora Elvira, me dice, me voy, me uno a la guerrilla. Y eso ya lo sé y sé que no tiene muchas alternativas. Pero no es la única. Es lo que he tratado de enseñarle todo este tiempo. ¿En qué te falle?, pienso. O lo digo en voz alta, ya no lo sé. El chico se mira los zapatos, sucios, embarrados. Mira hacia el camino. Va a abrir la boca, pero la cierra. Me mira una vez más a los ojos y se encoge de hombros. Quiero decirle que se quede, que entre a la sala, que conversemos, pero ya se ha dado la vuelta y sigue el camino, fuera del pueblo, a la selva. Ese mismo camino que recorrimos tantas veces para que vieran los sitios por los que no debían pasar. O esa vez que les pedí que me acompañaran al campamento de los militares, para que vieran lo absurdo de ese camino. ¿Por qué se va? ¿En qué le falle?

> **Reescribe el cuento «Espuma y nada más» (p. 74–75) y relata los acontecimientos desde la perspectiva del capitán Torres.**
>
> Entré sin saludar. El barbero estaba repasando sobre una badana una de sus navajas. Fingió no darse cuenta de que yo había llegado y continuó repasando la hoja, como si yo no estuviera allí. Mientras me deshacía el nudo de la corbata, le dije: «Hace un calor de todos los demonios. Aféiteme». Y me senté en la silla.
> Llevaba cuatro días sin afeitarme. Cuatro días bajo el sol en busca de esos sucios revolucionarios, jóvenes que con sus tontas ideas ponen en peligro a nuestro país. El barbero comenzó a preparar el jabón y pronto subió la espuma. «Los muchachos de la tropa deben tener tanta barba como yo», dije, él abrió mucho los ojos pero siguió con su trabajo, no quiso contestar. «Pero nos fue bien, ¿sabe? Pescamos a los principales, ¿sabe?», volví a preguntar, pero él no comentó nada.
> Juan se llamaba, o Miguel. O Luis. No recordaba su nombre. Solo sabía que era el mejor barbero del pueblo y que todos me decían que no fuera a verlo. Decían que estaba loco si iba.
> «Venga usted a las seis, esta tarde, a la Escuela», le dije. «¿Lo mismo del otro día?», preguntó, su voz no parecía la de un hombre tonto de pueblo. «Puede que resulte mejor», respondí. «¿Qué piensa usted hacer?» «No sé todavía. Pero nos divertiremos». Otra vez me eché hacia atrás y cerré los ojos. «¿Piensa castigarlos a todos?», preguntó tímidamente. «A todos», respondí. El jabón se estaba secando en mi cara y no sé por qué el barbero esperaba tanto para comenzar. Pronto sentí la navaja en mi cuello. Yo pensé que el barbero estaría nervioso, que tal vez temblaría, pero no. El barbero no dudaba, no temblaba. Este hombre podría ahora mismo matarme. Podría cortarme esa vena.
> Vamos Luis o José o simplemente, barbero, pensé. Un corte más profundo y acabarás conmigo. Pero no eres tonto. Mátame y vendrá otro en mi lugar. Lo perderás todo: tu casa, tu barbería, a tu familia.

Destrezas • Expresión escrita

> Abrí los ojos. Mi barba había desaparecido. Ya no era un teniente. Era otra vez un hombre. Sin uniforme. Sin barba. En verdad era el mejor barbero del pueblo. Me miré en el espejo y sentí mi piel fresca y nueva.
>
> «Gracias», dije. Y saqué unas monedas del bolsillo para pagarle. Me fui hacia la puerta y desde allí le dije:
>
> «Me habían dicho que usted me mataría. Vine para comprobarlo. Pero matar no es fácil. Yo sé por qué se lo digo». Y me fui calle abajo.

19 Eine Figurencharakterisierung schreiben | Caracterizar a un personaje

- Suchen Sie im Text alle Informationen, die explizit über die Figur gegeben werden (z. B. Name, Alter, Aussehen, familiäre Situation, Vorlieben usw.).
- Konzentrieren Sie sich auch darauf, was man aus den Äußerungen anderer über diese Figur erfährt oder durch Reaktionen und Verhaltensweisen, die diese Figur zeigt.
- Notieren Sie sich zu jeder Information die dazugehörige Textstelle.
- Belegen Sie anschließend Ihre Aussagen mit Zitaten aus dem Text oder mit Textverweisen.
  Citar correctamente, → p. 256
- Werten Sie die Informationen aus: Wie kann die Information gedeutet werden? Was sagt die Information über die Figur aus?
- Passen Sie bei Aussagen auf, die von anderen Figuren über den Charakter gemacht werden, da sie subjektiv sind und erst auf Stichhaltigkeit geprüft werden müssen.

Beschreibung/Grundlegende Informationen	Analyse und Interpretation
Se llama [...].	Por eso hay que decir que [...].
Tiene [...] años.	Por lo tanto, se puede suponer que [...].
Tiene [...] hermano(s)/hermana(s).	Esto significa/muestra que [...].
Vive con [...] en [...].	De ello se puede deducir que [...].
	Resumiendo, se puede decir que [...].

Äußere Erscheinung ⟶ alto/-a • bajo/-a • bonito/-a • ciego/-a • delgado/-a • dulce • elegante • feo/-a • fuerte • guapo/-a • gordo/-a • joven • mayor • moderno/-a • pequeño/-a • pobre • raro/-a • rico/-a • viejo/-a

Es rubio/moreno/[...].
Tiene [...]
Lleva gafas.

Vorlieben, Verhalten ⟶ alegre • amable • divertido/-a • duro/-a • egoísta • gracioso/-a • inteligente • interesante • majo/-a • negativo/-a • nervioso/-a • rebelde • sano/-a • simpático/-a • solidario/-a • tímido/-a • tranquilo/-a • triste

Al principio uno se entera de que [...].
Después/Luego/Finalmente la persona [...].
[...] se comporta de una manera [...].
A [...] le gusta/encanta/interesa [...].
Para él/ella [...].

Destrezas • Mediación

	Caracteriza a Adriana, la niña de «La niña de Bogotá» (pp. 152–153).
Grundlegende Informationen / Explizite (direkte) Charakterisierung	Adriana es una niña pequeña de origen indígena que pide dinero en calles turísticas de Bogotá. Vive con sus abuelos en las afueras de la ciudad, en una chabola. No tiene padres, posiblemente murieron. No va a la escuela y vive de pedir monedas a las personas que pasan por la calle. Adriana llama mucho la atención porque «es muy bonita, menuda y frágil» (p. 152, l. 13) y pasa el día sola en la mitad de la calle. Además, tiene el «cabello rubio», «rasgos indígenas» (p. 152. l. 14) y tiene una sonrisa hermosa, «suerte de prodigio, casi un milagro» (p. 152, l. 29).
Rückschlüsse auf Charakter aufgrund von Verhaltensweisen / Implizite (indirekte) Charakterisierung	Sabemos que Adriana es pobre y vive en la calle y que lleva poca ropa (p. 152, l. 14). El frío no parece molestarla, por lo que se puede decir que ella ya está acostumbrada a su situación en la calle y que también es muy fuerte. Adriana parece ser una niña «ágil e intuitiva» (p. 152, l. 19) y que a pesar de su edad ya tiene mucha experiencia sobre la naturaleza humana. Aunque no va a la escuela y no tiene a nadie para que le enseñe, es una chica muy lista y es una buena observadora porque reconoce quién se va a conmover con ella y quién no (p. 152, l. 20). Además, sabe escoger a las personas para pedirles dinero y espera el mejor momento para acercarse (p. 152, l. 38). De todos modos, a Adriana no le gusta su situación y parece obvio que es una chica triste e infeliz. Aunque lo soporta bien, a ella no le gusta el frío (p. 153, l. 76) y no le gusta vivir en la ciudad. Le gustaría volver a su pueblo o ir tal vez a la escuela, pero necesita el dinero para sobrevivir (p. 153, l. 62) y por eso se queda en la calle.
Zusammenfassung	Resumiendo, se puede decir que Adriana es una chica inteligente, ágil y bonita, pero que se encuentra en una situación de pobreza que ella no puede cambiar. No obstante, es una chica que ha aprendido mucho de la vida en la calle, lo que también nos deja concluir que es una chica muy fuerte que lleva lo mejor que puede su situación.

Sprachmittlung | Mediación

20 Wiedergabe von Inhalten in der jeweils anderen Sprache | Expresar el contenido en el otro idioma

- Lesen Sie sich die Aufgabenstellung genau durch und klären Sie folgende Fragen:
  - Welche Themen bzw. Aspekte des Textes sollen gemittelt werden?
  - Um welche kommunikative Situation handelt es sich (Textsorte, Adressat/en, Anlass für Mediation, Register)?
- Lesen Sie den Ausgangstext durch bzw. hören Sie ihn an. Es können auch unbekannte Wörter vorkommen.
- Markieren oder notieren Sie die relevanten Informationen und geben Sie sie sinngemäß wieder.
- Gehen Sie auf kulturspezifische Besonderheiten ein und umschreiben Sie Begriffe, für die es keine Übersetzung gibt (z. B. Brezel, Abiball, Schultüte, Kehrwoche). Parafrasear palabras, → p. 254
- Achten Sie darauf, durch Ausdrücke wie *según el texto* [...] bzw. *según el/la autor/a* [...] klarzustellen, dass Sie den Inhalt eines fremden Textes wiedergeben.
- Verwenden Sie je nach Adressaten ein angemessenes Register (z. B. Duzen oder Siezen, informelle oder formelle Sprache etc.).

Destrezas • Análisis de textos

Hinweis

Sprachmitteln heißt auch, zwischen zwei Kulturen zu vermitteln, denn für manche Dinge in Spanien, Lateinamerika oder Deutschland gibt es keine Entsprechung in der anderen Sprache oder Kultur. Oft verbinden die Menschen mit einem Begriff ganz unterschiedliche Dinge, z. B. *el bar* / die Bar.
- Machen Sie sich beim Sprachmitteln bewusst, dass Ihr Gegenüber evtl. bestimmte Dinge nicht kennt, die für Sie selbstverständlich sind, oder dass Sie jemand vielleicht nicht sofort versteht, obwohl Sie den Inhalt korrekt übertragen haben.
- Fragen Sie sich, was Ihr Gegenüber evtl. nicht oder anders verstehen könnte, und erklären Sie diese Aspekte genau. ▶ Parafrasear palabras, p. 254

Textanalyse | Análisis de textos

21 Sachtexte | Textos informativos

Eine Sachtextanalyse zielt, abhängig von der Aufgabenstellung, auf unterschiedliche Aspekte des Textes ab, z. B. die Intention des Autors / der Autorin, die verwendete Sprache, den Ton des Textes. Untersuchen Sie den Text auf die geforderten Aspekte und nutzen Sie in Ihrer Darstellung sowohl Zitate als auch Textverweise.
- Einleitung mit allgemeinen Informationen: Textsorte, Autor/in, Titel, Datum und Ort der Publikation, Thema, kurze Inhaltsangabe

> El texto es un artículo (periodístico/científico) / un reportaje / un comentario / una entrevista / un discurso (político/filosófico) / una carta abierta / […] que fue publicado/-a el [*fecha*] en el periódico / la revista / […].
> El autor / La autora se llama […].
> El título es […] y (el artículo) tematiza / trata de […].
> El texto contiene fotos/dibujos/estadísticas/[…].

- Analyse der vom Autor / von der Autorin beabsichtigten Wirkung:

El/La autor/a El/La orador/a	informa sobre • explica • aclara • amplía la información sobre • ilustra • revela • profundiza • presenta	el tema • el caso • el fenómeno • los resultados
	cita a expertos/autoridades/testigos […]. apoya su opinión con datos estadísticos. describe (a) […] de manera positiva/negativa.	
El título	busca pretende	despertar el interés del lector • atraer al lector • llamar la atención del lector
El resumen	presenta	la información principal • una síntesis de lo principal • información previa
Los subtítulos	indican el comienzo de un nuevo aspecto. ayudan al lector a orientarse en el texto.	
Las citas intercaladas	refuerzan lo dicho • justifican las explicaciones	

Destrezas • Análisis de textos

- Bewertung des Standpunktes der Autorin / des Autors und der Schlüssigkeit der Argumentation:

> El autor / La autora...
> logra convencer/conmover al lector utilizando [...].
> aumenta la credibilidad de sus argumentos.
> provoca simpatía/solidaridad con alguien en el lector.
> Los argumentos en contra / a favor predominan (claramente).
> La palabra [...] contiene una valoración negativa/positiva.

- Analyse der Sprache:

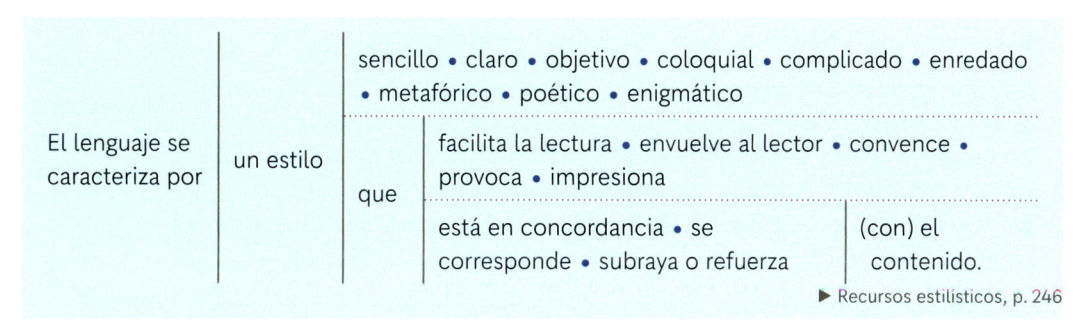

El lenguaje se caracteriza por	un estilo		
		sencillo • claro • objetivo • coloquial • complicado • enredado • metafórico • poético • enigmático	
		que	facilita la lectura • envuelve al lector • convence • provoca • impresiona
			está en concordancia • se corresponde • subraya o refuerza	(con) el contenido.

▶ Recursos estilísticos, p. 246

22 Narrative Texte | Textos narrativos

Die bestimmenden Elemente von narrativen Texten (z. B. Roman, Kurzgeschichte, Erzählung) sind die Handlung, die Figuren, Zeit, Raum und die Erzählperspektive (z. B. allwissender, personaler oder Ich-Erzähler).

- Allgemeine Informationen: Werk, Gattung, Autor/in und evtl. Epoche:

> El texto es (un extracto de) una novela / un relato corto / un cuento [...].
> Se trata de un fragmento de la novela [...].

- Inhalt des Textes: zentrales Thema, Situation, Zeit, Ort, Erzählperspektive sowie handelnde Personen und ihre Beziehung zueinander:

El texto trata de [...]. El tema central es [...].	
La historia / La acción	tiene lugar en [...]. se desarrolla en [...]. se sitúa en [...].
El (yo) narrador relata en primera/tercera persona porque [...]. Es un narrador omnisciente / con una perspectiva limitada.	
El/La protagonista El personaje principal	es/parece [...]. es un modelo/ejemplo para [...]. muestra un comportamiento/reacciones [...].

- Analyse der formalen und stilistischen Besonderheiten, die in Zusammenhang mit dem Inhalt und der Aussage des Textes stehen, sowie deren Wirkung und Funktion: ▶

Destrezas • Análisis de textos

El texto contiene expresiones como [...].	
El autor / La autora	emplea un lenguaje [...]. utiliza detalles/imágenes/repeticiones/enumeraciones/comparaciones.
La palabra clave / la metáfora / el símbolo expresa/indica/sugiere [...].	
El autor / La autora	quiere llamar nuestra atención sobre [...]. quiere demostrar que [...].

▶ Recursos estilísticos, p. 246

Analiza cómo el narrador presenta a Kadouae. («Las letras», pp. 115–116)

El cuento «Las letras», escrito por Edna Iturralde y publicado en 2013 en el libro *Verde fue mi* selva, trata de Kadouae, un niño huaorani, que gracias a que aprende a leer, puede ayudar después a su comunidad a tomar decisiones políticas importantes. El conflicto de Kadouae en el cuento, sin embargo, es que él es, por un lado, un chico que quiere ser libre y no quiere ir a la escuela y por el otro lado, un chico curioso con una gran capacidad para aprender.

El cuento está narrado completamente por un narrador en tercera persona, que ve todo lo que pasa a través de los ojos del protagonista Kadouae. El narrador es omnisciente y así nos presenta todas las caras del conflicto y nos revela los pensamientos y los sentimientos de los personajes.

Para presentarnos a Kadouae de una manera interesante, el narrador usa distintas estrategias y técnicas narrativas. Primero, el relato se inicia *in medias res* y nos muestra al niño en acción. El narrador describe cómo Kadouae salta entre los árboles (p. 115, ll. 1–8), al mismo tiempo que explica que para él es «muy difícil aceptar que le di[gan] qué hacer o adónde ir» (p 115, ll. 14–15), que no quiere ir a la escuela, sino que prefiere jugar (p. 115, l. 16–19; p. 115, ll. 21–22). Kadouae se presenta como un niño ágil, un poco rebelde y libre, con un fuerte deseo de ser independiente, de hacer lo que le dé la gana.
Al mismo tiempo, el narrador dice explícitamente que Kadoue es «muy curioso» (p. 115, l. 32) y afirma que «en lo más oculto de su corazón s[iente] muchos deseos por saber qué se hac[e] en la escuela» (p. 115, ll. 32–34). Y la capacidad de Kadouae para aprender la subraya también, cuando dice que el niño quiere conocer la forma de las letras (p. 115, l. 45) y que aprendió las letras «sin mucho esfuerzo» (p. 116, l. 52).

El narrador, además, usa algunos recursos estilísticos para que el lector perciba con más fuerza el conflicto de Kadouae en el cuento. De este modo, el deseo de saber de Kadouae aparece en el relato a través de la mención explícita y reiterada de la «curiosidad» (p. 115, l. 22 y p. 116, l. 49). Sus dudas y conflictos internos se nos muestran mediante el uso del estilo indirecto libre (p. 116, l. 49), además de la exposición de sus pensamientos (p. 115, l. 45).

El relato «Las letras» nos presenta así la vida cotidiana de un niño huaorani, cuyas dudas y aventuras bien podrían ser las de cualquier niño. Mediante determinadas estrategias narrativas y recursos estilísticos, el narrador permite que el lector siga a Kadouae de muy cerca en sus conflictos, aventuras y en el aprendizaje del poder de las letras.

Einleitung / Grundlegende Information

Erzählperspektive

Darstellung der Figur

Erzähltechniken / Stilistische Besonderheiten

Schlussfolgerung

Destrezas • Análisis de textos

23 Dramatische Texte | Textos dramáticos

Das klassische Drama besteht aus fünf Akten (*actos*), die in einzelne Szenen (*escenas*) unterteilt sind:
- Im ersten Akt werden die Figuren und die Handlung eingeführt.
- Im zweiten Akt entwickelt sich die Handlung weiter und der Konflikt wird präsentiert.
- Im dritten Akt findet der Höhepunkt statt.
- Im vierten Akt wird die Handlung in die Länge gezogen, um die Spannung zu steigern.
- Im fünften Akt erfolgt die Katastrophe (Tragödie) oder Lösung des Konflikts (Komödie).

In den Regieanweisungen (*acotaciones para la puesta en escena*) beschreibt der/die Autor/in, wie er/sie sich das Bühnenbild (Schauplatz, Atmosphäre), die Figuren (Stimmung, Tätigkeiten, Kleidung) etc. vorstellt.

- Aufgabenstellung und Vorbereitung des Textes
    1. Setzen Sie sich mit der Aufgabenstellung auseinander (Operator und Aspekte, die untersucht werden sollen).
    2. Gliedern Sie den Text in Teile, in denen neue strukturelle Aspekte auftauchen: ein Wechsel der Zeit, des Ortes, der Figuren oder der Ereignisse.
    3. Formulieren Sie einen Einleitungssatz, der den Titel, den/die Autor/in, die Quelle, das Erscheinungsdatum und das Thema des Textes enthält. Gehen Sie ggf. auch auf die Struktur des Dramas ein.

El drama	se llama […].
La tragedia	fue escrito/-a en el año […].
La comedia	fue publicado/-a en la editorial […].
La tragicomedia	trata de […].

| | consta de | […] actos | con | acotaciones. |
| | se divide en | […] escenas | sin | |

- Zusammenfassung und Situierung des Textes
    Fassen Sie die Handlung des Dramas zusammen und ordnen Sie es in den historischen und sozialen Kontext ein.

- Analyse des Textes
    Abhängig von der Aufgabenstellung müssen Sie das Drama auf unterschiedliche Aspekte untersuchen. Wichtig ist, dass Sie mit dem Text arbeiten und Ihre Ergebnisse durch Zitate und Textverweise belegen. Dies gilt auch für eine Figurencharakterisierung
    Caracterizar a un personaje, → p. 240

- Analyse der Wirkung
    Erläutern Sie – basierend auf den von Ihnen untersuchten Aspekten – die Wirkung, die das Stück auf die Leser/innen bzw. Zuschauer/innen haben könnte.

| La obra | pretende | instruir • ilustrar • educar • divertir • alegrar al público • presentarle al espectador un espejo para que se mire a sí mismo |
| | | me ha gustado porque […] • me ha hecho reflexionar sobre […] • se puede recomendar ya que […] |

Destrezas • Análisis de textos

24 Lyrische Texte | Textos líricos

Lyrische Texte (z. B. Lieder, Gedicht) sind zumeist an ihrem Aufbau zu erkennen (Strophen, Verse).
- Einleitung / grundlegende Informationen: Thema, lyrisches Ich (*yo lírico*), Adressat/in

> El poema / La canción tematiza / trata de [...].
> El yo lírico es/parece [...].
> El yo lírico se dirige a [...].

- Formale Aspekte: Strophen, Verse, Rhythmus, Reime und Reimschema (Abfolge der Reime innerhalb einer Strophe)

El poema La canción	tiene consta de se compone de	un título. versos (libres). rimas. (tres) estrofas. un estribillo.

Analyse einzelner Strophen oder Sinnabschnitte im Hinblick auf ihre Aussage bzw. die in der Aufgabenstellung geforderten Aspekte:

El yo lírico expresa [...]. se dirige a [...]. El tono del poema es El ritmo de la canción es		alegre/triste/melancólico. dinámico/lento/repetitivo.	
El lenguaje	del poema de la canción	se caracteriza por un estilo	claro/complicado/irónico/ dramático.
El autor / La autora utiliza		elementos cómicos/dramáticos. expresiones como [...]. descripciones de [...]. metáforas/comparaciones/símbolos.	
La metáfora La comparación El símbolo	expresa [...]. enfatiza [...]. sorprende. provoca.		

Bei der Analyse von Gedichten ist es wichtig, den Text auf rhetorische Mittel (*recursos estilísticos*) zu untersuchen bzw. deren Wirkung herauszuarbeiten:

Recursos estilísticos

- **Antithese** (*antítesis*): Zusammenstellung entgegengesetzter Begriffe oder Aussagen:
  Más se agranda la pena, más se achica el corazón.
  A veces llora de alegría, a veces ríe de dolor.
  La muerte es tan fácil y tan difícil la vida.

Destrezas • Análisis de textos

- **Aufzählung** (*enumeración*): Aneinanderreihung von Wörtern oder Satzgliedern:
  Todo estaba en mi memoria: la montaña, los pájaros y los abrazos.
  Por cielo, por tierra, por mar, por ti.
  Ella era amable, atenta, inteligente, así era mi madre.

- **Metapher** (*metáfora*): Ein Wort oder Ausdruck wird aus seinem ursprünglichen Bedeutungszusammenhang in einen anderen übertragen:
  la flor de la vida (= la juventud)
  las perlas de tu boca (= los dientes de tu boca)
  la vida es una montaña rusa (= la vida tiene altos y bajos)

- **Oxymoron** (*oxímoron*): Kombination von zwei Begriffen, die sich gegenseitig ausschließen:
  soñar despierto/-a
  la realidad virtual
  el hielo abrasador

- **Personifizierung** (*personificación*): Leblosem werden Eigenschaften oder Handlungsweisen von Lebewesen zugeordnet:
  El amor golpea la puerta.
  La naturaleza es sabia.
  La luna le sonreía.

- **Pleonasmus** (*pleonasmo*): eine Information wird mehrfach bzw. redundant genannt:
  Avanzamos adelante.
  ¡Cállate la boca!
  Voló por los aires.

- **Symbol** (*símbolo*): konkreter Gegenstand, der stellvertretend für einen Begriff steht:
  la paloma (= la paz)
  el corazón (= el amor)
  la corona de laurel (= la victoria)

- **Vergleich** (*comparación*): Vergleich von zwei Dingen; Signalwort: como:
  El tiempo avanza como un río implacable.
  Sus manos son suaves como pétalos de rosa.
  Su risa es tan dulce como el néctar de las flores.

Vermutungen zur Aussage bzw. Wirkungsabsicht des lyrischen Textes:

El autor / La autora quiere	divertir sorprender chocar	al lector.
	demostrar que […].	

- Beachten Sie bei Liedern zusätzlich, ob und wie die Musik die Wirkung des Textes unterstützt.

Destrezas • Análisis de textos

> **Analiza la forma en que la canción «Movimiento» (p. 98) presenta la relación entre humanidad y migración. Ten en cuenta la estructura del poema, el yo lírico y los recursos poéticos que utiliza.**

Einleitung / grundlegende Informationen	La canción «Movimiento», escrita por Jorge Drexler y publicada en 2017 en el álbum «Salvavidas de hielo», trata de que la migración es algo natural para los seres humanos.
Formale Aspekte	El fragmento de la canción consta de tres estrofas, la última es el estribillo. Tiene distintos tipos de versos, algunos largos y otros cortos. También tiene rima, lo que le da ritmo y musicalidad al texto.
Analyse	El «yo lírico» habla en primera persona plural: «apenas nos pusimos» (l. 2) «comenzamos» (l. 3). Al inicio de la segunda estrofa dice incluso: «somos una especie en viaje» (l. 11). Esto expresa la idea de que el poema habla de una experiencia humana y universal. La idea central del poema es que la relación entre humanidad y migración es natural y siempre ha existido. El poema subraya esta idea usando algunas figuras poéticas como la metáfora. Así, el yo lírico dice que la especie humana es una «especie en viaje» (l. 11). De esta manera el poema compara la historia de los seres humanos con un viaje por el mundo y por el tiempo. Además, destaca que como especie «no tenemos pertenencias, sino equipaje» (l. 12). En otras palabras, las cosas que tenemos no nos pertenecen, lo único que nos pertenece es lo que llevamos con nosotros, es decir, nuestros «sueños» (l. 20).
Aussage / Wirkungs- absicht	Con estas metáforas, el autor refuerza la idea central, que la relación entre la humanidad y la migración es natural, porque «estamos vivos porque estamos en movimiento» (l. 14).

25 Bilder | Imágenes

- Art des Bildes (z. B. Foto, Zeichnung, Gemälde, Plakat), ggf. Künstler/in Quellenangabe und Thema:

> Se trata de un/a [...] que fue publicado/-a en [...] el [...].
> La foto / El cuadro muestra una escena de [...] en [...].
> Es una foto / un dibujo en blanco y negro / en color.

- Beschreibung:

> En el centro
> En primer plano   hay / está/n [...].
> Al fondo   puedes ver [...].
> Arriba / En la parte superior   se ve/n [...].
> Abajo / En la parte inferior   se distingue/n [...].
> A la izquierda / A la derecha
>
> Detrás (de) / Delante (de) [...]   hay un/a [...].
> Al lado (de) [...]   está el/la[...].

Destrezas • Análisis de textos

– Wirkung:

> Esta imagen expresa/muestra/representa [...]. La imagen/foto hace pensar en [...].

– Aussage und Kommentar:

> El objetivo de la foto/imagen es criticar/demostrar/expresar que [...].
>
> En mi opinión, la foto significa/transmite como mensaje [...].
>
> La imagen me llama la atención porque [...].

26 Plakate, Comics und Karikaturen | Carteles, cómics y caricaturas

Es gibt verschiedene Arten von Plakaten: Werbeplakate, Anzeigen, Filmplakate, Propaganda-Plakate etc.

Wichtige Bestandteile eines Comics / einer Karikatur sind: Bilder (hier: *viñetas*), Sprechblasen (*bocadillos*) und Bildunterschriften (*leyendas*).

– Titel, Zeichner/in, Erscheinungsort und -datum, Thema:

> El cartel / El cómic / La caricatura de [...] publicado/-a en [...] el [...] trata de [...].

– Beschreibung:

> En el cartel / el cómic / la caricatura se puede ver [...].
> El cartel / El cómic / La caricatura muestra/presenta [...].

El cómic	consta de • está compuesto por		viñeta/s	a color • blanco y negro
El cartel	consta de • está compuesto por		un eslogan • un lema • un logo	
La caricatura	se encuentra • se halla • está colocada • aparece		en la parte superior/inferior • al margen de [...] • encima de [...] • debajo de [...] • al lado de [...]	
	da información sobre • comenta		el lugar • el tiempo • los personajes	
El texto	de los bocadillos del cartel	contiene	palabras frases	sueltas • cortas • (in)completas • elípticas • la imitación de sonidos (onomatopeyas) • exclamaciones • interrogaciones
	se encuentra ubicado		en el centro • a la izquierda/derecha • en la parte superior / inferior	de [...]
El tipo de letra	se caracteriza por		su tamaño • el color • estar en mayúsculas/minúsculas	

– Analyse:
  • Wofür stehen die abgebildeten Gegenstände, Personen oder Handlungen?
  • Wie sind sie dargestellt und welche Wirkung wird damit erzielt?

Destrezas • Análisis de textos

- Gibt es (weitere) Symbole?
- Auf welches (aktuelle) Ereignis/Problem nimmt das Plakat / der Comic / die Karikatur Bezug?

Tal vez Probablemente Se puede suponer que	[...]	representa [...]. simboliza [...].

El texto se encuentra en el centro.
                       arriba/debajo de [...].
                       a la izquierda/derecha de [...].

El texto de los bocadillos contiene [...].
El cartel / El cómic / La caricatura se dirige a niños y niñas / a jóvenes / al público general.

– Aussage:

El cartel / El cómic / La caricatura critica/muestra/subraya [...].

– Stellungnahme: Wie finden Sie das Plakat / den Comic / die Karikatur? Stimmen Sie mit dem/der Autor/in überein?

Me parece que [...].   En mi opinión, [...].   Me pregunto si [...].

27 Filme | Películas

– Name des Films, aus dem die Szene stammt, Regisseur/in und Beschreibung dessen, was passiert (Figuren, Gegenstände):

Esta escena es de la película / del documental / de la serie / del cortometraje [...].
El director / La directora se llama [...].
La película trata de [...].
En esta escena [...].

– Ton: Dialoge, Musik, Hintergrundgeräusche

En esta escena habla/n [...].
La música es alegre/triste/emocionante/dinámica/lenta/[...].
El sonido / La música provoca suspense/alegría/miedo/pena [...].
Se puede escuchar de fondo [...].

– Wirkung und Aussage:

La música crea un ambiente
El ambiente es/parece   alegre/triste/frío/relajado/[...].

La relación entre los personajes parece buena/complicada/agresiva/fría/normal/[...].
La música se usa para aumentar/disminuir/mantener la tensión.
Esta escena critica/muestra [...].

Destrezas • Análisis de textos

- Filmressourcen:

El/La director/a	se sirve de	flashbacks flashforwards elipsis fundidos a negro	para	viajar al pasado. retornar al presente. omitir acciones o hechos. transmitir la sensación de transcurso de tiempo o espacio.

- Kameraeinstellung:

El/La director/a se sirve de	un gran plano general		para	acentuar • reforzar • subrayar • apoyar • mostrar
	un plano	general • medio • americano • corto • de detalle		

Gran plano general | Plano general | Plano medio | Plano americano | Plano corto | Plano de detalle

28 Statistiken und Grafiken | Estadísticas y gráficos

- Thema, Datum und Quellenangabe:

La estadística / La infografía El gráfico / diagrama (circular / de barras / de curvas)	de [...] del año [...]	muestra / trata de [...]. da información sobre [...]. compara el/la [...] con [...].

- Wiedergabe der Informationen:

La estadística	se presenta en forma de	tabla • un gráfico de barras / curvas • un diagrama circular	
En torno al • Mientras que el • Cerca del	17 % (por ciento)		declara • afirma • niega • rechaza • considera • opina • aprueba • (no) se identifica con [...]
Una parte considerable • Un porcentaje elevado • La mayor parte • Más de la mitad • Un cuarto • Dos tercios		(de los encuestados) (de la población) (de los españoles)	
Una amplia • La gran	mayoría • minoría		
Se puede observar	un aumento • un descenso • una caída		del [...] % (por ciento).
Este	descenso aumento	se ha producido (especialmente) en [...] se observa sobre todo en (el sector de) [...]	
El número de [...]	se ha reducido ha aumentado	a la mitad • al [...] por ciento • considerablemente [...]	

▶

251

Destrezas • Competencia digital

– Analyse der Informationen:

Los datos	muestran • revelan • manifiestan	una tendencia	favorable • negativa	con respecto a [...]
		algunas diferencias		
Esto afecta • Esto concierne		en	menor • mayor	medida a [...]
Es un factor que parece estar asociado a...				
Esto se debe a [...]				

– Zusammenfassung:

Lo más importante es que [...].
En resumen, se puede decir que [...].

Medienkompetenz | Competencia digital

29 Bedienen und Anwenden | Manejar y aplicar
Texte auf Spanisch mit dem Computer schreiben | Escribir textos en español en el ordenador
Wenn Sie längere Texte auf Spanisch mit dem Computer verfassen wollen, ist es nützlich, diese mit einem Textverarbeitungsprogramm auf dem Computer zu schreiben.
– Wenn Sie die Sprache des Programms auf Spanisch einstellen, können Sie die Rechtschreibprüfung nutzen und Ihre Texte einfacher korrigieren.
– Außerdem können Sie die Wörter Ihres Textes zählen lassen und die Wortanzahl entsprechend anpassen.
– Achten Sie aber darauf, Ihre Texte nicht immer gleich mit dem Rechtschreibprogramm zu verfassen, damit Sie eine Kontrolle über Ihre Fehler haben und feststellen können, wo Sie sich noch verbessern müssen.

Die spanischen Sonderzeichen können Sie mit Tastenkombinationen einfügen.
Auf einem Windows-Computer drücken Sie bitte die [alt]-Taste und

0241 für das ñ   0191 für ¿   0225 für das á   0233 für das é   0237 für das í   0243 für das ó
0209 für das Ñ   0161 für ¡   0193 für das Á   0201 für das É   0205 für das Í   0211 für das Ó

Auf einem Mac-Computer drücken Sie bitte
– für das Akzentzeichen: die [Akzent]-Taste und anschließend den entsprechenden Buchstaben
– für das ñ/Ñ: zunächst die Tasten [alt] sowie [n] und anschließend das [n] bzw. [N]
– für ¿ und ¡: die [alt]-Taste und die normale [?]- bzw. [!]-Taste

30 Produzieren und Präsentieren | Producir y presentar
Wenn Sie ein Produkt erstellen und präsentieren möchten, helfen Ihnen folgende Tipps:

a Podcast und Video erstellen | Crear un *podcast* y un vídeo
Bei der Erstellung eines Podcast / eines Videos gehen Sie folgendermaßen vor:
– Überlegen Sie sich, über welches Thema Sie sprechen wollen, und schreiben Sie einen Text für Ihren Podcast / Ihr Video   ▶ Organizar el proceso de escritura, p. 233

Destrezas • Competencia digital

- Sie können dazu die Kamera bzw. die Aufnahmefunktion eines Smartphones nutzen. Es gibt auch verschiedene Programme, mit denen Sie Ihren Podcast am Computer aufnehmen können. Testen Sie dafür vorher die Qualität des Mikrofons bzw. der Kamera.
- Üben Sie Ihren Text mehrere Male, bevor Sie den Podcast / das Video aufnehmen. Achten Sie bei einem Video besonders darauf, dass Text und Bild zusammenpassen.
- Nehmen Sie sich auf und stellen Sie Ihren Podcast / Ihr Video Ihren Mitschülerinnen und Mitschülern zur Verfügung.
- Sie können professionelle oder gut gelungene Podcasts auch als Modell für Ihren eigenen Podcast nutzen oder dazu, Ihr Hörverstehen zu schulen und sich über verschiedene Themen zu informieren. Recherchieren Sie dazu im Internet, welche spanischsprachigen Podcasts interessant für Sie sind, und hören Sie sie an.
- Oft bieten z. B. Radio- oder Fernsehsender ihr eigenes Podcastprogramm.

b Kollaboratives Schreiben | Escritura colaborativa

Besonders wenn Sie einen Text in Partner- oder Gruppenarbeit erstellen sollen, können Programme zum kollaborativen Schreiben sehr hilfreich sein. Solche Programme finden Sie kostenlos im Internet. Mithilfe solcher Programme können Sie gleichzeitig im selben Dokument arbeiten und Ihre Texte direkt gegenseitig ergänzen, kommentieren und korrigieren.

c Quellendokumentation und rechtliche Grundlagen | Documentación (de las fuentes y de los derechos de uso)

Unabhängig vom Medium (Poster, Präsentation, Podcast oder Video) achten Sie immer darauf, welche Musik, Bilder oder Videos Sie kopieren, herunterladen oder präsentieren dürfen.
- Geben Sie immer die Quelle an, aus der Sie Ihre Informationen bzw. Musik, Bilder, Statistiken, Videos usw. beziehen. Nutzen Sie Bilddatenbanken mit kostenlosen und lizenzfreien Bildern.
- Achten Sie dabei darauf, dass Sie den Urheber und das Datum angeben, an dem Sie auf die Quelle zugegriffen haben.
- Gehen Sie verantwortungsvoll sowohl mit Ihren eigenen als auch mit fremden Daten um, achten Sie auf den Schutz der Daten und halten Sie die Privatsphäre ein.

31 Medien kritisch bewerten | Evaluar los medios

Die verschiedenen Medien (z. B. Podcast, Internet, soziale Netzwerke usw.) sind weit verbreitet und bieten viele Vorteile. Dennoch treten auch Nachteile bei der Nutzung bestimmter Medien auf, und manche Medien eignen sich zu bestimmten Zwecken besser als andere.
- Überlegen Sie sich zunächst immer die Vor- und Nachteile für Sie und die anderen, bevor Sie ein Medium einsetzen, und entscheiden Sie sich dann bewusst für die Nutzung eines bestimmten Mediums.
- Achten Sie darauf, wann und wie oft Sie welche Medien benutzen. So behalten Sie eine Kontrolle über Ihre Mediennutzung und können sich überlegen, wann Sie z. B. ihr Handy wirklich brauchen oder in welchen Situationen Sie darauf verzichten können.

Werkzeuge und Arbeitstechniken | Herramientas y estrategias de trabajo

32 Unbekannte Wörter erschließen | Deducir vocabulario
- Nutzen Sie Ihre Kenntnisse anderer Sprachen, um die Bedeutung unbekannter Wörter zu erschließen (Achtung: *falsos amigos*, z. B. *la carta* [der Brief] und die Karte [*la tarjeta*]).
- Erschließen Sie sich Wörter über die Wortfamilien (gemeinsamer Wortstamm). Die Endung gibt Ihnen oft einen Hinweis auf die Wortart.
- Erschließen Sie Wörter aus dem Kontext, mithilfe von Abbildungen oder der Gestaltung eines Textes.
- Die Präfixe und Suffixe geben Ihnen Informationen zur Wortart und zur Bedeutung.

Präfixe:
ante-: vor, voraus: *anteayer, antecedente*
a-/anti-: gegen, nicht: *apolítico, antifascista*
bi-: zwei: *bilingüe, bicicleta*
co-/con-: mit, zusammen: *colaborar, el contexto*
in-/-im-, de-/des-, di-/dis-: un-, zer-, ab-: *imposible, desesperado, disminuir*
pre-: vor: *prevenir, el prefijo*
sobre-: über: *sobresaliente, sobresaltar*
sub-: unter: *el submarino, el subdesarrollo*

Suffixe:
-dad/-tad/-tud: weibliches Substantiv: *la ciudad, la facultad, la actitud*
-ción/-sión: weibliches Substantiv: *la función, la decisión*
-ema/-ista: männliches Substantiv aus dem Griechischen: *el problema, el deportista*; die weibliche Form lautet identisch: *la deportista*
-able/-ible, -ente/-ante: Adjektiv: *manejable, comprensible, elocuente, semejante*
-tor/-dor: Substantiv oder Adjektiv: *el traductor, el comedor, conservador/a*
-ito/-illo: Verkleinerungsform: *el pedacito, el chiquillo*
-azo: Vergrößerungsform: *el golazo, el manotazo*

33 Wörter umschreiben | Parafrasear palabras
Wenn Ihnen ein Wort nicht einfällt, können Sie auf verschiedene Umschreibungsstrategien zurückgreifen.
- Erklären Sie das Wort mithilfe eines Relativsatzes.
- Beschreiben Sie die Verwendung des Gegenstandes.
- Erklären Sie das Wort mit einem Wort aus derselben Wortfamilie.
- Verwenden Sie Vergleiche, Synonyme oder Antonyme.
- Erklären Sie das Wort mithilfe von Beispielen.

Es una persona que [...].
Es una cosa que [...].
Es algo que sirve para [...].
Es como [...].
Es un sinónimo de [...].
Es el contrario de [...].

Destrezas • Herramientas y estrategias de trabajo

34 Mit dem Wörterbuch arbeiten | Utilizar un diccionario

Spanisch – Deutsch | Español – Alemán

Ein Wörterbucheintrag enthält verschiedene Informationen zu einem Wort. Dazu muss man u. a. einige Abkürzungen kennen. Verschaffen Sie sich einen Überblick über die Bedeutung der verwendeten Abkürzungen im Abkürzungsverzeichnis am Anfang oder Ende des Wörterbuches.

Aussprache   Genus (bei Substantiven)   deutsche Entsprechung

> hora ['ora] f 1. (de un día) Stunde; ~ de consulta Sprechstunde 2. (del reloj) Uhrzeit;
> ¿qué ~ es? Wie viel Uhr ist es? 3. (tiempo) Zeit; tener... ~s de vuelo Flugstunden haben

Tilde (ersetzt das Stichwort)   verschiedene Bedeutungen des Wortes

- Sie finden die Wörter im Wörterbuch immer in ihrer Grundform, d. h. ein konjugiertes Verb (se divierten) im Infinitiv (divertirse), ein Substantiv im Singular, ein Adjektiv in der maskulinen Form.
- Das ñ und ll sind im spanischen Alphabet eigene Buchstaben. Daher steht z. B. das Wort caña erst hinter cantar.

Tipps:
- Lesen Sie immer den ganzen Eintrag und prüfen Sie, welche der verschiedenen Bedeutungen in den Kontext passt.
- Zusammengesetzte Wörter und Ausdrücke stehen meistens nur unter einem der Teile, z. B. jugar al fútbol unter jugar oder fútbol.
- Achten Sie auf die Lautschrift in den eckigen Klammern, um die Aussprache zu überprüfen.

Deutsch – Spanisch | Alemán – Español

Wenn Sie in einem deutsch-spanischen Wörterbuch ein Wort nachschlagen, achten Sie auf Folgendes:
Dasselbe Wort kann mehrere Entsprechungen haben, z. B. kann „Karte" folgende Bedeutungen haben:
Postkarte, Landkarte, Spielkarte, Konzertkarte usw. Lesen Sie daher den ganzen Eintrag und überprüfen Sie, welche der verschiedenen Bedeutungen in den Kontext passt, und überprüfen Sie am besten die Bedeutung im spanisch-deutschen Wörterbuch.

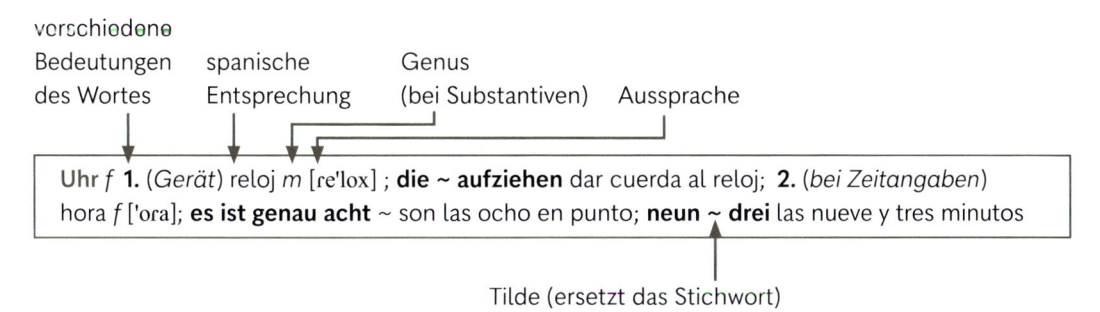

verschiedene
Bedeutungen   spanische   Genus
des Wortes   Entsprechung (bei Substantiven)   Aussprache

> Uhr f 1. (Gerät) reloj m [re'lox] ; die ~ aufziehen dar cuerda al reloj; 2. (bei Zeitangaben)
> hora f ['ora]; es ist genau acht ~ son las ocho en punto; neun ~ drei las nueve y tres minutos

Tilde (ersetzt das Stichwort)

255

Destrezas • Herramientas y estrategias de trabajo

Das einsprachige Wörterbuch | El diccionario monolingüe

Ein einsprachiges Wörterbuch
- zeigt Ihnen die korrekte Schreibung und Aussprache eines Wortes,
- erklärt das Wort auf Spanisch,
- gibt Beispiele für den Gebrauch (Kontext, Kollokationen, Redewendungen),
- enthält Synonyme und Antonyme, manchmal auch die Etymologie und regionale Unterschiede.

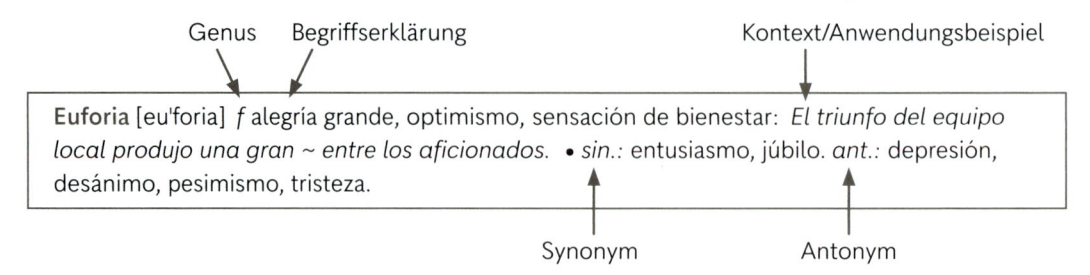

        Genus   Begriffserklärung   Kontext/Anwendungsbeispiel

> **Euforia** [eu'foria] *f* alegría grande, optimismo, sensación de bienestar: *El triunfo del equipo local produjo una gran ~ entre los aficionados.* • *sin.:* entusiasmo, júbilo. *ant.:* depresión, desánimo, pesimismo, tristeza.

                                          Synonym   Antonym

Online-Wörterbücher | El diccionario en línea

Die Verwendung von Online-Wörterbüchern kann zeitsparend und hilfreich sein. Dabei sollten Sie Folgendes beachten:
- In einigen Online-Wörterbüchern können Sie bei der Suche anstatt des Infinitivs auch konjugierte Verbformen eingeben (z. B. *salí, vayan*) sowie die Plural- oder femininen Formen von Substantiven und Adjektiven (z. B. *lesiones, jefa, acogedora*).
- Einige Online-Wörterbücher ermöglichen es, nach zusammengesetzten Begriffen oder kurzen Phrasen zu suchen (z. B. *irse a la cama, el plato favorito, a lo mejor, ¡Qué vergüenza!*).
- Oft wird für ein gesuchtes Wort eine große Anzahl an möglichen Bedeutungen angezeigt. Prüfen Sie die Suchergebnisse sorgfältig und finden Sie die für Ihren Fall passende Übersetzung.
- Sie können auch ein einsprachiges Online-Wörterbuch benutzen, z. B. das der *Real Academia Española* (RAE).
- In Online-Wörterbüchern können Sie sich die Wörter oft auch anhören und nachsprechen, um die Aussprache zu trainieren.

35 Korrekt zitieren | Citar correctamente

Bei Aufgaben zum Textverständnis und zur Textanalyse werden Sie sich immer wieder auf bestimmte Textstellen beziehen bzw. Textstellen wörtlich zitieren. Man unterscheidet zwischen **direkten** und **indirekten** Zitaten.

Das **direkte Zitat** gibt den Originaltext wörtlich wieder und wird folgendermaßen erkennbar gemacht:
- Anführungszeichen am Anfang und Ende des Zitats: «…»
- Eckige Klammern […], wenn innerhalb des Zitats Wörter hinzugefügt oder weggelassen werden: *Juanita dice que «[su] padre no está contento con la situación […] de la gente.»,*(l. 23)
- Seitenangaben bzw. Zeilenangaben am Ende des Zitats in Klammern: (**p. 3, l. 9**) oder (**ll. 9–11**)

Indirekte Zitate, also wenn Inhalte aus dem Text in anderen Worten wiedergegeben werden, müssen mit Zeilenangaben versehen werden: *Según el autor, la tasa de paro en la región ha crecido (l. 23).*

Historia de España

Romanización

S. II a. C. – S. IV d. C.	Dominio romano en toda la Península Ibérica. La influencia romana se evidenció particularmente en la infraestructura: murallas, vías, puentes, teatros, circos, etc.
S. IV a. C. – S. V d. C.	Primeras invasiones bárbaras. Fin de la presencia romana.
S. V a. C. – S. VII d. C.	Llegada de los visigodos a la Península. Formación de reinos cristianos.

Teatro romano de Mérida

Conquista árabe

711–756 d. C.	Conquista árabe de Hispania desde el norte de África a través del estrecho de Gibraltar. La mayor parte de la Península Ibérica se transforma en un emirato árabe llamado Al-Ándalus con Córdoba como capital. Los cristianos resisten en en el norte.

Reconquista y Reyes Católicos

722	Rebelión contra los musulmanes liderada por Pelayo en los montes de Asturias. Comienzo de la Reconquista.
a partir del S. XI	Los reinos musulmanes se debilitan. Expansión de los reinos cristianos.
1143	Portugal se independiza del Reino de León.
1474–1516 (reinados de Castilla y Aragón)	Los Reyes Católicos, Fernando II de Aragón e Isabel I de Castilla crean una fuerte monarquía. Conquista del Reino nazarí de Granada, del Reino de Navarra, de Canarias, Melilla y otras plazas africanas bajo su reinado. La política exterior de los Reyes Católicos estuvo marcada por los enlaces matrimoniales con varias familias reales de Europa que resultaron en la hegemonía de los Habsburgo durante los siglos XVI y XVII.

Llegada a América

1492	Llegada de los españoles a América. Comienzo de la colonización de los nativos.

Carlos I de España / Carlos V del Sacro Imperio

1516–1556	Carlos I de Habsburgo fue rey de España (1516–1556) y emperador del Sacro Imperio Romano Germánico bajo el nombre de Carlos V (1520–1558). Carlos I era nieto de los Reyes Católicos y, a los 19 años, se convirtió en el hombre más poderoso de su época. Al llegar a España para heredar la Corona, no sabía español ni conocía las costumbres y las leyes del país. Su reinado duró 40 años.

Felipe II

1556–1598	Felipe II de Habsburgo, rey de España. Hijo de Carlos I, Felipe II expandió el territorio de su reinado a través de los océanos Atlántico y Pacífico, llevando a la monarquía hispánica a ser el primer imperio mundial ya que, por primera vez en la historia, un imperio integraba territorios de todos los continentes del planeta.

Felipe II

Dinastía borbónica y centralismo

1700–1746	España pierde importancia internacional a favor de Inglaterra. Felipe V, primer rey borbón de España. La dinastía borbónica se destacó por implementar un modelo absolutista con influencias del modelo político de Luis XIV de Francia. La política se basaba en la idea de que los poderes del rey eran ilimitados (absolutos).
1811–1821	Independencia de la mayoría de las colonias españolas en América.
1812	Aprobación de la primera Constitución Española en Cádiz.
1873–1874	La I República.
1898	Pérdida de las últimas colonias españolas (Cuba, Filipinas y Puerto Rico).

Historia de España

La II República

abril de 1931	Alfonso XIII convoca elecciones municipales y triunfan los republicanos. Proclamación de la Segunda República Española. Abdicación y exilio del Rey Alfonso XIII.
1931	Aprobación del voto femenino, defendido por la diputada Clara Campoamor.
1933	Triunfo de la derecha en las elecciones.
16/2/1936	Triunfo de la coalición de izquierdas (Frente Popular).

Guerra Civil Española

17–18/7/1936	Golpe de Estado de grupos de derechas. Resistencia popular y republicana en ciudades como Madrid y Barcelona. Comienzo de la Guerra Civil.
26/4/1937	Bombardeo de Guernica por la Legión Cóndor alemana.
28–31/3/1939	Entrada de las tropas franquistas en Madrid, Valencia, Alicante y Cartagena. Fin de la Guerra Civil.

Milicianos republicanos en Toledo (1936)

Franquismo

1939–1975	Dictadura franquista.
1969	Francisco Franco nombra al príncipe Juan Carlos de Borbón su sucesor.
2/1939	Aprobación de la Ley de Responsabilidades Políticas. Se legaliza la represión política con cárcel y pena de muerte a los vencidos en la Guerra Civil.
1955	Ingreso de España en Naciones Unidas y fin del aislamiento internacional.
1956	Fundación de Televisión Española.
20/11/1975	Fallecimiento del general Franco.

La Transición

22/11/1975	Proclamación del Príncipe Juan Carlos de Borbón como Rey Juan Carlos I.
1976	Nombramiento del presidente Adolfo Suárez.
15/6/1977	Primeras elecciones generales desde 1936. Adolfo Suárez sigue siendo presidente.
6/12/1978	Aprobación de la Constitución. España es una monarquía parlamentaria.
1981	Adolfo Suárez dimite como presidente y es reemplazado por Leopoldo Calvo Sotelo.
23/2/1981	Golpe de estado fallido del coronel Antonio Tejero contra el Congreso.

Gobiernos democráticos actuales y memoria histórica

1982–1996	Gobiernos de Felipe González, PSOE (Partido Socialista Obrero Español).
1996–2004	Gobiernos de José María Aznar, PP (Partido Popular).
2000	Creación de la Asociación para la Recuperación de la Memoria Histórica.
2004–2011	Gobiernos de José Luis Rodríguez Zapatero, PSOE.
2004	Ley contra la Violencia de Género, demanda histórica del feminismo.
2005	Aprobación del matrimonio igualitario, demanda histórica del movimiento LGTBi.
2007	Ley de Memoria Histórica
2008	Inicio de la crisis económica de 2008.
15/5/2011	Protestas contra la gestión de la crisis económica. Inicio del Movimiento 15-M.
10/2011	La organización terrorista ETA anuncia el cese definitivo de la violencia.
2011–2018	Gobiernos de Mariano Rajoy, PP
06/2014	Abdicación del Juan Carlos I. Proclamación de Felipe VI como nuevo Rey de España.
01/10/2017	Referéndum de independencia de Cataluña. Intervención de Cataluña por parte del gobierno central.
Desde 2018	Gobiernos de Pedro Sánchez, PSOE; en coalición con Unidas Podemos (2020–2023) y Sumar (desde 2023)
2020	Pandemia de COVID-19
2022	Ley de Memoria Democrática

Panorama político y mediático de España

Panorama político de España

LA MONARQUÍA PARLAMENTARIA

REY
- Jefe de Estado
- Jefe de las Fuerzas Armadas Españolas
- arbitra y modera el funcionamiento de las instituciones
- asume la más alta representación del Estado español en las relaciones internacionales

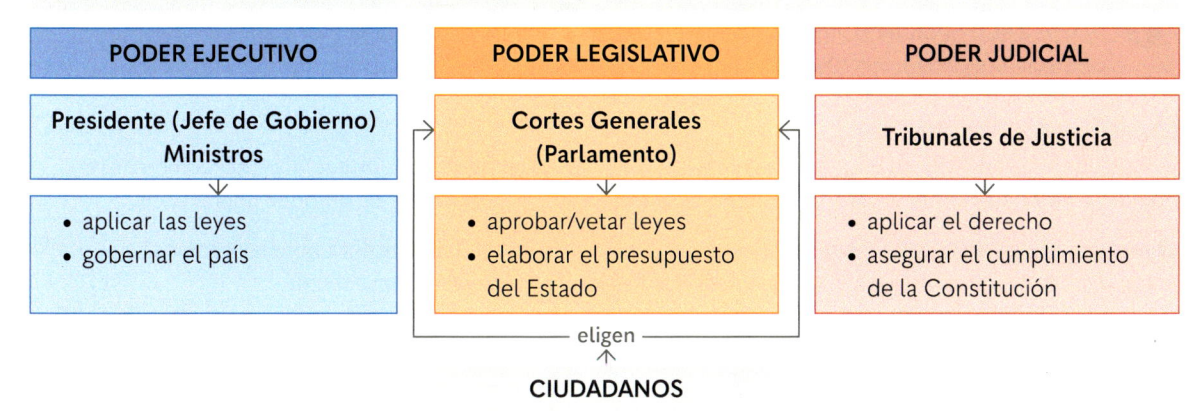

PODER EJECUTIVO	PODER LEGISLATIVO	PODER JUDICIAL
Presidente (Jefe de Gobierno) Ministros	Cortes Generales (Parlamento)	Tribunales de Justicia
• aplicar las leyes • gobernar el país	• aprobar/vetar leyes • elaborar el presupuesto del Estado	• aplicar el derecho • asegurar el cumplimiento de la Constitución

— eligen —

CIUDADANOS

LOS PRINCIPALES PARTIDOS POLÍTICOS

Partidos mayoritarios
- **PSOE** (Partido Socialista Obrero Español): centroizquierda, social-demócrata, progresista.
- **PP** (Partido Popular): centroderecha, conservador, demócrata-cristiano.

Algunos partidos minoritarios
- **Sumar**: izquierda, ecologista, plurinacional
- **Vox**: conservador, nacionalista, extrema derecha
- **Junts per Catalunya**: nacionalismo catalán de centroderecha
- **PNV** (Partido Nacionalista Vasco): centroderecha

La evolución del panorama político en España

A principios del siglo XXI, las elecciones parlamentarias en España estuvieron dominadas por los dos partidos establecidos, el Partido Popular (PP) y el Partido Socialista Obrero Español (PSOE). En las elecciones de 2000, el PP obtuvo una mayoría absoluta con el 44,5% de los votos. En 2004, el PSOE ganó con el 42,6% de los votos. Este patrón de alternancia entre PP y PSOE continuó en las elecciones siguientes.

En contraste, las elecciones desde 2015 hasta hoy reflejan un panorama político más fragmentado. Además del PP y el PSOE (que en 2025 está encabezado por el presidente del gobierno Pedro Sánchez), nuevas agrupaciones o alianzas como Unidas Podemos y Ciudadanos y nuevos partidos como Vox y Sumar han emergido como fuerzas significativas.

Este cambio refleja una mayor diversidad política y una disminución del bipartidismo tradicional, resultando en la necesidad de coaliciones para formar un gobierno. El panorama electoral de hoy muestra una tendencia hacia una mayor pluralidad y representación de diferentes ideologías.

Pedro Sánchez, PSOE

Panorama político y mediático de España

Panorama mediático de España

LOS PRINCIPALES CANALES DE TELEVISIÓN

Algunos canales estatales	Algunos canales privados
La «1» (RTVE): la «primera» es el canal con los programas más populares. Fundado en 1956.	**Antena 3**: canal muy popular con programas de entretenimiento, series, informativos y cine. Fundado en 1989.
La «2» (RTVE): la «2» emite contenidos culturales o deportivos y es menos popular que la «1». Fundado en 1966.	**La Sexta**: canal con especial presencia de programas de humor y entretenimiento, programas de información y actualidad.

LOS PRINCIPALES PERIÓDICOS

El País, fundado en 1976, es uno de los diarios de España más reconocidos. Ofrece noticias, columnas de opinión y reportajes sobre temas nacionales e internacionales y destaca por su enfoque liberal social.

El Mundo es otro de los principales diarios de España, fundado en 1989. Presenta noticias nacionales e internacionales, así como investigaciones periodísticas, desde un ángulo conservador.

La Vanguardia es uno de los diarios más antiguos de España, fundado en 1881. Tiene una edición en catalán y una en español y ofrece una cobertura detallada de noticias nacionales e internacionales, con una línea editorial de centro-derecha.

ABC es un diario español de tendencia conservadora y monarquista, fundado en 1903. Ofrece noticias nacionales e internacionales, especialmente en política, economía y cultura. Es famoso por su formato de grapa y folio, que lo asemeja a una revista.

elDiario.es es un medio de comunicación digital español, fundado en 2012. Con una línea editorial de izquierda, se destaca por su periodismo independiente y su enfoque en temas de actualidad, política y derechos sociales.

Público es un diario digital español fundado en 2007. Ofrece noticias de actualidad política, económica y social, desde un enfoque progresista, crítico y comprometido con los derechos humanos y la democracia.

COMO DETECTAR DESINFORMACIÓN DIGITAL

En la era digital, la desinformación se distribuye rápidamente y puede tener consecuencias significativas. A continuación, presentamos una lista de consejos prácticos que te permiten distinguir entre información veraz y engañosa, y contribuir a un entorno digital más fiable.

1. Verifica la fuente: Asegúrate de que la información provenga de una fuente confiable y reconocida.
2. Comprueba la fecha: La información antigua puede ser sacada de contexto para parecer relevante.
3. Investiga al autor: Busca información sobre el autor para verificar su credibilidad y experiencia.
4. Revisa múltiples fuentes: Contrasta la información con otras fuentes para ver si es consistente.
5. Analiza el tono: La desinformación a menudo utiliza un lenguaje sensacionalista o alarmista.
6. Busca evidencia: Verifica si la información está respaldada por datos, estudios o testimonios verificables.
7. Desconfía de las imágenes: Las imágenes pueden ser manipuladas o sacadas de contexto; usa herramientas de búsqueda inversa para verificarlas.
8. Cuida los enlaces: Asegúrate de que los enlaces en el contenido lleven a sitios legítimos y no a páginas sospechosas.
9. Consulta verificadores de hechos: Utiliza sitios web de verificación de hechos para confirmar la veracidad de la información.
10. Sé crítico: Las redes sociales no son fuentes fiables. Mantén una actitud crítica y cuestiona la información que recibes, sobre todo la que apela a tus emociones.

Quellenverzeichnis

Cover
Cornelsen/Ungermeyer

Illustrationen
Cornelsen/Dr. Volkhard Binder: S. 47; Cornelsen/Laurent Lalo: S. 251; Cornelsen/Volkhard Binder: S. 196/o. m..

Fotos
S. 10/A: mauritius images/Vita Popova/Alamy; S. 10/B: mauritius images/Andrii Biletskyi/Alamy; S. 10/C: mauritius images/AlessandroBiascioli/Alamy; S. 10/D: stock.adobe.com/Studio Light & Shade; S. 11/E: mauritius images/zixia/Alamy; S. 11/F: mauritius images/Enrico Della Pietra/Alamy; S. 11/G: stock.adobe.com/MiguelAngel; S. 12: stock.adobe.com/TarikVision; S. 14: Imago Stock & People GmbH/imago images/Aton Chile; S. 15: Cornelsen Inhouse/KI-generiert mit Bing Image Creator (Dall-e 3); S. 16: Infografía: Inclusión social y participación política (Jóvenes Españoles 1984–2017), Observatorio de la Juventud en Iberoamérica, Fundación SM; S. 17: AFP/AFPTV/Benjamin Bouly-Rames, Noemi Gragera, Jaime Esquivel, Fernando Robles, Vladimir Chamorro, Carlos Fabal, Lidia Pedro, Ezequiel Putruele; S. 17/u. m.: stock.adobe.com/jozefmicic; S. 18: stock.adobe.com/Davide Angelini; S. 20: Esther Pina Ortín; S. 22: mauritius images/Westend61; S. 23: Plataforma del Voluntariado de España; S. 25: stock.adobe.com/Primalux; S. 26: Manufactura de Películas; S. 27: Manufactura de Películas; S. 29: Cubierta del libro de Pedro Ramos, El coleccionista de besos; S. 30: Shutterstock.com/krezilayen; S. 31: Shutterstock.com/Draftfolio; S. 33: vg-bild-kunst | (c) VG Bild-Kunst, Bonn 2024; EL ROTO Jóvenes enamorados contemplando la luna, 2023; S. 36: Shutterstock.com/Crazy nook; S. 39: mauritius images/Ikon Images; S. 41/A: Shutterstock.com/Quintanilla; S. 41/B: stock.adobe.com/IMAG3S; S. 41/D: stock.adobe.com/joserpizarro; S. 41/E: Shutterstock.com/PintoArt; S. 42/m. l.: Shutterstock.com/SmileStudio; S. 42/m. l.: Shutterstock.com/Stockphotos RBL; S. 42/o. l.: Shutterstock.com/Bertl123; S. 42/u. l.: Shutterstock.com/Stockphotos RBL; S. 44: Shutterstock.com/GoodStudio; S. 45/m. r.: Shutterstock.com/Jilko; S. 45/o. r.: Shutterstock.com/Diego Bonacina; S. 46: SEPIE Servicio Español para la Internacionalización de la Educación; S. 48: Generalitat de Catalunya; S. 49: Shutterstock.com/Luti; S. 51: stock.adobe.com/JackF; S. 54/o. l.: stock.adobe.com/Armando Oliveira; S. 54/o. l.: stock.adobe.com/Nadezhda Bolotina; S. 55: Ecoembes Madrid/CAMINO DEL RECICLAJE; S. 56: mauritius images/Ian Dagnall/Alamy/Alamy Stock Photos; S. 57: mauritius images/Jordi Boixareu/Alamy; S. 58: stock.adobe.com/JackF; S. 60: stock.adobe.com/Zigmunds; S. 61/m. r.: stock.adobe.com/Szymon Bartosz; S. 61/o. r.: Shutterstock.com/Rudmer Zwerver; S. 62: AFP/AFPTV/AURELIA MOUSSLY, NOEMI GRAGERA, REBECA MAYORGA; S. 63: dpa Picture-Alliance/dpa/dpa Grafik; S. 64/m. l.: stock.adobe.com/Ekaterina Pokrovsky; S. 64/o. l.: stock.adobe.com/Gigi Delgado; S. 66: Shutterstock.com/smolaw; S. 68: Shutterstock.com/Alzay; S. 69: Shutterstock.com/LightField Studios; S. 70/A: stock.adobe.com/Michele; S. 70/B: stock.adobe.com/Stacy; S. 70/C: Shutterstock.com/Hector Pertuz; S. 70/D: stock.adobe.com/Santiago; S. 71/E: mauritius images/Daniel Romero/VWPics/Alamy; S. 71/F: Imago Stock & People GmbH/UIG; S. 71/G: Shutterstock.com/keney; S. 71/H: Bridgeman Images/© Jean Bernard. All rights reserved 2024; S. 72/m. l.: Shutterstock.com/M-SUR; S. 72/o. l.: stock.adobe.com/jon_chica; S. 72/u. l.: Shutterstock.com/Gonzalo Aragon; S. 73: Shutterstock.com/Sergey Novikov; S. 74/m. r.: Shutterstock.com/Mio Buono; S. 74/o. m.: Shutterstock.com/POLACOSTUDIOS; S. 74/o. m.: stock.adobe.com/joserpizarro; S. 74/o. r.: stock.adobe.com/Lord Scott Parker/Wirestock Creators; S. 74/o. r.: stock.adobe.com/sofa; S. 74/u.: Shutterstock.com/spiral media; S. 75/o. r.: stock.adobe.com/marina; S. 75/u. m.: stock.adobe.com/Andrés Rivas; S. 76/o.: stock.adobe.com/kuco; S. 76/u.: stock.adobe.com/Яна Ерік Татевосян; S. 77/u.r.: stock.adobe.com/hanohiki; S. 77/u. l.: ClipDealer GmbH; S. 77/u. m.: Shutterstock.com/Zulfa Afriansyah; S. 78: Faber Emilio Gutierrez Triana; S. 79: Faber Emilio Gutierrez Triana; S. 80/u. l.: mauritius images/Monkey Business/Alamy/Alamy Stock Photos; S. 80/u. r.: stock.adobe.com/David; S. 81: stock.adobe.com/Posztós János; S. 82: Tato (Tatiana Castrillón); S. 83: Lena Mucha; S. 85/m.: Statista; S. 85/u. r.: AFP/Luis Acosta; S. 86/m. l.: mauritius images/Timm Humpfer Image Art; S. 86/m. r.: mauritius images/VIEW Pictures; S. 86/o. l.: mauritius images/Cinema Legacy Collection; S. 87: EDUARDO SANABRIA (EDO); S. 88: Javier de Isusi/ASTIBERRI Ediciones; S. 89: Javier de Isusi/ASTIBERRI Ediciones; S. 90: stock.adobe.com/Ladanifer; S. 91: stock.adobe.com/Wavebreak Media; S. 92/o. l.: mauritius images/Andrii Yalanskyi/Alamy/Alamy Stock Photos; S. 92/u. l.:

Quellenverzeichnis

mauritius images/Brain light/Alamy; S. 93: dpa Picture-Alliance/ASSOCIATED PRESS; S. 94: mauritius images/Brannon Gerling/Alamy/Alamy Stock Photos; S. 97/m. r.: Shutterstock.com/Luis Echeverri Urrea; S. 97/u. r.: Shutterstock.com/Alejandro Alba Benitez; S. 99: bpk/Schalkwijk/Art Resource, NY; S. 100/m. l.: stock.adobe.com/StockPhotoPro; S. 100/o. l.: Shutterstock.com/View Apart; S. 100/u. l.: stock.adobe.com/Nautilus One; S. 102/m.: mauritius images/Sigrid Gombert; S. 102/m.: stock.adobe.com/Pixel-Shot; S. 102/m. l.: stock.adobe.com/Jürgen Fälchle; S. 102/m. r.: Shutterstock.com/BearFotos; S. 105/o. m.: mauritius images/Anna Bizoń/Alamy; S. 105/o. r.: stock.adobe.com/voran; S. 106: stock.adobe.com/Juan Pablo Fuentes S; S. 107: ClipDealer GmbH; S. 108: mauritius images/Zixia/Alamy/Alamy Stock Photos; S. 109: Editorial Planeta, S.A.; S. 111/o. l.: Manuel Vila Baleato; S. 111/o. m.: Izaskun Gracia Quintana; S. 111/o. r.: Manuel Vila Baleato; S. 112/o.: Rodrigo BUENDIA/AFP; S. 112/u. r.: mauritius images; S. 113: Imago Stock & People GmbH/SuperStock; S. 114/u. l.: mauritius images/nature picture library/Karine Aigne; S. 114/u. m.: Cornelsen Inhouse/KI-generiert mit Bing Image Creator (Dall-e 3); S. 115: Cornelsen Inhouse/KI-generiert mit Bing Image Creator (Dall-e 3); S. 117: Cornelsen Inhouse/KI-generiert mit Bing Image Creator (Dall-e 3); S. 119/m.: ELENA BOFFETTA, JUANA BARRETO/AFPTV/AFP © Copyright AFP Agence France-Presse GmbH – Das mit dem Kürzel „AFP" gekennzeichnete Material dieser Seiten ist urheberrechtlich geschützt und ausschließlich für die persönliche Information bestimmt. Jede weitergehende Verwendung, insbesondere die Speicherung in Datenbanken, Veröffentlichung, Vervielfältigung und jede Form der gewerblichen Nutzung sowie die Weitergabe an Dritte – auch in Teilen oder in überarbeiteter Form – ohne explizite Zustimmung der AFP GmbH ist untersagt.; S. 119/o.: Shutterstock.com/xiver; S. 121: Shutterstock.com/Inspired By Maps; S. 123: mauritius images/Roland T. Fran; S. 124/m. r.: La República, Carlincaturas, 05.03.2012; S. 124/u. m.: Carlos Tovar (Carlín), „Biocombustibles" Errar es urbano, Lima: Ediciones Contracultura, 2012, S. 63; S. 125: stock.adobe.com/hadjanebia; S. 126: stock.adobe.com/Drobot Dean; S. 129: mauritius images; S. 130/A: mauritius images/Anders Ryman/Alamy; S. 130/B: mauritius images/Pablo Caridad/Alamy; S. 130/C: mauritius images/Jose Luis Carrascosa Martínez/Alamy; S. 130/D: mauritius images/Cavan Images; S. 131/E: Swisscontact; S. 131/F: mauritius images/Ben Pipe/Alamy; S. 131/G: mauritius images/robertharding/Alamy; S. 132/m. l.: stock.adobe.com/malp; S. 132/o. l.: stock.adobe.com/PrintingSociety; S. 132/u. l.: Shutterstock.com/Suwin66; S. 134: Swisscontact; S. 136: Pasquali, Marina. „¿cuáles Son Los Mejores Y Peores Países En Materia De Inclusión Digital?." Statista, Statista GmbH, 29 mar 2023, https:// es.statista.com/grafico/25716/paises-y-territorios-clasificados-segun-el-indice-de-inclusion-de-internet/; S. 137: stock.adobe.com/Camilo; S. 139: stock.adobe.com/oscargutzo; S. 140: stock.adobe.com/Gillmar; S. 141: stock.adobe.com/Jürgen Fälchle; S. 142: Ministerio de Energía de Chile; S. 143: stock.adobe.com/Tuna salmon; S. 144: AFP/AFPTV/Ivan Pisarenko; S. 145/o. r.: Shutterstock.com/unmillonedeelefantes; S. 145/u. r.: stock.adobe.com/Pedro Suarez; S. 146: Imago Stock & People GmbH/imago/ZUMA Press; S. 147: Atxe; S. 149: World Fair Trade Organization; S. 150: AFP/AFPTV/Yris Paul; S. 151: Shutterstock.com/021 Creative Hunter; S. 152: mauritius images/Mardagada/Alamy; S. 153: mauritius images/Lucas Vallecillos/Alamy/Alamy Stock Photos; S. 155: stock.adobe.com/Tiago Fernandez; S. 156/o. l.: Shutterstock.com/Dean Drobot; S. 156/u. l.: stock.adobe.com/Midnight Studio; S. 161: Shutterstock.com/PeopleImages.com – Yuri A; S. 162: mauritius images/Pacific Press Media Production Corp./Alamy/Alamy Stock Photos; S. 163/m. l.: Imago Stock & People GmbH/imago images/VWPics; S. 163/o.l.: mauritius images/Matthias Graben/imageBROKER; S. 166: Bridgeman Images/Iberfoto; S. 167: Shutterstock.com/Everett Collection; S. 167: Shutterstock.com/Everett Historical; S. 168: Junior-Report.media/Oriol Vidal; S. 169: stock.adobe.com/time and light; S. 170: mauritius images/Jose Luis Mendez Fernandez/Alamy; S. 172: mauritius images/World Book Inc.; S. 173: Imago Stock & People GmbH/imago/United Archives International; S. 174: Contrapaso: Los hijos de los otros NORMA EDITORIAL 2021, by Teresa Valero; S. 175/o. r.: akg-images/akg-images/Album/Documenta; S. 175/u. r.: akg-images/akg-images/Album/Oronoz; S. 176/m.: akg-images/akg-images/Album | (c) VG Bild-Kunst, Bonn 2024; GENOVES CANDEL, JUAN: El abrazo, 1973–1976, Ausschnitt; S. 176/o. r.: Eneko las Heras Leizaola; S. 177: BEN/Ian Gibson; S. 179: mauritius images/History and Art Collection/Alamy Stock Photos; S. 181: akg-images/Heritage Images/Image – Index; S. 184: dpa Picture-Alliance/ASSOCIATED PRESS; S. 185: Imago Stock & People GmbH/imago/Agencia EFE; S. 186/1: AFP/AFPTV/ROSER TOLL; S. 186/2: AFP/AFPTV/ROSER TOLL; S. 186/3: AFP/AFPTV/ROSER TOLL; S. 186/4: AFP/AFPTV/

Quellenverzeichnis

ROSER TOLL; S. 186/u. l.: mauritius images/Kuttig – Travel/Alamy Stock Photos; S. 187: stock.adobe.com/hirgon; S. 189: Eneko; S. 190/1: Shutterstock.com/saiko3p; S. 190/2: stock.adobe.com/alanfalcony; S. 190/3: mauritius images/Sonja Jordan/Alamy/Alamy Stock Photos; S. 190/4: Shutterstock.com/Lukasz Janyst; S. 191/5: akg-images/Album/Oronoz; S. 191/6: Shutterstock.com/Simon Dannhauer; S. 191/7: mauritius images/Sean Pavone/Alamy/Alamy Stock Photos; S. 192/o. l.: Bridgeman Images/Isabella I (1451-1504) was Queen of Castile, married to Ferdinand II of Aragon. Portrait has also been attributed to Juan de Flandes; S. 192/u. l.: stock.adobe.com/Alfonsodetomas; S. 194: Shutterstock.com/cge2010; S. 195: stock.adobe.com/Mariana Ianovska; S. 196/m.: akg-images/akg-images/World History Archive; S. 198: akg-images/Joseph Martin; S. 199: akg-images/akg-images/Album/Kocinsky | © Succession Picasso/VG Bild-Kunst, Bonn 2024; PICASSO, PABLO: Las Meninas, 1957; S. 200/m. l.: mauritius images/IanDagnall Computing/Alamy Stock Photos; S. 200/o. m.: mauritius images/Luis Castaneda; S. 201: bpk/BF; S. 202/m.: Bridgeman Images/The Stapleton Collection; S. 202/u. r.: Bridgeman Images; S. 203: mauritius images/WHPics/Alamy; S. 204: mauritius images/Sébastien Lecocq/Alamy Stock Photos | © Banco de México Diego Rivera Frida Kahlo Museums Trust/VG Bild-Kunst, Bonn 2024; Rivera, Diego: La llegada de los españoles a Veracruz", 1951, Detail; S. 205: mauritius images/Hilary Morgan/Alamy Stock Photos; S. 206: Shutterstock.com/Zaporizhzhia vector; S. 207/m. l.: mauritius images/World Book Inc.; S. 207/o. l.: mauritius images/Janusz Pieńkowski/Alamy Stock Photos; S. 208: mauritius images/World Book Inc.; S. 210/m. l.: Shutterstock.com/fizkes; S. 210/o. l.: Shutterstock.com/Peshkova; S. 211: Shutterstock.com/Valery Brozhinsky; S. 212: Shutterstock.com/Anton Vierietin; S. 215: Shutterstock.com/Daniel Hoz; S. 226: Eneko las Heras Leizaola; S. 236: mauritius images/Pitopia; S. 257: mauritius images/GL Archive/Alamy; S. 257: Shutterstock.com/Agorca; S. 258: Bridgeman Images/Tallandier; S. 259: mauritius images/SOPA Images Limited/Alamy/Alamy Stock Photos; S. 260: Atresmedia/Antena 3; S. 260: Atresmedia/La Sexta; S. 260: ohne Schöpfungshöhe; S. 260/o. l.: ohne Schöpfungshöhe; S. 260/o. m.: Atresmedia/Antena 3; S. 260/o. m.: Atresmedia/La Sexta.

Texte

S. 14: Neue Welt Musikverlag GmbH, Hamburg. Text: Francisca Valenzuela Mendez/Alexander Max Hershenow/Vicente Sanfuentes Echeverria; S. 18: Rivero, Guadalupe. "Generación De Cristal: Cómo Se Vinculan Y Cuáles Son Los Nuevos Mandatos." Clarín, 28.08.2023, www.clarin.com/familias/generacion-cristal-vinculan-nuevos-mandatos_0_ix4nrdymOa.html; S. 20: Palacios, Alberto. "Esther Pina, Premio ‚Joven Avanzadora': ‚La Industria Audiovisual No Tiene En Cuenta a La Gente Con Discapacidad'" www.20minutos.es – Últimas Noticias, 8.3.2024, www.20minutos.es/noticia/5224524/0/esther-pina-premio-avanzadora-joven-2024-industria-audiovisual-notiene- cuenta-gente-con-discapacidad.; S. 21: Merche Borja, Esther Pina, creadora de Secret Sound: „A los emprendedores de lo social nos brillan los ojos de una manera diferente", ttps:// www.20minutos.es/noticia/5193475/0/esther-pina-creadora-empresa-que-promueve-accesibilidad-los-eventos/, 27.11.2023; S. 22: Achim Fehrenbach, Große Freiheit, um Gutes zu tun, tagesspiegel.de, 12.06.2022; S. 24: Matias Zibell, Cómo selecciona sus frases el sitio «La gente anda diciendo»; https:// www.bbc.com/mundo/noticias-48934911; 11.09.2019; S. 27: Sinopsis de Rara (Chile, 2016); https:// www.filmaffinity.com/es/film869509.html; S. 28: Castro Saavedra, Carlos: El mundo por dentro. Bogotá: Universidad Externado de Colombia ISBN: 78-958-772-838-5; S. 28: Fuertes, Gloria: Pienso mesa y digo silla; aus Obras incompletas. Madrid: Cátedra, 1978, p. 133; S. 29: Ramos, Pedro. El coleccionista de besos. Barcelona: edebé, 2018, S. 3-6 (208 Seiten); S. 34: Barceló, Elia. El eco de la piel. Barcelona: Roca, 2019. (400 Seiten) ISBN: 978-8417821449; S. 34: Elia Barceló, Resumen de El Eco de la Piel, https:// eliabarcelo.com/el-eco-de-la-piel; S. 47: Constitución española de 1978; S. 54: Ameneiro, Senén Barro; S. 56: El Pais/Fernando Peinado; S. 58: El Pais/SERGIO C. FANJUL; S. 60: TAZ/Reiner Wandler; S. 75: El País/Belén Hernández; S. 80: José David Oquendo, Ecoturismo en el Atlántico: Piojó, https:// www.radionacional.co/cultura/turismo/ecoturismo-en-el-atlantico-piojo-una-de-las-apuestas; S. 93: Bundespräsidialamt Berlin 16. Juni 2023, www.bundespräsident.de; S. 98: Neue Welt Musikverlag GmbH, Hamburg. Text: Jorge Abner Drexler; S. 102: El Pais/Antonio Jiménez Barca y María Martín; S. 107: El Pais/Sonia Vizoso; S. 118: León Portilla, Miguel. "Cuando muere una lengua". Revista de la Universidad de México Nr. 82: 2010, pp. 12-13 ISSN: 0185-1330; S. 120: Intervención de Nadia López García durante la entrega del Premio Nacional de la Juventud 2018 en México, realizada en la Residencia Oficial Los Pinos el 16

Quellenverzeichnis

de octubre de 2018.; S. 122: Esther Geisslinger. Löppt in de School. TAZ, 23.03.2023, https:// taz.de/ Regionalsprachen-in-Schulen/!5920224/; S. 134: Un dron en campos bolivianos, https:// iica.int/es/prensa/ noticias/yessica-yana-mujer-indigena-que-maneja-un-dron-para-hacer-mas-eficiente-la; S. 137: El País/Patricia Paéz; S. 139: Valentina Obando, El lado negativo de los nómadas digitales; https:// www.dw.com/es/el-lado-negativo-del-fen%C3%B3meno-de-los-n%C3%B3madas-digitales-en-latinoamerica/a-64452982; 19.01.2023^^; S. 142: Veronica Smink, Hidrógeno verde en Chile; aus https:// www.dw.com/es/el-lado-negativo-del-fen%C3%B3meno-de-los-n%C3%B3madas-digitales-en-latinoamerica/a-64452982; 31.03.2021; S. 145: Sepúlveda, Luis. "Plataforma Larsen B". Historias de aquí y de allá. Barcelona: Editorial la otra orilla, 2010, pp. 31-35 (144) ISBN: 978-8492451937; S. 148: Álvaro Goicoechea; C de de comercio justo (y de colaboración, compromiso y cambio); https:// agroinforma.ibercaja.es/noticias/ prensa/c-de-de-comercio-justo-y-de-colaboracion-compromiso-y-cambio.aspx; 25.08.2022; S. 152: Sierra i Fabra, Jordi. "La niña de Bogotá". Material sensible (cuentos crueles). Madrid: Ediciones SM, 2005, S. 6-9. ISBN: 978-8467504644; S. 154: Klaus Ehringfeld. „In Bolivien dürfen Kinder nicht mehr arbeiten – und das ist ein Problem", Spiegel.de, 21.10.2019; S. 159: Lorena Begué,Eva Bailén: „Si demonizamos las pantallas no podremos entrar en su mundo"; https:// www.ondavasca.com/eva-bailen-si-demonizamos-las-pantallas-no-podremos-entrar-en-su-mundo/; S. 159: María Velasco, Los niños deben aprender a frustrarse, https:// aprendemosjuntos.bbva.com/especial/los-ninos-deben-aprender-a-frustrarse-maria-velasco/; S. 159: María Zabala; En tecnología, la solución no es prohibir, sino conocer a tu hijo; https:// aprendemosjuntos.bbva.com/especial/en-tecnologia-la-solucion-no-es-prohibir-sino-conocer-a-tu-hijo-maria-zabala/; 09.02.2022; S. 159: María Zalbidea; Educar en el buen uso de la tecnología, un reto compartido por familias y escuela; https:// www.colegioceualicante.es/blog/sin-categoria/educar-en-el-buen-uso-de-la-tecnologia-un-reto-compartido-por-familias-y-escuela/; S. 163: Discurso de la presidenta de la República, Michelle Bachelet, en inauguración del Museo de la Memoria y los Derechos Humanos, Santiago, 11 de enero de 2010; S. 172: La cara que veía en todas partes by Antonio Muñoz Molina. Copyright (C) 20**, Antonio Muñoz Molina [being the year of initial publication of the Publication], used by permission of The Wylie Agency (UK) Limited; S. 194: José Luis Corral,; Huellas de Al-Ándalus; aus Muy Historia (No. 43, 2012); S. 198: Fuentes, Carlos. "Velázquez". En esto creo. Barcelona, Seix Barral, 2003, S. 295-303 (358) ISBN: 9788432216374; S. 202: Esquivel, Laura. Malinche. Madrid: Suma de Letras, 2006. (196) ISBN: 9788496463332; S. 204: von Wobeser, Gisela. Historia de México. México: Academia Mexicana de Historia, 2010, S. 95-106. (288) ISBN: 9786071601735; S. 211: Sara Mediavilla Otero; Hispanidad: la narrativa para silenciar voces indígenas; https:// www.survival.es/articulos/SM-hispanidad.